公路养护技术工人
职业技能手册

中国交通教育研究会　组织编写

人民交通出版社

北京

内 容 提 要

本书由中国交通教育研究会组织编写。全书主要内容分为7部分，主要介绍公路养护基础知识、路基、路面、桥涵、隧道、交通安全设施及公路养护作业安全管理。

本书适合公路养护技术工人培训，养护人员、养护工程师和管理人员参考使用，也可作为大专院校路桥类专业学生学习参考书，以及道路与桥梁工程技术人员自学与培训教材。

图书在版编目(CIP)数据

公路养护技术工人职业技能手册/中国交通教育研究会组织编写. —北京：人民交通出版社股份有限公司，2024.9. —ISBN 978-7-114-19754-3

Ⅰ. U418-62

中国国家版本馆 CIP 数据核字第 2024GU1054 号

书　　名：公路养护技术工人职业技能手册
著　作　者：中国交通教育研究会
责任编辑：刘　倩
责任校对：赵媛媛　龙　雪
责任印制：刘高彤
出版发行：人民交通出版社
地　　址：(100011)北京市朝阳区安定门外外馆斜街3号
网　　址：http://www.ccpcl.com.cn
销售电话：(010)59757973
总 经 销：人民交通出版社发行部
经　　销：各地新华书店
印　　刷：北京建宏印刷有限公司
开　　本：787×1092　1/16
印　　张：26.5
字　　数：608千
版　　次：2024年9月　第1版
印　　次：2024年9月　第1次印刷
书　　号：ISBN 978-7-114-19754-3
定　　价：83.00元

(有印刷、装订质量问题的图书，由本社负责调换)

公路养护技术工人职业技能手册
编审人员名单

主 编：

任红伟	交通运输部公路科学研究院	陈 敏	交通运输部公路科学研究院

参编人员：

王畅乐	中路交科(北京)交通咨询有限公司	高小妮	交通运输部公路科学研究院
赵晓康	长安大学	张云帆	中公高科养护科技股份有限公司
钱银华	浙江交通职业技术学院	王连威	吉林交通职业技术学院
丁勇杰	北京工业大学	顾博渊	中交瑞通路桥养护科技有限公司
莫延英	青海交通职业技术学院	严 周	云南交通运输职业学院
符 馨	西安创美数码科技有限公司	李 玮	中路交科(北京)交通咨询有限公司
张久鹏	长安大学	郝春磊	中公高科养护科技股份有限公司
赵建峰	浙江交通职业技术学院	袁其华	吉林交通职业技术学院
田 正	中交瑞通路桥养护科技有限公司	孙海乾	青海交通职业技术学院
杨坚强	云南交通运输职业学院	甘华冬	西安创美数码科技有限公司
黄长新	中路交科(北京)交通咨询有限公司	张 晔	长安大学
闫春雨	中公高科养护科技股份有限公司	姚 鑫	浙江交通职业技术学院
王程昱	中交瑞通路桥养护科技有限公司	杨澍桔	云南交通运输职业学院
白妍燕	西安创美数码科技有限公司	李 果	云南交通运输职业学院

审定人员：

刘卫民	中国交通教育研究会	毕结礼	人力资源社会保障部职业技能鉴定中心
刘永澎	中国就业培训技术指导中心	王 君	中国交通教育研究会
徐 岳	长安大学	杨 帆	北京市交通委员会
朱定勤	浙江省交通运输厅	李 强	中公高科养护科技股份有限公司
李毅谦	中交基础设施养护集团	姜宏维	中咨公路养护检测技术有限公司
凌 晨	苏交科集团股份有限公司	李 丹	交科院检测技术(北京)有限公司
刘成龙	同济大学		

前言

2021年9月，交通运输部印发了《公路养护作业单位资质管理办法》（部令2021年第22号），要求公路养护作业单位需具备相应数量和能力的技术工人。养护技术工人能力如何培养、技能水平如何评价成为行业焦点问题。

2016年12月，国务院将公路养护工列入取消的职业资格许可和认定事项目录中，不再针对公路养护工开展职业资格许可和认定工作。与此同时，国务院办公厅、人力资源和社会保障部陆续发布《关于分类推进人才评价机制改革的指导意见》《关于改革完善技能人才评价制度的意见》相关文件，要求健全完善技能人才评价体系，形成科学化、社会化、多元化的技能人才评价机制，发挥政府、用人单位、社会组织等多元主体作用，对社会通用性强、专业性强、技术技能要求高的职业（工种），可根据经济社会发展需要，实行职业技能等级认定。

近几年，我国也出现了不少公路养护管理的教育培训机构，对公路养护技术工人进行了教育培训和职业技能评价，但由于缺乏科学规范的评价标准和教育培训教材，公路养护技术工人队伍培养水平参差不齐，难以适应我国公路养护转型升级和高质量发展的需求。为此，中国交通教育研究会组织交通运输部公路科学研究院等13家研究机构、高校和企事业单位，编制了《公路养护技术工人职业技能水平·评价》（T/CICE 001—2023）团体标准，经过人力资源社会保障部门、交通运输主管部门、行业知名专家学者等多方面的审查论证，于2023年3月由人民交通出版社正式出版发行，有效规范和引导了我国公路养护技术工人技能等级评价工作健康、有序发展。

为进一步做好公路养护技术工人职业技能教育培训工作，为科学、规范开展我国公路养护技术工人技能等级评价工作奠定坚实基础，根据《公路养护技术工人职业技能水平·评价》的相关要求，交通运输部公路科学研究院组织中路交科（北京）交通咨询有限公司、长安大学、中公高科养护科技股份有限公司、中交瑞通路桥养护科技有限公司、浙江交通职业技术学院、吉林交通职业技术学院、云南交通运输职业学院、青海交通职业技术学院、北京工业大学以及西安创美数码科技有限公司，结合近年在公路养护领域的经验和成果撰写本书,作为公路养护技术工人职业技术技能指导手册和培训教材。本书自 2022 年 12 月开始组织编写,经过了十余次讨论方才定稿。在编写过程中得到了人力资源和社会保障部职业技能鉴定中心、北京市交通委员会、浙江公路局、内蒙古交通建设工程质量监测鉴定站、长安大学、同济大学以及相关企业专家的大力支持和热情指导,在此表示真挚感谢。

书中部分图片、照片来源于互联网和公开出版物,未能一一注明作者及出处,在此对作者们表示歉意与感谢。

由于编者水平有限,书中若存在不妥或疏漏之处,敬请读者批评指正。

本书编委会
2024 年 7 月

本书配套数字资源索引

序号	名称	资源类型	对应页码
1	开槽灌缝工艺	视频	164
2	热料热补工艺	视频	171
3	就地热再生工艺	视频	218
4	水泥混凝土路面碎石化施工工艺	视频	226
5	聚合物（环氧）砂浆表面修补工艺	视频	278
6	混凝土裂缝灌浆修补工艺	视频	284
7	砌块更换工艺	视频	288
8	骑缝锚杆注浆工艺	视频	330
9	隧道衬砌 W 形钢带加固工艺	视频	339
10	直接堵漏工艺	视频	350
11	双向四车道高速公路养护作业控制区布置	视频	405
12	双向四车道高速公路养护作业控制区安全设施的布设	视频	406

资源使用方法：

1. 扫描封面上的二维码（注意此码只可激活一次）；

2. 关注"交通教育出版"微信公众号；

3. 公众号弹出"购买成功"通知，点击"查看详情"，进入后即可查看资源；

4. 也可进入"交通教育出版"微信公众号，点击下方菜单"用户服务-图书增值"，选择已绑定的教材进行观看和学习。

目录

1 基础知识 / 1
- 1.1 公路养护作业 ······ 1
- 1.2 公路养护法律法规 ······ 30
- 1.3 公路养护规范、标准 ······ 34
- 1.4 职业道德 ······ 45

2 路基 / 50
- 2.1 路基类型与基本构造 ······ 50
- 2.2 路基养护总体要求 ······ 54
- 2.3 路基病害类型与判定 ······ 58
- 2.4 路基检查 ······ 68
- 2.5 路基日常养护 ······ 74
- 2.6 路基养护工程 ······ 87

3 路面 / 124
- 3.1 路面结构组成与分类 ······ 124
- 3.2 路面养护总体要求 ······ 126
- 3.3 路面常见病害类型及判定 ······ 131
- 3.4 路面检查及评定 ······ 143
- 3.5 路面日常养护 ······ 152
- 3.6 路面养护工程 ······ 186

4 桥涵 / 230
- 4.1 桥涵结构组成与分类 ······ 230
- 4.2 桥涵养护总体要求 ······ 234
- 4.3 桥涵常见病害识别与判定 ······ 240
- 4.4 桥涵检查及评定 ······ 253
- 4.5 桥涵日常养护 ······ 273
- 4.6 桥涵预防养护 ······ 276

4.7 修复养护 ·· 276

5 隧道 / 295

5.1 隧道结构组成与分类 ································· 295
5.2 隧道养护总体要求 ··································· 302
5.3 隧道病害识别与判定 ································· 305
5.4 隧道检查及评定 ······································ 315
5.5 隧道清洁 ·· 324
5.6 隧道保养维修 ··· 326
5.7 隧道病害处治 ··· 335

6 交通安全设施 / 354

6.1 交通安全设施组成与分类 ···························· 354
6.2 交通安全设施养护总体要求 ························· 359
6.3 交通安全设施常见损坏与判定 ······················ 361
6.4 交通安全设施检查及评定 ··························· 361
6.5 交通安全设施技术状况评定 ························· 365
6.6 交通安全设施日常养护 ······························ 366
6.7 交通安全设施修复养护 ······························ 371

7 公路养护作业安全管理 / 380

7.1 公路养护安全作业 ··································· 380
7.2 养护安全设施及分类 ································· 382
7.3 养护作业控制区布置 ································· 389
7.4 养护安全设施布设 ··································· 405
7.5 养护作业现场安全管理 ······························ 407

参考文献 / 410

1 基础知识

1.1 公路养护作业

1.1.1 公路的定义、分类、技术等级及组成

1.1.1.1 公路的定义

公路是在中华人民共和国境内,按照国家标准修建,并经交通主管部门验收认定的城间、城乡间、乡间可供汽车行驶的公共道路,包括公路桥梁、公路隧道和公路渡口。

1.1.1.2 公路的分类

公路按行政等级分为国家公路(简称国道,G)、省级公路(简称省道,S)、县级公路(简称县道,X)、乡(镇)级公路(简称乡道,Y)、村级公路(简称村道,C)和专用公路(Z)六类。其中,国道包括国家高速公路和普通国道,省道包括省级高速公路和普通省道。公路行政等级字母标识符见表1.1-1。

公路行政等级字母标识符 表1.1-1

公路行政等级	字母标识符	公路行政等级	字母标识符
国道	G	乡道	Y
省道	S	村道	C
县道	X	专用公路	Z

1) 国道

国道是指在国家干线网中,具有全国性的政治、经济和国防意义的主要干线公路,包括重要的国际公路、国防公路,连接首都与各省、自治区省会/首府和直辖市的公路,连接各大经济中心、港站枢纽、商品生产基地和战略要地的公路。图1.1-1 所示为国道标志。

2) 省道

省道是指具有全省(自治区、直辖市)政治、经济意义,并由省(自治区、直辖市)公路主管部门负责修建、养护和管理的公路干线。图1.1-2 所示为省道标志。

图 1.1-1　国道标志

图 1.1-2　省道标志

3）县道

县道是指具有全县政治、经济意义，连接县城和县内主要乡（镇）、主要商品生产和集散地的公路，以及不属于国道、省道的县际公路。图 1.1-3 所示为县道标志。

图 1.1-3　县道标志

4）乡道

乡道是指主要为乡（镇）村经济、文化、行政服务的公路，以及不属于县道及以上公路的乡与乡之间和乡与外部联络的公路。图1.1-4所示为乡道标志。

a)

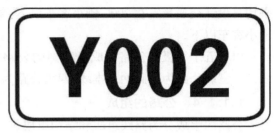
b)

图1.1-4　乡道标志

5）村道

村道是指直接为农村生产、生活服务，不属于乡道及以上公路的建制村之间和建制村与乡镇联络的公路。图1.1-5所示为村道标志。

6）专用公路

专用公路是指专供或主要供厂矿、林区、农场、油田、旅游区、军事要地等与外部联系的公路。

图1.1-5　村道标志

1.1.1.3　公路技术等级

公路技术等级是表示公路通行能力和技术水平的指标。一般来说，公路技术等级越高，公路的各项技术指标越高，汽车在公路上允许行车速度越高，其交通量和车辆荷载越大，服务水平就越高，反之则低。因此，如果知道了某一条公路的等级，就可知道其一般情况。

一般根据公路的功能、使用任务和适应的交通量划分公路技术等级。《公路工程技术标准》（JTG B01—2014）把公路划分为高速公路、一级公路、二级公路、三级公路、四级公路五个等级。

1）高速公路

高速公路为专供汽车分方向、分车道行驶，全部控制出入的多车道公路。高速公路的年平均日设计交通量宜在15000辆小客车以上。

2）一级公路

一级公路为供汽车分方向、分车道行驶，可根据需要控制出入的多车道公路。一级公路的年平均日设计交通量宜在15000辆小客车以上。

3）二级公路

二级公路为供汽车行驶的双车道公路。二级公路的年平均日设计交通量宜为5000～15000辆小客车。

4）三级公路

三级公路为供汽车、非汽车交通混合行驶的双车道公路。三级公路的年平均日设计交通量宜为 2000～6000 辆小客车。

5）四级公路

四级公路为供汽车、非汽车交通混合行驶的双车道或单车道公路。双车道四级公路年平均日设计交通量宜在 2000 辆小客车以下；单车道四级公路年平均日设计交通量宜在 400 辆小客车以下。

以上五个等级的公路构成了我国的公路网。其中，高速公路、一级公路为公路网骨干线，二、三级公路为公路网基本线，四级公路为公路网的支线。

1.1.1.4 公路的组成

公路的组成分为路线组成和结构组成。

1）公路的路线组成

公路的路线组成主要由平面线形、纵断面线形和横断面线形组成。

2）公路的结构组成

公路的结构组成主要由路基、路面、桥梁、涵洞、隧道、交通工程及沿线设施等组成。

1.1.2 公路养护定义及技术工人定位

1.1.2.1 公路养护定义

公路养护是指为保持公路的正常使用而进行的经常性保养、维修，预防和修复灾害性损坏，以及为提高公路的使用质量和服务水平而进行的加固、修缮或增建。

1.1.2.2 公路养护技术工人定位

公路养护技术工人是指了解、熟悉和掌握一定的公路养护基本知识，具备一定的公路养护技能，能够使用工具、机械设备对公路及其设施进行养护及维修的人员。

1）公路养护技术工人的要求

公路养护技术工人的要求分为专业知识要求和职业技能要求。

（1）专业知识要求

公路养护技术工人应了解、熟悉、掌握本职业通用基础知识，包括但不限于预防养护、修复养护、专项养护和应急养护等方面基础知识。

（2）职业技能要求

公路养护技术工人在了解、熟悉、掌握本职业专业知识要求的基础上，应具备实施预防养护、修复养护、专项养护和应急养护的本职业多种综合能力。

2）公路养护技术工人的分级

公路养护技术工人按照《公路养护技术工人职业技能水平·评价》（T/CICE 001—2023）分为初级公路养护技术工人、中级公路养护技术工人和高级公路养护技术工人。

（1）初级公路养护技术工人

初级公路养护技术工人应了解公路养护基础知识，基本掌握公路养护的职业技能，经本职业技能等级培训合格，能够按要求对路基、路面、桥涵、隧道及交通安全设施进行养护技术作业、日常巡查、清理、维护和修复等工作。

（2）中级公路养护技术工人

中级公路养护技术工人应熟悉公路养护基础知识，掌握公路养护的职业技能，经本职业技能等级培训合格，能够按要求对路基、路面、桥涵、隧道及交通安全设施进行养护定期检查、预防、修复、病害和缺陷修复等工作。

（3）高级公路养护技术工人

高级公路养护技术工人应掌握公路养护基本知识，熟练掌握公路养护的职业技能，经本职业技能等级培训合格，能够按要求对路基、路面、桥涵、隧道及交通安全设施进行养护复杂疑难技术问题处理、定期检查、专项检查、应急检查、复杂和严重病害修复等工作。

1.1.3 公路工程识图基本知识

由国家指定专门机构负责组织制定的，在全国范围内执行的标准，称为国家标准，简称国标，代号为 GB。由国际标准化组织制定的，在世界范围内使用的标准，称为国际标准，代号为 ISO。为了统一我国公路工程的制图方法，保证制图质量，提高工作效率，便于技术交流，我国特制定了《道路工程制图标准》（GB 50162—1992）。此标准于 1993 年 5 月 1 日起施行，是我国公路工程图样绘制唯一标准。该标准不仅是绘图、读图的"行为准则"，更是公路工程技术人员判断图样中相应要素的依据。

1.1.3.1 工程图纸基本要素

1）图幅与图框

图幅是指图纸的幅面大小，即图纸本身的规格，见表 1.1-2；图框是指图纸上表示绘图范围的边线。每项工程都会有一整套的图纸。为便于装订、保存和合理使用图纸，国家对图纸幅面进行了规定，如图 1.1-6 所示。

图幅尺寸（单位：mm） 表1.1-2

尺寸代号	图幅代号				
	A0	A1	A2	A3	A4
$b \times l$	841×1189	594×841	420×594	297×420	210×297
a	35	35	35	35	35
c	10	10	10	10	10

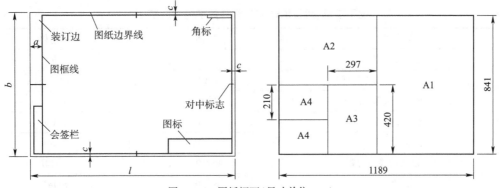

图 1.1-6 图纸幅面（尺寸单位：mm）

2）图标、会签栏及角标
(1) 图标布置在图框内右下角处,如图1.1-7所示。

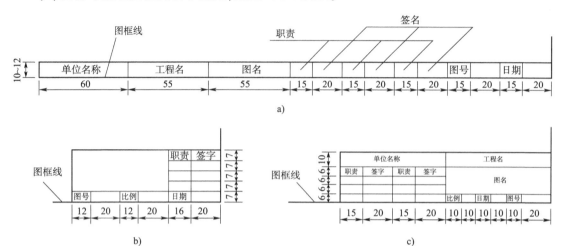

图1.1-7　图标(尺寸单位:mm)

(2) 会签栏宜布置在图框外左下角,其格式如图1.1-8所示。
(3) 当需要在图纸上绘制角标时,角标宜布置在图框内的右上角,如图1.1-9所示。

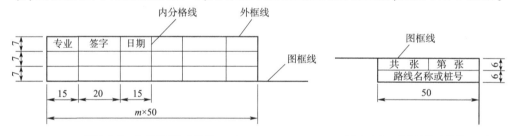

图1.1-8　会签栏(尺寸单位:mm)　　　　图1.1-9　角标(尺寸单位:mm)

3）汉字、字母、数字和符号

汉字、字母、数字和符号是工程图的重要组成部分。汉字采用长仿宋字(又称工程字),采用从左向右、横向书写的格式。图样及说明中的拉丁字母、阿拉伯数字与罗马数字,宜采用单线简体或roman字体,见表1.1-3。

拉丁字母、阿拉伯数字与罗马数字的书写规则　　　　表1.1-3

书写格式	字体	窄字体
大写字母高度	h	h
小写字母高度(上下均无延伸)	$7/10h$	$10/14h$
小写字母伸出的头部或尾部	$3/10h$	$4/14h$
笔画宽度	$1/10h$	$1/14h$
字母间距	$2/10h$	$2/14h$
上下行基准线的最小间距	$15/10h$	$21/14h$
词间距	$6/10h$	$6/14h$

4)图线

工程图中的信息都是由线条表示的。为了反映图中不同的内容,厘清主次关系,绘图必须采用不同的线型和线宽来表示。图纸上的实线、虚线、点画线、双点画线、波浪线、折断线等线型适用于不同的情况。图线有粗、中、细之分,通常每张工程图上的图线线宽不宜超过3种。图线的线型、线宽及用途见表1.4-4。图线示例如图1.1-10所示。

图线的线型、线宽及用途　　　　表1.1-4

名称	线型	线宽	一般用途
标准实线	———————	b	可见轮廓线、钢筋线
中实线	———————	$0.5b$	较细的可见轮廓线、钢筋线
细实线	———————	$0.25b$	尺寸线、剖面线、引出线、图例线等
粗实线	———————	$(1.4\sim2.0)b$	图框线、路线设计线、地平线等
粗虚线	- - - - - - -	b	地下管线或建筑物
中虚线	- - - - - - -	$0.5b$	不可见轮廓线
细虚线	- - - - - - -	$0.25b$	公路纵断面图中竖曲线的切线
细点画线	—·—·—·—	$0.25b$	中心线、对称线、轴线等
细双点画线	—··—··—··	$0.25b$	假想轮廓线
粗双点画线	—··—··—··	b	规划红线
波浪线	～～～～	$0.25b$	断开界线
折断线	—/—	$0.25b$	断开界线

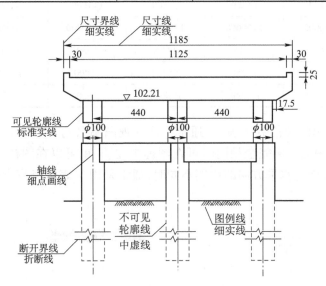

图 1.1-10　图线示例(尺寸单位:cm)

在路线平面图中,设计路线采用粗实线,平曲线的切线采用细实线,原有公路边线采用细实线。在路线纵断面图中,公路设计线采用粗实线;原地面线采用细实线;地下水位线采用细双点画线;当路线坡度发生变化时,变坡点应用直径为2mm的中粗线圆圈表示;

切线采用细虚线;竖曲线采用粗实线。在路线横断面图中,路面线、路肩线、边坡线、护坡线均应采用粗实线;表示路面厚度的线采用中实线;原地面线采用细实线,设计或原有公路中线采用细点画线。当公路分期修建、改建时,在同一张图纸中画出规划、设计、原有公路横断面,规划公路中线采用细双点画线;规划红线(规划公路用地界线)应采用粗双点画线。

5)坐标

坐标网格应采用细实线绘制,南北方向为 X 轴,东西方向为 Y 轴。坐标网格也可采用十字线代替,如图 1.1-11 所示。

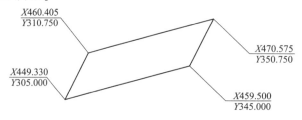

图 1.1-11 坐标示例

6)比例尺

图样的比例为图形与实物相对应的线性尺寸之比。绘图所用比例可分为常用比例和可用比例,见表 1.1-5。

绘图所用比例　　　　表 1.1-5

常用比例	1:1	1:2	1:5	1:10	1:20	1:50
	1:100	1:200	1:500	1:1000	1:2000	1:5000
	1:10000	1:20000	1:50000	1:100000	1:200000	—
可用比例	1:3	1:15	1:25	1:30	1:40	1:60
	1:150	1:250	1:300	1:400	1:600	1:1500
	1:2500	1:3000	1:4000	1:6000	1:15000	1:30000

图样的比例采用阿拉伯数字表示,通常标注在视图图名的下方或右侧,如图 1.1-12 所示。当同一张图样中的比例完全相同时可在图标中注明,也可以在图样中的适当位置采用标尺标注;当竖直方向与水平方向的比例不同时,通常采用 V 表示竖直方向比例,采用 H 表示水平方向比例。

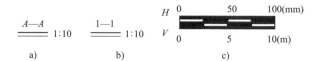

图 1.1-12 比例表示方式

7)尺寸标注

工程图样上所有尺寸数字都是表示物体实际大小的数值,与图样的比例及绘图的准确度无关。在公路工程图中,线路的里程桩号以千米(km)为单位,高程、坡长和曲线要素均以米(m)为单位,一般砖、石、混凝土等工程结构物及钢筋和钢材的长度以厘米(cm)为单位,钢筋和钢材断面以毫米(mm)为单位。图样上尺寸数字之后不标注单位,但在注解及技术要求中要注明尺寸单位。标注表示示例如图1.1-13所示。

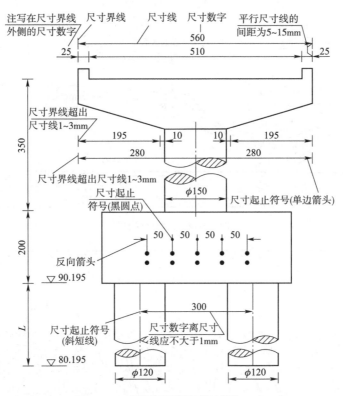

图1.1-13 标注表示示例(尺寸单位:cm)

尺寸线与尺寸界线的交点为尺寸的起止点,在起止点上有尺寸起止符号。尺寸起止符号采用单边箭头或斜短线表示。同一张图样上应该采用同一种尺寸起止符号,标注在尺寸线之上(下)。当标注没有足够的注写位置时,可采用反向箭头,最外边的尺寸数字可注写在尺寸界线外侧箭头的上方,中间相邻的尺寸数字可错开注写,也可引出注写。尺寸均应标注在图样轮廓线以外,任何图线不得穿过尺寸数字;当不可避免时,应将尺寸数字处的图线断开。

1.1.3.2 公路工程图的组成

公路工程图是建造公路的技术依据,是用来说明公路路线的走向、线形设计、沿线的地形地物、路线的高程和坡度、路基状况、路面结构,以及线路交叉、立交的构筑物(如桥梁、涵洞、挡土墙、公路、铁路等)的位置内容的图样,公路路线示例如图1.1-14所示。

由于公路的位置和形状受其所在地区的地形、地貌,以及地质等自然条件的综合影响,公路路线分竖向高度变化(上坡、下坡、竖曲线)和平面弯曲变化(左向、右向、平曲线),从总体来看,公路路线是一条空间曲线。

1)路线平面图

路线平面图主要用于表达路线的走向和平面线形(包含直线和左弯道曲线、右弯道曲线),以及沿线路两侧一定范围内的地形(如山丘、平地、河流等)、地物(如村镇、房屋、耕地、果园等)情况。若将路线画在地形图上,可用等高线表示地形,用图例表示地物,如图 1.1-15 所示。

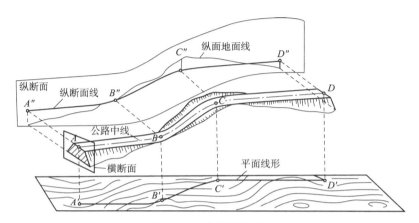

图 1.1-14　公路路线示例

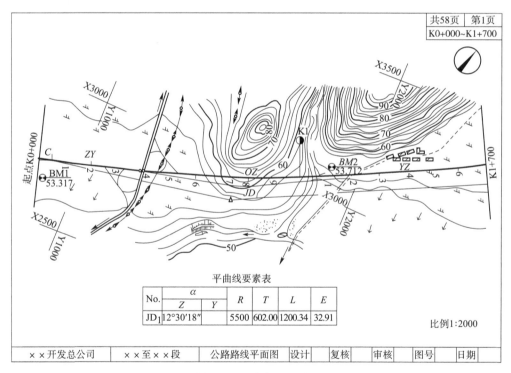

图 1.1-15　路线平面示例

2)路线纵断面图

路线纵断面图主要用于表示路线中心的地面起伏状况,以及路线的纵向设计坡度和竖曲线。公路路线的纵断面图是用假想的铅垂剖切面沿着公路的中心线进行纵向剖切。

路线纵断面图主要包括图样和资料表两部分。一般图样画在图纸的上部,将资料以表格形式布置在图纸的下部。高程标尺布置在资料表的上方左侧。水平横向表示路线里程,铅垂纵向表示地面线及设计线的高程。路线纵断面示例如图 1.1-16 所示。

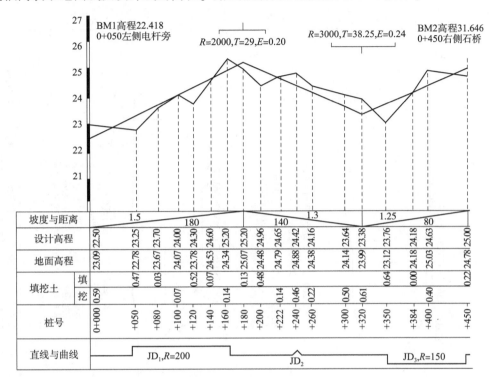

图 1.1-16 路线纵断面示例

3) 路基横断面图

假设通过路线中心桩用一垂直于路线中心线的铅垂剖切面进行横向剖切,画出该铅垂剖切面与地面的交线及其与设计路基的交线,便得到路基横断面图。路基横断面示例如图 1.1-17、图 1.1-18 所示。

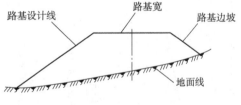

图 1.1-17 路基横断面示例一

1.1.4 公路工程测量基本知识

公路工程测量包括路线勘测设计测量和公路施工测量两大部分。其中,路线勘测设计测量包括中线测量、纵断面测量、横断面测量和地形图测量等。公路施工测量的主要任务是将公路的设计位置按照设计与施工要求,测设到实地上,为施工提供依据。公路施工测量可分为公路施工前测量工作和公路施工过程中测量工作。以下主要介绍几种具体的测量方法。

1.1.4.1 水准测量

1) 原理

水准测量是利用水准仪提供的"水平视线",测量两点间高差,从而由已知点高程推算出未知点高程,如图 1.1-19 所示。

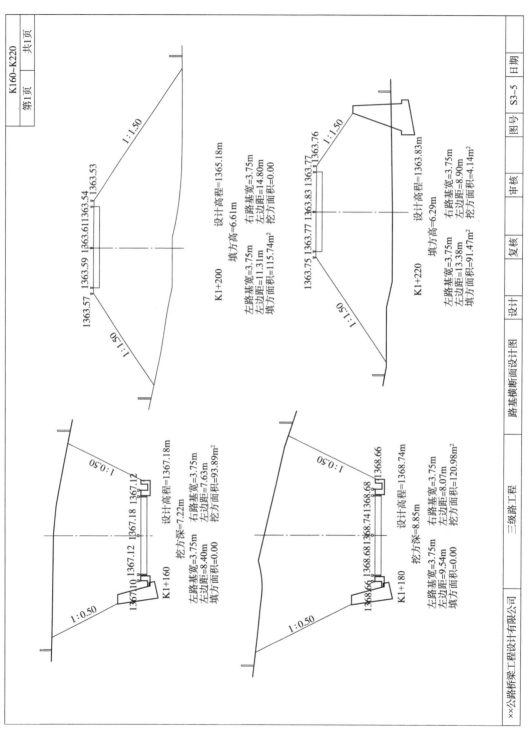

图1.1-18 路基横断面示意例二

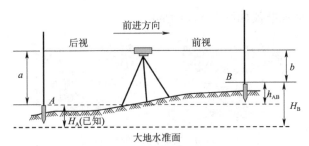

图 1.1-19 水准测量

水准测量原理:水准测量是测出地面点高程的方法之一。测出 AB 两点之间的高差,可在 AB 两点上分别竖立 2 根标尺,在两点之间安置 1 架能提供水平视线的仪器,使视线水平照准 A 点标尺读数,设为 a,再照准 B 点标尺读数,设为 b,则 AB 两点间的高差为:

$$h_{AB} = a - b$$

因为 A 点高程已知,通常称 a 为后视读数,而称 b 为前视读数,即

$$h_{AB} = 后视读数 - 前视读数$$

B 点的高程则为

$$H_B = H_A + h_{AB} \tag{1.1-1}$$

水准测量是利用一条水平视线,并借助于竖立在地面点上的标尺,来测定地面上两点之间的高差,然后根据其中一点的高程推算出另外一点高程的方法。要测算地面上两点之间的高差,所依据的就是一条水平视线,如果不能使视线水平,则无法测定两点之间的高差。

2)计量器具

水准测量的计量器具为水准仪、水准尺和尺垫。

(1)水准仪

水准仪是建立水平视线测定地面两点间高差的仪器,是水准测量的主要仪器,按其所能达到的精度分为 $DS_{0.5}$、DS_1、DS_3、DS_{10} 等几个等级。其中,"D"和"S"是中文"大地"和"水准仪"中"大"字和"水"字的汉语拼音的第一个字母,下标"0.5""1""3"及"10"等阿拉伯数字是指水准仪每千米往返高差中数的偶然中误差,以 mm 为单位。

水准仪按构造可分为微倾水准仪(如 DS_3 型微倾式水准仪)、自动安平水准仪和电子水准仪三种。

①微倾水准仪。

DS_3 型微倾水准仪主要由望远镜、水准器和基座三部分组成。

水准仪的望远镜能够绕仪器竖轴在水平方向转动,为了精确地提供水平视线,在仪器构造上安置了一个能使望远镜做微小运动的微倾螺旋,所以称微倾水准仪。微倾水准仪的构造如图 1.1-20 所示。

②自动安平水准仪。

自动安平水准仪是一种利用水平视线进行工作的光学测绘仪器,其内部的自动安平机构可以自动补偿,使仪器视线水平,所以在观测时只需将圆水准器气泡居中,十字丝中丝读取的标尺读数即水平视线的读数。自动安平水准仪不仅能加快作业速度,而且能自动补偿由地面的微小振动、仪器下沉、风力以及温度变化等外界因素引起的视线微小倾斜,从而保证测量精度。自动安平水准仪如图 1.1-21 所示。

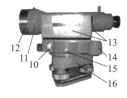

图 1.1-20　微倾水准仪的构造示意

1-微倾螺旋;2-分划板护罩;3-目镜;4-物镜调焦螺旋;5-制动螺旋;6-微动螺旋;7-底板;8-三角压板;9-脚螺旋;10-弹簧帽;11-望远镜;12-物镜;13-管水准器;14-圆水准器;15-连接小螺钉;16-轴座

③电子水准仪。

电子水准仪由仪器和标尺两大部分组成。仪器主机由望远镜系统、补偿器、分光棱镜、目镜系统、CCD 传感器、数据处理器、键盘、数据处理软件等组成。电子水准仪如图 1.1-22 所示。

图 1.1-21　自动安平水准仪　　　图 1.1-22　电子水准仪

电子水准仪的测量过程:人工完成照准和调焦之后,标尺的条码影像光线到达望远镜中的分光镜;分光镜将该光线分离成红外光和可见光两部分。红外光传送到线阵探测器上进行标尺图像探测;可见光传送到十字丝分化板上成像,供测量员目视观测。

电子水准仪的优点:

a. 测量效率高。

b. 数字水准仪自动记录。

c. 测量精度高。

d. 测量速度快。

e. 操作简单。

f. 自动改正测量误差。

电子水准仪的缺点:

a. 电子水准仪只能使用配套的标尺测量。

b. 电子水准仪要求有一定的视场范围。

c. 电子水准仪对环境要求高。

(2)水准尺和尺垫

水准尺是与水准仪配合使用进行水准测量的工具。水准尺分为直尺、折尺和塔尺。其中,直尺、折尺长为3m,塔尺有5m和3m两种。尺垫是供支承水准尺和传递高程所用的工具。水准尺和尺垫如图1.1-23所示。

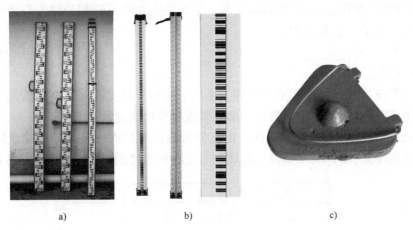

图1.1-23 水准尺和尺垫

1.1.4.2 角度测量

角度测量是测量的基本工作之一。角度测量包括水平角测量和竖直角测量。水平角测量用于确定地面点位的平面位置,竖直角测量用于测定地面点的高程或将倾斜距离换算成水平距离。

1)水平角测量

从一点出发的两空间直线在水平面上投影的夹角即二面角,称为水平角。其范围:顺时针0°~360°。水平角测量如图1.1-24所示。

2)竖直角测量

在同一竖直面内,目标视线与水平线的夹角,称为竖直角。其范围在0°~±90°范围内。当视线位于水平线之上,竖直角为正,称为仰角;反之,当视线位于水平线之下,竖直角为负,称为俯角。竖直角测量如图1.1-25所示。

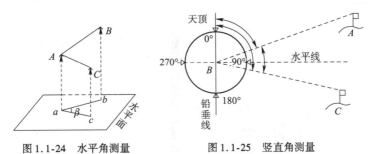

图1.1-24 水平角测量　　图1.1-25 竖直角测量

1.1.4.3 距离测量

确定一条直线,不仅需要测定两点间的距离,还需要确定直线在平面上的方向,即需要完成距离测量和直线定向两项工作。

距离测量即测定地面上两点之间的长度。地面两点之间的距离指这两点沿铅垂线方向在大地水准面上投影间的弧长。如测区面积不大则可用水平面代替水准面。两点间在水平面上的连续投影长度称为水平距离。根据不同的测距精度和工作条件,距离测量的方法包括钢尺量距、视距法测距、光电测距仪测距等。下面将主要介绍绘制公路工程图中常用的测量工作及钢尺量距的方法和过程。

1)测量工具

(1)丈量工具

丈量工具有皮尺、钢尺、铟瓦基线尺等。皮尺一般用于精度要求不高的测量。钢尺是较为精密的丈量工具,适用于短距离测量。铟瓦基线尺是精确测量工具。

钢尺规格有20m、30m、50m等几种。钢尺分为端点尺和刻线尺两种。端点尺是以尺环外缘作为尺子的零点,而刻线尺是以尺前端刻一横线作为尺的零点,如图1.1-26所示。

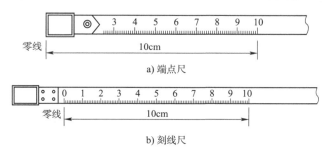

图1.1-26 钢尺的刻度

(2)测钎

测钎用粗铁丝制成,长为30cm或40cm,每组6根或11根,用于标定尺端点的位置和计算所量整尺段数,如图1.1-27a)所示。

(3)照准工具

照准工具有标杆和垂球等。标杆(又称花杆)是长2m或3m的圆木(塑钢、玻璃钢)杆,直径3~4cm,每20cm涂上红白相间的油漆,杆底为锥形铁脚,用于显示目标和标定直线,如图1.1-27b)所示。垂球是由金属制成的,似圆锥形,上端系有细线,是对点的工具,如图1.1-27c)所示。

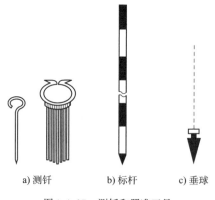

图1.1-27 测钎和照准工具

2）钢尺量距

钢尺量距包括直线定线、长度丈量、计算与核查。

直线定线指两点间距离较长或地势起伏较大时，需分几段进行丈量，为使所量距离形成直线，在两点连线方向上竖立一些标志，把这些标志标定在已知直线上。如果丈量精度要求不高，可用目估法定线，如果丈量精度要求较高，则要用经纬仪定线。

丈量方法包括平坦地区的距离丈量方法和山区的距离丈量方法。

1.1.4.4 全站仪测量

全站仪（全站型电子速测仪）将光电测距仪、电子经纬仪和微处理器合为一体，具有对测量数据自动进行采集、计算、处理、存储、显示和传输的功能，可全部完成测站上所有的距离、角度和高程测量以及三维坐标测量、点位的测设、施工放样和变形监测。全站仪如图1.1-28所示。

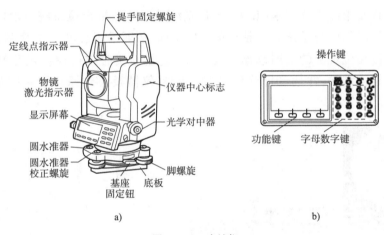

图1.1-28 全站仪

1）全站仪的硬件功能

(1)电子测角，数字显示。

(2)电子测距，数字显示。

(3)自动计算，数字显示。

(4)自带存储空间，用于存入全站仪的机载程序和测量数据。

2）全站仪常见机载应用程序种类

全站仪常见机载应用程序种类有坐标放样、边角放样、对边测量、悬高测量、直线放样、面积测量、后方交会、高程传递、相对直线坐标、坐标正反算、相对直线放样、线路放样、断面测量、地形测量等。

3）全站仪的特点

(1)操作简单、高效。

(2)快速安置。简单地整平和对中后，仪器开机后便可工作。仪器具有专门的动态角扫描系统，因此无须初始化。关机后，仪器仍会保留水平和垂直度盘的方向值。电子"气泡"有图示显示并能使仪器始终保持精密置平。

(3)适应性强。全站仪是为适应恶劣环境操作所制造的仪器。全站仪经受过全面的测试以便适应各种作业条件(如雨天、潮湿、冲撞、尘土和高温等),因此,全站仪能在最苛刻的环境下完成作业任务。

(4)全站仪设有双向倾斜补偿器,不仅可以自动对水平和竖直方向进行修正,以消除竖轴倾斜误差的影响,还可以进行地球曲率改正、折光误差以及温度、气压改正。

(5)控制面板具有人机对话功能。控制面板由键盘和主、副显示窗组成。除照准以外的各种测量功能和参数均可通过键盘来实现,仪器的两侧均有控制面板,操作十分方便。

(6)全站仪具有双向通信功能,可将测量数据传输给电子手簿或外部计算机,也可接受电子手簿和外部计算机的指令或数据。

1.1.4.5 实时动态载波相位差分技术测量

实时动态载波相位差分技术(RTK)测量系统是全球卫星定位系统(GPS)测量技术与数据传输技术构成的组合系统。高精度的 GPS 测量必须采用载波相位观测,RTK 定位技术就是基于载波相位观测的实时动态定位技术,它能够实时快速地提供测站点在指定坐标系中的三维定位结果,并达到厘米级精度。RTK 仪器及工作原理示意图如图 1.1-29、图 1.1-30 所示。

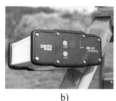

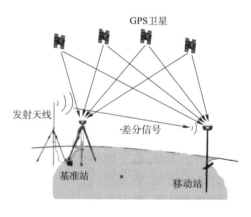

图 1.1-29 RTK 仪器　　　　　　　　图 1.1-30 RTK 工作原理示意

1) RTK 技术主要应用范围

(1)测图根点(精度均匀,效率高)。

(2)地形测图(效率高,可一人操作)。

(3)工程放样(实时显示位置信息,可进行复杂的线路测量,只需输入路线要素,即可生成复杂的公路曲线)。

(4)无验潮测水深。RTK 技术的出现,使得水上测量采用 GPS 无验潮测量方式工作(RTK 方式)成为可能。采用此种方式不仅可以避免定位系统和测深系统之间的延迟误差,而且由于无验潮,使得内业处理更简单、更方便。

2）RTK 应用注意事项

（1）架设基站要求

①高度角在 15°以上开阔，无遮挡物。

②无电磁波干扰（200m 内没有微波站、雷达站、手机信号站等，50m 内无高压线）。

③位置比较高，差分距离传播远。

（2）移动站要求

①尽量避免楼房等干扰物阻碍。

②保持与基站有效距离。

③差分方式及电文要与基站相匹配。

④保持电源充足。

⑤注意爱护仪器，轻拿轻放，储存和运输要入仪器箱。

⑥保持仪器的清洁，长时间不用仪器请取下电池。

⑦使用仪器前一天检查配件齐全，蓄电池电量充足，以免误工。

1.1.4.6 中线测量

1）选线测量

进行公路中线测量，就必须先进行定线测量，即在现场标定转角点和转点。所谓转角点（又称交点），是指公路路线改变方向时，两相邻直线段延长线的交点，通常以 JD_i 表示，它是中线测量的控制点。转点是指当相邻两点之间距离较长或互不通视时，需要在其连线或延长线上定出一点或数点，以供交点、测角、量距或延长直线时瞄准之用。这种在公路中线测量中起传递方向作用的点称为转点，通常以 ZD_i 表示。目前，公路工程常用的定线测量方法有纸上定线和现场定线两种。

2）里程桩的设置

为了确定公路路线中线的位置和路线的长度、满足断面测量的需要以及为以后路线施工放样打下基础，必须由路线的起点开始每隔一段距离钉设木桩标志，称为里程桩。路线里程桩也称为中桩，桩点表示路线中线的具体位置。桩上写有桩号，桩号表示该点至路线起点的里程数。例如，某桩点距路线起点的里程为 9112.11m，则桩号记为 K9+112.11。

里程桩分为整桩和加桩两类，如图 1.1-31 所示。

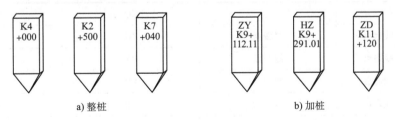

图 1.1-31 里程桩

（1）整桩。在直线上和曲线上，其桩距按表 1.1-6 所列的要求桩距而设置的称为整桩。它的里程桩号均为整数，且为要求桩距的整倍数。当量距每至百米及千米时，要设百米桩及千米桩。

中桩间距 表1.1-6

直线(m)		曲线(m)			
平原微丘区	山岭重丘区	不设超高的曲线	$R>100$	$25<R<100$	$R<25$
≤50	≤25	25	20	10	5

（2）加桩。加桩又分为地形加桩、地物加桩、地质加桩、曲线加桩、断链加桩和行政区域加桩等。

①地形加桩。地形加桩指沿中线在地面起伏突变处、横向坡度变化处以及天然河沟处等设置的里程桩。

②地物加桩。地物加桩指沿中线在有人工构造物处，如拟建桥梁、涵洞、隧道、挡土墙等构造物处；路线与其他公路、铁路、渠道、高压线、地下管道等交叉处、拆迁建筑物处设置的里程桩。

③地质加桩。地质加桩指沿路线在土质变化处及地质不良地段的起点、终点处设置的里程桩。

④曲线加桩。曲线加桩指曲线上设置的起点桩、中点桩、终点桩。

⑤断链加桩。局部改线或距离错误等，致使路线的里程不连续，桩号与路线的实际里程不一致，为说明该情况而设置的桩称为断链加桩。

⑥行政区域加桩。行政区域加桩指省、地(市)、县级行政区划分界处设置的里程桩。

在书写曲线加桩、交点桩和转点桩时，应在桩号之前，加写其缩写名称，见表1.1-7。目前我国公路采用汉语拼音的缩写名称。

桩号汉语拼音及英文缩写 表1.1-7

名称	简称	汉语拼音缩写	英文缩写
交点		JD	IP
转点		ZD	TP
圆曲线起点	直圆点	ZY	BC
圆曲线中点	曲中点	QZ	MC
圆曲线终点	圆直点	YZ	EC
公切点		GQ	CP
第一缓和曲线起点	直缓点	ZH	TS
第一缓和曲线终点	缓圆点	HY	SC
第二缓和曲线起点	圆缓点	YH	CS
第二缓和曲线终点	缓直点	HZ	ST

3)圆曲线的测设

圆曲线是路线转弯最常用的曲线形式，如图1.1-32所示。采用一段圆曲线将两条直线连接，则直线与圆曲线相接的点，称为直圆点ZY；圆曲线与直线相接的点，称为圆直点YZ；圆曲线的中点，称为曲中点QZ。

图 1.1-32 圆曲线

圆曲线的测设分两步进行：第一步，进行测设曲线的主点（ZY、QZ、YZ），称为圆曲线的主点测设；第二步，依据已测设的主点位置在主点之间进行加密，即测设曲线上规定桩距的其他里程桩，以详细标定曲线位置，称为曲线的详细测设。

1.1.4.7 纵、横断面测量

1）纵断面测量

纵断面测量一般分为基平测量和中平测量。其中，基平测量是沿路线方向设置水准点，并测量其高程，可为中平测量及施工测量提供依据。中平测量是根据基平测量测设的水准点的高程，来测定中桩的地面高程。

(1) 基平测量

①设置水准点。

实施基平测量首先要埋设高程控制点。

水准点是路线高程测量的控制点，在勘测和施工阶段都要使用，因此，根据需要和用途可分为永久性水准点和临时性水准点。

在路线的起点、终点、大桥两岸、隧道两端以及一些需要长期观测高程的重点地段附近均应设置永久性水准点。在一般地段也应每隔 5km 设置一个永久性水准点。永久性水准点要埋设标石，也可设置在永久性建筑物上或用金属标志嵌在基岩上。

为便于引测，还需沿线布设一定数量的临时性水准点。临时性水准点可埋设大木桩，顶面钉入大铁钉作为标志，也可利用电线杆等地物。

②基平测量方法。

a. 水准测量的方法。观测路线应与国家控制点联系，并尽可能构成附合水准路线。

b. 全站仪高程测量的方法。三角高程测量一般按全站仪电磁波三角高程测量（四等）规范进行。

(2) 中平测量

中平测量（又称中桩抄平）一般是以两相邻水准点为一测段，从一个水准点开始，用视线高法，逐个测定中桩的地面高程，直至附合到下一个水准点上。

测量原理：

①水准仪后视已知水准点 BM_i，读数为 $a_后$，可求得视线高程。

②再转动水准仪（视线高程不变）分别观测各中桩得到中视读数 $b_中$，照准转点上的水准尺得到前视读数 $b_前$。用下列公式可求得各中桩及转点的高程。

$$视线高程 = 后视点高程 + 后视读数 \qquad (1.1\text{-}2)$$
$$中桩高程 = 视线高程 - 中视读数 \qquad (1.1\text{-}3)$$
$$转点高程 = 视线高程 - 前视读数 \qquad (1.1\text{-}4)$$

2）横断面测量

横断面测量是测定各中桩处垂直于中线方向上的地面起伏情况。首先要确定各中桩的横断面方向，然后在此方向上测定地面坡度变化点的距离和高差。横断面测量的宽度，一般要求中线两侧各测 10～50m。对于横断面测量的距离和高差，一般只需精确至 0.1m。

横断面测量的方法主要有以下三种：

（1）标杆皮尺法。标杆皮尺法是指用一根标杆和一卷皮尺测定横断面方向上两相邻变坡点的水平距离和高差的一种简易方法。

（2）水准仪皮尺法。在平坦地区可以用水准仪测量横断面。水准仪皮尺法是利用水准仪和皮尺，按水准测量的方法测定各变坡点与中桩点间的高差，用皮尺丈量两点的水平距离的方法。

（3）经纬仪视距法。经纬仪视距法是指在地形复杂、山坡较陡的地段，采用经纬仪按视距测量的方法测得各变坡点与中桩点间的水平距离和高差的一种方法。施测时，将经纬仪安置在中桩上，用视距法测出横断面方向各变坡点至中桩的水平距离和高差。

1.1.5 公路建筑材料基本知识

公路养护工作中，选择合适的材料至关重要。常用的公路建筑材料主要包括水泥、水泥混凝土、沥青、沥青混合料、砂石集料、砂浆、钢材、防水材料等。

1.1.5.1 水泥及水泥混凝土

水泥是无机胶凝材料中产量最高、最重要的一种，是国民经济中的一种重要物资，也是反映国家经济实力和科技水平的重要产品之一。凡细磨成粉末状，加入适量水后，可成为塑性浆体，既能在空气中硬化，又能在水中硬化，并能把砂、石等材料牢固地胶结在一起的水硬性胶凝材料，统称为水泥。水泥是最主要的建筑材料，广泛应用于工业民用建筑、交通、水利和国防工程。水泥作为胶凝材料，可与骨料及增强材料制成混凝土、钢筋混凝土、预应力混凝土构件，也可配制砂浆。砂浆可用于建筑物砌筑、抹面、装饰等。

1）水泥的分类

按性能和用途可将水泥分为通用水泥、专用水泥和特性水泥。

（1）通用水泥

通用水泥，又称普通水泥，以石灰石、黏土等为原料高温烧制而成。主要品种有硅酸盐水泥、普通硅酸盐水泥、矿渣硅酸盐水泥、火山灰质硅酸盐水泥、粉煤灰硅酸盐水泥、复合硅酸盐水泥等。其中，凡以硅酸钙为主的硅酸盐水泥熟料，5%以下的石灰石或粒化高炉矿渣，适量石膏磨细制成的水硬性胶凝材料，统称为硅酸盐水泥。建筑工程中使用最多的水泥为硅酸盐水泥。

（2）专用水泥

专用水泥指有专门用途的水泥，如大坝水泥、油井水泥、砌筑水泥和公路水泥等。

（3）特性水泥

特性水泥指某种性能比较突出的水泥,如快硬高强水泥、膨胀水泥、自应力水泥、耐火水泥、耐酸水泥、抗硫酸盐水泥、白色水泥等。

专用水泥与特性水泥又可通称为特种水泥。

2）水泥的水化及硬化

（1）水泥的水化

水泥加水拌和后成为可塑性的水泥浆,水泥颗粒表面的矿物开始在水中溶解并与水发生水化反应,随着水化反应的进行,水泥浆体逐渐变稠失去可塑性。

（2）水泥的硬化

随着水泥水化的进一步进行,凝结了的水泥浆开始产生强度并逐渐发展成为坚硬的水泥石。

水泥的凝结、硬化是水泥水化的外在反映,它是一个连续的、复杂的物理化学变化过程。

3）水泥的技术性质及应用

下面以硅酸盐水泥为例进行介绍。

（1）细度

细度表示水泥颗粒的粗细程度。同样成分的水泥,颗粒越细,水化反应速度越快,水化放热越快,凝结、硬化速度越快,早期强度越高。但水泥颗粒过细,耗能高、成本高,硬化收缩率大,易引起开裂。

（2）凝结时间

凝结时间是指水泥从和水开始到失去流动性,即从可塑状态发展到固体状态所需的时间。水泥的凝结时间可分为初凝时间和终凝时间。初凝时间是指自加水拌和至水泥浆开始凝结所需要的时间。终凝时间是指自加水拌和至水泥浆完全凝结开始产生强度的时间。

工程上要求:初凝时间不能过短,是为了保证施工过程能从容地在水泥浆初凝之前完成;终凝时间不可过长,因为水泥终凝后才开始产生强度,而水泥制品遮盖浇水养护以及后续工序,需待其具有一定强度后方可进行。

终凝时间的测定:在规定的恒温恒湿环境中,受测水泥浆必须是标准稠度的水泥浆。

标准稠度用水量:指水泥净浆达到规定稠度时所需的拌和水量,以占水泥质量的百分率表示。

水泥的凝结时间按《水泥标准稠度用水量、凝结时间、安定性检验方法》（GB/T 1346—2011）用标准维卡仪（图1.1-33）测定。《通用硅酸盐水泥》（GB 175—2023）规定:硅酸盐水泥初凝时间不小于45min,终凝时间不大于390min。普通硅酸盐水泥、矿渣硅酸盐水泥、火山灰质硅酸盐水泥、粉煤灰硅酸盐水泥和复合硅酸盐水泥初凝时间不小于45min,终凝时间不大于600min。

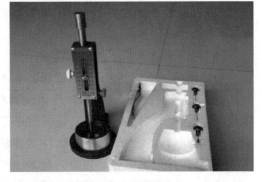

图1.1-33 标准维卡仪

(3)强度与强度等级

①水泥的强度。

水泥的强度是指水泥胶砂硬化试件所能承受外力破坏的能力。以水泥、标准砂、水按规定比例拌和成水泥胶砂拌和物,再按规定方法制成软炼水泥胶砂试件,测其不同龄的强度。

水泥强度是表明水泥质量的重要技术指标,也是划分水泥强度等级的依据。

②水泥的强度等级。

水泥的强度等级指在标准条件下养护 28d 所达到的抗压强度。国家标准《水泥胶砂强度检验方法(ISO)》(GB/T 17671—2021)规定,水泥强度采用软练胶砂法测定,根据 3d 强度分为普通型和早强型。该法是由按质量计的一份水泥、三份 ISO 标准砂,用 0.5 的水灰比拌制的一组塑性胶砂,制成 40mm×40mm×160mm 的试件,试件连模一起在湿气中养护 24h 后,再脱模放在标准温度(20±3)℃的水中养护,分别测定 3d 和 28d 抗压强度和抗折强度。硅酸盐水泥强度等级分为 42.5、42.5R、52.5、52.5R、62.5、62.5R,共六个等级。

1.1.5.2 沥青

1)沥青的定义

沥青是一种有机结合料,由一些极其复杂的高分子烃类组成。这些烃类为带有不同长短侧链的高度缩合的环烷烃和芳环烃,以及这些烃类的非金属元素(氧、氮、硫)的衍生物,有时还含有一些微量金属元素(如钒、镍、锰、铁等)的烃类等,颜色呈黑色以及黑褐色。沥青在常温下呈液态、半固态或固态。沥青的有效成分几乎完全溶解于二硫化碳、三氯甲烷等有机溶剂。

2)沥青的分类

(1)按沥青的产源分类

沥青按产源可分为地沥青和焦油沥青两种。

①地沥青。地沥青由天然存在的石油或石油精制加工而得到。地沥青按其产源又可分为天然沥青和石油沥青。

②焦油沥青。焦油沥青指由各种有机物(煤、木材、页岩)干熘加工得到的焦油,经再加工而得到的沥青。焦油沥青按其加工的有机物名称而命名,如由煤干熘所得的煤焦油,经再加工后所得的沥青,即称为煤沥青。

在公路工程中最常用的是石油沥青,其次是天然沥青。我国石油资源丰富,分布广泛,随着石油工业的发展,石油沥青产量日益增多,它是公路工程中广泛使用的一种沥青材料。

(2)按沥青在常温下的稠度分类

根据用途的不同,要求石油沥青具有不同的稠度,一般可分为固体沥青、黏稠沥青和液体沥青三类,如图 1.1-34 所示。固体沥青在常温下为固体状态。黏稠沥青在常温下为半固体或固体状态。按针入度分级,针入度小于 40 为固体沥青,针入度在 40~300 范围内为半固体沥青,而针入度大于 300 为黏性液体状态沥青。液体沥青在常温下多呈黏稠液体或液体状态,其按标准黏度分级划分为慢凝、中凝和快凝液体沥青。在生产应用中,常在黏稠沥青中掺入一定比例的溶剂,配制出稠度很低的液体沥青,称为稀释沥青。

a) 固体沥青　　　　　　　b) 黏稠沥青　　　　　　　c) 液体沥青

图 1.1-34　石油沥青

3) 石油沥青的工程性质

(1) 黏滞性

沥青的黏滞性是反映沥青材料内部阻碍沥青粒子产生相对流动的能力,简称为黏性。它以绝对黏度表示。沥青的黏度是沥青首要考虑的技术指标之一。

沥青的绝对黏度有动力黏度和运动黏度两种表达方式,它可以采用毛细管法、真空减压毛细管法等多种方法测定。但由于这些测定方法精密度要求高,操作复杂,不适于作为工程试验,因此工程应用中通常用条件黏度反映沥青的黏性。目前主要采用的条件黏度有针入度和黏度两种。

① 针入度。

针入度试验是国际上经常用来测定黏稠沥青稠度的一种方法。针入度是在规定温度条件下,以规定质量的标准针经过规定的时间贯入沥青试样的深度,以 0.1mm 为单位,如图 1.1-35 所示。通常采用的试验条件:规定温度为 25℃,标准针质量为 100g,贯入时间为 5s。针入度的表示符号为 $P(25℃,100g,5s)$。沥青的针入度值越大,表示沥青的黏度越小。针入度是目前我国黏稠石油沥青的分级指标。

② 黏度。

我国目前采用标准黏度计法测定沥青的黏度。具体方法:将液体状态的沥青材料置于标准黏度计中,在规定的温度条件下,测定沥青通过规定的流孔直径,流出 50mL 体积所需要的时间,以 s 为单位。试验温度和流孔直径应根据液体沥青的黏度选

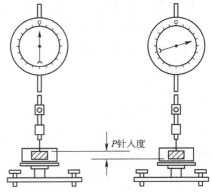

图 1.1-35　针入度仪测定沥青针入度示意

择,规定的温度有 25℃、60℃ 等,常用的流孔孔径有 3mm、4mm、5mm、10mm 等。黏度的表示符号为 $C_{T,d}$,其中,T 表示温度,d 表示流孔孔径。同流孔条件下,沥青流出时间越长,表示沥青黏度越大。

(2) 延性

沥青的延性是沥青材料受到外力拉伸作用时,所能承受的塑性变形的总能力,以延度为条件延性的表征指标。沥青的延度是将沥青试样制成"8"字形标准试件,采用延度仪在规定拉伸

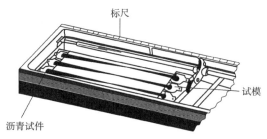

图 1.1-36 沥青延度测定示意

速度和规定温度下拉断时的长度,以 cm 为单位,如图 1.1-36 所示。通常采用的试验温度为 25℃、15℃、10℃、5℃,拉伸速度为(5±0.25)cm/min,低温采用(1±0.05)cm/min 两种。延度的表示符号为 $D_{T,v}$,其中,D 表示延度,T 表示试验温度,v 表示拉伸速度。

沥青的延度与沥青的流变特性、胶体结构和化学组分等有着密切的关系。研究表明,随着沥青胶体结构发育成熟度的提高,含蜡量的增加以及饱和蜡和芳香蜡的比例增大等,都会使沥青的延度值相对降低。

(3)温度敏感性

①软化点。

沥青材料是一种非晶质高分子混合材料,没有固定的熔点。沥青材料在由固态转变为液态的温度阶段是一种黏滞流动状态。在工程施工和使用中为保证沥青不致由于温度升高而产生流动的状态,常采用软化点来表示沥青的温度敏感性。

软化点的测定方法不同,数值大小也不同。《公路工程沥青及沥青混合料试验规程》(JTG E20—2011)要求采用环球法测软化点,如图 1.1-37 所示。该法是将沥青试样注于规定内径的铜环中,环上置一重 3.5g 的钢球,在规定的加热速度(5℃/min)下,沥青试样逐渐软化,直至在钢球荷重作用下滴落到下层金属板时的温度,称为软化点,表示为 $T_{R\&B}$。研究认为,针入度是在规定温度下测定沥青的条件黏度,而软化点则是沥青达到规定条件黏度时的温度。因此,软化点既是反映沥青材料温度稳定性的一项指标,又是沥青黏度的一种量度。

②脆点。

沥青材料在低温下受到瞬时荷载时常表现为脆性破坏。沥青脆性的测定极为复杂,我国目前主要采用弗拉斯脆点作为条件脆性指标。

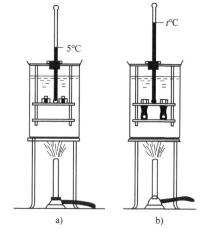

图 1.1-37 沥青软化点测定示意

弗拉斯脆点试验原理:将沥青试样在一个标准的金属薄片上摊成薄层,将其置于脆点仪内并使其稍稍弯曲。当以 1℃/min 的速度降温时,沥青薄膜的温度随之逐渐降低,当降至某一温度时,沥青薄膜在规定弯曲条件下会出现一个或多个裂缝,此时的温度即沥青的脆点。

1.1.5.3 沥青混合料

1)沥青混合料概念

沥青混合料是指经人工合理选择级配组成的矿质混合料(包括粗集料、细集料和填料),与适量沥青结合料(包括沥青类材料及添加的外掺剂、改性剂等)拌和而成的高级路面材料,如图 1.1-38 所示。

2)沥青混合料的分类

(1)按矿料公称最大粒径划分

根据《公路工程集料试验规程》(JTG 3432—2024)的定义:集料的最大粒径是指通过百分比为100%的最小标准筛筛孔尺寸,集料的公称最大粒径是指全部通过或允许少量不通过(一般允许筛余不超过10%)的最小标准筛筛孔尺寸。通常公称最大粒径比最大粒径小一粒级。例如,某种集料在26.5mm筛孔的通过率为100%,在19mm筛孔上的筛余量小于10%,则此集料的最大粒径为26.5mm,而公称最大粒径为19mm。

图1.1-38 沥青混合料

根据集料的公称最大粒径,沥青混合料可分为特粗式、粗粒式、中粒式、细粒式和砂粒式,与之对应的集料粒径尺寸见表1.1-8。

沥青混合料类型汇总　　　　表1.1-8

| 混合料类型 | 密级配 | | | 开级配 | | 半开级配 | 公称最大粒径(mm) | 最大粒径(mm) |
| | 连续级配 | | 间断级配 | 间断级配 | | | | |
	沥青混凝土	沥青稳定碎石	沥青玛琋脂碎石	排水式沥青磨耗层	排水式沥青碎石基层	沥青碎石		
特粗式		ATB-40			ATPB-40	—	37.5	53.0
粗粒式		ATB-30			ATPB-30	—	31.5	37.5
	AC-25	ATB-25			ATPB-25	—	26.5	31.5
中粒式	AC-20		SMA-20		—	AM-20	19.0	26.5
	AC-16		SMA-16	OGFC-16		AM-16	16.0	19.0
细粒式	AC-13		SMA-13	OGFC-13		AM-13	13.2	16.0
	AC-10		SMA-10	OGFC-10		AM-10	9.5	13.2
砂粒式	AC-5				—	AM-5	4.75	9.5
设计空隙率(%)	3~5	3~6	3~4	>18	>18	6~12	—	—

(2)按矿料的级配类型划分

①连续级配沥青混合料。连续级配沥青混合料是指矿料按级配原则,从大到小各级粒径都有,按比例相互搭配组成的沥青混合料。

②间断级配沥青混合料。间断级配沥青混合料是指矿料级配组成中缺少1个或几个粒径档次(用量很少)而形成的沥青混合料。

(3)按矿料级配组成及空隙率大小划分

①密级配沥青混合料。密级配沥青混合料由连续密级配原理设计组成的矿料与沥青结合料拌和而成,设计空隙率为3%~6%,对不同交通及气候情况、层次可做适当调整。密级配沥青混凝土混合料以AC表示,密级配沥青稳定碎石混合料以ATB表示。密级配沥青混

合料按关键性筛孔通过率的不同又可分为细型、粗型密级配沥青混合料等。粗集料嵌挤作用较好的也称嵌挤密实型沥青混合料。

②开级配沥青混合料。矿料级配主要由粗集料嵌挤组成,细集料及填料较少,设计空隙率大于18%,剩余空隙率大于15%。典型代表是排水式沥青磨耗层混合料(OGFC)和排水式沥青碎石基层混合料(ATPB)。

③半开级配沥青混合料。半开级配沥青混合料由适当比例的粗集料、细集料及少量填料(或不加填料)与沥青结合料拌和而成,经马歇尔标准击实成型的试件剩余空隙率在6%～12%的半开式沥青碎石混合料以AM表示。

(4)按制造工艺划分

沥青混合料主要有热拌沥青混合料、冷拌沥青混合料、再生沥青混合料等。

3)沥青混合料的性质

(1)高温稳定性

沥青混合料的高温稳定性通常是指沥青混合料在高温条件下,经行车荷载反复作用后,不产生车辙、推移、波浪、拥包、泛油等病害的性能。

对于沥青混合料高温稳定性的评价,我国《公路工程沥青及沥青混合料试验规程》(JTG E20—2011)采用的方法是马歇尔稳定度试验法和车辙试验法。

(2)低温抗裂性

沥青混合料抵抗低温收缩裂缝的能力称为低温抗裂性。由于沥青混合料随着温度的降低,通常会变脆、变硬,劲度增大,变形能力下降,在温度下降所产生的温度应力和外界荷载应力的作用下,路面内部的应力来不及松弛,应力逐渐累积下来,这些累积应力超过沥青混合料的容许应力值时即发生开裂,从而导致沥青混合料路面的破坏,所以沥青混合料在低温时应具有较低的劲度和较大的抗变形能力来满足低温抗裂性能。

(3)耐久性

沥青混合料在路面中长期受到自然因素和重复车辆荷载的作用,为保证路面具有较长的使用年限,沥青混合料必须具有良好的耐久性。沥青混合料的耐久性有多方面的含义,其中较为重要的是水稳定性、耐老化性和耐疲劳性。

1.1.6 公路养护与环境保护

在公路养护过程中,有时需对路基路面进行加宽,这往往需要占用大量的土地,导致部分植被和景观遭受破坏;为了改善视距,需要砍伐周边的植被,但会影响周边植被的生存;养护施工中的废弃物,会污染环境、影响路容路貌、引发次生灾害;养护用的化工产品、金属物质在地表水的渗透作用下会污染水资源;沥青加热后的气体、搅拌站(场)的烟尘、施工扬尘以及路面清扫扬尘都会污染空气;施工机械的噪声也会影响周围环境。因此,随着公路养护作业规模的不断扩大,对环境造成的污染和破坏也在不断加大。在实施公路养护工作的同时,有计划地保护环境对于人类社会的发展具有至关重要的作用。必须始终坚持把生态文明建设融入经济建设等各方面和全过程,确保公路养护和环境保护能够协调进行。

2016年7月,交通运输部印发《关于实施绿色公路建设的指导意见》,明确了绿色公路的发展思路和建设目标,实施绿色公路建设战略是公路行业落实"创新、协调、绿色、开放、共享"五大发展理念,坚持生态优先、和谐发展的指导方针,强化设计、施工、运营、养护等各阶段的生态环境保护,不仅实现最大限度地保护、最低程度地影响、最有力度地自然恢复,而且实现公路与生态、社会的健康可持续发展。因此,公路养护作业要加强环境保护和落实环境污染防治措施。

1.1.6.1　公路养护作业的环境保护要求

(1)公路环境保护应与公路建设和养护相结合,开发和利用环境。

(2)公路环境保护应体现经济效益、社会效益,各种环境保护设施应因地制宜,做到技术可行、经济合理。

(3)公路养护工程应以维护生态、降低污染、保护沿线环境为目标,对施工与营运期产生的污染采取相应的治理措施。

(4)位于自然保护区、水源保护地、森林、草原、湿地和野生生物栖息地的公路,养护作业时应妥善处理施工废料、废水。废方弃置应注意保护自然水流形态,避免阻塞河道水流或造成水土流失。废水不得直接排入饮用水体和养殖水体。

(5)增强生态保护和水土保持意识,保护生态资源,尽可能少占土(耕)地,做好公路用地范围内的水土保持工作;对边坡、荒地的水土流失,应做好治理工作。

1.1.6.2　公路养护作业中的环境污染防治措施

(1)积极实验和采用无污染或少污染环境的新工艺、新技术、新产品。在路面养护施工中,应积极推广再生、快速修补等环保工艺,减少工程废料。

(2)环境空气污染防治应结合景观绿化,选择有吸附或净化能力,并且适合当地气候、土壤条件的花草、灌木和乔木。在用地许可时,宜种植多层次的绿化林带。

(3)沥青混合料一般应集中场站搅拌,其设备污染物排放应符合《煤炭工业污染物排放标准》(GB 20426—2006)、《无机化学工业污染物排放标准》(GB 31573—2015)、《石油化学工业污染物排放标准》(GB 31571—2015)等相关国家标准的规定。

(4)石灰、粉煤灰等路用粉状材料运输和堆放应有遮盖,有条件时其混合料应集中拌和,减轻对空气、农田的污染。

(5)养护作业应考虑对施工路段及便道适时洒水,减轻扬尘污染。

(6)公路服务区、停车区等产生的废水排放应符合现行《污水综合排放标准》(GB 8978)的有关规定。

(7)公路养护作业应采取有效措施,减少对生态环境、水环境、声环境、环境空气、社会环境的影响,并注意保护公路沿线文物古迹。

1.1.7　公路养护信息化

当前,随着经济的不断发展,信息化水平也不断进步,信息资源已经成为国家的战略储备资源,成为国家之间竞争的主要动力。要想维护好规模庞大的公路资产,提升公路养护管理效能,养护管理的信息化、智慧化就必不可少。公路养护的信息化、智慧化是实现公路养护降成本、增效益、提质量的重要手段,是促进我国公路养护现代化发展的重要手段。

进入"十四五"时期,我国公路养护智能化系统已实现检测、诊断、决策、养护作业的深度融合。通过优化养护管理模式,把实际养护情况与智能化系统有机结合,将养护业务进行信息化管理,计算机、手机端互联互通,简便易操作,且形成路面、桥梁、绿化状况检测与日常养护的相互补充,动态更新路面、桥梁、绿化病害库,实时掌握路面、桥梁、绿化状况变化,动态科学决策,实现路面、桥梁、绿化的精准高效养护。通过现代化科学技术,能够有效解决传统养护技术力量薄弱、养护不及时导致的病害扩大和养护成本增加等问题。这不仅可以节省公路养护成本,还能解决传统养护数据分散、分析不足以及查询调用烦琐等问题,极大提升了公路养护管理的水平和效能。

目前,我国公路养护信息化管理系统技术已经成熟,并广泛使用,常用的系统有"养路云"公路智能养护系统、"全栈智能"养护综合管理系统等。以"养路云"公路智能养护系统为例,可以将检测、日常养护、科学决策、养护计划、健康监测等深度融合,计算机、手机端互联互通,形成路面、桥梁技术状况检测与日常养护的相互补充,动态更新路面、桥梁病害库,实时掌握全路网状态,实现动态评定、动态决策并对未来路况衰变程度进行预测;可根据预设PQI(路面技术状况指数)标准或用有限资金维持最佳路况,智能地计算各路段最合理的养护方案及养护费用投入情况,实现路面、桥梁的精准高效养护与管理。

示例:"养路云"公路智能养护系统——桥梁健康监测系统

桥梁健康监测,是通过科学的技术手段,实时监测桥梁运营阶段在各种环境条件下的结构响应和行为,获取反映结构状况和环境因素的信息,由此分析结构健康安全状态,评估结构的可靠性,进而为桥梁的管理与维护提供科学依据。在偶发事件(如地震)发生后,可通过监测数据识别结构的损伤和关键部位的变化,对大桥结构的承载能力和抗风、抗震等能力作出客观的定量评估。

桥梁健康监测系统,是通过在桥梁埋设传感器(包括光纤传感器、压电传感器、电磁伸缩材料制成的传感器、全球导航卫星系统、静力水准仪、风速风向仪等),来实时读取桥梁各部分结构的温度、应变、位移、风速、风向、加速度、车辆载荷、吊杆或拉索拉力、主缆拉力等参数,利用网络将这些数据传输到桥梁监控室的数据处理设备上,由专用的数据处理设备和处理方法来对信号进行存储、处理、分析和显示,最终呈现给用户的是一段时间内连续采集的各个数据。各方专家和桥梁设计部门可以共同对某些数据设立警戒值,一旦某个数据超过了相应的阈值,系统会主动报警,提醒管理人员及时作出反应。

1.2 公路养护法律法规

我国的法律体系,是以宪法为统帅,以法律为主干,以行政法规、地方性法规为重要组成部分,由宪法相关法、民商法、行政法、经济法、社会法、刑法、诉讼与非诉讼程序法等组成的有机统一整体。

具体到公路养护工作,《中华人民共和国公路法》(以下简称《公路法》)遵循宪法精神,作为全国人大及其常委会制定的法律,对公路行业具有纲领性作用。其下有由国务院依据《公路法》制定的《收费公路管理条例》《公路安全保护条例》以及《农村公路条例》等法规。在其之下,还有国务院交通运输部依据上述法律和法规制定的《公路养护工程管理办法》等部门规章。

1.2.1 《公路法》相关知识

《公路法》于1997年7月3日由中华人民共和国第八届全国人民代表大会常务委员会第二十六次会议通过,并于1998年1月1日起实施,至今共进行了5次修正。《公路法》的实施进一步加强了公路的建设和管理,促进了公路事业的发展,适应社会主义现代化建设和人民生活的需要。

1)《公路法》对公路的管理体制的规定

《公路法》对公路的管理体制作了三个层次的规定:一是国务院交通主管部门主管全国的公路管理工作。二是县级以上地方人民政府交通主管部门主管本行政区域内的公路工作;国道、省道的管理应当由县级以上地方人民政府交通主管部门负责,具体由哪一级负责,由省级人民政府确定。三是乡、民族乡、镇人民政府只负责本行政区域内乡道的建设和养护工作,没有路政管理的职权。

县级以上地方人民政府交通主管部门可以决定由公路管理机构依照《公路法》的有关规定行使公路行政管理职责。公路管理机构负责国道、省道、县道的养护,乡(镇)人民政府负责乡道的养护,收费公路经营管理者对其经营管理的公路负有养护的义务。

2)《公路法》规定的公路养护职责内容

公路管理机构应当按照国务院交通主管部门规定的技术规范和操作规程对公路进行养护,保证公路经常处于良好的技术状态。养护主体应当按照国务院交通主管部门规定的技术规范和操作规程对公路进行养护,逐步改善高速公路技术状况,保持公路路面平整,路肩、边坡平顺,桥涵构造物及公路附属设施完好,标志、标线齐全、规范,保证公路经常处于良好的技术状态。交通运输部规定的高速公路养护技术规范和操作规程,主要是指《公路养护技术标准》(JTG 5110—2023)及国务院交通主管部门规定的操作规程。根据养护规范规定,各种路面应定期清扫,及时清除杂物,以保持路面和环境的清洁。

因严重自然灾害致使国道、省道交通中断,公路管理机构应当及时修复,尽快恢复交通。负责公路用地范围内的山坡、荒地的水土保持。

按照《公路工程技术标准》(JTG B01—2014)组织实施公路绿化工作。

1.2.2 《公路安全保护条例》相关知识

《公路安全保护条例》(以下简称《条例》)于2011年2月16日国务院第144次常务会议通过,自2011年7月1日起施行,至今共进行了3次修正。

《条例》进一步加强了公路保护,保障公路完好、安全和畅通。

《条例》规定了公路养护工作的责任主体。公路管理机构、公路经营企业负有做好公路养护工作的责任,必须保证公路自身物理状态符合有关技术标准,经常处于良好技术状态。

《条例》明确了公路管理机构、公路经营企业的养护职责。《条例》就公路管理机构、公路经营企业对公路的巡查、检测、评定、养护、抢修、维修等做了明确规定。特别是针对目前群众反映比较强烈的有关单位不及时修复损毁的公路,出现事故后又互相推诿的问题,规定公路管理机构、公路经营企业应当对公路进行巡查,发现公路坍塌、坑槽、隆起等损毁的,应当及时设置警示标志,并采取措施修复。

《条例》完善了公路突发事件的应急处置规定。《条例》依照《中华人民共和国突发事件应对法》,并总结近年来应对雨雪冰冻灾害、地震、泥石流等重大突发事件中抢修公路、恢复通行的成功经验,对公路突发事件的处置做了规定。

1.2.3 《收费公路管理条例》相关知识

《收费公路管理条例》是 2004 年 8 月 18 日国务院第 61 次常务会议通过的一个条例,2004 年 9 月 13 日国务院令第 417 号公布,自 2004 年 11 月 1 日起施行,至今共进行了一次修正。

《收费公路管理条例》对于收费公路建设和收费站的设置、收费公路权益的转让、收费公路的经营管理以及各方法律责任进行了规定。

《收费公路管理条例》中要求收费公路经营管理者应该按照国家标准和规范,对收费公路及沿线设施进行日常检查、维护,保证收费公路处于良好的技术状态,为通行车辆及人员提供优质服务。收费公路的养护应当按照工期施工、竣工,不得拖延工期,不得影响车辆安全通行。同时,收费公路的养护、绿化和公路用地范围内的水土保持及路政管理,依照《公路法》的有关规定执行。

《收费公路管理条例》明确了由国务院交通主管部门和省、自治区、直辖市人民政府交通主管部门对收费公路实施监督检查,督促收费公路经营管理者依法履行公路养护、绿化和公路用地范围内的水土保持义务。收费公路经营管理者如果未按照国家规定的技术规范和操作规程进行养护,将会受到责令改正、责令停止收费等处罚。如果收费公路经营管理者在责令停止收费后 30 天内仍未履行公路养护义务,交通主管部门将指定其他单位进行养护,养护费用由原收费公路经营管理者承担。如果经营管理者拒不承担,交通主管部门可以申请人民法院强制执行。

1.2.4 《公路养护工程管理办法》相关知识

《公路养护工程管理办法》(以下简称《办法》)由交通运输部于 2001 年 6 月 22 日印发施行,2018 年进行修订。《办法》以养护工程从前期准备到末端监督管理所涵盖的所有环节为主线,搭建现代公路养护管理体系,使"点式管理"转变为"链条式管理",提升养护工程管理的系统性、全面性和科学性。《办法》主要从 5 个方面搭建了现代养护工程管理体系:

(1)优化养护工程分类。依据养护目的和养护对象将养护工程调整为预防养护、修复养护、专项养护、应急养护四类,并明确了公路改扩建执行公路建设管理的相关规定。

(2)规范养护工程实施流程。提出实施养护工程的程序步骤,即前期工作、计划编制、工程设计、工程施工、工程验收、监督检查,并对各项工作按照实施流程、层递关系和主次关系提出要求,提高了养护工程管理的针对性和可操作性。

(3)推行公路养护科学决策。将养护科学决策纳入养护工程前期环节,以公路技术状况评定、养护需求分析、养护技术方案确定为基础,遵循全寿命周期综合效益最佳的理念,综合考虑技术、经济、安全、环保等因素,合理确定养护工程项目,为养护工程计划的编制提供科学依据。

(4)强化养护重要节点管理。在前期阶段加强工程项目储备管理,在计划编制环节加强工程计划编制、审核和报备管理,在工程设计环节加强设计文件管理,在工程施工环节加强交通组织、施工质量和安全管理,在工程验收环节加强验收时限和步骤要求。

(5)引领公路养护的发展方向。按照建设交通强国,公路率先转型升级发展的要求,结合"五大发展理念",从专业化、绿色化、智能化等方面,提出公路养护工程管理措施要求,引领公路养护发展方向。

1.2.5 《公路养护作业单位资质管理办法》相关知识

《公路养护作业单位资质管理办法》于2021年8月25日经交通运输部第22次部务会议通过,自2022年1月1日起施行。

《公路养护作业单位资质管理办法》科学合理地设置了全国统一的公路养护作业单位资质类别和条件。在保证养护作业安全和质量前提下,进一步精简资质类别,合理降低资质条件。将作业单位资质分为路基路面、桥梁、隧道、交通安全设施等4个序列,路基路面、桥梁、隧道养护资质下设甲、乙两个等级,交通安全设施养护资质不分等级。

《公路养护作业单位资质管理办法》对作业单位应具有的能力、业绩、人员、设备、财务状况等条件提出要求,明确了各等级从业范围,其中:路基路面养护甲级资质可以承担各等级公路路基路面(含绿化)的各类养护工程,乙级资质可以承担二级及以下等级公路路基路面(含绿化)的各类养护工程;桥梁养护甲级资质可以承担所有公路桥梁的各类养护工程,乙级资质可以承担所有公路桥梁的预防养护工程,以及中、小公路桥梁的修复养护工程;隧道养护甲级资质可以承担所有公路隧道土建结构的各类养护工程,乙级资质可以承担所有公路隧道土建结构的预防养护工程以及中、短公路隧道(不良或者特殊地质条件隧道除外)土建结构的修复养护工程;交通安全设施养护资质可以承担各等级公路交通安全设施的各类养护工程。

《公路养护作业单位资质管理办法》首次在公路养护领域开展养护作业单位资质实施告知承诺制试点。明确路基路面养护乙级资质在自由贸易试验区内实行告知承诺,简化申请材料,缩短办理时限,降低制度性交易成本。明确对承诺事项的核查要求,确保落实到位。

《公路养护作业单位资质管理办法》全面加强养护作业单位资质事中事后监管。落实监管责任,明确监管主体、内容、方式以及撤销、注销资质的情形。拓宽监管措施,建立违法地交通运输主管部门与许可机关的信息通报制度和信用评价制度。同时,明确要求各地执行统一的养护作业单位资质类别和条件要求,不得另行设置公路养护作业单位资质,防止出现地域壁垒等问题。

1.3 公路养护规范、标准

按照《中华人民共和国标准化法》的定义,标准是指农业、工业、服务业、社会事业等领域需要统一的技术要求。

公路工程标准体系由总体标准、通用标准、公路建设标准、公路管理标准、公路养护标准、公路运营标准六部分组成。公路工程标准体系框架如图1.3-1所示。

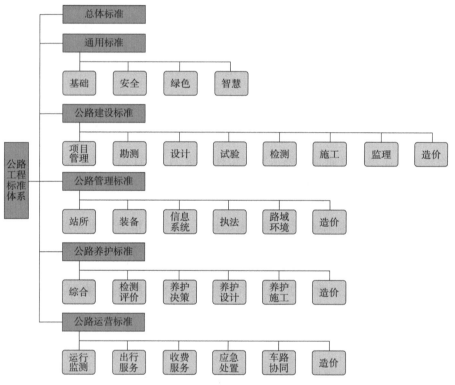

图1.3-1 公路工程标准体系框架

公路养护标准体系由综合标准、检测评价标准、养护决策标准、养护设计标准、养护施工标准、造价标准等部分组成。

1.3.1 综合标准

公路各类基础设施在养护方面存在许多共性要求,而且养护过程中技术与管理是密切联系的,需要从养护全局的角度明确总体要求,使技术与管理的发展相互适应、相互促进,并为各专业养护提供方向性引导。

综合标准用于指导公路及其各类设施的养护,由公路养护总体要求和各专业养护要求等标准构成。综合标准明确了公路养护的总体要求,以及路基、路面、桥涵、隧道、交通工程及沿线设施等各个专业的具体养护要求。

1.3.1.1 《公路养护技术标准》(JTG 5110—2023)

《公路养护技术标准》(JTG 5110—2023)作为公路工程强制性行业标准,自 2024 年 3 月 1 日起施行,《公路养护技术规范》(JTG H10—2009)同时废止。该标准在统一和规范公路及其沿线设施养护等方面具有十分重要的指导意义。

《公路养护技术标准》(JTG 5110—2023)是公路养护的龙头标准,立足于公路养护技术领域的顶层设计,以"建立体系、突出重点、创新引领、注重时效"为基本原则,围绕安全、适用、耐久、环保四个交通基本要素,由两条主线交叉构成基本框架,即纵向以检查及评定、养护决策、养护工程设计、养护作业、养护质量检验评定等为主线,横向按路基、路面、桥梁、隧道、交通工程及沿线设施等展开,同时融入安全、环保、文件及数据管理等内容,以标准的形式建立了公路养护技术体系。

《公路养护技术标准》(JTG 5110—2023)包括 9 个章节和 2 个附录,分别为总则、术语、基本规定、检查及评定、养护决策、养护工程设计、养护作业、质量控制与验收、技术文件和数据管理,以及附录 A 日常养护作业主要内容和附录 B 养护工程作业主要内容。

1.3.1.2 《公路工程技术标准》(JTG B01—2014)

《公路工程技术标准》(JTG B01—2014)作为公路工程行业标准,自 2015 年 1 月 1 日起施行,原《公路工程技术标准》(JTG B01—2003)及其英文版和法文版同时废止。该标准对促进公路交通事业发展,构建完善合理的路网结构和"两个公路体系"建设,提高公路网服务水平都具有重要指导意义。

《公路工程技术标准》(JTG B01—2014)适用于新建和改扩建公路,主要指导公路工程标准的体系建设与管理。该标准规定了公路建设应按地区特点、交通特性、路网结构综合分析确定公路的功能,根据功能结合交通量、地形条件等选用技术等级和主要技术指标;规定了公路建设项目应做好总体设计,使主体工程与交通工程及沿线设施相互协调、配套,充分发挥各自功能和项目的整体功能;公路建设应贯彻保护土地、节约用地的原则,在确定公路用地范围时应符合相关规定;公路建设必须执行国家环境保护和资源节约的法律法规,并应符合相关规定;公路分期修建必须遵循"统筹规划、分期实施"的原则进行总体设计,并应符合相关规定;公路改扩建时,应对改扩建方案和新建方案进行论证比选,如采用改扩建方案时,应符合相关规定;非机动、行人密集路段宜考虑非机动车和行人等的交通需求,可根据交通组成情况设置非机动车道和人行道;二级及二级以上的干线公路应在设计时进行交通安全评价,其他公路在有条件时也可进行交通安全评价;有救灾通道功能需求的二级及二级以下公路,可相应提高抗震及设计洪水频率标准;公路建设项目,应根据设计使用年限综合考虑建设、养护、管理等成本效益和安全、环保、运营等社会效益,选用综合效益最佳方案。

《公路工程技术标准》(JTG B01—2014)包括 10 个章节,分别为总则、术语、基本规定、路线、路基路面、桥涵、汽车及人群荷载、隧道、路线交叉、交通工程及沿线设施。

1.3.1.3 《公路桥涵养护规范》(JTG 5120—2021)

《公路桥涵养护规范》(JTG 5120—2021)作为公路工程行业标准,自 2021 年 11 月 1 日起施行,《公路桥涵养护规范》(JTG H11—2004)同时废止。该标准对规范公路桥涵养护工作,统一公路桥涵养护技术标准,保持桥涵处于正常使用状态具有指导意义。

《公路桥涵养护规范》(JTG 5120—2021)适用于各等级公路桥涵的养护工作,要求公路桥涵养护应遵循"防治结合、科学养护、安全运行、保障畅通"的原则,并符合以下要求:一是保障结构完好、外观整洁和附属设施齐全完好;二是配备必要的检测和养护设备、设施;三是积极稳妥地采用先进的检查设备、养护技术和科学的管理方法;四是及时掌握桥涵技术状况的变化,并采取相应的养护对策;五是有效开展预防养护,保障结构耐久性;六是确保养护作业安全,降低对交通的影响;七是重视资源节约和环境保护。

《公路桥涵养护规范》(JTG 5120—2021)包括8个章节和8个附录,8个章节分别为总则,术语,桥梁检查、监测与评定,桥梁养护与维修,桥梁灾害防治与抢修,超重车辆过桥,涵洞检查、养护与维修,技术管理。

1.3.1.4 《公路隧道养护技术规范》(JTG H12—2015)

《公路隧道养护技术规范》(JTG H12—2015)作为公路工程行业标准,自2015年3月1日起施行,《公路隧道养护技术规范》(JTG H12—2003)同时废止。该标准对规范公路隧道养护技术工作具有重要指导意义。

《公路隧道养护技术规范》(JTG H12—2015)提出了隧道养护等级分级方法;在原有判定方法基础上,提出了公路隧道技术状况评定方法,包括隧道土建结构、机电设施、其他工程设施和总体评定;对隧道土建结构的保养维修和病害处治方法做了补充完善,旨在解决公路隧道养护工作中的重难点问题;等等。

《公路隧道养护技术规范》(JTG H12—2015)包括8个章节和4个附录,8个章节分别为总则、术语和符号、养护等级与技术状况评定、土建结构、机电设施、其他工程设施、安全管理、技术管理。

1.3.1.5 《公路水泥混凝土路面养护技术规范》(JTJ 073.1—2001)

《公路水泥混凝土路面养护技术规范》(JTJ 073.1—2001)作为公路工程行业标准,自2001年10月1日起施行。该规范对提高水泥混凝土路面养护水平,保证路面使用质量,延长路面使用寿命发挥了具体作用。

《公路水泥混凝土路面养护技术规范》(JTJ 073.1—2001)适用于公路水泥混凝土路面养护,规定了水泥混凝土路面养护基本要求:一是水泥混凝土路面养护工作必须贯彻"预防为主,防治结合"的方针。根据路面实际情况和具体条件,以及水文、地质、气候、交通和公路等级等情况,采取预防性、经常性的保养和相应修补,对于较大范围路面修理,应安排大修、中修或专项工程,使路面处于良好的技术状况。二是水泥混凝土路面应以机械养护为主,并积极采用新技术、新材料、新工艺。三是水泥混凝土路面养护必须贯彻安全生产的方针。其安全技术、劳动保护等必须符合有关规定,做到安全生产,文明施工,保护环境。

《公路水泥混凝土路面养护技术规范》(JTJ 073.1—2001)包括10个章节和2个附录,10个章节分别为总则、术语、水泥混凝土路面养护内容与质量标准、水泥混凝土路面病害类型和分级、水泥混凝土路面状况调查和评定、水泥混凝土路面日常养护、水泥混凝土路面破损处理、水泥混凝土路面改善、水泥混凝土路面修复、水泥混凝土预制块路面养护与维修。

1.3.1.6 《公路沥青路面养护技术规范》(JTG 5142—2019)

《公路沥青路面养护技术规范》(JTG 5142—2019)作为公路工程行业标准,自2019年9月1日起施行,《公路沥青路面养护技术规范》(JTJ 073.2—2001)同时废止。该规范对提高公路沥青路面养护管理与技术水平,规范沥青路面养护工作,保证日常养护和养护工程质量,保持良好的技术状况都具有指导意义。

《公路沥青路面养护技术规范》(JTG 5142—2019)适用于各等级公路沥青路面日常养护和养护工程,规定公路沥青路面养护应遵循决策科学、预防为主、可靠耐久、节能环保的原则,并应符合下列规定:一是应按科学决策的工作制度与方法,选用技术、经济合理的沥青路面养护方案,并对养护工程进行合理设计,在适宜时机采取针对性的养护措施;二是采取全寿命周期养护成本理念,应推进沥青路面预防养护工作,及时对病害进行养护处治,促进预防与修复养护的良性循环;三是结合各地实际情况及沥青路面病害发展特点,应采用性能可靠、适用耐久、易于实施的养护技术,并积极稳妥地应用新技术、新材料、新工艺和新设备;四是宜应用节能环保养护技术,提高沥青路面再生利用、资源节约、绿色环保养护水平。

《公路沥青路面养护技术规范》(JTG 5142—2019)包括14个章节和3个附录,14个章节分别为总则、术语和符号、基本规定、路况调查与评价、日常养护、病害处治、养护工程设计要求、封层、功能性罩面、结构性补强、局部加宽、桥隧沥青铺装养护、水泥混凝土路面沥青铺装养护、绿色养护。

1.3.1.7 《公路沥青路面预防养护技术规范》(JTG/T 5142-01—2021)

《公路沥青路面预防养护技术规范》(JTG/T 5142-01—2021)作为公路工程行业推荐性标准,自2021年12月1日起施行。该规范对规范公路沥青路面预防养护工作,提高沥青路面预防养护技术水平具有指导意义。

《公路沥青路面预防养护技术规范》(JTG/T 5142-01—2021)适用于各等级公路沥青路面预防养护。该规范规定应贯彻预防为主、防治结合的公路养护方针,积极实施沥青路面预防养护。在满足路面使用性能前提下,应选择安全可靠、经济适用、施工便捷、绿色环保的预防养护技术。沥青路面预防养护应积极稳妥地采用新技术、新材料、新工艺和新设备,尚无国家或行业标准依据的,规模化应用前应进行试验研究、工程检验和充分论证。

《公路沥青路面预防养护技术规范》(JTG/T 5142-01—2021)包括13个章节和2个附录,13个章节分别为总则、术语和符号、基本规定、预防养护决策、预防养护技术分类、预防养护工程设计、灌缝和贴缝、雾封层、碎石封层和纤维封层、微表处和稀浆封层、薄层罩面和超薄罩面、封层罩面、预防养护后评估。

1.3.1.8 《公路路基养护技术规范》(JTG 5150—2020)

《公路路基养护技术规范》(JTG 5150—2020)作为公路工程行业标准,自2020年11月1日起施行。该规范补充了我国专门针对路基养护的相关标准,指导路基的科学养护和规范管理。

《公路路基养护技术规范》(JTG 5150—2020)适用于各等级公路的路基养护。该规范规定公路路基养护应遵循规范管理、安全运行、预防为主、防治结合、因地制宜、经济适用、节约资源、保护环境的原则,并应符合下列要求:一是应逐步建立路基管理系统,加强路基运行的动态管理,建立健全安全运行保障制度;二是应加强路基技术状况的检测与评定,推进预防养护工作,及时对路基病害进行养护处治;三是结合各地区实际情况及路基病害特点,应选用安全、耐久、经济、适用的养护技术,并积极稳妥地采用新技术、新材料、新工艺和新设备;四是宜充分考虑自然环境和地质条件,采取工程防治、植物防护及两者相结合的措施,并注重节能环保技术应用和材料循环利用。

《公路路基养护技术规范》(JTG 5150—2020)包括11个章节和1个附录,11个章节分别为总则、术语和符号、基本规定、路基状况调查与评定、路基日常养护、路基养护工程设计要求、路堤与路床病害处治、边坡病害处治、既有防护及支挡结构物病害处治、排水设施养护、特殊路基养护与病害处治。

1.3.1.9 《农村公路养护技术规范》(JTG/T 5190—2019)

《农村公路养护技术规范》(JTG/T 5190—2019)作为公路工程行业推荐性标准,自2019年7月1日起施行。该规范对加强农村公路养护工作,提高群众参与农村公路养护的水平,保障农村公路养护质量,都具有重要指导意义。

《农村公路养护技术规范》(JTG/T 5190—2019)适用于农村公路的养护工作。该规范规定农村公路养护应坚持因地制宜、经济适用、保护环境、节约资源的原则。宜采用新技术、新材料、新工艺、新设备,提升农村公路养护专业化、规范化、信息化和机械化水平。该规范系统总结了我国农村公路养护工作经验,充分汲取了各地农村公路养护实践成果,针对农村公路养护特点,按照"分类指导"的工作方针,以规范农村公路群众性养护为主要目标,重点明确群众性养护的工作内容与要求,并结合专业化养护有关规定,经广泛征求基层意见和实践验证编制而成。

《农村公路养护技术规范》(JTG/T 5190—2019)包括10个章节和2个附录,10个章节分别为总则、术语、基本规定、路基养护、路面养护、桥梁和隧道养护、交通工程及沿线设施养护、绿化养护、公路防灾与突发事件处置、养护安全作业。

1.3.2 检测评价标准

详细地了解和掌握公路基础设施的状况与性能是科学开展公路养护工作的必要前提。不断完善的方法理论、不断进步的技术措施、不断创新的装备设备是全面开展检测与评价工作的基础。

检测评价标准用于指导既有公路基础设施的检测、评价,由现场检测及监测、技术状况评定、设施性能评价等标准构成。

检测评价标准主要包括现场检测及监测、技术状况评定、设施性能评价等内容,现场检测及监测主要是为获取各类公路基础设施的状况或性能数据而开展的检测及监测所遵循的方法,要求技术状况评定是在检测及监测的基础上,对公路及其基础设施的整体状况进行定量评价的方法,标准设施性能评价主要是针对已投入运营公路基础设施或其组成部分的性能进行的评价。

1.3.2.1 《公路技术状况评定标准》(JTG 5210—2018)

《公路技术状况评定标准》(JTG 5210—2018)作为公路工程行业标准,自2019年5月1日起施行,《公路技术状况评定标准》(JTG H20—2007)同时废止。该标准对客观评定公路技术状况,促进公路技术状况检测评定工作的科学化和规范化具有重要指导意义。

《公路技术状况评定标准》(JTG 5210—2018)适用于各等级公路。该标准规定公路技术状况检测评定工作应遵循客观、科学和高效的原则,采用先进可靠的检测和评价手段。

《公路技术状况评定标准》(JTG 5210—2018)包括7个章节和3个附录,7个章节分别为总则、术语、公路技术状况评定指标、公路技术状况评定等级、公路损坏分类、公路技术状况检测与调查、公路技术状况评定。

1.3.2.2 《公路路面技术状况自动化检测规程》(JTG/T E61—2014)

《公路路面技术状况自动化检测规程》(JTG/T E61—2014)作为公路工程行业推荐性标准,自2014年12月1日起施行。该标准对适应公路技术状况检评工作的需要,规范路面技术状况自动化检测工作,保证检测数据的准确性和有效性具有指导意义。

《公路路面技术状况自动化检测规程》(JTG/T E61—2014)适用于各等级公路沥青路面裂缝、路面平整度、路面车辙、路面构造深度等及水泥混凝土路面裂缝、平整度、构造深度等路面技术状况自动化检测。该规程规定了公路技术状况评定、路面养护决策、路面大中修养护设计等工作涉及的路面技术状况自动化检测方法。该规程规定路面技术状况自动化检测应包括设备准确性验证、现场检测、数据处理与成果交付等主要内容。

《公路路面技术状况自动化检测规程》(JTG/T E61—2014)包括9个章节和3个附录,9个章节分别为总则、术语和符号、基本规定、距离测量与定位、几何状况、路面裂缝、路面平整度、路面车辙、路面构造深度。

1.3.2.3 《公路桥梁技术状况评定标准》(JTG/T H21—2011)

《公路桥梁技术状况评定标准》(JTG/T H21—2011)作为公路工程行业推荐性标准,自2011年9月1日起施行。该标准规范了公路桥梁技术状况评定,为桥梁养护决策提供依据。

《公路桥梁技术状况评定标准》(JTG/T H21—2011)适用于各级公路的桥梁技术状况评定。该标准按不同桥型进行桥梁评定分类并细化不同桥型的部件分类;根据不同桥型的部件类型制定评定细则,将评定指标进行细分并提出了量化标准;提出了5类桥梁技术状况单项控制指标;改进了桥梁技术状况的评定模型。该标准规定公路桥梁技术状况的检测采用目测与仪器相结合的方法。公路桥梁技术状况评定采用分层综合评定与单项指标控制相结合的方法。公路桥梁技术状况评定的技术资料,应归入桥梁养护技术文档和公路桥梁管理系统。

《公路桥梁技术状况评定标准》(JTG/T H21—2011)包括10个章节和1个附录,10个章节分别为总则、术语和符号、评定方法及等级分类、桥梁技术状况评定、梁式桥上部结构构件技术状况评定、拱桥上部结构构件技术状况评定、悬索桥主要构件技术状况评定、斜拉桥主要构件技术状况评定、桥梁下部结构构件技术状况评定、桥面系构件技术状况评定。

1.3.2.4 《公路桥梁承载能力检测评定规程》(JTG/T J21—2011)

《公路桥梁承载能力检测评定规程》(JTG/T J21—2011)作为公路工程行业推荐性标准，自2011年11月1日起施行，《公路旧桥承载能力鉴定方法(试行)》【(88)公路技字11号】同时废止。该规程提高了桥梁承载能力评定的客观性和可操作性。

《公路桥梁承载能力检测评定规程》(JTG/T J21—2011)适用于除钢-混凝土组(混)合结构桥梁外的在用公路桥梁的承载能力检测评定。该规程以基于概率理论的极限状态设计方法为基础，采用引入分项验算系数修正极限状态设计表达式的方法，对在用桥梁承载能力进行检测评定。该规程规定在用桥梁应按承载能力极限状态和正常使用极限状态两类极限状态进行承载能力检测评定。

《公路桥梁承载能力检测评定规程》(JTG/T J21—2011)包括9个章节，分别为总则、术语和符号、基本规定、桥梁缺损状况检查评定、桥梁材质状况与状态参数检测评定、桥梁结构检算要点、桥梁承载能力评定、荷载试验评定、检测评定报告编制。

1.3.2.5 《公路养护工程质量检验评定标准 第一册 土建工程》(JTG 5220—2020)

《公路养护工程质量检验评定标准 第一册 土建工程》(JTG 5220—2020)作为公路工程行业强制性标准，自2021年1月1日起施行。该标准对加强公路养护工程质量管理，规范公路养护工程质量的检验和评定，统一公路养护工程质量检验和评定标准，保证工程质量具有指导意义。

《公路养护工程质量检验评定标准 第一册 土建工程》(JTG 5220—2020)适用于各等级公路养护工程的质量检测评定，不适用于公路应急养护工程。该标准规定应加强对隐蔽工程的质量控制和检验，保证隐蔽工程质量；对特殊地区或采用新材料、新结构、新技术、新工艺的养护工程，当本标准中缺乏适宜的质量检验标准时，可参照相关技术标准或根据实际情况制定相应的质量检验标准，并报主管部门批准；养护工程质量检验评定应按养护单元、养护工程逐级进行。

养护工程质量检验评定应符合下列要求：一是养护单元完工后，应根据该标准进行检验，对工程质量进行评定；隐蔽工程在隐蔽前应检查合格。二是养护工程完工后，应汇总评定所属养护单元质量资料，检查外观质量，对工程质量进行评定。

1.3.3 养护决策标准

为适应公路养护发展趋势，提升养护资金使用效益和公路养护决策的科学化程度，设置养护决策。养护决策用于指导公路养护规划及计划编制，由决策方法、数据管理等标准构成。

养护决策主要包括决策方法和数据管理等内容。决策方法是利用相关检测或监测数据进行养护决策的方法、流程，数据管理是明确检测或监测数据的存储、分析的要求、方法。目前，《公路养护决策技术规范》正在编制中。

1.3.4 养护设计标准

养护设计是养护工程实施的基础,设计时需要对养护对象的现状、问题及产生的原因进行深入的分析,从而提出有针对性的方案,并且要提出合理的方案与措施,以保障养护实施过程中的车辆通行;同时,随着养护事业的发展,近年来我国在公路养护设计方面积累了丰富的经验,形成了较为成熟的设计流程、设计方法等,有必要对相关内容进行系统的总结和提升,以规范和指导养护设计工作。

养护设计标准主要包括路基、路面、桥涵、隧道、交通工程及沿线设施等各类设施的设计标准。

1.3.4.1 《公路沥青路面养护设计规范》(JTG 5421—2018)

《公路沥青路面养护设计规范》(JTG 5421—2018)作为公路工程行业标准,自2019年3月1日起施行。该规范可有效指导公路沥青路面养护设计工作,促进公路养护决策的科学化和制度化。

《公路沥青路面养护设计规范》(JTG 5421—2018)适用于各等级公路沥青路面预防养护及修复养护设计,不包括日常养护、公路改扩建及应急养护工作。该规范立足于标准化的工作流程,并在路况专项调查与评价、养护类型划分、病害原因诊断、养护对策选择、结构组合设计、方案综合比选等方面提出了系统的分析及设计方法,规定公路沥青路面养护设计应包括调查与评价、病害诊断与养护对策选择、技术设计和施工图设计等内容。公路沥青路面养护设计应按照设计流程,利用路面技术状况数据及专项检测数据,开展病害原因诊断及养护对策选择工作,并通过技术及经济比选推荐合理的养护方案。公路沥青路面养护设计宜采用新技术、新材料、新工艺、新设备。对涉及工程质量和安全的新技术、新材料、新工艺和新设备,尚无相关标准参照的,应经过试验论证审查后方可规模化使用。

《公路沥青路面养护设计规范》(JTG 5421—2018)主要包括7个章节和4个附录,7个章节分别为总则、术语、基本规定、调查与评价、病害诊断与养护对策选择、技术设计、施工图设计。

1.3.4.2 《公路桥梁加固设计规范》(JTG/T J22—2008)

《公路桥梁加固设计规范》(JTG/T J22—2008)作为公路工程行业推荐性标准,自2008年10月1日起施行。该规范按照技术可靠、经久耐用、经济合理、环境保护的要求,对公路桥梁的加固设计进行规定,对提高桥梁加固设计水平具有重要意义。

《公路桥梁加固设计规范》(JTG/T J22—2008)适用于各公路桥梁以恢复使用功能、提高承载能力、增强安全性和耐久性为目的的加固设计。该规范力求涵盖各种桥型,从结构相对简单的梁式桥到较复杂的拱桥、缆索体系桥梁(包括钢结构桥梁);针对病害产生的不同原因对桥梁的主要承载构件进行加固设计。

《公路桥梁加固设计规范》(JTG/T J22—2008)包括17个章节和7个附录,17个章节分别为总则,术语、符号,基本规定,加固用材料,增大截面加固法,粘贴钢板加固法,粘贴纤维复合材料加固法,体外预应力加固法,改变结构体系加固法,梁桥加固,拱桥加固,悬索桥、斜拉桥加固,钢桥及钢-混组合结构桥梁加固,桥梁下部结构及基础加固,桥梁抗震加固,混凝土裂缝处理,支座、伸缩缝更换。

1.3.4.3 《公路隧道加固技术规范》(JTG/T 5440—2018)

《公路隧道加固技术规范》(JTG/T 5440—2018)作为公路工程行业推荐性标准,自2019年5月1日起施行。该规范从总体设计、材料、结构计算、加固方法等方面进行说明,以有效预防隧道病害的发生。

《公路隧道加固技术规范》(JTG/T 5440—2018)适用于山岭公路隧道的加固设计与施工。该规范规定隧道加固设计应依据完整的调查、检查、评估资料,合理制订加固方案;应按审查通过的设计文件进行隧道加固施工,并根据监控测量等信息实施动态管理。该规范规定隧道加固施工应遵守国家和行业安全生产及环境保护的有关法律法规,建立健全安全生产管理体系,明确安全责任,严格执行安全操作规程,保证施工安全,以及节约用地,减少污染,保护环境;应贯彻国家技术经济政策,积极稳妥地采用新技术、新材料、新设备、新工艺。

《公路隧道加固技术规范》(JTG/T 5440—2018)包括27个章节和7个附录,27个章节分别为总则、术语和符号、基本规定、总体设计、加固材料、加固计算、衬砌加固设计、注浆加固设计、换拱加固设计、隧底加固设计、洞口工程加固设计、渗漏水处治设计、裂缝处治与表面缺陷修补设计、冻害处治设计、震害及火灾病害加固设计、特殊地质地段隧道处治设计、施工准备与施工组织、衬砌加固施工、注浆加固施工、换拱加固施工、隧底加固施工、洞口工程加固施工、渗漏水处治施工、裂缝处治与表面缺陷修补施工、冻害处治施工、特殊地质地段隧道处治施工、加固施工监控量测。

1.3.5 养护施工标准

养护施工标准主要用于指导养护工程的具体实施,养护工程施工中的部分工作可以参照公路建设的相关标准,但总体上看与新建工程还存在一定的差异,本节所指的养护施工主要是针对预防养护、修复养护和应急养护等养护工程,而对于日常养护的相关要求则纳入综合标准中。

养护施工标准用于指导公路既有设施的养护施工作业及管理,由路基、路面、桥涵、隧道、交通工程及沿线设施、施工作业和施工管理等标准构成。施工作业标准主要是针对施工作业的总体的通用性要求,施工管理标准主要是针对施工过程中相关管理行为的要求。

1.3.5.1 《公路沥青路面再生技术规范》(JTG/T 5521—2019)

《公路沥青路面再生技术规范》(JTG/T 5521—2019)作为公路工程行业的推荐性标准,自2019年11月1日起施行,《公路沥青路面再生技术规范》(JTG F41—2008)同时废止。该规范对提高公路沥青路面再生技术的应用,提高技术水平,以及保证工程质量,具有重要的指导意义。

《公路沥青路面再生技术规范》(JTG/T 5521—2019)适用于各等级公路建设和养护工程。该规范进一步明确了不同类型的沥青路面再生技术的适用条件;完善了沥青路面再生工艺体系分类、冷再生沥青路面设计、再生沥青混合料配合比设计方法;提出了冷再生路面结构组合建议;细化了沥青路面再生施工工艺要求、再生设备要求、施工质量控制方法。该规范规定沥青路面再生方式分为厂拌热再生、就地热再生、厂拌冷再生、就地冷再生和全深式冷再生等五种。沥青路面再生应采用沥青路面再生设备,将一定比例的新集料、再生结合料、沥青再生剂等新材料与沥青混合料回收料、无机回收料等沥青路面回收料进行拌和,并经摊铺、压实,形成路面结构层。该规范规定沥青路面养护工程产生的旧路面材料,应制订回收和利用方案,采用本规范规定的再生技术对其进行循环利用。沥青路面再生应用应积极稳妥地采用新技术、新材料、新设备和新工艺。

《公路沥青路面再生技术规范》(JTG/T 5521—2019)包括11个章节和6个附录,11个章节分别为总则、术语和符号、基本规定、再生沥青路面结构、材料、再生混合料组成设计、厂拌热再生施工、就地热再生施工、厂拌冷再生施工、就地冷再生施工、全深式冷再生施工。

1.3.5.2 《公路桥梁加固施工技术规范》(JTG/T J23—2008)

《公路桥梁加固施工技术规范》(JTG/T J23—2008)作为公路工程行业推荐性标准,自2008年10月1日起施行。该规范对规范公路桥梁加固工程施工,提高加固工程质量,具有重要意义。

《公路桥梁加固施工技术规范》(JTG/T J23—2008)适用于公路桥梁加固工程的施工。该规范基本涵盖了公路桥梁加固施工的各种技术、工艺及施工要求,提出了桥梁混凝土构件裂缝及表层缺陷的处理方法,梁桥、拱桥、缆索体系桥、钢桥下部结构与基础加固的质量检验与验收标准等,规定了桥梁的加固应坚持动态施工原则,应按照国家有关基本建设程序做好施工前的准备工作及技术交底,编制实施性施工组织设计,制定必要的施工工艺细则,采取有效措施,确保加固质量;应遵照本规范的规定进行施工与验收;应积极推广使用成熟的并经主管部门鉴定或批准的新技术、新工艺、新材料、新设备。

《公路桥梁加固施工技术规范》(JTG/T J23—2008)包括12个章节和2个附录,12个章节分别为总则、术语、施工准备与施工组织、混凝土桥梁表层缺陷处理、结构裂缝的处理、梁桥加固、拱桥加固、缆索承重桥梁的加固、钢桥及钢-混组合结构桥梁加固、桥梁基础及下部结构加固、桥梁抗震及防碰撞加固、支座和伸缩装置更换。

1.3.5.3 《公路养护安全作业规程》(JTG H30—2015)

《公路养护安全作业规程》(JTG H30—2015)作为公路工程行业标准,自2015年6月1日起施行,《公路养护安全作业规程》(JTG H30—2004)同时废止。该规程在规范公路养护安全作业,保障养护作业人员、设备和车辆运行的安全方面发挥了重要作用。

《公路养护安全作业规程》(JTG H30—2015)适用于各等级公路养护作业控制区布置、安全设施布设和安全作业管理。该规程针对以往存在的问题,增加了基本规定、四级公路养护作业控制区布置和交通工程及沿线设施养护作业控制区布置,细化了特殊路段及特殊气象条件养护安全作业相关规定,提出了按作业时间划分公路养护作业类型的方法和公路养护作业控制区限速方法等。

《公路养护安全作业规程》(JTG H30—2015)主要包括14个章节和2个附录,14个章节分别为总则,术语与符号,基本规定,公路养护作业控制区,公路养护安全设施,高速公路及一级公路养护作业控制区布置,二、三级公路养护作业控制区布置,四级公路养护作业控制区布置,桥涵养护作业控制区布置,隧道养护作业控制区布置,平面交叉养护作业控制区布置,收费广场养护作业控制区布置,交通工程及沿线设施养护作业控制区布置,特殊路段及特殊气象条件养护安全作业。

1.3.6 造价标准

造价标准由公路养护预算导则、预算、工程量清单等标准构成。其中,公路养护预算导则是公路养护预算的总领性文件,规定养护预算的费用框架;预算标准包括预算编制办法和配套定额;工程量清单标准包括养护工程量清单计价规则等内容。造价标准用于指导公路养护资金预算以及养护工程各阶段的造价确定和控制。

1.3.6.1 《公路养护预算编制导则》(JTG 5610—2020)

《公路养护预算编制导则》(JTG 5610—2020)作为公路工程行业标准,自 2021 年 1 月 1 日起施行,《公路养护工程预算编制导则》(JTG H40—2002)同时废止。该导则在指导公路养护造价依据和造价文件的编制,规范公路养护预算编制和管理,推动公路养护造价文件编制标准化等方面发挥了重要作用。该导则对公路养护检查费进行了规定。根据养护检查内容、技术难度、频率不同,将养护检查费分为经常巡查及检查费、定期检查及评定费、专项检查及评定费、应急检查及评定费四项费用,并规定了各项费用的计算方法。根据工程作业内容不同,将经常巡查及检查费、定期检查及评定费细分为公路工程、桥梁工程、隧道工程、机电工程四类。同时,该导则对日常养护费用进行了规定,在养护工程费用外单独计列日常养护费用,以保障日常保养和日常零星小修相关工作。根据工程作业内容不同,将日常养护分为公路工程、桥梁工程、隧道工程、机电工程、房建工程五类。该导则对养护工程费用进行了规定,根据费用构成要素组成划分为直接费(人工、材料、机械费用)、设备购置费、措施费、企业管理费、规费。

《公路养护预算编制导则》(JTG 5610—2020)适用于公路养护造价依据和养护预算的编制和管理工作。该导则针对公路养护和管理工作实际情况以及养护资金申请和使用要求,既是合理确定养护资金需求、编制养护年度计划的依据,也是向有关部门申请公路养护资金的依据。

《公路养护预算编制导则》(JTG 5610—2020)主要包括 5 个章节和 4 个附录,5 个章节分别为总则、养护预算费用组成、养护检查、日常养护、养护工程。

1.3.6.2 《公路隧道养护工程预算定额》(JTG/T M72-01—2017)

《公路隧道养护工程预算定额》(JTG/T M72-01—2017)作为公路工程行业推荐性标准,自 2017 年 10 月 1 日起施行,为公路隧道养护施工管理和施工成本提供了指导,以更好地编制建设成本,使用成本估算来制订适当的计划,保障项目的顺利进行,以及隧道工程质量达到标准。

《公路隧道养护工程预算定额》(JTG/T M72-01—2017)适用于各等级公路隧道养护工程(不包括隧道内桥梁),不适用于新建、改建隧道工程及水下隧道。该定额规定了人工、材料、机械的消耗量,未对设备购置费、措施费、企业管理费、规费、利润、税金、专项管理费、土地使用及拆迁补偿费、养护工程其他费用等的计算进行规定。该定额的机电养护工程定额适用于运营时间10年以内的隧道;超过10年的隧道,其机电养护费用可按省(自治区、直辖市)规定调整。

《公路隧道养护工程预算定额》(JTG/T M72-01—2017)包括2个章节和4个附录,2个章节分别为土建工程和机电工程。

1.3.6.3 《公路桥梁养护工程预算定额》(JTG/T 5612—2020)

《公路桥梁养护工程预算定额》(JTG/T 5612—2020)作为公路工程行业推荐性标准,自2021年1月1日起施行。该定额为公路桥梁养护施工管理和施工成本提供了指导,以更好地编制建设成本,使用成本估算来制订适当的计划,保障项目的顺利进行,以及桥梁工程质量达到标准。

《公路桥梁养护工程预算定额》(JTG/T 5612—2020)适用于各等级公路桥梁养护工程,基本涵盖《公路养护工程管理办法》(交公路发〔2018〕33号)中预防养护、修复养护、专项养护的内容;不适用于新建、改(扩)建公路桥梁工程。本定额是以人工、材料、机械台班消耗量表现的工程预算定额,编制公路桥梁养护工程施工图预算,应与交通运输部及各省(自治区、直辖市)发布的公路养护类预算编制导则及办法配套使用。

《公路桥梁养护工程预算定额》(JTG/T 5612—2020)包括3个章节和4个附录,3个章节分别为桥梁基础及下部结构、桥梁上部结构、其他工程。

1.3.6.4 《农村公路养护预算编制办法》(JTG/T 5640—2020)

《农村公路养护预算编制办法》(JTG/T 5640—2020)作为公路工程行业推荐性标准,自2020年3月1日起施行。该办法在统一农村公路养护预算编制办法,加强农村公路养护费用的计划管理,提高农村公路养护资金使用效益等方面具有重要意义。

《农村公路养护预算编制办法》(JTG/T 5640—2020)适用于农村公路养护预算编制与管理。该办法规定了农村公路养护预算应采用统一的表格编制,表格样式应符合本办法的规定;鼓励各地采取信息化手段编制与管理农村公路养护预算。

《农村公路养护预算编制办法》(JTG/T 5640—2020)包括3个章节和3个附录,3个章节分别为总则、术语、养护预算费用。

1.4 职业道德

1.4.1 职业道德内涵

职业道德的概念有广义和狭义之分。广义的职业道德是指从业人员在职业活动中应该遵循的行为准则,涵盖了从业人员与服务对象、职业与职工、职业与职业之间的关系。狭义的职业道德是指从业人员在一定职业活动中应遵循的、体现一定职业特征的、调整一定职业关系的职业行为准则和规范。不同的职业人员在特定的职业活动中形成了特殊的职业关系,包括职业主体与职业服务对象之间的关系、职业团体之间的关系、同一职业团体内部人与人之间的关系,以及职业劳动者、职业团体与国家之间的关系。

同时,职业道德的内容包含职业理想、职业态度、职业义务、职业纪律、职业良心、职业荣誉、职业作风等。因此,公路养护技术工人在从事公路养护工作中应牢固树立社会主义荣辱观,加强职业道德修养,提升职业道德水平。

公路养护技术工人应坚持为人民服务的职业道德核心,坚持为人民服务原则、集体主义原则、主人翁劳动态度的职业道德基本原则。

1.4.2 公路养护技术工人职业道德精神

1.4.2.1 专业敬业精神

公路养护技术工人应爱岗敬业,对工作认真负责,具备公路养护专业素养和技术能力;能够熟练操作各种养护设备和工具,保障公路正常运行,为公路的养护和管理作出积极的贡献。

1.4.2.2 安全至上精神

公路养护技术工人需要坚持"安全第一、预防为主"方针,时刻保持安全意识,坚守安全红线,筑牢安全底线,严格按照安全生产制度和操作规程实施养护生产作业,积极做好安全防护措施,保证自身安全和公路使用者的安全。

1.4.2.3 吃苦耐劳精神

公路养护技术工人需要长期坚守一线,需要具有坚强的意志力去面对恶劣的工作条件和各种紧急突发事件,保持不怕苦、不怕累的精神,积极去解决工作中遇到的各种问题。

1.4.2.4 团结协作精神

公路养护技术工人通常是以团队形式工作,他们需要互相配合、协作,共同完成工作任务;在公路养护工作中,应注重培养团队协作精神,建立良好的沟通机制和分工合作模式,提高工作效率和质量,共同实现公路养护事业的发展。

1.4.2.5 诚实守信精神

公路养护技术工人需要保持诚信正直的职业操守,维护公路养护企业以及公路事业本身的公正、公平、公开的形象,促进个人成长和维护行业声誉。公路养护队伍应积极倡导和践行诚实守信精神,为公众提供安全、便捷、舒适的公路交通环境。

1.4.3 公路养护技术工人职业守则

概括而言,公路养护技术工人职业守则主要包括以下几方面的内容。

1.4.3.1 遵纪守法,爱岗敬业

1)遵纪守法

遵守国家法律是每个公民应履行的义务,也是保证社会秩序稳定和谐的重要基础。公

路养护技术工人应当了解并遵守国家法律,做遵纪守法的模范,通过合法途径维护自身权益。其具体表现如下:一是了解国家法律。要了解并熟悉国家法律,尤其是与工作密切相关的法律法规,如《公路法》《中华人民共和国劳动法》等。二是遵守法律。在日常生活和工作中,要始终遵守国家法律,不违法乱纪,不侵犯他人权益。三是合法维权。在遇到问题时,要通过合法途径解决,如向领导反映、与相关部门沟通等,避免因维权方式不当而触犯法律。

公共秩序是社会正常运转的必要条件,每个公民都有责任维护公共秩序。公路养护技术工人要发挥示范作用,树立良好的社会形象。其具体表现如下:一是遵守公共秩序。在公共场所和工作场所,我们要遵守各项公共秩序,如排队等候、不喧哗、不乱扔垃圾等。二是维护公共秩序。在遇到破坏公共秩序行为时,我们要敢于制止,积极维护公共秩序。三是倡导文明行为。在日常生活中,我们要以身作则,引领他人共同维护公共秩序。

2)爱岗敬业

爱岗敬业是每个员工应尽的职责,是实现个人价值和企业价值的重要手段。作为公路养护技术工人,我们要热爱本职工作,不断提高自身职业素养。其具体表现如下:一是热爱本职工作。我们要热爱自己的工作岗位,尽心尽力地完成工作任务。二是严谨细致。我们在工作中要注重细节,努力提高工作质量。三是提高职业素养。我们要不断学习新知识、新技能,提高自身职业素养。

1.4.3.2 忠于职守,吃苦耐劳

1)忠于职守

忠于职守是一种高度敬业和负责任的态度,也是维护组织稳定和发展的重要保障。作为公路养护技术工人,我们要对公路养护工作表现出高度的专业性和忠诚度。其具体表现如下:一是尽职尽责。忠于职守的精神要求我们对工作充满热情,并尽最大努力去完成。二是坚持原则。在工作过程中要遵守公路养护的规章制度和职业道德准则,对于不符合规定的行为要敢于抵制并报告上级。三是承担责任。忠于职守的精神要求我们在工作中敢于承担责任,不推卸责任。四是忠诚可靠。对组织要忠诚可靠,保守相关的商业机密,不从事与公路养护事业冲突的行为。

2)吃苦耐劳

吃苦耐劳是一种积极向上的工作态度和生活方式,也是在职场中克服困难和挑战的重要手段。作为公路养护技术工人,我们要保持对工作、生活的积极和乐观心态,不因困难而沮丧,积极应对工作、生活中的问题和挑战。其具体表现如下:一是保持积极向上的精神状态。在面对困难和挑战时,不屈不挠地坚持下去,以顽强的毅力和坚定的信念克服困难。二是对工作的坚持和执着。不因短暂的困难而放弃,而是以长远的眼光看待问题,为实现目标而不断努力。三是生活简朴和节约。不追求过度的物质享受,而是注重自我提升和个人成长。

1.4.3.3 谦虚谨慎,团结协作

1)谦虚谨慎

谦虚谨慎是一种积极向上的精神状态,也是维护社会和谐稳定的重要品质。作为公路

养护技术工人,要保持清醒的头脑和谦逊的态度,不断反思自己,学会尊重他人,不断学习和探索新的领域。其具体表现如下:一是尊重他人。尊重他人的权利和尊严,不侵犯他人的隐私和尊严,认真倾听他人的意见和建议,理解他人的想法和需求;尊重他人的劳动成果,不盗用他人的成果或者抄袭他人的作品。二是自我谦逊。保持谦逊的态度,不夸大自己的能力和成就,不炫耀自己的荣誉和财富,不过于强调自己的优点和长处,不过分追求他人的赞美和恭维,不断反思自己,积极寻求改进和提高。三是谨慎言行。注意言行举止,不发表不当言论或者做出不当行为,遵守法律法规和职业道德规范,不从事违法违规行为。

2)团结协作

团结协作是现代社会中不可或缺的一种工作方式,也是增强团队的凝聚力和向心力的重要举措。作为公路养护技术工人,要积极倡导团结协作的精神,努力营造良好的工作氛围和信任机制,充分发挥自己的优势和潜力,共同实现团队的目标和梦想。其具体表现如下:一是积极沟通。有效的沟通可以帮助团队成员了解彼此的想法和需求,避免误解和冲突,同时可以促进相互之间的信任和尊重。二是承担责任。在团队中,每个成员都应该承担自己的责任,尽心尽力地完成自己的工作任务。三是团结互助。我们应该分享经验、提供支持,通过团结互助,能够增强团队凝聚力,共同实现目标。

1.4.3.4 规范操作,保证质量

1)规范操作

规范操作是严格遵守工作流程和标准操作程序的具体表现,也是提高工作效率、保障安全生产的重要手段。作为公路养护技术工人,我们严格按照规范、规程进行生产作业。其具体表现如下:一是严格遵守工作流程。遵守公司的工作流程和标准操作程序,不违反任何流程规定。二是在工作中注重细节,确保工作质量和安全。三是保持职业操守。保持高尚的职业操守和道德标准,不进行任何违反道德的行为。

2)保证质量

保证质量是提高服务满意度和实现经济效益的基础,也是企业长期发展进步的必要条件。作为公路养护技术工人,我们严格遵守质量标准。其具体表现如下:一是增强质量意识,加强培训和教育,理解和执行质量标准。二是严格控制原材料的质量,确保使用的材料符合施工要求,不使用不合格的材料。三是注重施工过程的监督和控制,采取有效的质量控制措施,确保施工质量稳定可靠。

1.4.3.5 安全生产,文明施工

1)安全生产

安全生产是保障国家经济发展和人民生命与财产安全不可缺少的组成部分,也是企业稳定发展的重要保障。公路养护技术工人应坚持"安全第一",增强安全生产意识。其具体表现如下:一是遵循"安全第一"的原则,在遇到安全风险时,能够果断采取措施,保障人身和财产安全。二是具有安全责任意识,始终以维护安全生产为己任,对工作中发现的安全隐患及时报告和处理,确保生产安全顺利进行。三是积极参与培训演练,积极参加公司组织的安全生产培训和活动,增强自身的安全意识和技能,熟悉应急预案和应急措施,做好应对突发

事件的准备。

2) 文明施工

文明施工是"以人为本"思想的重要体现，也是安全生产工作的开展、飞跃和升华。作为公路养护技术工人，我们要注重环境保护，采取有效的环境保护措施，减少环境污染和生态破坏。其具体表现如下：一是爱护公物。不浪费资源，爱护施工设备和材料；合理使用资源，提高资源利用效率。二是保护环境。注重环境保护，采取有效措施减少施工对环境的影响，保护生态环境的可持续发展。三是树立良好形象。保持施工现场整洁有序，树立良好的企业形象和社会形象。

2 路基

2.1 路基类型与基本构造

公路路基是按照路线位置和一定技术要求修筑的带状构造物,是公路与自然地面接触的最基本的部分。它既是路面的基础,也是公路的承重主体。路基承受路面结构自重及由路面传递下来的行车荷载和自然因素的作用,其强度和稳定性是保证路面结构稳定、路用性能良好的基本条件。因此,必须经常性地、有计划地针对路基可能出现的或已经出现的病害,加以适当的养护和维修,以保证公路构造物的正常使用。

路基承受行车荷载作用,深度一般在路基顶面以下 0.8m(当交通等级为轻、中及重时)或 1.2m(当交通等级为特重或极重时)范围以内,即路基结构的路床部分,其强度与稳定性要求,应根据路基路面综合设计的原则确定。坚固的路基,不仅是路面强度与稳定性的重要保证,也能为延长路面使用寿命创造有利条件,所以路基强度与稳定性至关重要。

公路路基由路基本体(路堤或路堑)、排水结构物、路基防护与加固结构物及其附属设施组成。路基基本结构图如图 2.1-1 所示。

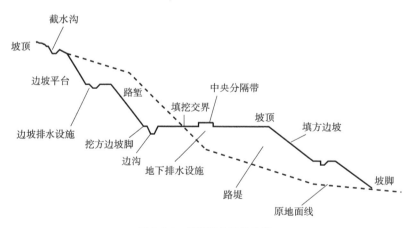

图 2.1-1 路基基本结构示意

2.1.1 路基类型

由于地形的变化和填挖高度的不同,路基横断面也各不相同。路基横断面有路堤、路堑和半填半挖路基三种基本形式,如图2.1-2所示。

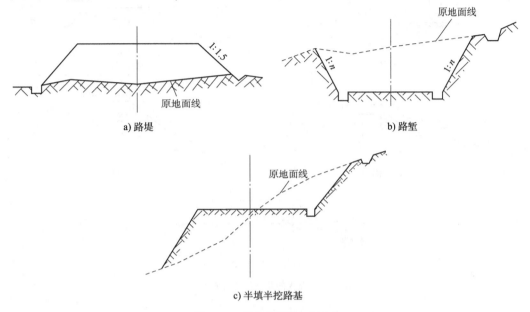

图 2.1-2 路基横断面基本形式

2.1.1.1 路堤

高于原地面的填方路基称路堤。路堤高于天然地面,一般通风良好,易于排水,路基经常处于干燥状态。路堤为人工填筑,对填料的性质、状态和密实度可以按要求加以控制。因此,路堤病害相对较少,其强度和稳定性也相对容易得到保证,是经常采用的路基形式。图2.1-3所示为路堤的几种常见横断面形式。其中,填土高度小于路基工作区深度的路堤是低路堤,填土边坡高度大于20m的路堤属于高路堤。根据路堤所处的地质与水文条件、加固类型不同,还包括浸水路堤、护脚路堤及挖沟填筑路堤等。

低路堤常在平坦地区取土困难时选用。平坦地区地势低,水文条件较差,易受地面水和地下水的影响,最小填土高度不低于规定的临界高度,使路基处于干燥或中湿状态,路基两侧均设置边沟。

2.1.1.2 路堑

低于原地面的挖方路基称为路堑。典型路堑为全挖断面,路基两边设置边沟。路堑低于原自然地面,通风和排水不畅。路堑是在天然地面上开挖而成,其土石性质和地质构造取决于所处地的自然条件。开挖路堑会破坏原地层的天然平衡状态,所以路堑更容易出现病害。

路堑的几种常见横断面形式有全挖路基、台口式路基及半山洞路基,如图2.1-4所示。挖方边坡可视高度和岩土层情况设计成直线或折线。挖方边坡的坡脚处应设置边沟,以汇集和排除路基范围内的地表径流。路堑的上方应设置截水沟,以拦截和排除流向路基的地表径流。挖方弃土可堆放在路堑的下方。边坡坡面易风化时,应在坡脚处设置 0.5~1.0m 的碎落台,同时可对坡面采取防护措施。

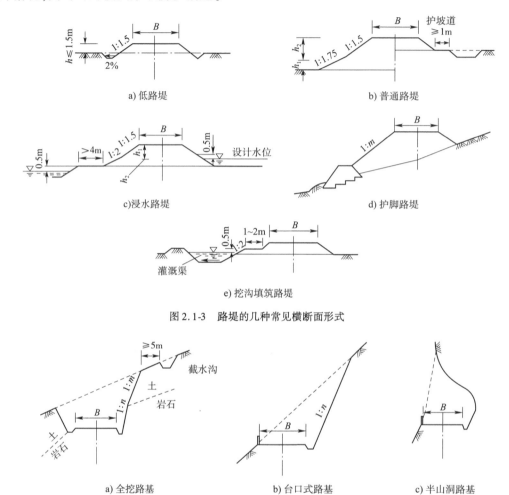

图 2.1-3 路堤的几种常见横断面形式

图 2.1-4 路堑的几种常见横断面形式

2.1.1.3 半填半挖路基

在一个横断面内,部分为路堤,部分为路堑的路基称为半填半挖路基。半填半挖路基是丘陵或山区公路的主要路基横断面形式。该路基节省土石方,施工方便,是一种比较经济的路基断面形式。

半填半挖路基兼有路堤和路堑两者的特点,上述对路堤和路堑的要求均应满足。填方部分的局部路段,如遇原地面的短缺口,可采用砌石护肩。如果填方量较大,可就近利用废石方,砌筑护坡或护墙。石砌护坡和护墙相当于简易式挡土墙,承受一定的侧向压力。有时填方部分需要设置路肩(路堤)式挡土墙,确保路基稳定,进一步压缩用地宽度。半填半挖路基的几种常见横断面形式如图 2.1-5 所示。

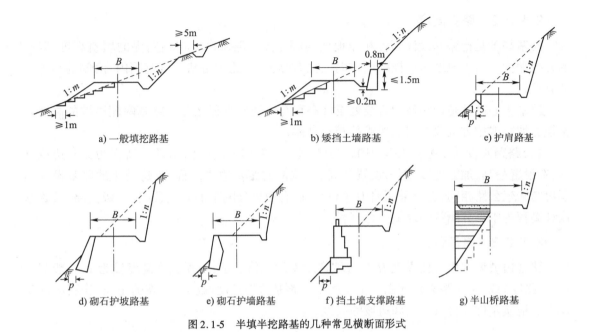

图 2.1-5 半填半挖路基的几种常见横断面形式

2.1.2 路基基本构造

2.1.2.1 路基宽度

路基宽度为行车公路面及其两侧路肩宽度之和,包括中间带、变速车道、爬坡车道、紧急停车带等。车道宽度根据设计通行能力及交通量大小而定,一般每个车道宽度为 3.50～3.75m,高等级公路路肩宽度一般为 1～3m,并铺筑硬质路肩,以保证路面行车不受干扰。各等级公路的路基宽度示意图如图 2.1-6、图 2.1-7 所示。

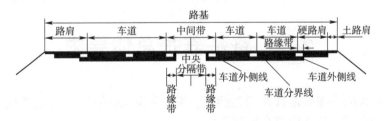

图 2.1-6 高速公路、一级公路路基宽度示意

图 2.1-7 二、三、四级公路路基宽度示意

2.1.2.2 路基高度

路基高度是指路基设计高程和原地面高程之差。路基高度包括路堤的填筑高度、路堑的开挖深度。由于原地面沿横断面方向往往有倾斜,因此在路基宽度范围内,两侧的高差一般有差别。

路基中心高度是指路基中心线处设计高程与原地面高程之差。路基两侧边坡的高度是指填方坡脚或挖方坡顶与路基边缘的相对高差。

《公路路基设计规范》(JTG D30—2015)规定:新建公路的路基设计高程为路基边缘高程,在设置超高、加宽地段,则为设置超高、加宽前的路基边缘高程;改建公路的路基设计高程可与新建公路相同,也可采用路中线高程,设有中央分隔带的高速公路、一级公路,其路基设计高程为中央分隔带的外侧边缘高程。

2.1.2.3 路基边坡

路基边坡坡度用边坡高度 H 与边坡宽度 b 的比值表示,习惯上将高度设为1,一般写成 $1:m$(路堤)或 $1:n$(路堑),如图 2.1-8 所示。路基边坡坡度取决于边坡的土质、岩石的性质及水文地质条件等自然因素和边坡的高度。

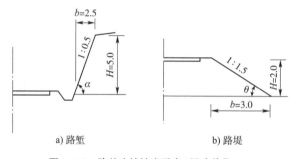

图 2.1-8 路基边坡坡度示意(尺寸单位:m)

2.2 路基养护总体要求

公路路基养护应遵循规范管理、安全运行、预防为主、防治结合、因地制宜、经济适用、节约资源、保护环境的原则,并应符合下列要求:

(1)逐步建立路基管理系统,加强路基运行的动态管理,建立健全安全运行保障制度。

(2)加强路基技术状况的检测与评定,推进预防养护工作,及时对路基病害进行养护处治。

(3)结合各地区实际情况及路基病害特点,应选用安全、耐久、经济、适用的养护技术,并积极稳妥地采用新技术、新材料、新工艺和新设备。

(4)宜充分考虑自然环境和地质条件,采取工程防治、植物防护及两者相结合的措施,并注重节能环保技术应用和材料循环利用。

公路养护应建立经常检查制度,对公路设施进行周期性检查,又称作路况检查。主要内容应包括检查各项基础设施使用情况是否完好、是否有病害和缺损等异常现象。可采用目测与仪器和工具量测相结合的方法,路面宜采用自动化、信息化检测与人工检查相结合的手段,重要情况宜采用摄影或摄像。

路基养护包括日常养护和养护工程。日常养护包括日常巡查、日常保养和日常维修;养护工程包括预防养护、修复养护、专项养护和应急养护。

路基养护工作对象包括公路用地范围内的路肩、路堤与路床、边坡、既有防护及支挡结构物、排水设施、特殊路基等。

路基养护工作内容包括路况调查与评定、养护决策、日常养护、工程设计、养护工程施工、养护工程质量验收、跟踪观测和技术管理。其中,路况调查与评定包括病害调查、技术状况评定、安全性评估等内容。

2.2.1 路况检查

路况检查包括按规定频率开展的日常巡查、经常检查和定期检查,以及根据养护需要或应急需要开展的专项检查和应急检查。日常巡查、经常检查和定期检查属于强制性要求。

2.2.1.1 日常巡查

日常巡查应掌握公路基础设施日常表观状态和使用情况,以及可能危及通行安全的病害、损毁及其他异常情况,为日常养护提供依据。

路基的日常巡查可分为一般巡查和专项巡查。路基的一般巡查频率每周不少于一次,遇特殊气候、突发灾害等情况,增加巡查频率。

1)一般巡查

一般巡查可用目测方式,也可用目测与量测相结合的方式,包括下列主要工作内容:

(1)检查路肩是否存在缺损、阻挡排水,是否存在杂草、杂物。

(2)检查路堤是否存在杂物堆积,是否存在沉陷、冻胀翻浆等病害。

(3)目测边坡是否存在冲刷、缺口,坡面是否存在杂草、杂物,坡体是否存在松动、碎落崩塌、局部坍塌。

(4)检查既有防护及支挡结构物是否存在表面破损、勾缝脱落、杂草、杂物,是否存在排(泄)水孔堵塞,是否存在局部损坏。

(5)查看排水设施是否存在堵塞、破损等。

2)专项巡查

路基的专项巡查主要对高边坡、既有防护及支挡结构物、排水设施等的病害进行实地察看与量测,做好路基专项巡查记录,并符合下列规定:

(1)路基的专项巡查应在年度公路网级的路基技术状况调查基础上,每半年进行一次。

(2)对最近一次路基技术状况指数(SCI)或任一分项指标评定为"次、差"的路段,其专项巡查频率每月不得少于一次。

路基专项巡查应包括下列主要工作内容:

(1)察看边坡坡顶和坡面是否存在裂缝以及裂缝的发展情况,边坡坡面是否存在岩体风化松散、局部坍塌、滑坡。

(2)检查既有防护及支挡结构物是否存在结构变形、滑移、开裂,基础是否存在积水、冲刷、空洞等。

(3)查看排水设施的排水是否通畅、有效,是否损坏、不完善。

2.2.1.2 经常检查

经常检查主要是检查路基是否存在病害及隐患,使用功能是否正常,以及既有病害的发展情况等。经常检查应抵近检查。发现病害及其他异常情况时,应现场对其类型和范围等进行判定并记录,病害及其他异常情况较严重时应做专项检查,进一步判明病害程度及成因,并根据检查及评定结论采取相应的养护措施。经常检查应排查和跟踪公路基础设施病害及隐患,为动态调整日常养护方案及养护重点提供依据。

经常检查频率不应小于表2.2-1的规定,灾害天气或病害发展较快时,应加大经常检查频率。

经常检查频率　　　　　　　　　　表2.2-1

养护检查等级	Ⅰ级	Ⅱ级	Ⅲ级
检查频率	1次/月	1次/2月	1次/3月

2.2.1.3 定期检查

定期检查应根据检查对象工程特征和现场条件,结合养护历史资料制订检查方案,明确检查目的、内容和方法,交通组织、数据管理和技术状况评定方案等。定期检查应查明公路基础设施技术状况,为养护决策或动态调整公路养护年度计划等提供依据。路基的定期检查包括路基中土路肩、路堤与路床、边坡、防护及支挡结构物、路基排水设施等分项设施。若定期检查难以判明病害程度及成因,或需进一步查明结构承载能力、抗灾能力或安全性等专项性能时,应对其进行专项检查。

2.2.1.4 专项检查

专项检查应查明公路基础设施技术状况、专项性能或病害情况,为养护决策养护工程设计或制定相关养护对策等提供依据。

2.2.1.5 应急检查

应急检查应编制应急检查报告,分析基础设施损坏状况、成因及范围,评估受损基础设施技术状况、安全性和修复可行性,提出抢通、保通和抢修等应急养护工程技术方案建议。因突发事件造成公路基础设施损毁、交通中断或产生重大安全隐患时,应开展应急检查,为制订应急养护工程技术方案提供依据。

2.2.1.6 路基病害定点监测

路基病害定点监测应符合下列规定:

(1)对存在较大病害隐患的路段,应根据需求安设监测设备,采用测量仪器、探测工具等定期采集路基相关数据信息,对路基病害的发生原因和发展趋势进行判断。

(2)路基病害监测的主要内容应包括路基沉降量、边坡侧向位移量及裂缝宽度、既有防护及支挡结构物的裂缝宽度及位移。

2.2.1.7 路基状况评定

路基技术状况 SCI 评定应以 1000m 路段长度为一个基本单元;不足 1000m 按一个基本单元计,与路基病害调查的基本单元划分相一致。

每年应组织一次公路网级路基技术状况指数调查与评定。根据路基日常巡查记录和病害定点监测结果,宜每季度或半年组织一次用于指导日常养护的路基技术状况指数评价。

2.2.2 路基日常养护

路基是公路的重要组成部分,是路面的基础。路基的强度和稳定性直接影响路面的平整度和强度,是保证路面稳定的基本条件,因此加强路基养护是提高公路质量和使用寿命的基础。

路基的日常养护包括日常巡查、日常保养和日常维修,具有以下规定:

(1)应编制路基的日常养护年度计划,并根据养护质量要求及路基状况调查结果确定日常养护工作内容。

(2)路基日常养护应及时做好工作记录,包括作业时间、作业内容、作业人员、完成的工作量等内容。

(3)应提倡和鼓励使用机械设备开展养护作业,提升路基日常养护机械化水平。

2.2.2.1 日常巡查

路基日常巡查的主要工作内容:

(1)检查路基各部分是否完整,尺寸是否符合标准,有无变形情况发生。

(2)检查路肩有无车辙、坑洼、隆起、沉陷、缺口现象发生,并检查横坡是否适度,表面是否坚实、整洁,与路面接茬是否平顺。

(3)检查边坡是否稳定、坚固,坡度是否符合规定,是否有冲沟、松散现象发生。

(4)检查挡土墙的护坡、防沙设施是否完好,泄水孔有无堵塞。

(5)检查边沟、排水沟、截水沟、跌水沟、泄水槽等有无淤塞、高草等现象。

(6)检查纵坡是否符合规定,进出口维护是否完好,路基路面及边沟内是否有积水。

(7)检查有无翻浆、坍方、山体滑坡、泥石流等病害发生。

2.2.2.2 日常保养

路基日常保养应包括下列主要工作内容:

(1)整理路肩,修剪路肩杂草,清除路肩杂物。

(2)整理坡面,缺口培土,修剪坡面杂草,清除坡面杂物。

(3)清除护坡、支挡结构物上的杂物,疏通排(泄)水孔。

(4)清理绿化平台、碎落台上的杂物。

(5)疏通边沟、截水沟、集水井、泄水槽等排水设施。

(6)修整中央分隔带路缘石,清除杂物、杂草,清理排水通道。

2.2.2.3 日常维修

日常维修根据路基技术状况评定与日常巡查记录结果,按月度或季度编制日常维修工

作计划。日常维修应包括下列主要工作内容:
(1)修补路基缺口,整修路缘石,修整路肩坡度,处理路肩的轻微病害。
(2)清理边坡零星塌方,修补坡面冲沟,修理砌石护坡、防护网、绿植等坡面防护工程的局部损坏。
(3)修理既有防护及支挡结构物的表观破损和轻微的局部损坏。
(4)整修绿化平台、碎落台。
(5)局部开挖边沟、截水沟等,铺砌、修复排水设施等。

2.2.3 路基养护工程

路基养护工程包括预防养护、修复养护、专项养护和应急养护。

2.2.3.1 预防养护

预防养护工程是针对公路路基在结构强度充足、功能性能保持良好或有轻微病害的情况下,以预防性能过快衰减、延长使用寿命为目标而采取的主动防护工程。

路基预防养护遵循"预防为主、主动施策"的原则。对路基存在病害隐患的路段应实施定点观测或监测,及时掌握病害发展趋势,并根据定点观测或监测结果,确定预防养护时机。应在确定预防养护时机的基础上,根据路基病害隐患特点及发展趋势等,确定预防养护措施。对于技术简单的预防养护工程,可采用技术方案设计,并按技术方案组织实施。

2.2.3.2 修复养护

修复养护工程是在路基已出现明显病害或部分丧失服务功能的情况下,以恢复技术状况为目标,针对路基的不同程度损坏而进行功能性、结构性的修复、加固、改造或重建,并配套完善公路沿线设施。路基修复养护工程进行一阶段施工图设计,技术特别复杂的,可以采用技术设计和施工图设计两阶段设计。

2.2.3.3 专项养护

专项养护工程是以恢复、完善和保持公路附属设施服务能力为目标而集中实施的各类专项修复和定期更换等工程。

2.2.3.4 应急养护

应急养护应遵循快速反应、有效抢险、及时处治、保障安全的原则,制订路基应急抢险预案,建立应急抢险工作机制,合理配备应急抢险队伍、设备、物资等。对存在重大病害隐患的路基,应加强监测,及时预警,并增设相应的交通安全警示标志。对影响交通安全的突发性灾害路段,应启动应急预案,及时开展应急抢通、保通和抢修工作,安排灾后修复养护工程。实施应急养护时,应设置交通安全设施;需中断交通的,应合理采取分流措施。应急抢通、保通和抢修工程的先期临时方案,应与后期修复养护工程方案相结合。

2.3 路基病害类型与判定

路基病害可分为路肩病害、路堤与路床病害、边坡病害、既有防护及支挡结构物病害、排水设施病害五类。

2.3.1 路肩病害

路肩是公路两侧位于行车道外缘至路基边缘，具有一定宽度的带状部分。路肩分为硬路肩和土路肩。硬路肩与路面横坡相同，土路肩或植草的路肩横坡应比路面横坡大1%~2%，以利排水。路肩病害主要分为路肩或路缘石缺损、阻挡路面排水、路肩不洁、路肩塌陷、路肩侵蚀、路肩冻融、路肩松动、路肩沉陷和路肩裂缝等。

2.3.1.1 路肩或路缘石缺损

路肩或路缘石缺损指路肩一侧宽度小于设计宽度10cm及10cm以上，路肩出现20cm×10cm（长度×宽度）以上的缺口，路缘石丢失、损坏、倾倒或路缘石与路面脱离透水等，如图2.3-1所示。路肩边缘缺口形成的原因有雨水冲缺、人为或牲畜踩踏等。

图2.3-1 路肩出现缺口

2.3.1.2 阻挡路面排水

阻挡路面排水指路肩高于路面或者土路肩的隆起，造成路面排水不畅。路肩高于路面造成的积水如图2.3-2所示。

2.3.1.3 路肩不洁

路肩不洁指路肩有堆积杂物、未经修剪且高于15cm的杂草，如图2.3-3所示。

图2.3-2 路肩高于路面造成的积水　　　图2.3-3 路肩杂草处理

2.3.1.4 路肩塌陷病害

路肩塌陷病害指由于路肩长期受到车辆重压或地下水位变化等原因，路肩内部土体下沉或塌陷的情况，如图2.3-4所示。这种病害通常表现为土路肩陷落，形成凹陷或坑洞。路肩塌陷病害不仅影响公路的正常通行，还会给行车带来安全隐患。

2.3.1.5 路肩侵蚀病害

路肩侵蚀病害是指土路肩表层土壤被雨水冲刷或风吹等自然因素侵蚀的现象,如图2.3-5所示。这种病害通常表现为土壤表面被冲刷形成沟壑,严重时甚至会导致土壤流失。路肩侵蚀病害不仅破坏了土路肩的整体结构,还会给环境带来土壤污染等问题。

图2.3-4 路肩塌陷

图2.3-5 路肩侵蚀

2.3.1.6 路肩冻融病害

路肩冻融病害指路肩在寒冷季节受到冻融循环的影响,导致土体的体积发生变化而引起的病害。这种病害通常表现为路肩表面出现龟裂、剥落等现象,严重时甚至会导致路基的塌陷。路肩冻融病害是寒冷地区常见的问题,需要采取相应的措施进行预防和修复,如图2.3-6所示。

2.3.1.7 路肩松动病害

路肩松动病害指土路肩内部土体发生松动、疏松或塌方的现象,如图2.3-7所示。这种病害通常表现为土路肩表面出现裂缝、坍塌等情况,严重时可能会导致路基的破坏。路肩松动病害的出现通常与土质松散、地下水位变化等因素有关,需要进行及时修复和加固。

图2.3-6 土路肩修复

图2.3-7 路肩松动

2.3.1.8 路肩沉陷病害

路肩沉陷病害是指由于地下水位变化、土壤沉降等原因,土路肩内部土体下沉的情况,如图2.3-8所示。这种病害通常表现为土路肩陷落或倾斜,严重时可能会导致公路的倾斜或变形。路肩沉陷病害不仅会影响公路的平整性和通行安全,还会给周边地区的建筑物带来影响。

2.3.1.9 路肩裂缝病害

路肩裂缝病害是指由于土路肩表层土壤长期受到车辆挤压、地下水位变化等原因,土体发生裂缝的情况,如图 2.3-9 所示。这种病害通常表现为土路肩表面出现不同程度的裂缝,严重时可能会导致路面的坍塌。路肩裂缝病害是土路肩常见的问题,需要及时修复以保证公路的正常使用。

图 2.3-8　路肩沉陷　　　　　　　　　　图 2.3-9　路肩裂缝

2.3.2　路堤与路床病害

公路路基是按照路线位置和一定技术要求修筑的带状构造物,是路面的基础。它承受由路面传来的行车荷载和路基与路面结构的自重并将其扩散至地基,是公路的承重主体。路堤与路床病害可分为杂物堆积、不均匀沉降、开裂滑移、冻胀翻浆四大类。

2.3.2.1 杂物堆积

杂物堆积是指在路堤及路床上人为倾倒的垃圾和秸秆等杂物的堆积,如图 2.3-10 所示。

2.3.2.2 不均匀沉降

不均匀沉降指路堤及路床出现大于 4cm 的差异沉降,或出现大于 5cm/m 的局部沉陷。路基出现的不均匀沉降如图 2.3-11 所示。

 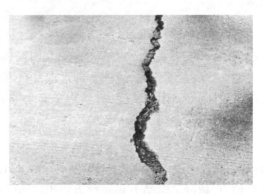

图 2.3-10　路肩存在杂物堆积　　　　　　图 2.3-11　路基出现的不均匀沉降

2.3.2.3 开裂滑移

开裂滑移是指沿路基纵向出现弧形开裂,路基产生侧向滑动趋势,如图2.3-12所示。

2.3.2.4 冻胀翻浆

冻胀翻浆指季节性冰冻引起的路面隆起、变形,春融或多雨地区的路基在行车荷载作用下造成路面变形、破裂、冒浆等,如图2.3-13所示。

图2.3-12 路基产生的开裂滑移

图2.3-13 路基产生的冻胀翻浆

2.3.3 边坡病害

边坡养护工作的目的是确保边坡的稳定,因此路基边坡的坡面应经常保持平顺、坚实、无冲沟、无裂缝。边坡病害可分为坡面冲刷、碎落崩塌、局部坍塌、滑坡四类。

图2.3-14 坡面冲刷

2.3.3.1 坡面冲刷

坡面冲刷指由雨水冲刷坡面形成深度10cm以上的沟槽(含坡脚缺口),如图2.3-14所示。

2.3.3.2 碎落崩塌

碎落崩塌指路堑边坡因表层风化等产生的碎石滚落、局部崩塌等。崩塌的规模和产生原因与滑塌有相同之处,碎落崩塌是比较常见而且危害较大的路基病害之一,如图2.3-15所示。它同滑塌的主要区别在于崩塌无固定滑动面,也无下挫现象,即坡脚线以下地基无移动。崩塌体的各部分相对位置,在移动过程中完全打乱,其中较大石块翻滚较远,边坡下部形成乱石堆或岩堆。崩塌所产生的冲击力,常使建筑物受到严重破坏,经常阻断交通,并给行车安全带来很大威胁。

2.3.3.3 局部坍塌

局部坍塌指因边坡表面松散破碎或雨水冲刷而引起的坡面滑塌,也称堆塌。由于土体(土石混杂的堆积物)遇水软化,在45°～60°的较陡边坡无支撑情况下,自身重力所产生的剪切力,超过了黏结力和摩擦力所构成的抗剪力,因而土体沿松动面坠落散开,其运动速度比崩塌慢,很少有翻滚现象。边坡局部坍塌如图 2.3-16 所示。

图 2.3-15　碎落崩塌

图 2.3-16　边坡局部坍塌

2.3.3.4　滑坡

滑坡指边坡发生整体剪切破坏引起的坡体下滑,或有明显水平位移,如图 2.3-17 所示。路基边坡土体或岩石沿着一定的滑动面整体向下滑动,其规模与危害程度较碎落崩塌更为严重。产生滑坡的主要原因是边坡较高(大于 10 ~ 20m),坡度较陡(陡于 50°),填方不密实,缺少应有的支撑与加固。此外,挖方的岩层倾向公路路基,岩层倾角为 25°~70°,夹有较弱和透水的薄层或岩石严重风化等,在水的侵蚀和冲刷作用下,形成滑动面,致使土石失去平衡产生滑坡。

图 2.3-17　滑坡

2.3.4 既有防护及支挡结构物病害

路基支挡工程类型有很多,在路基工程中,支挡结构物一般可按设置位置、结构材料和结构形式划分。支挡结构物按支挡结构的设置位置不同,分为路堑挡土墙、路堤挡土墙、路肩挡土墙和山坡挡土墙等。支挡结构物按支挡结构的墙体材料不同,分为石砌挡土墙、混凝土挡土墙、钢筋混凝土挡土墙、砖砌挡土墙、木质挡土墙和钢板墙等。支挡结构物根据其结构形式与作用机理,可分为重力式挡土墙、悬臂式挡土墙、扶壁式挡土墙、锚杆式挡土墙,抗滑桩、土钉墙、预应力锚索等多种结构形式。既有防护及支挡结构物病害可分为表观破损、排(泄)水孔淤塞、局部损坏、结构失稳四类。

2.3.4.1 既有防护及支挡结构物表观破损

既有防护及支挡结构物表观破损是指勾缝或沉降缝损坏、表面破损、钢筋外露和锈蚀等,如图 2.3-18 所示。

a) 勾缝或沉降缝损坏

b) 表面破损、钢筋外露和锈蚀

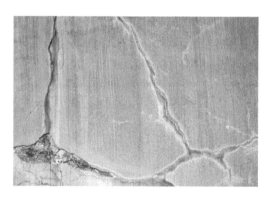

c) 表面破损

图 2.3-18 既有防护及支挡结构物表观破损

2.3.4.2 既有防护及支挡结构物排(泄)水孔淤塞

既有防护及支挡结构物排(泄)水孔淤塞是指排(泄)水孔被杂物堵塞,造成排水不畅,是影响挡土墙安全及使用效果的主要病害之一,如图 2.3-19 所示。

图 2.3-19　挡墙部分排(泄)水孔堵塞

挡土墙的排水处理是否得当,直接影响到挡土墙的安全及使用效果。因此,挡土墙应设置完善的排水设施,以疏干墙后填料中的水分,防止地表水下渗造成墙后积水,使墙身承受额外的静水压力;消除黏土填料因含水率增加而产生的膨胀压力;减小季节性冰冻地区填料的冻胀压力。

2.3.4.3　既有防护及支挡结构物局部损坏

既有防护及支挡结构物局部损坏是指局部出现的基础淘空、墙体脱空、脱落、鼓包、轻度裂缝、下沉等病害,如图 2.3-20 所示。

2.3.4.4　既有防护及支挡结构物结构失稳

既有防护及支挡结构物结构失稳是指结构物整体出现的开裂、倾斜、滑移、倒塌等,如图 2.3-21 所示。

a) 挡土墙脱空　　　　　　　　　　　b) 不均匀沉降产生的裂缝

图　2.3-20

c) 挡土墙鼓包　　　　　　　　　　　d) 挡土墙开裂

图 2.3-20　挡土墙局部损坏

a) 挡土墙倒塌　　　　　　　　　　　b) 挡土墙露筋

图 2.3-21　挡土墙结构失稳

2.3.5　排水设施病害

路基排水的任务,就是将路基范围内的土基湿度降低到一定的限度以内,保持路基常年处于干燥状态,确保路基及路面具有足够的强度与稳定性。路基排水设施包括地面排水设施和地下排水设施。常用的路基地面排水设施包括边沟、截水沟、排水沟、跌水与急流槽等,必要时还有渡槽、倒虹吸及积水池等。常用的路基地下排水设备有盲沟、渗沟、渗水隧洞和渗井等。路基排水设施病害可分为排水设施堵塞、排水设施损坏和排水设施不完善三类。

2.3.5.1　排水设施堵塞

排水设施堵塞指排水设施内有杂物、垃圾、淤积等,造成排水不畅或设施堵塞。边沟堵塞如图 2.3-22 所示。

a)   b)

图 2.3-22 边沟堵塞

2.3.5.2 排水设施损坏

排水设施损坏指排水设施出现勾缝严重脱落，排水沟、截水沟、急流槽等设施破损。排水设施的修补如图 2.3-23 所示。

a)   b)

图 2.3-23 排水设施的修补

2.3.5.3 排水设施不完善

排水设施不完善指排水设施缺失，或未与外部排水系统有效衔接，造成排水不畅通，如图 2.3-24 所示。

图 2.3-24 排水设施不完善

2.4 路基检查

2.4.1 日常巡查

2.4.1.1 概述

公路巡检是保障公路运营安全、提高交通组织效率的重要工作,旨在确保公路和桥梁的结构安全、交通信号和标志的清晰有效、路面的平稳无障碍以及路沿设施的完好无损。巡查员需要按照计划和流程进行路况巡查,严格遵守标准,掌握每个环节。通过公路巡检,收集公路运营信息,及时发现问题和解决问题,确保交通安全和稳定畅通。公路巡检是一项细致入微的工作,需要巡查员及时发现问题并及时采取措施解决问题。

2.4.1.2 检查设备

检查设备分为基本配置及按需配置。

基本配置包括:检查车,卷尺、钢直尺等测量工具,望远镜、手电筒等观测工具,安全帽、安全鞋、反光背心、口罩等安全装备,移动数据终端(如有)、数码相机、记号笔等记录工具,铁锹、扫帚、检查锤、梯子等其他工具。

检查车车辆尾部或侧面应标识"养护巡查"字样,车顶应配备黄色闪光灯,尾厢应配备导向闪光箭头、锥形交通路标等工具。

按需配置包括:塞尺、测量绳、激光测距仪、裂缝观测仪、测斜仪等测量工具,矿工灯、黄蜂专杀剂、温度计、无人机等其他工具。检查所需设备如图 2.4-1 所示。

2.4.1.3 日常巡查的检查流程及记录要求

1)检查准备

检查作业前,巡查员应具备巡查检查工作经验或参加过岗前培训,具有对病害及处理方式进行初步判别的能力;应收集阅读被检查设施的基础资料和近期检查记录,熟悉掌握其技术状况。

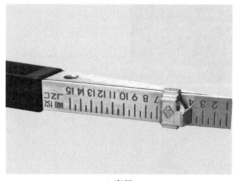
a) 塞尺

b) 测量绳

图 2.4-1

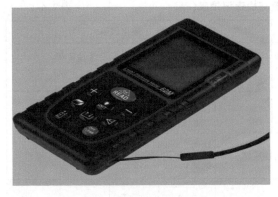
c) 激光测距仪

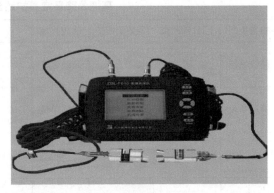
d) 裂缝测深仪

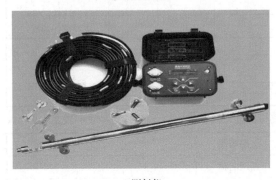
e) 测斜仪

f) 无人机

图 2.4-1 检查所需设备

2) 检查作业

检查作业应按照以下步骤进行：

(1) 开车巡查：①在开车过程中，应开启车辆闪光灯和闪光箭头，控制行车速度在60km/h之内(特殊巡查除外)；②巡查员观察行车前进方向高速公路左右两侧各设施部位的病害状况，对近期巡查检查记录表中保养措施为"继续观察"的病害应进行跟踪检查。

(2) 病害确认：①对病害具备观测条件的关键信息进行确认；②如病害特征无法辨认清晰，将车停放在右侧紧急停车带或右侧路肩，按规范要求设置锥形交通路标等安全设施，可使用望远镜或下车使用简易测量工具确认病害特征；③步行人工巡查时，应面对来车方向进行检查；④必要时，应拍摄病害照片，照片要能反映病害所处位置、特征等关键要素。

(3) 异常处理：①发现路面存在妨碍交通、危及行车安全的障碍物或异常情况时，应采取安全保障措施，在确保自身安全的前提下尽量清除；②不能立即清除的，应及时上报。

3) 记录要求

(1) 信息记录：应按照文件填写说明的要求及时填写记录表(表2.4-1、表2.4-2)，记录表中照片编号应一一对应；如有移动数据终端，应将检查信息及时录入移动数据终端。

(2) 信息确认：核查并确认检查信息记录。

(3) 信息归档：整理记录表和相关影像资料，及时归档。

高速公路日常养护巡查与检查记录表（一）　　　　　　　　　表 2.4-1

检查类别	□日常巡查	□夜间巡查	检查日期		天气		表格编号		
路线编码			路线名称		巡查里程	上行桩号范围：　　主线里程： 匝道里程：			
管理单位			实施单位			下行桩号范围：　　主线里程： 匝道里程：			
序号	方向	桩号	病害位置	是否为桥梁（打√）	病害名称	病害数量	单位	照片编码	保养措施	备注
1										
2										
3										
4										
备注说明										
检查人：						复核人：				

高速公路日常养护巡查与检查记录表（二）　　　　　　　　　表 2.4-2

管理单位		表格编码	
路线编码		路线名称	
（放照片处）		（放照片处）	
照片编码		照片编码	
（放照片处）		（放照片处）	
照片编码		照片编码	
（放照片处）		（放照片处）	
照片编码		照片编码	
检查人		日期	
复核人		日期	

2.4.2 技术状况调查与评定

路基技术状况 SCI 评定应以 1000m 路段长度为一个基本单元,不足 1000m 按一个基本单元计,与路基病害调查的基本单元划分相一致。

对于雪害、风沙、涎流冰等特殊路基病害,应根据实际情况做好调查记录。调查结果可不参与路基技术状况评定,但可作为养护计划安排依据。公路路基技术状况应用路基技术状况指数及其分项指标表示,路基技术状况指数及其分项指标的值域为 0~100。公路技术状况各分项指标应分为优、良、中、次、差五个等级。各分项指标的等级划分标准应符合表 2.4-3 的规定。

公路技术状况分项指标等级划分标准 表 2.4-3

评定指标	优	良	中	次	差
SCI、PQI、BCI、TCI	≥90	≥80,<90	≥70,<80	≥60,<70	<60
PCI、RQI、RDI、PBI、PWI、SRI、PSSI	≥90	≥80,<90	≥70,<80	≥60,<70	<60

注:1. 高速公路路面损坏状况指数 PCI 等级划分标准,"优"为 PCI≥92,"良"为 80≤PCI<92,其他保持不变。
2. 水泥混凝土路面行驶质量指数 RQI 等级划分标准,"优"为 RQI≥88,"良"为 80≤RQI<88,其他保持不变。

路基技术状况应采用路基技术状况指数 SCI 评定。SCI 应按式(2.4-1)计算:

$$\text{SCI} = \sum_{i=1}^{i_0} w_i (100 - \text{GD}_{i\text{SCI}}) \qquad (2.4\text{-}1)$$

式中:$\text{GD}_{i\text{SCI}}$——第 i 类路基损坏的累计扣分,最高扣分为 100,按表 2.4-4 的规定计算;
w_i——第 i 类路基损坏的权重,按表 2.4-5 的规定取值;
i——路基损坏类型;
i_0——路基损坏类型总数,取 7。

路基病害扣分标准 表 2.4-4

序号	分项	病害名称	扣分标准	备注
1	路肩	路肩或路缘石缺损	5	每 20m 为一处,不足 20m 时按一处计
2		阻挡路面排水	10	
3		路肩不洁	2	
4	路堤与路床	杂物堆积	5	每 20m 为一处,不足 20m 时按一处计
5		不均匀沉降	20	
6		开裂滑移*	50	
7		冻胀翻浆	20	
8	边坡	坡面冲刷	5	每 20m 为一处,不足 20m 时按一处计;当边坡高度超过 20m 时,扣分加倍。当岩质边坡或黄土路基边坡出现局部碎落崩塌后,坡面形成坑洞、缺陷等,但不影响路基边坡整体稳定和通行安全的,可不扣分
9		碎落崩塌	20	
10		局部坍塌*	50	
11		滑坡	100	

续上表

序号	分项	病害名称	扣分标准	备注
12	既有防护与支挡结构物	表观破损	10	每20m为一处,不足20m时按一处计,独立涵洞计为一处
13		排泄水孔堵塞	20	以构造物伸缩缝(含沉降缝)为自然段落,30%及以上排水孔出现排水不畅计为一处
14		局部损坏	20	每20m为一处,不足20m时按一处计
15		结构失稳*	100	按既有防护及支挡结构物单独评价
16	排水设施	排水设施堵塞(含涵洞)	5	每20m为一处,不足20m时按一处计,独立涵洞计为一处
17		排水设施损坏(不含涵洞)	10	
18		排水设施不完善	0	—

注:1. 按照表中每种病害的单项扣分,扣完100分为止。
2. 若路基结构物缺少分项,可不扣分。
3. 表中长度是指沿路线方向的长度,"每20m为一处,不足20m时按一处计"是指若某种病害在一处计量单元中存在若干不连续的现象,统一按一处计。
4. 同一位置同时存在两种及两种以上病害时,按各自病害分项分别扣分。
5. 对于标"*"的病害,按《公路路基养护技术规范》(JTG 5150—2020)第4.4.9条的有关规定执行。
6. 病害为排水设施不完善,在进行路基技术状况评定时不扣分,仅作为安排路基养护计划的依据。

路肩病害权重 表2.4-5

病害名称	路肩或路缘石缺损	阻挡路面排水	路肩不洁
权重	0.4	0.4	0.2

高速公路、一级公路应按上、下行方向分别计算路基技术状况指数;二级及二级以下公路应按上、下行方向分别计算路基技术状况指数,并以较低路基技术状况指数作为该评定单元的评定结果;分离式路基应按两条独立路线分别计算路基技术状况指数。当出现有"*"的路基病害时,应根据实际情况进行分析判断。若该病害影响正常通行或威胁交通安全时,该评定单元的路基技术状况指数按0分计。

1)路堤与路床技术状况指数计算

路堤与路床技术状况指数应按式(2.4-2)计算。

$$\text{ESCI} = 100 - \sum (\text{GD}iE \times \omega iE) \quad (2.4\text{-}2)$$

式中:$\text{GD}iE$——第i类路堤与路床病害的总扣分,按表2.4-4的规定执行;
ωiE——第i类路堤与路床病害的权重,按表2.4-6取值。

路堤与路床病害权重 表2.4-6

病害名称	杂物堆积	不均匀沉降	开裂滑移	冻胀翻浆
权重	0.2	0.3	0.3	0.2

2)边坡技术状况指数计算

边坡技术状况指数应按式(2.4-3)计算。

$$\text{SSCI} = 100 - \sum (\text{GD}iS \times \omega iS) \quad (2.4\text{-}3)$$

式中:GDiS——第 i 类边坡病害的总扣分,按表2.4-4的规定执行;
ωiS——第 i 类边坡病害的权重,按表2.4-7取值。

边坡病害权重 表2.4-7

病害名称	坡面冲刷	碎落崩塌	局部坍塌	滑坡
权重	0.2	0.25	0.25	0.3

3)既有防护及支挡结构物技术状况指数计算

既有防护及支挡结构物技术状况指数应按式(2.4-4)计算。

$$\text{RSCI} = 100 - \sum (\text{GD}iR \times \omega iR) \quad (2.4\text{-}4)$$

式中:GDiR——第 i 类既有防护及支挡结构物病害的总扣分,按表2.4-4的规定执行;
ωiR——第 i 类既有防护及支挡结构物病害的权重,按表2.4-8取值。

既有防护及支挡结构物病害权重 表2.4-8

病害名称	坡面冲刷	碎落崩塌	局部坍塌	滑坡
权重	0.2	0.25	0.25	0.3

4)排水设施技术状况指数计算

排水设施技术状况指数应按式(2.4-5)计算。

$$\text{DSCI} = 100 - \sum (\text{GD}iD \times \omega iD) \quad (2.4\text{-}5)$$

式中:GDiD——第 i 类排水设施病害的总扣分,按表2.4-4的规定执行;
ωiD——第 i 类排水设施病害的权重,按表2.4-9取值。

排水设施病害权重 表2.4-9

病害名称	排水设施不完善	排水设施堵塞	排水设施损坏
权重	0	0.5	0.5

2.4.3 评定结果应用

(1)根据公路网级路基技术状况指数的评定结果,编制公路网级路基养护规划与年度计划。

(2)根据路基技术状况指数各分项指标的评价结果,制定具体路段的路基养护对策、日常养护生产计划和养护工程计划。

(3)根据路基技术状况评定结果、养护工作对象与内容,以及病害处治类型,按表2.4-10进行选择路基养护对策。对于路基某一养护工作对象与内容,存在两个或两个以上对策可供选择时,应根据实际情况选择其一。

路基病害处治类型　　　　　　　　表 2.4-10

养护工作对象与内容		日常养护		养护工程			
		日常保养	日常维修	预防养护	修复养护	应急养护	
						抢修保通	应急修复
路肩	路肩清扫	√	—	—	—	—	—
	路肩整修	√	√	—	√	—	—
	路缘石维修	√	√	—	√	—	—
路堤与路床	沉降处治	—	—	√	√	—	√
	开裂滑移处治	—	—	√	√	√	√
	冻胀翻浆处治	—	√	√	√	—	—
	桥头跳车处治	—	—	√	√	—	—
边坡	坡面防护	√	√	√	√	—	—
	碎落崩塌处治	√	√	√	√	√	—
	局部坍塌处治	—	√	√	√	√	—
	滑坡处治	—	—	—	√	√	√
既有防护及支挡结构物	表观破损处治	—	√	—	√	—	—
	排(泄)水孔淤塞处治	√	√	—	√	—	—
	局部损坏修复	—	√	√	√	—	—
	结构失稳加固	—	—	—	√	—	√
排水设施	排水设施疏通	√	√	—	√	—	—
	排水设施修复	—	√	√	√	—	—
	排水设施增设	—	—	√	√	—	—

（4）对路基技术状况指数为 0 的路段,应及时采取应急养护措施,实施应急养护时应设置交通安全设施;如需中断交通,应合理采取分流措施。

2.5 路基日常养护

2.5.1 日常保养

路基的日常保养是指通过整理路肩、坡面,清除护坡、支挡结构物上的杂物,疏通排(泄)水孔、边沟、截水沟、集水井、泄水槽等排水设施并修理中央分隔带路缘石,保证路基的正常使用及功能。

路基日常保养的基本要求包括路肩整洁无杂物,公路边坡坡面无缺口及杂物,护坡、支挡结构物上无杂物且排(泄)水孔畅通,公路绿化平台、碎落台上洁净无杂物,排水设施无堵塞等。

2.5.1.1 保持路肩洁净

(1)加强日常巡查,及时清扫泥土、杂物,保持路肩的整洁,如图 2.5-1 所示。清扫路肩时应洒水,避免造成扬尘污染,及时排除积水、积雪、积冰、积沙并进行拦水带(路缘石)的刷白、修理。

a) 清扫泥土

b) 清除路肩杂物

c) 排除路肩积水

d) 路缘石维修

图 2.5-1 保持路肩整洁

(2)对于植草皮或利用天然草加固的土路肩,应定期进行维护和修剪,草高不得超过 15cm;定期清除杂草和草丛中积存的泥沙杂物,以利于排水,保持路容美观,如图 2.5-2 所示。

2.5.1.2 保持路肩平整、坚实

及时清除因杂物堆积形成的高路肩,整修路肩与路面产生的错台,修补路肩外侧边缘被流水冲缺,或牲畜踩踏、车轮碾压形成的缺口,如图 2.5-3 所示。

图 2.5-2 路肩维修及杂草清除

a) 机械整修错台

b) 人工整修错台

图 2.5-3 整修路肩与路面产生的错台

图 2.5-4 路肩横坡整修

2.5.1.3 整修路肩横坡

当土路肩横坡过大时,应使用良好的砂性土填补并压实;当横坡过小时,应铲削整修至规定坡度。硬路肩宜结合大、中修工程进行调整。路肩横坡整修如图 2.5-4 所示

2.5.1.4 植物防护补植

若植物防护出现脱落,应分析原因,选取根系发达、耐寒、耐旱的植物在合适的季节进行补植,如图 2.5-5 所示。

图 2.5-5 植物防护的补植

2.5.1.5 地上排水设施的维护与保养

1) 加强日常巡查

对各种排水设施,在春融前,特别是汛期前,应进行全面的检查疏浚工作。雨天必须上路巡查,及时排除堵塞,保持排水畅通,防止水流集中冲坏路基,如图 2.5-6 所示。暴雨后应重点检查,如有冲刷、损坏,需及时修复与加固;如有堵塞应及时清除,如图 2.5-7 所示。

图2.5-6 雨天巡查

图2.5-7 暴雨后及时排除积水

2）边沟的清理

清理边沟中的杂草、杂物，保证边沟畅通、不淤堵，边沟内（沟壁）无杂草，无堆积物及杂物，如图2.5-8所示。

图2.5-8 边沟清理

3）排水沟的清理

定期清除排水沟内杂草、堆积物或清淤等，使排水顺畅，严格控制排水沟道各级排水口高程，保持沟道断面完整。排水沟杂物清理如图2.5-9所示。

4）防护及支挡结构物排（泄）水孔的疏通

防护及支挡结构物排水处理是否得当，直接影响到结构物安全及使用效果。防护及支挡结构物排水可分为地面排水和泄水孔排水两种。

图2.5-9 排水沟杂物清理

地面排水主要是通过排水沟引排地面水，泄水孔排水主要是在结构内部设置排水孔排除内部积水。公路日常保养过程中要经常疏通防护及支挡结构物排（泄）水孔，保证良好的排水效果。支挡结构物排（泄）水孔应保持畅通，如有堵塞，应及时疏通，图2.5-10所示。如无法疏通，应另行选择适当位置增设排（泄）水孔，或在墙背后沿挡土墙增做墙后排水设施，一般可增设盲沟将水流引出路基以外，以防止墙后积水引起土压力增加或冻胀。

2.5.1.6 地下排水设施的清理和维护

1）地下排水设施的清理

春融前,特别是汛前、雨中,应对地下排水设施进行定期检查,如发现堵塞、淤积,应进行清除冲洗;尤其是雨季,应保证流水畅通;应经常注意保持地下排水设施排水口的排水能力,防止堵塞。如发现沟口长草堵塞,应及时清理和冲洗;如碎(砾)石层淤塞不通时,应翻修,并剔除颗粒较小的砂石。图2.5-11所示为集水井清淤处理。

图2.5-10 挡土墙排水孔应保持畅通　　图2.5-11 集水井清淤处理

2）排水暗管病害处治

（1）排水暗管堵塞时,宜采用刮擦法、冲洗法、真空吸附法等方法进行疏通。暗管排水进出口应定期清除杂草和淤积物。

（2）检查井和竖井式暗管门应盖严,发现损坏或丢失应及时换补。

（3）暗管排水量达不到排水要求时,应进行改建,暗管的直径应根据排水量确定。

（4）边沟排水暗管由于边坡位移等原因发生变形开裂时,应及时采取加固或更换措施。

（5）反滤层和顶部封闭层失效时,应及时翻修。

3）渗井、渗水隧洞病害处治

（1）应加强渗井、渗水隧洞出水口的除草、清淤和坑洼填平等工作。

（2）寒冷地区保温设施失效时,应及时更换或维修。

（3）渗井周围路基发生渗漏时,应进行防渗处理,及时清除井内的淤泥。

（4）发现渗井设置不合理或功能失效时,应及时改造。

（5）宜对渗水隧洞内部进行人工检查,及时排除淤堵,保证排水畅通。

2.5.1.7 绿化日常养护

（1）定期绿化浇水、施肥、治虫、培土、修剪、抚育和枯枝处理,以及植被抹芽,清除路树爬藤,采取植被御寒、路树刷白等措施进行植被保养和维护。

（2）若局部路树缺损、歪倒以及路树遮挡标志、里程碑,应及时处置和补植。

2.5.2 日常维修

2.5.2.1 路肩冲槽处置

路肩是保证公路路基、路面整体稳定性和排除路面水的重要结构,也是确保临时停车的重要组成部分。路肩必须经常保持平整顺适,以利于排水。硬路肩横坡与同类型路面横坡相同,土路肩或草皮路肩的横坡应比路面横坡大1%~2%。

1)产生原因

公路纵坡大于5%的路段称为陡坡。陡坡路段内由于纵坡大,路肩易被暴雨冲成纵横沟槽,甚至冲坏路面及路堤边坡。图2.5-12所示为路肩冲毁。

2)处置方法

根据路基排水系统的情况与需要,一般采取下述措施综合改善。

(1)设置截水明槽

自纵坡坡顶起,每隔20m左右,两侧交叉设置30~50cm宽的斜向截水明槽,并用碎(砾)石填平,同时在路肩边缘处设置高10cm、顶宽10cm、底宽20cm的拦水土墙,在每条截水明槽处留一个淌水缺口,其边坡用草皮或砌石加固,保证雨水集中在截水明槽内排出。路肩截水明槽如图2.5-13所示。

图2.5-12 路肩冲毁

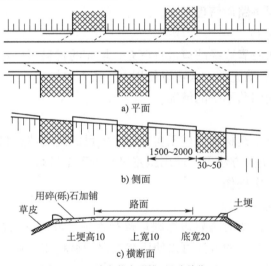

图2.5-13 路肩截水明槽(尺寸单位:cm)

(2)进行路肩硬化

图2.5-14 路肩硬化

路肩硬化可利用砂石、路面材料[如泥结碎(砾)石及稳定类材料等]有计划地将土路肩进行加固,也可利用沥青材料将路肩改铺成硬路肩。硬路肩硬化原理与路面结构层相同,横坡应与路面的横坡相同。路肩硬化如图2.5-14所示。

2.5.2.2 路肩缺口维修与养护

1)产生原因

路肩边缘被雨水冲缺或者人为或牲畜踩踏形

成缺口。

2）处理方法

路肩边缘产生缺口后,应及时整修并用与原路基相同的土填平夯实使其顺适。如果该路段经常性地出现缺口,则该路段应采取以下措施:

(1)采用石块、水泥混凝土预制块或草皮在该部铺砌宽20cm左右的护肩带。

(2)在该部位加高(增设)拦水带。

(3)开设边坡急流槽。

3）施工工艺

路肩边缘缺口是指路肩边缘出现的裂缝、坑洼或破损等问题。路肩边缘缺口不仅会影响公路的美观度,还会对行车安全造成威胁。路肩边缘缺口维修方法包括清理、填充、压实、养护和定期检查等步骤。在进行维修时需要注意细节,以保证维修效果和路面的安全性,同时需要加强路面的保养和维护,避免出现路面损坏的情况。

(1)清理路肩边缘缺口

在进行路肩边缘缺口的维修之前,首先要对缺口进行清理。清理的目的是将缺口中的杂物、灰尘等物质清除干净,以便于后续的维修工作。清理的方法可以使用高压水枪或者手工清理,清理完毕后需要将路面清理干净。

(2)填充路肩边缘缺口

清理完毕后,需要对路肩边缘缺口进行填充。填充的材料可以选择沥青混凝土、水泥混凝土或者聚合物材料等。填充的方法可以使用手工或者机械进行。填充时需要注意填充的深度和均匀性,以免出现凹凸不平的情况。

(3)压实填充材料

填充完毕后,需要对填充材料进行压实。压实的目的是使填充材料与路面紧密结合,增强路面的承载能力。压实的方法可以使用压路机或者手工进行。压实时需要注意力度和均匀性,以免对路面造成二次损伤。

(4)养护填充路肩边缘缺口

填充完毕并压实后,需要对路肩边缘缺口进行养护。养护的目的是让填充材料充分固化,增强路面的耐久性。养护的方法可以使用覆盖保护材料或者喷涂养护剂等,养护时间一般为3~5天。

(5)定期检查路肩边缘缺口

路肩边缘缺口的维修不是一次性工作,需要定期检查并进行维修。定期检查的目的是及时发现路肩边缘缺口的问题,避免出现严重的损坏。定期检查时间可以根据路况和使用情况进行调整,一般为3~6个月。

2.5.2.3 整修土路肩车辙、坑槽及隆起

当路肩上出现车辙、坑槽等病害时,应采用与原路肩相同的土或良好的砂性土及时填补并夯实,使路肩顺适。对于砂性土或粉性土地段,应掺拌黏性土加固表面,以提高路肩的稳定性。土路肩隆起会妨碍路面排水,应铲削整平,施工应在雨后土壤湿润状态下,结合清理边沟同时进行。铲除的土不得堆放在路肩或边坡上。整修土路肩车辙、坑槽如图2.5-15所示。

图 2.5-15　整修土路肩车辙、坑槽

修补方法：

(1)清除杂草、刨松表面。

(2)用填补材料摊铺压实,使填补层与原路肩结合牢固。

(3)填补厚度大于 0.15m 时,应分层夯压密实。

2.5.2.4　路基路肩塌陷

填土路基路肩塌陷的修理宜采用级配较好的砂砾土,或塑性指数满足规范要求的亚黏土。修理后要求路肩横坡顺适,外缘整齐。路肩塌陷缺口如图 2.5-16 所示。

图 2.5-16　路肩塌陷缺口

修补方法：

(1)对小型路肩塌陷缺口,用黏结性良好的土修补夯实。

(2)对较大的塌陷缺口,修理时应先进行清理,将路肩上出现病害部分的土分层开挖,逐层填筑,碾压密实,压实度要达到路基施工质量要求。

2.5.2.5　边坡、碎落台、护坡道局部损坏

边坡、碎落台、护坡道养护工作的目的是确保边坡的稳定,确保路基边坡的坡面经常保持平顺、坚实、无冲沟、无裂缝。

1)路堑边坡、碎落台的日常养护与维修

边坡养护工作的目的是确保边坡的稳定,因此路基边坡的坡面应经常保持平顺、坚实、无冲沟、无裂缝。

（1）经常观察路堑,特别是深路堑边坡的稳定情况,注意发现边坡病害,当发现危岩、浮石时,及时处理、清除。清理边坡危石如图2.5-17所示。

a) 机械清除边坡危石

b) 人工清除边坡危石

图2.5-17　清理边坡危石

（2）如出现潜流涌水,可开沟隔断水源,将水引向路基以外;及时清理路堑边坡的碎落和坍塌堆积物,如图2.5-18所示。当土路堑边坡出现冲沟时,可采用黏土填塞捣实。

2）路堤边坡、护坡道的日常维护

路堤边坡、护坡道因雨水冲刷易形成冲沟和缺口,应及时采用黏结性良好的土修补拍实。对较大的冲沟和缺口,修理时将原边坡挖成台阶形,然后分层填筑压实,并注意与原坡面衔接平顺。路堤边坡冲沟如图2.5-19所示。

图2.5-18　及时清理碎落台上杂物

图2.5-19　路堤边坡冲沟

3）已防护加固的边坡,碎落台、护坡道局部损坏的修理方法

（1）植被防护

①应经常检查植被的发育状态。

②对未成活植被应及时清除并补种。

③若草皮护坡根部有局部冲空现象,用黏土填塞捣实。

（2）砌石防护

①护坡石块有松动现象,干砌护坡用小石块嵌紧,浆砌护坡用小石块嵌紧后用砂浆勾缝。

②局部脱落,用石块填补,嵌紧、勾缝;泄水孔有堵塞,及时疏通。

(3)抛石加固边坡

抛石有空缺或冲失,应及时添补填实,或选用大块石压铺在表面。

(4)石笼加固边坡

①笼框、铁丝出现腐蚀或断开,应及时修理笼框,填满石块。

②若填石有脱落现象,应予以填满再封闭笼框。

2.5.2.6 边坡塌方处理

边坡塌方清理时应将塌方处的浮土清理并转运至指定弃土场,清理至边坡上的原有土体。清理完成后对塌方处边坡进行修整,保证坡比不小于1:1,避免二次塌方。边坡零星塌方清理如图2.5-20所示。

1)产生原因

(1)路基边坡过陡。

(2)路基施工方法不当,如路基施工时大爆破震松了山石。

(3)雨水或地下水导致土体过于潮湿。

(4)路基边坡坡脚被水冲刷。

(5)路基边坡岩石破碎、风化严重。

图 2.5-20 边坡零星塌方清理

2)处理方法

(1)加强日常养护

①应经常观察路堑,特别是深路堑边坡的稳定情况。如发现有危岩、浮石等,应及时处理、清除,避免危岩、浮石滚落危及行车、行人安全和堵塞边沟,影响排水。

②填土路堤边坡因雨水冲刷,易形成冲沟和缺口,应及时用黏结性良好的土修补拍实。

③对较大的冲沟和缺口,修理时应将原边坡挖成台阶形,然后分层填筑压实,并注意与原坡面衔接平顺。

④严禁在边坡上取土炸石,放牧割草。

(2)整修边坡

①经常保持路基边坡有适宜的坡度。

②在路堑边坡上发现有裂缝、变形和滑动现象时,应从上而下进行修坡,使边坡顺适、稳定。

(3)边坡加固

①土质边坡可采用种草、铺草皮等方法加固。

②开采石料方便的地方,可做成干砌片石护坡加固。

③软硬岩石交错的边坡,可将软岩岩层用水泥砂浆抹面。抹面前先将风化岩石层清除,挖出新鲜岩面,并将岩体坑洼嵌补平齐。

④对易于风化的路堑边坡软质岩层,可修建干砌片(块)石或浆砌片(块)石护面墙。有条件可修建挡土墙。

(4)增建排水设施

在容易发生塌方或已经发生塌方的路段,可修建截水沟、排水沟等排水设施,把冲刷路基的水流引至路基范围以外的沟渠中排出。

2.5.2.7 防护及支挡结构物维修

防护及支挡结构物的病害类型包括表面破损及排(泄)水孔淤塞。表面破损指勾缝或沉降缝损坏、表面破损、钢筋外露和锈蚀等现象。排(泄)水孔淤塞指排(泄)水孔被杂物堵塞,造成排水不畅。

1)防护及支挡结构物表面破损

(1)在勾缝砂浆出现裂缝,后起壳成块状或条状脱落。通常需要对已经出现勾缝开裂和剥落的地方清除扫净,湿润后重新勾缝修复,如图2.5-21所示。

(2)当支挡结构物墙面出现脱空、未贯通裂缝或贯通裂缝时,待裂缝停止发展,应将裂缝缝隙凿毛,清除碎渣和杂物,然后进行处理,如图2.5-22所示。

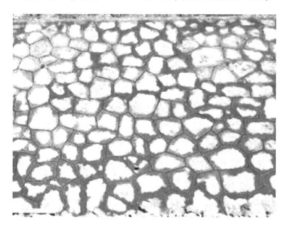
图2.5-21 浆砌片石勾缝修复

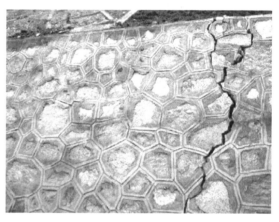
图2.5-22 支挡结构物墙面出现裂缝

(3)对于结构构件承载力无影响的一般性细小裂缝,可将裂缝部位清洗干净后,用环氧浆液灌缝或表面涂刷封闭;如裂缝开裂较大,应沿裂缝凿八字形凹槽,洗净后用1:2或1:2.5水泥砂浆抹补,或用环氧胶泥嵌补;由于温度、干燥收缩、徐变等结构变化引起的裂缝,对结构承载力影响不大,可视情况采用环氧胶泥或防腐蚀涂料涂刷裂缝部位,或加贴玻璃丝布进行表面封闭处理;对有结构整体、防水防渗要求的结构裂缝,应根据裂缝宽度、深度等情况,采用水泥压力灌浆或化学注浆的方法进行裂缝修补,在表面封闭与注浆同时使用;严重裂缝将明显降低结构刚度,应根据情况采用预应力加固或钢筋混凝土围套、钢套箍或结构胶黏剂粘贴钢板加固等方法处理。

2)防护及支挡结构物表面露筋

防护及支挡结构物出现表面露筋(图2.5-23),

图2.5-23 防护及支挡结构物出现表面露筋

修整时应先将外露钢筋上的混凝土残渣及铁锈刷洗干净后,在表面抹1:2或1:2.5水泥砂浆,将露筋部位抹平;当露筋较深时,应凿去薄弱混凝土和突出的颗粒,洗刷干净后,用比原混凝土强度等级高一级的细石混凝土填塞压实,并加强养护。

3)浆砌片石护坡修补

定期观察勾缝的严密性,以及沉降缝、泄水孔的功能完好性。若浆砌片石护坡出现损坏,应及时修补。新砌浆砌片石应保证砂浆饱满,接缝交错,勾缝严实,坡面平顺。浆砌片石护坡的修补如图2.5-24所示。

4)挡土墙维修与保养

定期观察挡土墙沉降缝、泄水孔以及墙顶与坡面间是否密封、是否完好,砌石是否风化,砌缝是否开裂、脱落。若出现异常,应及时疏通泄水孔,清除沉降缝内的杂物,对墙顶封层及墙面的开裂、松动情况进行修补。挡土墙病害如图2.5-25所示。

图2.5-24 浆砌片石护坡的修补

a)挡土墙开裂　　　　　　　　　　　　b)泄水孔内存在杂草

图2.5-25 挡土墙病害

5)支挡结构物抹面小面积起鼓或脱落

支挡结构物抹面出现小面积起鼓或脱落,应先清除破损部分露出密实层,然后重新抹面;对易风化、表面完整、稳定的边坡,可以进行抹面防护,如图2.5-26所示。

图 2.5-26 抹面防护

2.5.2.8 地上排水设施的维修

暴雨后应重点检查排水沟,如有冲刷、损坏,须及时修理与加固,如图 2.5-27 所示。如有堵塞应立即清除。当路堤边坡出现冲沟或缺口时,宜选用与原路基相同的填料填筑夯实,路堑段应将截水沟内的积水引至坡外。

在养护工作中,要针对现有排水系统不完善的部分逐步加以改进完善,充分发挥各种排水设施的功能。例如,对有积水的边沟,应将水引至附近低洼处;对疏松土质或黏土沟渠,需结合地形、地质、纵坡、流速等实际情况,综合考虑加固。

图 2.5-27 排水沟维修

土质边沟应经常保持设计断面,满足排水要求,沟底不应小于0.5%纵坡。平原地区和排水困难路段纵坡不宜小于0.2%。对有中央分隔带的路面,要确保中央分隔带的排水畅通无阻。对于设有集中排水设施的中央分隔带的集水井、横向排水管,应经常清淤和维修,保持排水畅通。雨季前后应对拦水缘石及泄水槽进行检查维修,保持其完好,连接处应平顺无裂缝。对未设置拦水缘石及泄水槽的路段,宜通过养护手段逐步完善。

高速公路的路面局部积水,应针对积水原因,及时采取清扫、整平路面及增设排水设施等相应措施。雨后应采取措施,排除高速公路互通立交区内的积水。所有从排水设施中排出的水,不得冲毁农田或其他建筑物,应注意对环境的保护。

2.5.2.9 地下排水设施的维修

对于有中央分隔带的路面,要确保中央分隔带的排水畅通无阻。对于设有集中排水设施的中央分隔带的集水井、横向排水管,应经常清淤及维修,保持排水畅通。

对于盲沟,如发现沟口长草、堵塞,应进行清除和冲洗;如碎(砾)石淤塞失去排水作用,则应翻修,并剔除其中较小颗粒的沙石,以保持空隙,便利排水;如位置不当,则应考虑另建。公路养护用土尽量在远离路基的荒山、高岗等处挖取。如在公路边设取土坑挖土,应均匀浅挖,不集中深挖,并保持坑底一定的纵、横坡度,防止积水侵蚀路基。路基挖方边坡较高,易发生水毁塌方地段,应在坡口5m以外设置截水沟。当路基在养护过程中需要增设地面和地下排水设施时,参照养护规范《公路路基养护技术规范》(JTG 5150—2020)中相关规定。

2.6 路基养护工程

若路基预防养护、修复养护和应急养护中涉及维修加固作业的工程,应进行养护工程设计。路基养护工程设计宜采用施工图一阶段设计;对于技术特别复杂的,可采用技术设计和施工图设计两阶段设计。路基养护工程设计宜按数据采集、病害诊断、技术设计和施工图设计的基本流程进行路基养护工程设计,并符合相关规范要求。

2.6.1 预防养护

预防养护应以延缓使用性能衰减或延长使用寿命为设计目标。应根据公路路基技术状况评定结果,对存在潜在的结构性和安全性问题的轻微路基病害进行预防养护设计,主要包括病害调查与分析、专项检测、病害诊断、养护设计方案、施工工艺、主材性能要求、设计及验收标准等。

在路基边坡的坡面冲刷病害预防养护项目中,当土质和气候条件适宜时,宜采取植物防护。当原植物防护的坡面产生冲刷时,宜采取浆砌片石或水泥混凝土骨架等坡面工程防护措施。在路基边坡的碎落崩塌病害预防养护项目中,应根据既有边坡坡率和边坡岩土状况等因素选用植物防护、工程防护或综合防护的坡面防护形式。具备条件时,边坡坡脚应设置碎落台、挡土墙等;碎落台宽度可根据边坡高度和土质性质确定,不宜小于1m。宜在碎落崩塌处前适当位置增设警示设施。

若防护及支挡结构物预防养护项目中挡土墙的排(泄)水孔堵塞且无法疏通,应选择在适当位置增设泄水孔,或在挡土墙背后增设排水设施。当防护及支挡结构物发生损坏,预防措施无法满足要求时,应进行加固设计。

2.6.1.1 植物防护

植物防护是常用的坡面防护措施之一,包括种草、铺草皮、植树等,被称为有"生命"(成活)防护。在某种程度上,有"生命"防护可起到美化路容、协调环境、调节边坡上的湿度与温度、固结和稳定边坡的作用。对于坡高不大、边坡比较平缓的土质坡面而言,植物防护是一种简易有效的防护设施,其方法包括种草、铺草皮、种植灌木和喷混植生。当植物防护的坡面有可能产生冲刷时,可采用骨架植物防护。骨架植物防护一般用于坡率不陡于1:0.75的土质和全风化、强风化的岩石边坡防护,可采用拱形、人字形或方格形浆砌片石或水泥混凝土骨架,也可采用多边形水泥混凝土空心块,骨架内植草或喷播植草。多雨地区的骨架植物防护宜增设拦水带和排水槽。植物防护类型及使用条件见表2.6-1。

植物防护类型及适用条件 表2.6-1

防护类型	亚类	适用条件
植物防护	植草或喷播植草	可用于坡率不陡于1∶1的土质边坡防护。当边坡较高时,植草可与土工网、土工网垫结合防护
	铺草皮	可用于坡率不陡于1∶1的土质边坡或全风化强风化的岩石边坡防护
	种植灌木	可用于坡率不陡于1∶0.75的土质、软质岩石和全风化岩石边坡防护
	喷混植生	可用于坡率不陡于1∶0.75的砂性土、碎石土、粗粒土、巨粒土及风化岩石边坡防护,边坡高度不宜大于10m

1) 种草

种草适用边坡坡度不陡于1∶1,土质适宜种草、不浸水或短期浸水但地面径流速度不超过0.6m/s的边坡。草的品种应适应当地自然条件,最好是根系发达,中茎低矮,多年生长,几种草籽混种。种植的最小土层厚度不应小于0.15m。当边坡较高时,种草可与土工网、土工网垫结合防护。

2) 铺草皮

拉伸网草皮是指在土工网或土工垫等土工合成材料上铺设3~5cm厚的种植土层,经过撒种,养护后形成的人工草皮。固定草种布(也称植生带)是指在土工织物纺织时将草种固定于土工织物中,然后在现场铺筑以促使草皮生长的一种土工合成材料草皮制品。网格固定撒种是指先将土工网固定于需防护的边坡上,然后撒播草种形成草皮的一种边坡防护方法。

当坡面冲刷比较严重,边坡较陡,径流速度大于0.6m/s,容许最大速度为1.8m/s时,应根据具体条件(坡度与流速等),分别采用平铺(平行于坡面)、水平叠铺。垂直坡面或与坡面成一半坡角处倾斜叠铺草皮,还可采用片石铺砌成方格或拱式边框,方格或框内再铺草皮,如图2.6-1所示。

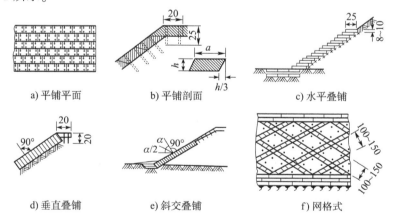

图2.6-1 草皮防护示意(尺寸单位:cm)

注:图中 h 为草皮厚度,5~8cm;a 为草皮边长,20~25cm。

铺草皮防护施工要点如下：

(1)铺草皮一般应在春季或秋季进行，气候干旱地区则应在雨季进行。

(2)铺草皮需预先备料，草皮可就近培育，然后移铺到坡面上。

(3)草皮切成整齐块状或带状，其规格大小视施工情况而定，草皮厚度宜为100mm。铺草皮具体要求见表2.6-2。

铺草皮具体要求　　　　　表2.6-2

草皮形状	尺寸(m)	木桩尺寸(mm)	定桩方法
整齐块状	0.20×0.25 0.25×0.40 0.30×0.50	20×30×(200~300)	四角定桩
带状	宽0.25 长2.0~3.0		梅花桩(间距40cm)

铺草皮时，应将边坡表面挖松整平，随挖随铺成活率较高，必要时还应加铺种植土。铺设时，应由坡脚向上铺钉，且用尖木桩固于边坡上，使之稳定，如图2.6-2所示。草皮应铺过路堑顶部至少1m，或铺至截水沟。铺设后，应适时进行洒水、施肥等养护管理，直到植被成活。

3)植树

植树主要用在堤岸边的河滩上，用来降低流速，促使泥沙淤积，防止水直接冲刷路堤。多排林堤岸，若与水流方向斜交，还可起到挑水、改变水流方向的作用。树木的品种与种植位置及宽度，应根据防护要求、流水速度，结合当地植树经验确定。植树防护施工的具体要求如下：

图2.6-2　铺草皮

植树平面布置以乔、灌木间种多行带状或梅花式为宜，栽植间距可参考表2.6-3进行。

植树防护植树间距参考表　　　　　表2.6-3

种植方法	树的种类	行距(m)	株距(m)
单株种植	乔木类	1.0~3.0	1.0~2.0
	灌木类	0.8~1.5	0.5~1.0
丛式种植	灌木类	0.8~1.5	0.5~1.0

植树防护施工工艺流程：施工准备→定点放线→挖坑换土→起苗运输→栽前修建→种植。

栽植树木应在适宜季节进行。边坡土若不利于植物生长，则应将树坑内的土换填为适宜植物生长的种植土。植树施工后,应适时进行洒水、施肥等养护管理,直到树木发芽成活。

2.6.1.2 抹面防护

抹面防护适于石质挖方坡面,岩石表面易风化,但比较完整,尚未剥落,如页岩、泥砂岩、千枚岩的新坡面,应及时予以封面,以预防风化成害。常用的抹面材料有石灰浆等,其中石灰为胶结料,要求精选。混合料(如加纸筋或竹筋)可提高强度,防止开裂;掺加适量制盐副产品卤水,因含有氯化钙与氯化镁,可使抹面加速硬化和预防开裂。抹面厚度视材料与坡面状况而定,一般为 2~10cm。操作前,应清理坡面风化层、浮土与松动碎块,填坑补洞,洒水润湿。抹面后,应拍浆、抹平和养生。但必须注意,抹面仅起到防护层作用,不能承担荷载,所以边坡必须是稳定的。措施如下:

(1)抹面前,对被处治坡面进行清理,并应将坡面上的坑洼用小石块嵌补填平,然后用水洒湿坡面,使灰浆与坡面结合良好。

(2)根据经验,抹面砂浆宜采用石灰炉渣混合灰浆、石灰炉渣三合土、四合土等混合料。

(3)抹面应均匀涂干,然后待灰浆稍干即进行夯拍,直至表面出浆为止,并应进行洒水养护。

砂浆抹面施工工艺流程如图 2.6-3 所示。

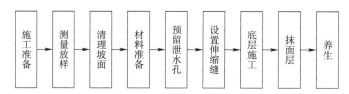

图 2.6-3 砂浆抹面施工工艺流程

砂浆抹面的施工要点:

(1)施工前嵌补填平边坡坑凹、裂缝,岩体表面要冲洗干净,土体表面要平整、密实、湿润。

(2)水泥砂浆抹面厚度应符合设计要求,表面光滑,防护层与坡面应密贴稳固。抹面应分两层进行施工,底层为全厚的 2/3,面层为全厚的 1/3。

(3)大面积抹面应每隔 5~10m 设伸缩缝,缝宽 10~20mm。

(4)抹面的顶部必须封闭。

(5)初凝后应立即进行养生。

(6)不宜在严寒冬季和雨天施工。

2.6.1.3 喷护

喷护和挂网喷护的水泥用量较大,重点工程可选用。喷护材料可采用砂浆或水泥混凝土,喷浆防护厚度不宜小于 50mm,喷射混凝土防护厚度不宜小于 80mm。锚杆挂网喷浆或喷射混凝土的喷护厚度不小于 100mm,且不应大于 250mm,钢筋保护层厚度不应小于 20mm。喷护坡面应结合碎落台和边坡平台种植攀缘植物设置泄水孔和伸缩缝。对于比较坚硬的岩石坡面,为防止水分渗入缝隙成害,视缝隙深浅与大小,分别进行灌浆、勾缝或嵌补等。

喷浆防护适用于易风化而仍较完整的岩石路堑边坡,该方法施工简便,效果较好,但水泥用量较大。边坡喷护如图 2.6-4 所示。

图 2.6-4 边坡喷护

喷浆防护施工要点如下:

(1)喷浆前应对坡面进行清理,并用水冲洗干净。

(2)喷浆材料,可用纯水泥浆或水泥砂浆,也可采用水泥石灰砂浆,其配合比可选用(按质量比)为水泥:石灰:砂:水 = 1:1:6:3。

(3)喷浆厚度视坡面岩石风化程度而定,一般为 2cm 左右。需较厚者可以分层喷射,喷浆后应洒水养生。

2.6.1.4 干砌片石

对于路基坡面,为防止地面水流或河水冲刷,可以使用干砌片石护面。对于重要路段或暴雨集中地区的土质高边坡,以及桥涵附近坡面与岩坡、地面排水沟渠等,也可使用干砌片石加固。片石护面,要求坡面稳固,先垫以砂层,自下而上平整地铺砌片石。片石应逐块嵌紧且错缝,护面厚度一般不小于 25cm,干砌需要勾缝。必要时改用浆砌片石护坡,厚度不宜小于 25cm,护面顶部封闭,以防渗水,并应设置伸缩缝和泄水孔。护面墙是浆砌片石的坡面覆盖层,用于封闭各种软质岩层和较破碎的挖方边坡;施工时要求墙面紧贴坡面,表面砌平,厚度可不一。护面墙除自重外,不承受其他荷载,也不承受墙背土压力,其构造与布置如图 2.6-5 和图 2.6-6 所示。

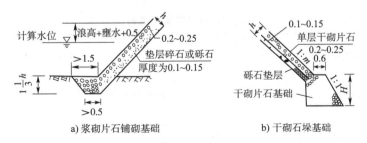

图 2.6-5 单层砌片石护坡(尺寸单位:m)

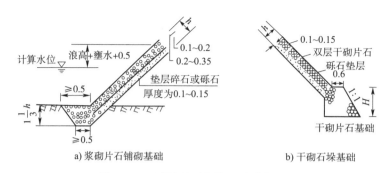

图 2.6-6 双层砌片石护坡(尺寸单位:m)

1）适用范围

干砌片石用以保护边坡免受地表水的侵害及河水的冲刷,可用于土质边坡,边坡坡度一般为1:1.5~1:2。水流速度在1.5m/s以下,对所防护的边坡本身,应该是稳定的。

在干砌片石底部设置垫层进行调平,并增强其抵抗冲刷,防止水流将干砌片石层下面边坡上的细粒土壤挟带出来冲走。常用的垫层材料有碎石、砂砾,厚度宜为0.15m。

砌石防护坡脚基础应予以加固,采用漫石基础,埋置深度一般为护坡厚度的1.5倍。当沿河受水流冲刷较轻时,基础应设置在冲刷线以下;当沿河受水流冲刷严重时,基础应埋置在冲刷线以下0.5~1.0m处或采用石砌深基础的形式。

砌石应在路堤夯实或沉实的基础上进行,自下而上铺砌,随时用垫层找平,石块之间的空隙用小石块或碎石塞紧。为防水浸入及提高整体强度,可用水泥砂浆勾缝。

护坡设施应在洪水期前后,观察、检查其作用和效果是否完整稳固,出现损坏,应及时修理。

2）干砌片石护坡的施工工艺

干砌片石护坡的施工步骤如下:

(1)石料修整。片石的厚度应不小于150mm,不得使用卵形石和薄片石。镶面石料应选择尺寸大并具有平整表面,且应稍加粗凿。在角隅处应使用大块石料,将其大致粗凿方正。

(2)垫层施工。干砌片石护坡的垫层应密实,厚度应满足设计要求。边坡为粉质土、松散的砂或粉砂土等易被冲蚀的土时,碎石或砂砾垫层厚度宜不小于100mm。

(3)石料按层砌筑。采用分段砌筑时,相邻段高差应不大于1.2m,段与段间应设置伸缩缝或沉降缝,各段水平接缝应一致。

(4)接缝错开。砌筑石料应彼此镶紧,接缝要错开,缝隙间应用小石块填满塞紧。扩坡基础宜选用大石块砌筑。干砌片石施工质量应符合表2.6-4中的规定。

干砌片石砌体实测项目　　表2.6-4

项次	检查项目		规定值或允许偏差	检查方法和频率
1	顶面高程(mm)		±30	水准仪:长度不大于30m时测5点,每增加10m增加1点
2	断面尺寸(mm)	高度	±100	尺量:长度不大于30m时测5处,每增加10m增加1处
		厚度	±50	

续上表

项次	检查项目	规定值或允许偏差	检查方法和频率
3	表面平整度(mm)	≤50	2m 直尺：每 20m 测 3 处，每处测竖直和水平两个方向

2.6.1.5 浆砌片石

1）适用范围

浆砌片石护坡用于水流流速较大（在 1.5m/s 以上）、波浪作用较强，以及可能有流冰、流木等冲击作用时的防护加固工程。

2）一般要求

(1) 浆砌片石护坡厚度一般为 0.2～0.5m，铺砌层下设垫层，垫层厚度一般为 0.15m。

(2) 为防止基础冻胀和冲刷，基础埋深应在冰冻线和冲刷线以下 0.25～1.0m。

(3) 护坡的中、下部应设置泄水孔，以排泄护坡背面的积水及减少渗透压力。孔后 0.5m 的范围内应设置反滤层，以防淤塞失效。

(4) 施工宜分段进行，每隔 10～15m 留一道伸缩缝；在基底土壤有变化处应设置沉降缝，缝宽 2cm，缝内用沥青麻筋或沥青木板等材料填塞。

(5) 当护岸受到洪水冲刷或波浪漂浮物等冲击损坏时，应采取抛石加固。

3）浆砌片石护坡的施工

浆砌片石护坡适用于经常浸水的受水流冲刷或受较强烈的波浪作用的路基边坡防护。

护坡砌筑的石料宜选用坚硬、抗压强度大于 30MPa、遇水不崩解的石料。水泥砂浆一般采用 M7.5，严寒地区应使用 M10。浆砌片石护坡下设置 10～15cm 的卵形石、砾石垫层。

浆砌片石护坡的施工工艺如下：

(1) 石料修整。片石的厚度应不小于 150mm，不得使用卵形石和薄片石。镶面石料应选择尺寸大并具有平整表面的石料，且应稍加粗凿。在角隅处应使用大石料，将其大致粗凿方正。

(2) 垫层施工。宜在路堤沉降稳定后完成垫层施工。受冻胀影响的土质边坡，护坡底面的碎石或砂砾垫层厚度应不小于 100mm。

(3) 分层砌筑。片石砌体应分层砌筑，对 2～3 层组成的工作面宜找平，片石之间用砂浆填充饱满。

(4) 设置伸缩缝和沉降缝。每 10～15m 应设置一道伸缩缝。伸缩缝与沉降缝可合并设置。

(5) 设置泄水孔。泄水孔间距宜为 2～3m。干旱地区可适当加大间距，渗水量大时应适当缩小间距。上、下排泄水孔应交错布置，左、右排泄水孔应避开伸缩缝与沉降缝，与相邻伸缩缝间距宜不小于 500mm。泄水孔应向外倾斜，最下一排泄水孔出口应高出地面或边沟、排水沟及积水地区的常水位 0.3m。

(6) 养护。砂浆初凝后，应立即进行养护。砂浆终凝前应覆盖砌体表面。

2.6.1.6 主动柔性防护网

主动柔性防护网主要由钢丝绳网、格栅网、支撑绳和缝合绳等组成。其中，钢丝绳网和格栅网通过钢丝绳锚杆或支撑绳固定,以此作为系统主要构成的柔性网覆盖在有潜在地质灾害的坡面上,从而达到其防护目的。主动柔性防护网如图2.6-7所示。

图2.6-7 主动柔性防护网

主动柔性防护网的明显特征是采用系统锚杆固定,并根据柔性网的不同,分别通过支撑绳和缝合绳张拉(钢丝绳网和铁丝格栅)来对柔性网部分实现预张,从而对整个边坡形成连续支撑,其预张拉作业使系统尽可能紧贴坡面并形成了抑制局部岩土体移动,或在发生局部位移或破坏后将其裹缚(滞留)原位附近的预应力,从而实现其主动防护(加固)功能。主动柔性防护网系统能将局部集中荷载向四周均匀传递以充分发挥整体作用,从而使系统能承受较大的荷载并降低单根锚杆的锚固力要求。主动柔性防护网施工工艺流程如图2.6-8所示。

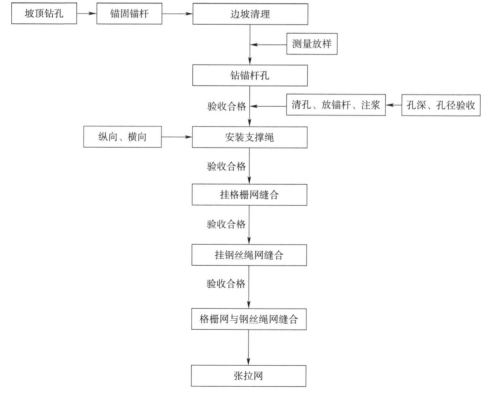

图2.6-8 主动柔性防护网施工工艺流程

1）清理坡面

为了保证施工过程中边坡坡面的稳定,在施工前应清理坡面上的危石。具体的施工过程如下：

设置危岩支挡物→坡顶钻孔→锚固锚杆→清理危岩。

(1)设置危岩支挡物：在施工坡面的路面两侧距施工地点30m处设置施工标志,危岩支挡物采用竹排布置。

(2)坡顶钻孔：为充分保证施工人员的人身及设备安全,需在坡顶上部及坡体中上部设置安全绳锚杆(采用ϕ28钢筋锚杆、孔深1~2m),其间隔距离为3m,安全绳束缚于上。施工人员利用该绳可进行高空清理作业,并为以后钻孔安装提供方便。

(3)锚固锚杆：采用M30水泥浆液锚固锚杆,凝固时间不低于48h。水泥浆的选用,标号不低于M30的水泥,宜用灰砂比1∶1~1∶2,水灰比0.45~0.50的水泥浆或水灰比0.45~0.50的纯水泥浆,水泥宜用42.5普通硅酸盐水泥,优先选用粒径不大于3mm的中细砂。

(4)清理危岩：以上几道工序完成后,方可进行该工序。施工人员需将安全绳束缚在锚杆后,方可对坡体危岩进行清理,清理前需封闭交通,下方人员应撤至安全地带。若清理时有局部大块危岩,不能成功清理,应做出标记,后期施工中,钻孔工序将避免在此施工,以防止后期施工中的工程扰动造成危岩松动下滑。

2）钻钢丝绳锚杆孔

在准备工作完成以后,方可进行锚杆孔的施工。具体的锚杆孔施工过程如下：

测量放样→复核→钻孔→清孔→放锚杆→注浆。

(1)测量放样：施工人员严格按照要求根据现状进行核对,了解地形、地物和危岩情况,按照横向4m、纵向4m或2m的间距进行定点,并刷上油漆,确定钻孔点,若该段属于危岩及土层,锚杆点可在附近方圆1m处设置锚杆点位,但下一锚杆需恢复到标准的定点位置。

(2)复核：施工人员对锚孔点位进行测量复核,以确保钻孔位置准确及防护面积达到要求。

(3)钻孔：采用直径50mm的钻头钻孔,孔深比钢丝绳锚杆长度长50mm以上,现场施工采用3m钻杆施工,严防卡钻、断杆现象。如钻孔位置处于松散岩层,必须经有关部门批准,重新确定钻孔位置,不能随意施工,保证坡体上沿钢丝绳锚杆钻孔深度达到2.5m,坡体中部及下沿钢丝绳锚杆孔深度达到2m。

(4)清孔：钻孔完毕后,用风钻杆进行吹砂作业,保证孔内的干净,以确保锚杆能顺利安装。

(5)放锚杆：锚杆应能完全放入锚孔内。若锚杆环套外露长度超过5cm,须重新用锚杆钻凿,以确保锚杆安装到位。

(6)注浆：现场注浆要求灌注密实,边捣固边灌注,防止锚杆孔眼内有空气,影响锚杆锚固质量。灌注后凝结时间保证不低于48h,凝结时间未达到要求,严禁进行下一道工序,并确保锚杆不受外力作用。

注意事项：在整个施工过程中,需要特别注意环套加工以及锚头封闭。制作钢丝绳套环,采用 50cm 长 φ16 钢丝绳弯曲成环形,连接处用 2 个 U 形卡扣上牢。在每一孔位处凿一定深度的凹坑,一般口径 20cm,深 15cm。将套环悬挂于锚杆尾部弯钩上。锚杆外露套环顶端不能高出地表。用 C25 混凝土封闭凹坑(套环大部露出混凝土,套环与锚杆弯钩连接处必须封闭于混凝土内)。

3)安装纵、横向支撑绳

具体的施工步骤包括如下:

(1)下料:支撑绳下料安装前,应准确地测量每根支撑绳两端锚杆间的距离,支撑绳下料时,应在测得每根长度的基础上其两端各增加 1m,即共增加 2m。

(2)绳头紧固:从一端锚杆开始,将钢丝绳绳头穿过锚杆,并弯曲,采用与钢丝绳直径相适应的绳卡固定一端,绳卡间距 5~10mm,固定后绳端留长度不小于 20cm 的自由尾绳;绳卡数量根据支撑长度选定。

(3)穿孔:从一端锚杆开始,支撑绳穿过锚杆的外露马蹄形环套(钢绳锚杆),直至该行的最后一根锚杆。

(4)张拉:支撑绳到达锚杆最后一端后,将绳尾穿过最后一根锚杆,并弯曲,用拉紧力不小于 5kN 的紧绳器或葫芦张紧,其间若长度较长,因支撑与锚杆和地面间的摩擦力大而不能张紧时,可逐段张紧,最后将尾端用绳卡采用与起始端相同的方式固定。

(5)绳尾紧固:紧固方式与绳头紧固工序相同。

4)挂格栅网缝合

钢丝格栅必须位于系统底层并紧贴坡面,即支撑绳应在其下方,并沿支撑绳铺挂,每两格(上下或左右)铺设 2 张钢丝格栅。钢丝格栅网块间搭接宽度不小于 10cm。

钢丝格栅网块间用直径不小于 1.2mm 的铁丝扎结。钢丝格栅网与支撑绳间用 2.2mm 扎丝扎结,扎结点间距不大于 1m,铺设边界处钢丝格栅网反向折叠宽度不小于 20cm。

5)挂钢丝绳网缝合

钢绳网采用 φ8 钢丝进行编织,其材质强度不低于 1770MPa,最小断裂力不小于 40kN。钢丝绳公称直径 8mm,钢丝绳质量和性能应满足现行《钢丝绳》(GB/T 20118)。钢绳采用菱形网孔编制方式,网孔尺寸除特殊设计外,一般采用 300mm×300mm 规格,单张网块尺寸除特殊要求外,一般宜用 4m×4m 或 4m×2m 的规格。

钢绳网铺设应准确测量每个挂网单元尺寸,根据测得的各挂网单元尺寸,按每张网一根缝合绳的原则确定缝合绳长度,然后据此下料。在各挂网单元内顺序铺挂钢绳网,同时用缝合绳将钢绳与支撑绳或相邻网块边沿进行缝合连接,缝合绳两端头宜叠置不小于 0.5m 的长度,绳端各用两个绳卡与钢绳网连接,此连接过程中先固定一端后,再用拉紧力不小于 5kN 的紧绳器或葫芦张紧缝合绳固定另一端。若确定的单根缝合绳误差较大,则多余端可延伸到相邻挂网单元,而不足长度由下一相邻挂网的缝合绳来补充。

2.6.1.7 被动柔性防护网

被动柔性防护网由钢柱和钢丝绳网连接组合构成一个整体,对所防护的区域形成面防护,从而阻止崩塌岩石土体的下坠,起到边坡防护作用。被动柔性防护网如图 2.6-9 所示。

图 2.6-9 被动柔性防护网

1）施工准备

施工前，施工人员应踏勘现场，认真阅读和熟悉设计图纸；按施工内容和进度安排机具和人员进场；做好安全技术交底及施工前的其他准备工作。

2）放线定位

根据设计图纸和现场实际地形，采用测量仪器、皮尺等定出钢柱基础、上拉和侧拉锚杆基础位置。由于地形起伏较大，系统布置难以沿同一等高线呈直线布置，网轴线位置及钢柱间距可根据设计要求和实际地形进行适当调整，以满足安装要求为原则。

3）钢柱基础、锚杆基础施工

（1）当基础位置为岩石或土层很薄时，基础采用 A 类锚固。在岩石上直接钻凿直径≥ϕ45mm 的锚孔，锚孔深度：钢柱地脚螺栓锚孔深度≥1.0m，上拉钢绳锚杆锚孔深度≥2.0m，侧拉和中间加固钢绳锚杆锚孔深度为 2.0m。成孔后，放入地脚螺栓或钢丝绳锚杆后，灌注 M20 水泥砂浆或纯水泥浆锚固。

（2）当基础位置土层较厚时，基础采用 B 类锚固。采用人工开挖基础，钢柱基础开挖截面尺寸 1.0m×1.0m、深度 1.1m；上拉锚杆基础开挖截面尺寸 1.0m×1.0m、深度 2.0m；侧拉和中间加固锚杆基础开挖截面尺寸 1.0m×1.0m、深度 1.0m。基坑开挖完成后，在钢柱基础中放入地脚螺栓、在锚杆基础中放入钢丝绳锚杆，然后采用 C20 素混凝土浇筑。

（3）当基础位置土层厚度小于混凝土基础深度时，覆盖层部分用混凝土置换，下部直接钻凿锚杆孔，形成复合基础。

（4）每个钢柱基础地脚螺栓为 4 根 ϕ32 螺纹钢筋加工制作，单根长 1.1m，顶端丝口 M28×100。

（5）钢柱混凝土基础长轴方向与该基础中心和其左右基础中心连线夹角的平分线方向一致。

4）基座安装

将基座套入地脚螺栓并用螺母拧紧。

5）钢柱及上拉锚绳安装

（1）将钢柱顺坡向上放置并使钢柱底部位于基座处。

（2）将上拉锚绳的挂环挂于钢柱柱顶挂座上，然后将拉锚绳的另一端与对应的上拉锚杆环套连接并用绳卡暂时固定(设置中间加固和下拉锚绳时,同上拉锚绳一起安装或待上拉锚绳安装好以后再安装均可)。

(3)将钢柱缓慢抬起并对准基座,钢柱底部插入基座中,然后插入连接螺杆并拧紧。

6)侧拉拉锚绳安装

方法同上拉锚绳,只是在上拉锚绳安装好后进行。通过上拉锚绳和侧拉锚绳来按设计方位调整好钢柱的方位,拉紧拉锚绳并用绳卡固定。

7)支撑绳安装

(1)将第一根上支撑绳的挂环端暂时固定于端柱(分段安装时为每一段的起始钢柱)的底部,然后沿平行于系统走向的方向调直支撑绳并将其放置于基座的下侧,将减压环调节就位(对于单支撑绳且不带减压环的RXI-025和RXI-050型系统,该工序及后面与减压环相关的工序省去)。

(2)将该支撑绳的挂环挂于端柱的柱顶挂座上(对于单支撑绳系统的端部第一根支撑绳,挂环应挂于端柱基座的挂座上,顺钢柱绕过柱顶挂座这根支撑绳一般有颜色标志)。

(3)在后续钢柱处,将支撑绳置于挂座内侧,直到本段最后一根钢柱并向下绕至该钢柱基座的挂座上,再用绳卡暂时固定。

(4)再次调整减压环位置,当确定减压环全部正确就位后,拉紧支撑绳并用绳卡固定。

(5)第二根上支撑绳和第一根的安装方法相同,只不过是从第一根支撑绳的最后一根钢柱向第一根钢柱的方向反向安装而已,且减压环位于同一跨的另侧(RXI-025和RXI-050单支撑绳系统无此工序)。

(6)在距减压环约40cm处用一个绳卡将两根上部支撑绳相互并结(仅用30%标准紧固力或手动拧紧即可)。

8)下支撑绳安装

该工序在环形网挂到上支撑绳后进行,其方法与上支撑绳类似,但支撑绳均直接从网块的底排网孔穿过。对于带减压环的支撑绳,待支撑绳到达减压环的正确位置前40cm左右才能套入减压环,同时应注意钢柱至减压环外侧约40cm段的支撑绳不得穿入网块环孔。

9)环形网的安装

(1)环形网的起吊就位方法宜根据现场施工场地、机具(如起吊滑轮组、钢丝绳、粗麻绳、葫芦、梯子等)、人力条件以及经验和习惯而定。一般宜采用以下方法:

①用一根起吊绳(钢丝绳或专门准备的粗麻绳)穿过环形网上缘第二排左右网孔(底排网孔一般有标志色),一端固定在临近钢柱的顶端,另一端穿过悬挂固定于上支撑绳上的起吊滑轮组或临近钢柱的柱顶挂座并使尾端垂落到地面附近。

②拉动起吊绳尾端,直到环形网上缘上升到上支撑绳水平为止,再用绳卡或卸扣将网与上支撑绳暂时进行松动连接,此后起吊绳可以松开抽出;同时,宜用一根绳子穿过网的底排网孔并固定到基座上使网块底缘靠近钢柱,以便下支撑绳的安装,待下支撑绳安装好后即可抽出该绳。

③重复上述步骤①②直到全部网块暂时挂到上支撑绳上为止,并侧向移动网块使其位于正确位置;此后即可进行下支撑绳安装[工序8]。

(2)缝合连接方式。

①将按单张网缝合边总长约1.3倍截短的缝合绳在其中点做上标志。

②从系统的一端开始,先将缝合绳中点固定在每一张网的上缘中点处支撑绳上。从中点开始各用一半缝合绳向两侧逐步将网与两根支撑绳缠绕在一起;对于朝向钢柱一侧的绳段,直到用绳卡将两根(单支撑绳时为一根)支撑绳并结在一起的地方之后,用缝合绳将网与不带减压环的一根支撑绳缠绕在一起,当到达柱顶挂座时,将缝合绳从挂座的前侧穿过(不能缠绕到挂座上),转向下继续将网与相邻网边缘或支撑绳(上支撑绳与钢柱平行的单绳段)缝合,直到网块侧边最下一个网孔处将绳端回转合并后用绳卡固定;对于朝向相邻网块一侧的绳段,当到达相邻网块时,将缝合绳转向下与相邻网边缘缝合,直到网块侧边最下一个网孔处将绳端回转合并后用绳卡固定。

③当支撑绳分段设置而使一段拦石网的部分中部钢柱有与其平行的单支撑绳段时,由于钢柱间距的非完全均匀布置,环形网边缘可能不是刚好在该钢柱处,此时在缝合完毕后宜用绳卡先在该绳段柱顶处将支撑绳固定定位,然后松开该绳段尾端原固定绳卡,将该绳段顺钢柱交叉穿过网孔至基座挂座,再用绳卡重新将其固定,此后可拆下柱顶定位绳卡。

(3)卸扣连接方式。用卸扣代替缝合绳应按相同要求实现连接。每一个顶排边缘网孔与支撑绳间用一个卸扣连接;网块间横向连接时,顶、底排边缘网孔间用一个卸扣连接,其间每一网孔用两个卸扣与另一网块的两相邻网孔连接。

(4)网块底排网孔由于采用了支撑绳直接穿过方式,其间不需要再采用任何连接方式。

10)格栅安装

(1)格栅铺挂在环形网的内侧,应叠盖环形网上缘并折到网的外侧约15cm,用扎丝固定到网上。

(2)格栅底部应沿斜坡向上敷设0.5m左右,并为使下支撑绳与地面间不留缝隙,用一些石块将格栅底部压住。

(3)每张格栅间叠盖约10cm。

(4)用扎丝将格栅固定到网上,每平方米固定约4处。

2.6.2 修复养护

修复养护应以结构性或功能性修复为设计目标。修复养护设计应以专项检测为依据,加强各类病害的分析与诊断,合理确定修复养护设计方案。

(1)路肩病害的路缘石大范围损坏修复养护,应调查路缘石损坏规模并分析原因,宜采用集中更换方式。路肩应与路面顺接,横坡不应小于原设计坡度,排水不畅时,可加大横坡。路肩产生冲刷损坏时,应增设截排水设施,宜采用硬化路肩等措施。

(2)路堤与路床不均匀沉降病害的修复养护,应根据路基损坏的类型、特征、成因及危害程度,结合气象、水文条件、工程地质等因素,选用以下一种或多种组合措施:①注浆、高压旋喷桩等非开挖养护;②水泥搅拌桩、水泥粉煤灰碎石桩、预应力混凝土管桩或挤密砂石桩加固;③加铺沥青层;④增加综合排水设施。

(3)桥头跳车病害的修复养护,应结合路基沉降相对稳定性、中断交通条件、桥台回填部承载力状况等,选择开挖注浆、高压旋喷桩、加铺沥青层、挖除换填、增设盲沟、挡墙预留孔口滤水等方式。

(4)路堤与路床开裂滑移病害的修复养护,应根据确定的开裂滑移面及其底端位置,采用锚固法、钻孔灌注桩、微型钢管桩、挡土墙加双锚技术或反压护道法等养护措施。

(5)路堤与路床冻胀翻浆病害的修复养护,应根据路基翻浆类型和病害程度等因素,采用换填改良、增加综合排水设施和加铺罩面等养护措施。

(6)路基边坡的局部坍塌病害的修复养护,应结合路基形式,选取石笼防护、浸水挡墙、抛石防护等防冲刷措施。

(7)边坡滑坡病害的修复养护,应根据滑坡性质和规模,结合防排水设计,可单独或联合选用削方减载、抗滑桩、锚索(杆)、格构锚固、抗滑挡墙及坡面防护等措施。

(8)路基防护及支挡结构物的局部损坏和结构失稳的修复养护,应根据病害程度,选取锚固法、加大截面法、抗滑桩等措施。

(9)排水设施的修复养护。地表排水设施养护应根据地形、地质和纵坡等条件,采取碎砾石、干砌片石、浆砌片石或现浇混凝土等措施。地下排水设施养护则应根据病害部位,采用防渗、疏通或更换等方式。

(10)局部路基加高、加宽、裁弯取直时,新增路基工程应按照现行《公路路基设计规范》(JTG D3C)进行设计。公路沿线的防雪、防石、防风沙设施损坏以及不能满足要求时,应进行修复或者增设工程防护设施。特殊路基病害的修复养护设计,应针对特殊路基特点,按照该规范路基修复养护设计的规定进行设计,并满足现行《公路路基设计规范》(JTG D30)的要求。

2.6.2.1 换填改良

1)概述

换填法,又称换土法,是指将路基范围内的软土清除,用稳定性好的土、石回填并压实或夯实。换填施工如图 2.6-10 所示。在公路施工中,一般采用的是开挖换填天然砂砾,即在一定范围内,把影响路基稳定性的淤泥软土用挖掘机挖除,用天然砂砾进行换置;开挖换填深度在 2m 以内,采用分层填筑、分层压实、分层检测压实度的方法施工,从而改变地基的承载力特性,提高抗变形和稳定能力。在换填过程中,对于换填的天然沙砾中石头的粒径、含量和级配也应充分考虑,最好做试验检测,避免无法压实而引起沉降。

图 2.6-10 换填施工

2) 适用范围

换填改良可适用于填料不良引起的强度不足、沉陷、翻浆等病害处治或地基沉降路段的局部处理。填料不良引起的路基病害如图 2.6-11 所示。

a) 路基沉陷

b) 路基翻浆

图 2.6-11 填料不良引起的路基病害

此外,换填法还适用于一些地域性特殊土的处理:用于膨胀土地基可消除地基土的胀缩作用,用于湿陷性黄土地基可消除黄土的湿陷性,用于山区地基可处理岩面倾斜、破碎、高低差、软硬不均以及岩溶等,用于季节性冻土地基可消除冻胀力和防止冻胀损坏等。

3) 材料要求

换填材料宜采用级配较好的砾类土、砂类土等粗粒土,填料最大粒径应小于 100mm,填料的 CBR 值(加州承载比)应符合现行《公路路基施工技术规范》(JTG/T 3610)的相关要求。不得采用含草皮、生活垃圾、树根、腐殖质的土,以及泥炭、淤泥、冻土、强膨胀土、有机质土和易溶盐超过允许含量的土。

4) 施工质量控制

换填施工是指在强度不足、沉陷、翻浆等病害处治或地基沉降路段处理过程中,先将原有地基土进行挖掘,再通过填充新土的方式加固地基,以达到承重能力的加强作用。其工艺流程如下。

(1) 勘察设计

在进行换填施工前,必须先进行现场勘察,确定地貌、土质、水文等情况,进而进行设计。在确定好相关参数后,根据设计方案的要求,确定施工方案和施工工艺。

(2) 挖掘原土

在确定好施工方案和工艺后,进行挖掘施工。首先要对原本的地基进行挖掘,将旧土挖出,挖到设计要求的深度,再清理掉所有杂物,保持底部平整。

(3) 确定换填料或配制新土

根据设计方案,将新土按比例配制或采用级配较好的砾类土、砂类土等粗粒土,保证其符合要求。换填改良材料的配合比应通过试验确定。

(4) 填筑并夯实

铺筑前,应先行验槽。浮土应清除,边坡必须稳定,防止塌土。基坑(槽)两侧附近如有低于地基的孔洞、沟、井和墓穴等,应在未做垫层前加以填实。

施工过程中采用各种压实机械(如压路机、羊足碾、振动碾等)对地基土进行密实。这种方法常用于大面积填土的压实、杂填土地基处理、公路工程基坑面积较大的换土垫层的分层压实。

换填区与相邻路基衔接处应开挖成台阶状,换填施工应符合现行《公路路基施工技术规范》(JTG/T 3610)的有关规定。换填施工应减少对老路基的扰动,及时做好开挖回填及防排水工作;采用透水性材料作为回填材料时,应做好与既有排水设施的衔接。

5)质量检验

分层施工的质量和质量标准应达到设计要求的密实度。检验方法通常采用环刀法和贯入法(可用钢叉或钢筋贯入代替)进行。

(1)施工前应对换填的范围和深度进行核实。结合实际沉降控制的需要,应对土质地基和软质岩及强风化硬质岩地基进行原位测试检测,检查下承层地基土层是否满足设计要求。其目的是充分掌握下承层地基的土质特性,更准确地评价地基和路基土工结构物的变形状态,如发现其与设计不符,应及时反馈信息,以便优化调整地基换填处理措施。

(2)当采用机械挖除换填土时,应预留保护层由人工清理,保护层的厚度宜为30~50cm。基底为软质岩及强风化硬质岩,当底部起伏较大时,可设置台阶或缓坡,并按先深后浅的顺序进行换填。

(3)换填深度应满足设计要求。

检验数量:施工单位沿线路每100m抽样检验5处。监理单位沿线路每100m抽样检验1处。

检验方法:尺量、测量仪器测量。

(4)换填深度范围内的土层应挖除干净,坑底应按设计要求整平。

检验数量:施工单位、监理单位全部检验。

检验方法:观察。

(5)换填基底开挖处理后的基底压实质量应符合设计要求。

检验数量:施工单位沿线路纵向每100m抽样检验3点,其中线路中间1点,两侧距换填边缘2m处各1点。监理单位按施工单位抽样检验数量的10%平行检验。

检验方法:按《公路土工试验规程》(JTG 3430—2020)规定的试验方法进行检验。

(6)换填基坑坡脚线位置的允许偏差为-50mm。

检验数量:施工单位每换填基坑沿线路纵向及横向各抽样检验4处。

检验方法:经纬仪测量。

(7)换填顶面高程、横坡的允许偏差、检验数量及检验方法应符合表2.6-5的规定。

换填顶面高程、横坡的允许偏差、检验数量及检验方法 表2.6-5

序号	检验项目	允许偏差	施工单位检验数量	检验方法
1	顶面高程	±50mm	沿线路纵向每100m抽样检验5处	测量仪器测
2	横坡	±0.5%	沿线路纵向每100m抽样检验5个断面	坡度尺量

6) 注意事项

(1) 机械开挖基坑时,出现超挖现象,使垫层的下卧土层发生扰动,降低了基底软土的强度。

预防办法:机械开挖基坑时,预留 30~50cm 的土层由人工清理。

处理办法:如实际中出现了超挖的现象或基坑底的土受到扰动,如高程允许的话,适当调整垫层的高程,由人工清理掉基坑底的扰动软土,再进行垫层施工。

(2) 进厂材料不符合质量要求。

常见的材质方面的问题:①进厂的砂石材料级配不合理,含泥量过大;②石灰、粉煤灰不符合质量等级要求,含水率过大或过小,有机质含量过高,石灰的存放时间过长等;③灰土拌和不均匀;④土料含水率过大或过小,土料没过筛就使用,土料含有机质、杂质过多。

预防办法和处理办法:定期对材料进行抽样检查,严把材料进料关,严禁将不合格填料用于垫层。

(3) 分层填筑密实度不均匀或密度值太小。

产生原因:由于施工时分层厚度太大,分层铺筑密实度达不到设计要求,或者由于填土的含水率远大于或小于其最优含水率以及压实遍数不够,垫层密实度达不到设计要求。另外,密实度不均匀也是由于施工方法不当引起的。

预防办法和处理办法:改进施工方法,采用恰当的分层厚度、压实遍数,严格控制施工时填料的含水率接近其最优含水率。对于砂石垫层、干渣垫层,一般要保持洒水饱和时进行施工。对素土、灰土和粉煤灰垫层,含水率要在最佳含水率范围内施工才能达到设计密实度。另外,在垫层搭接部位要严格控制,避免发生密实度不均匀,适当增加质量抽检数量和次数,防止这种现象出现。基坑底已存在的古穴、古井、空洞等未及时发现,也会导致垫层施工后密实度不均匀,所以在验槽时,对这些问题要详细勘查、排除。

2.6.2.2 注浆

1) 概述

注浆是指利用注浆压力或浆液自重,经过钻孔将浆液压入岩土(石)层、裂隙或空洞内,以改善地基水文地质和工程地质条件,提高地基整体性的工程措施。路基注浆施工如图 2.6-12 所示。

图 2.6-12 路基注浆施工

浆液以填充、渗透和挤密等方式,充填地下隐伏空洞,将土颗粒或岩石裂隙中的水分和空气排除后占据其位置,经一定时间后,浆液将原来松散的土粒或裂隙胶结成一个整体,形成一个结构新、强度大、防水性能高和化学稳定性良好的"结石体",提高地基土的承载力,减少地基变形和不均匀变形。适用于岩溶、人工洞穴及裂隙、软弱地基等不良地质条件下的地基加固处理。

2）适用范围

注浆技术可用于路堤或路床压实度不足、局部稳定性不满足要求或桥头跳车等路段；注浆施工应做好施工组织设计,减少行车对注浆质量的影响。注浆养护时间不宜少于 3d。

3）材料要求

注浆所采用的材料为水泥浆,根据注浆处理对象和遇到的特殊情况,可在水泥浆液中掺入下列掺合料：

（1）水泥：选用符合现行国家标准的硅酸盐水泥、普通硅酸盐水泥、矿渣硅酸盐水泥、火山灰质硅酸盐水泥。

①水泥进场时,应有产品合格证及检验报告单,应对水泥的品种、标号、包装、数量、出厂日期等进行检查验收,并对其强度、安定性进行试验,其质量必须符合标准。

②同厂家、同品种、同批号、同等级、同出厂日期水泥组成检验批。散装水泥每 500t 为一批,袋装水泥每 200t 为一批。不足上述数量时,按一批计。

③每批应进行强度、安定性、凝结时间试验,其取样及试验方法应符合现行国家标准的有关规定。

④出厂日期超过 3 个月或受潮的水泥,必须经试验确定其符合要求后,方可使用。严禁使用已结块变质的水泥。

（2）砂：宜采用中粗砂,砂的质量标准应符合混凝土工程相应材料的质量标准。

（3）水：浆液拌和用水必须新鲜、洁净、无污染,宜选用饮用水。如无饮用水使用,可抽取江水经净化处理后作为施工用水。

（4）水玻璃及缓凝剂,出厂须有合格证明书。

4）施工质量控制

（1）施工准备

当钻孔场地位于山坡地段时,采用挖填土整平修筑钻孔作业平台,平地钻孔则应平整场地后施钻。场地平整后,测量放样,根据设计要求的间距、布置形式（梅花形或正方形）布置孔位。

（2）钻机就位

钻机就位,立好钻架,对准桩孔中心；钻机底座用方木垫稳,以防钻机成孔时发生位移,保证成孔垂直度。钻机就位后,钻头或钻杆中心与设计孔位中心的偏差不得大于 50cm。

（3）钻孔

①将钻杆对准所标孔位,一般先用直径 110mm 钻头开孔钻进,保证开孔直径≥110mm。开孔时,要轻加压、慢速,防止将孔开斜。岩层钻进采用直径 90mm 取芯钻头钻进至基岩面下设计要求岩层注浆深度。施工过程中若遇溶洞,应至溶洞底板下 2.0m。设计范围内未遇

见溶洞,即可结束钻探。

②在钻孔过程中土层和岩溶发育破碎带,采用跟管干钻,钻至岩层后可采用饱和水钻进,严禁使用泥浆钻、大水冲水钻进。

③钻进过程中应注意观察地层变化,详细做好钻孔地质情况记录。

(4)安装注浆管

①钻孔终孔直径不得小于91mm,钻至设计深度后,埋入注浆管。一般采用金属注浆管,当有空洞需要填充水泥砂浆或水泥碎石粉浆时,内径不小于50mm,伸入注浆范围顶面以下为花管,且长度不小于0.5m。

②注浆底部为破碎带或溶洞时,应填充混合良好的水泥砂浆或水泥碎石粉浆封闭底部通道。在注浆管底部安装止浆塞,孔口顶部设止浆塞封孔(用水泥浆加速凝剂凝固,待达到强度)后,实施注浆。

③注浆管外露的长度不小于30cm,以便连接孔口阀门和管路。

(5)浆液制备

①根据设计图及注浆孔揭示的地质状况,做好浆液制备。浆液宜用R42.5普通硅酸盐水泥。注浆时,可适量掺用粉煤灰,掺入量不宜大于30%。根据工程需要,可在浆液拌制时加入速凝剂、减水剂和防析水剂。

②注浆用水不得采用酸性水和工业废水。水泥浆的水灰比可取0.6~2.0,常用的水灰比为1.0。

(6)注浆

注浆施工方法较多,最为常用的两种施工方法是花管注浆和单向阀管注浆,以花管注浆为主。花管注浆的注浆管在头部1~2m范围内侧壁开孔,孔眼为梅花形布置,孔眼直径一般为3~4mm。注浆管的直径一般比锥尖的直径小1~2mm。为防止孔眼堵塞,可在开口的孔眼处再包一圈橡皮环。为防止浆液沿管壁上冒,可加一些速凝剂或压浆后间歇数小时,使在加固层表面形成一层封闭层。如在地表有混凝土之类的硬壳覆盖的情况,也可将注浆管一次压到设计深度,再由下而上分段施工。

注浆按工艺性质可分为单液注浆和双液注浆。全充填溶洞一般采用单液注浆。在有地下水流动的情况下,采用双液注浆,保证浆液及时凝结,以免流失。

按浆液流动的方式,注浆法可分为渗透注浆和充填注浆两类。渗透注浆适用于渗透系数 k 大于 10^{-4} cm/s 的砂性土。充填注浆适用于采空区、岩溶空洞、土洞和溶隙、裂隙。

正式注浆施工前,应进行试验段施工。试验段施工包括注水、注浆试验和注浆施工。注浆孔应进行注水和压水试验、注浆试验,以确定注浆压力、水灰比、注浆量,待初凝结束后,利用附近的注浆钻孔进行观测验证,并跟踪进行质量综合检测,以进一步修正注浆参数和施工工艺。将试验段注浆施工参数用到类似地段的注浆施工,在施工中进一步完善、修正注浆施工参数,调整施工工艺。为防止邻孔串浆,注浆顺序应按跳孔间隔注浆方式进行,并宜采用先外围后内部的注浆施工方法,以防浆液流失,当地下水流速较大时,应考虑浆液在水流中的迁移效应,应从水头高的一端开始注浆。

注浆压力宜为0.2~0.5MPa,岩溶空洞及采空区初期可采用自流注浆。充填注浆在维持注浆压力 0~0.2MPa 条件下,通过金属花管自下向上进行注浆;渗透注浆是在维持注浆压力 0.3~0.5MPa 条件下,通过金属花管自下向上进行注浆。注浆压力视注浆方法、注浆段深度和地下水位而定,并针对注浆过程中出现的情况随时调整压力。

对于岩溶注浆采用两次注浆方式分别对岩层和岩土界以上土层进行注浆加固,先进行岩层裂隙、溶洞注浆,注浆结束后,将注浆管向上拔出,直至注浆管底部位于岩土分界面,进行岩土界以上土层注浆。如遇岩溶通道、较大溶洞和裂隙处,视情况先灌注机制砂或稀的水泥砂浆对溶腔进行充填,再采用水泥浆液或双液注浆。稀的水泥砂浆水灰比与注浆水灰比保持一致(0.8:1~1:1),灰砂重量比采用 1:3~1:6。

当连续注浆单孔超过设计单孔注浆量 2 倍且不见升压或吸浆量下降时,采用提高浆液浓度或双液压浆措施。双液压浆时采用水泥浆与水玻璃之体积比 1:0.08。

(7)注浆结束

注浆终止条件:注浆段注浆压力达终注压力(≥0.3MPa)时,10min 持续注浆量小于 5L/min。注浆结束后,及时拔除注浆管,采用水泥砂浆封堵注浆孔,留下标记备查。最后清理场地,去除污染。

5)注意要点

注浆施工应符合下列规定:

(1)注浆时应控制好浆液的搅拌时间及注浆压力,连续注浆,中途不得中断。

(2)注浆应遵循逐渐加密的原则,多排孔注浆时,宜先注边排后注中间排。边排孔宜限制注浆量,中排孔注至不吃浆为止。

(3)加强注浆过程控制,做好注浆记录,动态调整注浆压力、注浆量及注浆时间,防止对路面结构及周边土体或结构物造成破坏。

(4)注浆完成后,应及时做好封孔处理,并进行跟踪观测评价注浆效果。注浆效果的检验宜在注浆结束后 28d 进行,对检验不合格的注浆区应进行重复注浆。

2.6.2.3 钢管抗滑桩

1)概述

钢管抗滑桩可用于处治或预防路堤浅层滑移,也可作为削坡减载、支挡结构物的基础施工或抗滑桩施工的一种辅助性加固措施。钢管抗滑桩宜采用钻孔植入法施工,路基钻孔应采取干钻方式。钢管抗滑桩宜布置在路基边坡顶部或坡脚,间距不宜大于 3m,钻孔直径宜为 250~320mm,抗滑桩应穿过滑移面不少于 2m 且其深度满足路基边坡稳定性验算要求,坡脚位置处宜适当增大穿过滑移面的深度。

钢管宜采用无缝普通钢管,直径宜为 180~250mm。管内灌注材料宜采用强度等级不低于 C25 的自密实混凝土,管外注浆材料应采用强度等级不低于 M30 的水泥砂浆,砂浆宜采用细砂配制;宜在路基边坡组合设置斜向注浆锚杆,并辅以水平横梁或锚墩连接。抗滑桩顶部宜设置联系梁,联系梁的高度不宜小于 300mm,宽度不宜小于抗滑桩管径,混凝土的强度等级不应低于 C25,纵向钢筋的截面积不应少于联系梁截面积的 0.15%;箍筋直径不应小于 8mm,其间距不应大于 400mm。抗滑桩伸入联系梁内不应少于 50mm,并与联系梁主筋焊接。钢管抗滑桩施工应符合下列规定:

(1) 钻孔孔径不得小于设计值,且应大于钢管外径 70mm。
(2) 无缝钢管应垂直插入钻孔并对中,钢管的连接宜采用套管焊接方式。
(3) 当管外充填注浆难以达到要求时,可采用压力注浆。
(4) 应保证管外和管内桩长范围内完全注满。
(5) 注浆泵与注浆孔口距离不宜大于 30m,以减小注浆管路系统阻力,保证实际的注浆压力。

2) 分类及适用范围

(1) 抗滑桩分类

①抗滑桩按材质分类,有木桩、钢桩、钢筋混凝土桩和组合桩。

②抗滑桩按成桩方法分类,有打入桩、静压桩、就地灌注桩,其中就地灌注桩又分为沉管灌注桩、钻孔灌注桩两大类。常用的钻孔灌注桩又分机械钻孔桩和人工挖孔桩。

抗滑桩按结构形式分类,有单桩、排桩、群桩和有锚桩。其中,排桩型常见的有椅式桩墙、门式钢架桩墙、排架抗滑桩墙。有锚桩常见的有锚杆和锚索,锚杆有单锚和多锚,锚索抗滑桩多用单锚。

③抗滑桩按桩身断面形式分类,有圆形桩、方形桩、矩形桩和"工"字形桩等。

(2) 各类桩型的特点及适用条件

①木桩是最早采用的桩,其特点是就地取材、方便、易于施工,但桩长有限,桩身强度不高,一般用于浅层滑坡的治理、临时工程或抢险工程。

②钢桩的强度高,施打容易、快速,接长方便,但受桩身断面尺寸限制,横向刚度较小,造价偏高。

③钢筋混凝土桩是边坡处治工程广泛采用的桩材,桩断面刚度大,抗弯能力强,施工方式多样,可打入、静压、机械钻孔就地灌注和人工成孔就地灌注,其缺点是混凝土抗拉能力有限。

④抗滑桩的施工采用打入时,应充分考虑施工振动对边坡稳定的影响,一般是全埋式抗滑桩或填方边坡可采用,同时下卧地层应有可打性。抗滑桩施工常用的是就地灌注桩,其特点是机械钻孔速度快,桩径可大可小,适用于各种地质条件,但对地形较陡的边坡工程,机械进入和架设困难较大。另外,钻孔时的水对边坡的稳定也有影响。人工成孔的特点是方便、简单、经济,但速度较慢,劳动强度高,遇不良地层(如流沙)时处理相当困难。另外,桩径较小时人工作业困难,桩径一般应在 1m 以上才适宜人工成孔。

⑤单桩是抗滑桩的基本形式,也是常用的结构形式。其特点是简单,受力和作用明确。

⑥当边坡的推力较大,采用单桩不足以承担其推力或使用单桩不经济时,可采用排桩。排架桩的特点是转动惯量大,抗弯能力强,桩壁阻力较小,桩身应力较小,在软弱地层有较明显的优越性。

⑦有锚桩的锚可用钢筋锚杆或预应力锚索,锚杆(索)和桩共同工作,改变桩的悬臂受力状况和桩完全靠侧向地基反力抵抗滑坡推力的机理,使桩身的应力状态和桩顶变位大大改善,是一种较为合理、经济的抗滑结构。但锚杆或锚索的锚固端需要有较好的地层或岩层,对锚索而言,更需要有较好的岩层以提供可靠的锚固力。

⑧抗滑桩群一般指在横向2排以上,在纵向2列以上的组合抗滑结构,类似于墩台或承台结构,它能承担更大的滑坡推力,可用于特殊的滑坡治理工程或特殊用途的边坡工程。

3)抗滑桩的施工

抗滑桩施工多采用机械成孔或人工成孔,现场灌注混凝土施工。灌注桩是一项质量要求高,施工工序较多,并且必须在一个短时间内连续完成的地下隐蔽工程。因此,施工应按程序进行。备齐技术资料,编制施工组织设计,做好施工准备;应按设计要求、有关规范规程及施工组织设计,建立各工序的施工管理制度。施工、监理、设计和业主各方管理到位,监控到位,技术服务和技术跟踪到位。保证施工有序、快速、高质地进行。钢管抗滑桩的施工工艺流程如图2.6-13所示。

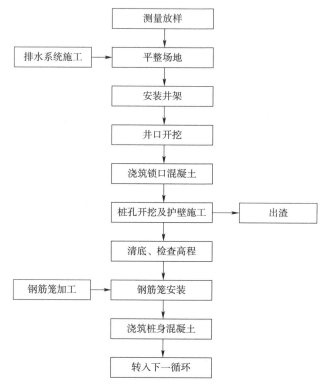

图2.6-13　钢管抗滑桩的施工工艺流程

(1)测量放样

先按设计图放出桩位置,清理出平台位置,开挖面内高外低,以便排水。

(2)人工挖桩及护壁施工

①测量定位:根据设计提供的现场坐标点测放轴线,根据轴线确定桩身的4个边桩,然后做好边桩的护桩,桩位的放样允许偏差为10mm。

②锁口施作:先根据孔口尺寸支立模板,确保锁扣混凝土厚度不小于40cm,锁口混凝土高出原地面45cm。

③挖桩:在黏土层用短柄铁锹、锄头挖土施工;进入砂岩层用风镐施工;如遇坚石风镐难以施工的,可以采用钻眼爆破施工。

④运输:在桩孔上架立垂直运输支架,用卷扬机作为提升运土设备,提升上来的渣土及时运输到指定的弃土场,避免造成环境污染。

⑤护壁施工:护壁混凝土采用机械拌和、人工浇筑、振动棒捣实的方法。坍落度控制在8~10cm。采取开挖一节支护一节原则,其下挖深度不得超过2m,往下施工以每一节为一施工循环。护壁C20钢筋混凝土,厚度为20cm。在节与节之间插竖直钢筋(入下节25cm),以提高护壁的整体性。模板之间用卡具、扣件连接固定,确保刚度。护壁混凝土灌注8h才可进行拆模工作。

⑥桩内照明用电采用36V安全电压,孔内照明灯泡用专用防水灯泡,确保安全。

⑦安全措施:锁口处预埋爬梯挂件,待一定深度时方便挂设脚手爬梯,施工人员上下时必须借助脚手爬梯,桩口上搭防雨护棚,桩口周围应设防护栏。孔下必须保证通风,并随时检测有无有害气体。一旦检测到有害气体,施工人员必须马上撤离,采取通风来稀释有害气体的浓度,在确定绝对安全后,方可继续施工。

⑧检查:成桩后对桩身尺寸、孔底高程、桩位中线、井壁垂直度进行全面测定,做好施工记录。经监理及有关质检人员共同逐孔检查鉴定,符合设计要求后,办理好隐蔽工程验收,再制作、吊放钢筋笼,浇筑混凝土。

⑨孔桩护壁须满足下列要求:

a. 护壁厚度、搭接筋的配备,混凝土必须符合设计要求。

b. 孔桩开孔后,应尽快浇筑桩壁混凝土,且当天需一次性浇筑完毕。

c. 不得在水淹没模板情况下浇筑护壁混凝土。

d. 若发现护壁有蜂窝、漏水现象,应及时加以堵塞或导流。

(3)抗滑桩孔内爆破

①采用电雷管起爆。

②必须打眼放炮,严禁裸露炸药包,对于软岩石炮眼深度不超过0.8m,对于硬岩石炮眼深度不超过0.5m。炮眼数目、位置和斜插方向,应按岩层断面方向来定,中间一组集中掏心,四周斜插挖边。

③严格控制药量,以松动为主。一般中间炮眼装硝胺炸药1/2节,边眼装药1/3~1/4节。

④有水眼孔要用乳化炸药,尽量避免瞎炮。如有瞎炮,应按安全规程处理。

⑤炮眼附近的支撑应加固,以免支撑炸坏引起坍孔。

(4)钢筋笼制作

①钢筋笼所使用钢筋材料必须有质保书和试验报告。

②钢筋加工时主筋搭接位置应错开,在$35d$且不小于500mm范围内接头数目不得超过总受力钢筋面积的50%。主筋焊接必须保证搭接长度不小于规范值。纵向主筋在桩顶以下2m内不设接头。水平加力筋必须和纵筋点焊成牢固的钢筋笼,保证钢筋笼不变形、不扭转。

③箍筋与主筋间采用22号铁丝全部进行绑扎,绑扎要牢固,适当加以点焊。

(5)声测管安装

①钢筋笼绑扎完成后进行声测管的安装工作,声测管采用内径不小于40mm,厚度不小

于3mm的金属管。声测管应绑扎在钢筋笼的内侧4个角位置,并且绑扎要牢固。

②声测管底部用薄钢板焊接封闭,同根声测管连接时用钢套管焊接,上端用木塞封闭,管内无异物,连接处光滑,不漏水。管口应高出桩顶100mm以上,声测管管口高度应一致。

(6)桩芯混凝土灌注

①下孔验收桩钢筋,验收合格后方可灌注桩芯混凝土。

②灌注前认真检查机具工作状态是否良好,所用材料是否符合要求,搅拌班组配合比交底明确。

③指派专人旁站,并做好桩芯混凝土灌注记录。

④在搅拌混凝土时,严格按照混凝土的配合比进行配料,混凝土搅拌时间不少于90s,坍落度控制在8~10cm范围内。

⑤浇筑采用干式浇筑法。在混凝土浇筑过程中,采用串筒时,应保证串筒端部距混凝土的浇筑面不大于2m,防止粗集料与水泥砂浆离散,出现离析现象。桩芯混凝土每下料0.3m左右须用插入式振动器振捣一次,以保证桩芯混凝土的密实度。每桩芯必须连续灌注完成,不得留设施工缝。桩芯混凝土浇灌以后,8h后洒水养护,养护期不少于7d。灌桩芯混凝土时,做好混凝土试块,认真养护,达到龄期后送检。

2.6.2.4 混凝土挡土墙的加高和接长施工

在进行挡土墙加高时,凿毛原挡土墙顶面砂浆,用水冲洗湿润。为保证新旧挡土墙可靠衔接,需要把旧挡土墙的端部拆成若干个豁口,用水冲洗湿润,铺水泥砂浆,然后进行挡土墙的接长砌筑。

1)施工工艺流程

施工准备→脚手架搭设→墙体凿毛→钢筋种植→钢筋绑扎及安装→模板安装→混凝土浇筑及养护→模板、脚手架拆除→清理现场。

2)搭设浇筑脚手架

对原有挡土墙进行加高处理,加高段挡土墙施工前需要搭设脚手架。脚手架搭设立杆底部设置垫木,使立杆垂直稳定,不下沉,立杆间距为3m,大横杆间距为1.2m,小横杆间距为3m。搭设时钢管大横杆接头错开,用扣件连接,拧紧螺栓。脚手架底部设置扫地杆,保证脚手架稳定,满足刚度、强度要求。脚手板采用2m长的竹胶板拼接捆绑,脚手架不得与模板支撑相连,以免施工过程中支撑松动,模板变动。

3)工作面处理

挡土墙是在老挡土墙的基础上进行加高或者加长,为保证新老挡土墙体结合的紧密性,必须对老挡土墙顶部进行人工凿毛处理,并用水枪冲洗干净工作面。

4)钢筋工程

(1)植筋

按照设计图纸对老挡土墙顶面进行钻孔,钻孔直径与所植钢筋直径匹配,钻孔处需灌注同标号砂浆后再植入钢筋。

(2)钢筋加工、安装

挡土墙钢筋在钢筋厂进行加工,运至现场绑扎成型,钢筋绑扎要求规格尺寸准确,绑扎牢固。

钢筋有出厂质量证明书或试验报告单,每捆钢筋均有标牌。进场时按炉罐(批)号及直径(d)分批验收。验收内容包括查对标牌、外观检查,并按有关标准的规定抽取试样做力学性能试验,合格后方可使用。钢筋在加工过程中,发现脆断、焊接性能不良或力学性能显著不正常等现象时,进行化学分析检验或其他专项检验。

钢筋使用前将表面油漆、油污、锈皮、鳞锈等清除干净。钢筋平直、无局部弯折。成盘的钢筋或扭曲的钢筋均矫直后使用。钢筋的切割、弯曲遵照有关规定执行。钢筋的接头采用闪光对焊,当不能进行闪光对焊时,采用电弧焊(如搭接焊、帮条焊等)。焊接钢筋接头前,将施焊范围内浮锈、漆污、油渍等清除干净,直径小于25mm的钢筋可采用绑扎接头。但轴心受拉、小偏心受拉构件和承受振动荷载的构件,其钢筋接头不得采用绑扎接头。

钢筋的安装位置、间距、保护层及各部分钢筋大小的尺寸符合施工详图的规定。在已架设好的钢筋工作中,不再沾有泥土、有害的铁锈、松散的铁屑、油漆、油脂或其他有害物质。为了保证混凝土保护层的厚度,在模板与钢筋之间设置强度不低于结构物设计强度的混凝土垫块。垫块埋设铁丝与钢筋扎紧,垫块相互错开,分散布置。底板钢筋上下两层之间利用钢筋马镫进行固定。钢筋架设完毕后需经检查,并符合施工要求。

5) 模板工程

挡土墙模板采用木模,为防止模板之间漏浆,在模板与模板之间、模板与底部混凝土之间垫止浆海绵。

6) 混凝土工程

(1) 混凝土浇筑

①加高段挡土墙混凝土由泵车直接泵送入仓,人工进行振捣。

②混凝土振捣要均匀密实,间隔20cm,振捣时要插入下一层5cm,以不冒气泡、表面出水泥浆为宜。每一插点振捣时间控制在20s左右,并遵循快插慢拔的原则。表面收水抹面时,用平板振动器进行复振,减少气泡。浇筑好后,保证混凝土面平直,外光内实。

③浇筑混凝土使用插入式振捣器,捣实到可能的最大密实程度,但避免过度。每一位置的振捣时间以混凝土不再显著下沉、不出现气泡,并开始泛浆时为准,后徐徐提出,不留空洞。振捣操作严格按规定执行。振捣器离模板的垂直距离不小于振捣器有效半径的1/2,并不得触碰钢筋及预埋件。混凝土浇筑期间,如果发生表面泌水较多,应及时清除,并研究减少泌水的有效措施。严禁在模板上开孔赶水,以免带走灰浆。

④浇筑过程中,随时检查模板、支撑等稳固情况,如有漏浆、变形或沉陷等病害,立即处理。检查钢筋的位置,如发现移动,及时校正。同时,及时清除粘附在模板、钢筋面的灰浆。顶层混凝土浇筑完毕后,立即抹平,排除泌水。待定浆后再抹一遍,防止产生松顶和表面干缩裂缝。混凝土表面的所有缺陷进行修补。立模浇筑的混凝土缺陷在拆模后24h内完成修补。任何出现蜂窝、凹陷或其他损坏了的有缺陷的混凝土,及时通知工程师,取得工程师同意后方可进行处理,并需有详细的记载。修补时,预先清除干净,再用砂浆、混凝土或规定的材料重新整补修饰。填补部分加强养护,或用薄膜覆盖密封,避免水汽蒸发,致使混凝土表面产生龟裂,并使之与周围外露混凝土表面融为一体,颜色接近,无明显痕迹,没有收缩缝。

混凝土浇筑成型后的偏差及平整度等满足规范要求。

(2)混凝土养护

混凝土浇筑完毕后,当硬化到不因洒水而损坏时,就采用1寸小泵(进出口公称口径尺寸为1寸的小型水泵,即25.4mm)进行浇水养护措施,使混凝土表面经常保持湿润状态。混凝土表面一般在浇筑12~18h内即可开始养护。早期混凝土表面采用能经常保持水饱和的覆盖物进行覆盖(如塑料薄膜、麻袋、草包等),避免太阳光暴晒。

现场混凝土质量检验以28d抗压强度为主,抗压试件的组数按下列规定制取:

①不同强度等级、不同配合比的混凝土,分别制取试样;28d龄期每50~100m³成型试件一组。

②每一工作班至少成型一组。

③对混凝土原材料的检查资料以及混凝土抗压强度试验成果,及时进行统计分析。

④原始资料的统计方法及其质量评定标准必须按规定执行。

⑤待混凝土强度达到50%设计强度后即可拆模,拆模时注意不准损坏混凝土表面及棱角。

7)伸缩缝

加高或加长钢筋混凝土挡土墙施工,需按原有挡土墙预留伸缩缝进行留置伸缩缝,沉降缝端面应整齐、方正,原挡土墙与加高段挡土墙上下伸缩缝不得交错,应贯通,需嵌塞泡沫板。

2.6.2.5 挡土墙的拆除施工

1)施工准备

(1)技术准备工作

技术准备阶段应熟悉被拆构筑物的竣工图纸,弄清楚构筑物的结构情况、构筑情况、水电及设备管道情况,地下隐蔽设施情况。

工地负责人应根据施工组织设计和安全技术规程向参加拆除的工作人员进行详细的交底,对施工人员进行安全技术交底,增强安全意识,对施工人员进行安全教育,组织施工人员学习安全操作规程。踏勘施工现场,熟悉周围环境、场地、公路、水电设备管路、构筑物情况等。

(2)现场准备

①施工前,清理施工现场,保证运输公路畅通。清除拆除倒塌范围内的物资、设备;将电线、燃气道、水道、供热设备等干线与该构筑物的支线切断或迁移;检查周围危旧房,必要时进行临时加固;向周围群众出安民公告,在拆除危险区周围设禁区围栏、警戒标志,派专人监护,禁止非拆除人员进入施工现场。

②搭设临时防护设施,避免拆除时的灰尘飞扬影响生产的正常进行,并在拆除危险区设置警戒区标志。接引好施工用临时电源、水源,保证施工时水电畅通。

2)施工方法

干砌石拆除主要采用挖掘机施工,局部采用人工借助撬棍施工,集料后单独堆放,不可使用的应清运至施工区以外地点堆放。浆砌石拆除主要采用挖掘机施工,局部采用风镐配合人工撬棍施工,将不适合重新使用的块石等废弃料用挖掘机配合自卸汽车运往指定的废渣场废弃。

3）安全保障措施

(1) 施工现场必须有技术人员统一指挥,严格遵循拆除方法和拆除程序。

(2) 拆除现场施工人员,必须经过行业主管部门指定的培训机构培训,并取得资格证书方可施工。

(3) 施工人员进入施工现场必须戴安全帽、扣紧安全帽（带）,高空作业必须系安全带,安全带应高挂低用,挂点牢靠。拆除工作时,应该站在专门搭设的脚手架上或其他稳固的结构部分上操作。

(4) 施工现场必须设置醒目的警示标志,采取警戒措施派专人负责。非工作人员不得随意进入施工现场。拆除区周围应设立围栏,挂警告标志牌,并派专人监护,严禁无关人员逗留。

(5) 构筑物拆除时,应按照自上而下的顺序进行,禁止数层同时拆除。当拆除某一部分的时候应防止其他部分倒塌。

(6) 拆除项目竣工后,必须有验收手续,达到工完、料清、场地净,并且确保周围环境整洁和相邻建筑、管线的安全。

(7) 拆除物受气候影响较大,密切注意,防患于未然。每个工作日结束后,工程技术人员必须去现场检查,确认拆除物是否需加固,做到安全无隐患。

2.6.2.6 路肩硬化

路肩硬化的施工工艺与路面基层的施工工艺基本相同,石灰土硬化土路肩的路拌法施工工艺流程如图 2.6-14 所示。

1）准备工作

(1) 根据各路段路肩的宽度、厚度及预定的干密度,计算各路段需要的干燥集料数量(包括路肩土的增减数量)。

(2) 根据混合料的配合比及材料的含水率,计算各种材料每车料的堆放距离。对于以袋为计量单位的石灰等结合料,应计算出每袋结合料的堆放距离。

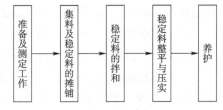

图 2.6-14　石灰土硬化土路肩的路拌法施工工艺流程

2）集料摊铺

根据试验或试验路段确定的松铺系数,准备集料用量。摊铺前,如路肩的表面过于干燥,应适当洒水,使表面湿润。集料或土应尽可能摊铺均匀,不应有离析现象。

3）摊铺石灰

根据计算的石灰堆放间距,在现场用石灰做标记,同时画出摊铺石灰的边线。用刮板均匀摊铺,并量测石灰的松铺厚度,根据石灰的含水率和松干密度,校核石灰的用量。

4）拌和洒水

(1) 使用灰土拌和机或稳定土拌和机进行"干拌" $1\sim2$ 遍,使石灰分布到全部土中,预防加水过程中石灰成团,不要求完全拌和。

(2)边洒水边拌和进行"湿拌"。

(3)及时检查混合料的含水率,一般宜比最佳含水率略大1%~2%,拌和至混合料颜色及含水率均匀为止。

5)整平

(1)混合料拌和均匀后应立即用平地机或人工完成初平,再利用轮胎压路机、轮胎拖拉机或平地机快速碾压一遍。

(2)不平整处采用齿耙将表面5cm耙松,必要时可采用新拌的混合料找平,再进行碾压。

(3)为避免出现薄层贴补,在总厚度满足要求的情况下,摊铺时遵循"宁高勿低"的原则,整平时遵循"宁刮勿补"的原则。

6)碾压

(1)在整平后当混合料处于最佳含水率±(1%~2%)范围内进行碾压,若表面水分不足应洒水。

(2)摊铺和整型时应先用拖拉机,再用6~8t两轮轮胎压路机、振动压路机或12t以下的三轮压路机碾压1~2遍。

(3)对于"弹簧"松散、起皮等现象,应及时翻开重新拌和,使其达到质量要求。

7)养护及交通管理

养护期应采取洒水保湿措施,一般为7d左右。

2.6.2.7 重力式挡土墙施工

1)一般要求

重力式挡土墙一般采用明挖基础,当基底松软或水下挖基困难时,可采用换填基础、桩基础或沉井基础。为了保证挡土墙的稳定,墙址的施工埋置深度应符合以下要求:

(1)无冲刷时,一般应在自然地面以下至少1.0m。

(2)有冲刷时,在冲刷线以下至少1.0m。

(3)冻胀地区,在冻结线以下至少0.25m,当冻胀深度超过1.0m时,基底应换填一定厚度的砂砾或碎石垫层等不冻胀填料,且垫层底面应在冻结线以下至少0.25m,但埋置深度不宜小于1.25m。

(4)对岩石地基,应清除表面风化层,如风化层较厚,基础应嵌入岩石0.25~0.60m(按照岩层的坚硬程度和抗风化能力确定),墙趾前应有足够的襟边宽度。

砌筑前,应将石料表面泥垢清扫干净,并用水保持湿润。砌筑时,外面线应顺直、整齐,内面线可大致顺适。砌筑过程中应经常校正。浆砌石底面应卧浆铺砌,立缝填浆补实,不得有空隙和立缝贯通现象。施工缝位置宜设在伸缩缝和沉降缝处,压石两侧的水平缝应保持一致。分段砌筑时,相邻段的高差不宜超过1.2m。砌体外的浆缝需留1~2cm深的缝槽,以便砂浆勾缝。

2)浆砌片石施工工艺

(1)分层砌筑。应长短相间地与里层砌块咬接成一体。

(2)上下层石块交错排列。避免竖缝成一直线。

(3)宽面朝下。砌筑较大的片石,宜用在下面,片石间以砂浆隔开。

(4)砌缝宽度一般不应大于4cm。每层的水平缝大致齐平,竖缝应错开,不能贯通。

(5)大小搭配,相互错叠。砌体中的片石应大小搭配,相互错叠,咬紧密实并配有小石块,作挤浆填缝之用。

(6)砂浆配置。砂浆强度等级不得低于M5。

(7)勾缝。用1:1.5水泥细砂砂浆,细砂应过筛,砂浆稠度以勾缝溜子挑起不落为宜。勾缝顺序应由上而下,先勾水平缝,后勾立缝。凸出墙面约5mm,线条明显、清晰。

3)浆砌块石施工工艺

(1)修整块石。用作镶面的块石,表面四周应修整。

(2)分层砌筑。

(3)一丁一顺。镶面的块石应一丁一顺排列,丁石深入墙心不小于25cm。

(4)砌缝宽度一般为2~3cm。

(5)上下层竖缝错开。相邻两层立缝应错开不小于10cm。

(6)块石应平砌。每层石料高度应做到基本齐平。

(7)砂浆配置。砂浆强度等级不得低于M5。

(8)勾缝。

4)砌筑料石施工工艺

(1)配好料石。每层镶面料石均应事先按规定灰缝宽及错缝要求配好。

(2)分层砌筑。

(3)一丁一顺。每层料石均应采用一丁一顺砌法。

(4)缝宽一般为1.0~1.5cm。

(5)上下层竖缝错开。相邻两层立缝应错开不小于10cm。

(6)先砌角石。再用铺浆法顺序砌筑和随砌随填立缝,并应先砌角石。

(7)砌筑镶面石,再砌填心石。填心石高度与镶面石齐平。

(8)砂浆配置。砂浆强度等级不得低于M5。

(9)勾缝。

5)施工质量控制

(1)石料的规格和质量应符合有关规范和设计要求。

(2)砂浆所用的水泥、砂、水的质量应符合有关规范的要求,按规定的配合比施工。

(3)地基承载力必须满足设计要求。

(4)砌筑应分层错缝。浆砌时坐浆挤紧,嵌填饱满密实,不得有空洞;干砌时不得出现松动、叠砌和浮塞。

(5)沉降缝、泄水孔、反滤层的设置位置、质量和数量应符合设计要求。

(6)检查验收的实测项目有砂浆强度、平面位置、顶面高程、坡度、断面尺寸、底面高程、表面平整度等。

(7)外观鉴定。砌体表面平整;砌缝完好、无开裂现象;勾缝平顺、无脱落现象;泄水孔坡度向外,无堵塞现象;沉降缝整齐垂直,上下贯通。

(8)砌石挡土墙施工质量标准见表2.6-6及表2.6-7。

浆砌挡土墙施工质量标准 表2.6-6

项次	检查项目		规定值或允许偏差	检查方法和频率
1	砂浆强度(MPa)		在合格标准内	按《公路工程质量检验评定标准 第一册 土建工程》(JTG F80/1—2017)附录F检查
2	平面位置(mm)		≤50	全站仪:测墙顶外边线,长度不大于30m时测5点,每增加10m增加1点
3	墙面坡度(%)		≤0.5	铅锤法:长度不大于30m时测5处,每增加10m增加1处
4	断面尺寸(mm)		≥设计值	尺量:长度不大于50m时测10个断面,每增加10m增加1个断面
5	顶面高程(mm)		±20	水准仪:长度不大于30m时测5点,每增加10m增加1点
6	底面高程(mm)		±50	水准仪:长度不大于30m时测5点,每增加10m增加1点
7	表面平整度(mm)	混凝土块、料石	≤10	2m直尺:每20m测3处,每处测竖直和墙长两个方向
		块石	≤20	
		片石	≤30	
8	泄水孔间距(mm)		≤设计值	尺量:每20m测4点

干砌挡土墙施工质量标准 表2.6-7

项次	检查项目	规定值或允许偏差	检查方法和频率
1	平面位置(mm)	≤50	全站仪:测墙顶外边线,长度不大于30m时测5点,每增加10m增加1点
2	竖直度或坡度(%)	≤0.5	铅锤法:长度不大于30m时测5处,每增加10m增加1处
3	断面尺寸(mm)	≥设计值	尺量:长度不大于50m时测10个断面,每增加10m增加1个断面
4	顶面高程(mm)	±50	水准仪:长度不大于30m时测5点,每增加10m增加1点
5	底面高程(mm)	±50	水准仪:长度不大于30m时测5点,每增加10m增加1点
6	表面平整度(mm)	≤50	2m直尺:每20m测3处,每处测竖直和墙长两个方向

2.6.2.8 排水设施修复

1)概述

路基地面排水结构物,一般包括边沟、截水沟、跌水、急流槽、倒虹吸管、渡槽等,统称沟渠。

在春融前,特别是汛前,应全面检查疏浚沟渠。雨中需要巡查,暴雨后应重点检查。若路肩有高草影响路面排水,应根据草的生长情况经常修剪。沟渠有堵塞物,应及时疏导水流、保持水流畅通,防止水流集中冲坏路基。渗沟碎(砾)石层淤塞不通时,应翻修,并剔除颗粒较小的砂石。暗沟发现有堵塞、淤积,应进行及时冲洗。若沟渠位置不当,应根据情况另行修建。

2)路基地面排水设施的施工

(1)边沟、排水沟、截水沟施工

施工工序包括如下:

①施工准备。清除现场杂草、树根等杂物,平整场地,设置临时排水设施。

②测量放样。放样沟槽时,直线段桩距为20m,曲线段桩距为5m。对于高速公路和一级公路的水沟,使用全站仪按极坐标法进行测量放样。

③沟槽开挖。沟槽开挖时,在纵向应从下游向上游开挖。对于土质路基,采用人工开挖或人工配合机械开挖;对于石质路基,可采用机械开挖或小型爆破。

④沟槽加固。一般采用干砌片石、浆砌片石、水泥砂浆抹面等沟槽加固方法。

边沟的加固,土质地段,当沟底纵坡大于3%时,应采取加固措施;当采用干砌片石对边沟进行铺砌时,应选用有平整面的片石,各砌缝要用小石子嵌紧;当采用浆砌片石铺砌时,砌缝砂浆应饱满,沟身不漏水;当沟底采用抹面时,抹面应平整压光。截水沟的加固,在地质不良地段和土质松软、透水性较大或裂隙较多的岩石路段,对沟底纵坡较大的土质截水沟及截水沟的出水口,均应采用加固措施,防止渗漏和冲刷沟底及沟壁。

⑤检查验收。纵坡顺直,曲线线形圆滑。沟壁平整、坚实、稳定,无贴坡;沟底平整,排水通畅,无冲刷和阻水现象。防渗、加固设施坚实稳固。浆砌片石工程,嵌缝均匀、饱满、密实,勾缝平顺、无脱落、密实、美观,缝宽均匀协调;砌体咬合紧密,抹面平整、压光、顺直,无裂缝、空鼓。干砌片石工程,砌筑咬合紧密,无叠砌、贴砌和浮塞。水泥混凝土砌块的强度满足设计要求,砌体平整,勾缝整齐牢固。基础与墙身设置的伸缩缝、沉降缝应垂直对齐。

(2)跌水、急流槽及倒虹吸施工

施工工序包括如下:

①施工准备。在现场核查排水设施设计的位置、坡度、尺寸、出水口及加固设施是否合理,组织施工人员及施工机械准备材料。

②测量放样。使用水准仪、全站仪进行测量放样。

③沟槽开挖。跌水、急流槽、倒虹吸应开挖到设计要求的高程或设计要求的承载力基础上为止,通过验收合格后可进行加固施工。

④沟槽砌筑。一般宜采用浆砌块石、混凝土预制块砌筑或混凝土现浇进行加固。砌筑时在纵向应从下游向上游砌筑;在横向应先砌沟槽沟底后砌墙。砌墙时应从墙脚开始,由下向上分层砌筑。砌筑砂浆初凝前应勾缝,勾缝应自上而下用砂浆充填、压实和抹光。

⑤检查验收。涵管的进出水口,所设的竖井井身应竖直,井底高程应符合设计要求。涵身应密实不漏水,浆砌结构应抹面,涵管连接处应填塞密实、不漏水。为防止泥沙堵塞虹吸涵管,在进水口竖井与虹吸道之间,应设网状拦泥栅。与倒虹吸涵管进出口连接的沟渠,在一定长度内应进行加固。

3)路基地下排水设施施工

(1)暗沟施工

暗沟施工工艺包括如下:

①施工准备。应根据现场实际情况,检查暗沟的设计位置、出水口是否合理。

②测量放样。使用水准仪、全站仪进行测量放样。

③沟槽开挖。开挖时应从下游往上游进行,在土质地基上采用机械开挖时,基底应预留20cm左右采用人工挖土清底、清壁。

④砌筑加固。钢筋混凝土圆管管道安装工序为整平基底—管子就位—稳管—管座—抹带;盖板沟施工时应先沿槽底浇筑混凝土或砌筑浆砌片石或预制块基础,再砌沟壁,完成后沟壁内侧、砌筑式沟底用砂浆抹面。

⑤回填夯实。回填时主体结构的砂浆或混凝土强度应达到设计强度70%以上,回填材料以砂砾类或碎石类较好,回填时应确保回填土的密实度。

⑥检查验收。

排水盲沟(渗沟)的设置及材料质量规格应符合规范要求。反滤层应采用筛选过的中砂、粗砂、砾石等渗水材料分层填筑。排水层应采用石质坚硬的较大粒料填筑,以保排水通畅。

(2)渗沟施工

渗沟施工工艺包括如下:

①施工准备。应根据现场实际情况,检查渗沟的设计位置、出水口是否合理。

②测量放样。使用水准仪、全站仪进行测量放样。

③沟槽开挖。根据渗沟宽度大小以及现场条件,选择采用人工开挖或机械开挖,开挖方向宜应从下游往上游进行。开挖过程中注意检查控制基底高程、断面尺寸,做到不超挖、不扰动槽底基土。机械开挖时,在设计槽底高程以上保留20cm左右不挖,用人工清理基底、基壁。

④砌筑加固。渗沟砌筑加固可采用下面两种方法。

一是反滤土工布渗沟施工。反滤土工布渗沟施工是将事先裁剪好的反滤土工布铺放于沟槽内。铺好土工布后,沿槽底土工布分层倒入经筛分并清洗洁净的碎石或卵石填料,并进行密实处理。渗沟内排水层碎石填至预定高度后,应及时将沟顶碎石封闭,以防碎石受到污染,沟顶土工布可用缝接或搭接方式处理接头。

二是集料反滤渗沟的施工。准备好符合质量要求的各种填料与反滤料;填料要求筛分冲洗,施工时需用铁皮套筒分隔填入不同粒径的材料,层次分明,不得粗、细集料混填,以保证渗沟达到预期的排水效果。

⑤回填夯实。回填时应确保回填土的密实度。

(3)渗井施工

施工工艺包括如下:

①施工准备。根据现场核查原设计是否合理,并进行现场清理。

②测量放样。使用水准仪、全站仪进行测量放样。

③开挖渗井。采用履带式打桩机打桩成孔。

④集料填充。井内填置材料按层次在下层透水范围内填碎石或卵石,上层不透水层范围内填砂或砾石;填充料应采用筛洗过的不同粒径的材料,应层次分明,不得粗、细集料混杂填塞。井壁和填充料之间应设反滤层。

⑤井顶封闭。在渗井顶部四周用混凝土或黏土筑成围堰围护,井顶用混凝土盖板盖严,以防渗井淤塞。进口部分安装镀锌铁丝网或铁条格栅,防止杂物进入。在渗井顶部反滤层上面砌筑一层厚20cm的砂浆片石封闭层,或夯填不小于30cm厚的黏土层。

⑥检查验收。

2.6.3 特殊路基养护

2.6.3.1 灌砂、灌泥浆处理黄土陷穴

黄土地区的路基沉陷病害主要是由于黄土陷穴和湿陷造成的。黄土陷穴和湿陷是黄土经水冲蚀与溶蚀所形成的一种特殊物理地质现象,它对路基的危害较大。水是引起黄土陷穴和湿陷的外因,因此防止黄土陷穴和湿陷引起路基变形的首要措施就是加强防排水,采取封闭防水、拦截、分散的处理原则。

路基上出现的陷穴,首先要查清造成陷穴的水的来源、水量、发展情况等,可采用灌沙、灌泥浆填塞或挖开填塞孔道后再回填夯实,设地下暗管、盲沟等。灌砂法适用于小而直的暗穴,灌泥浆适用于大而深的暗穴。

要查清陷穴的供水来源、水量、发展方向及对地基可能造成的危害。在路堑顶部及路堤的靠山侧做好排水工程,将地表水、地下水引入有防渗层的水沟内排走。对通过路基路床的陷穴,要向上游追踪至发源地点,在发源地点把陷穴进口封填好,并引排周围地表水,使其不再向陷穴进口流、渗。然后采用灌砂或灌浆法进行陷穴处理。处理好的陷穴,其土层表面均应用3∶7的石灰土填筑夯实或铺填老黄土等不透水材料加以改善。填筑厚度应不小于0.3m。

2.6.3.2 降低水位及反压护道法处治泥沼及软土地区路基病害

1)降低地下水位

通过排水,降低地下水位,促进路基土渗透固结,达到稳固路基的效果。常用做法:①路基两侧开挖沟渠;②直接加深路堤两侧边沟;③在低于现有地下水位的两侧边沟底部位设置渗沟。

2)反压护道法

为防止软弱地基产生剪切、滑移,保证路基稳定,在路堤两侧或一侧填筑的起反压作用的具有一定宽度和厚度的土体,称为反压护道。反压护道填方施工示意图如图2.6-15所示。

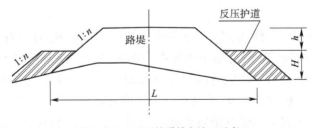

图 2.6-15 反压护道填方施工示意

当路堤下沉,路堤两侧或下坡一侧隆起时,在路堤两侧或一侧填筑合适护道,在护道重力作用下,使路堤两侧或单侧被挤出隆起的趋势得以平衡,保证路堤稳定。

2.6.3.3　多年冻土地区路基养护及防雪设施

1)多年冻土地区路基养护

在我国的东北、西北及青藏高原的高寒地区,持续3年或者3年以上的冻土称为多年冻土。多年冻土地区的路基养护,应采取"保护冻土"的原则,做到"宜填不宜挖"。

养护材料尽量选用砂砾等非冻胀性材料,不应选用黏土、重黏土之类毛细作用强、冻胀性大的养护材料。养护构造物应选用耐融性材料。选用防水、干硬性砂浆和混凝土时,在冰冻深度范围,其强度等级应提高一级。

除满足不同地区、气候、水文、土壤等路基填筑的最小高度外,另加50cm厚的保护层。路基填方高度不宜小于1m。受地形限制,路基填筑高度不够时,应铺筑保温隔离层。隔温材料可采用泥炭、炉渣、碎砖等,防止热融对冻土的破坏。

加强排水,防止地表积水,保持路基干燥,减少水隔,做到最大限度地保护冻土。完善路基侧向保护和纵横向排水系统,一切地表径流应分段截流,通过桥涵排出路基下方坡脚20m以外。路基坡脚20m以内不得破坏地貌,不得挖除原有草皮;取土坑应设在路基坡脚20m以外;路基上侧20m处应开挖截水沟,防止雨雪水沿路基坡脚长流或向低处汇积,造成地表水下渗,路基下冻土层上限下降。疏浚边沟、排水沟时,应防止破坏冻层,导致冻土融化,产生边坡坍塌。

若出现涎流冰,可将路基上侧的泉水、夹层和透水层的渗水,从保温暗沟(导管)导流出路基外。如含水层下面有不冻结的下层含水层,则可将上层水引入下层含水层中排出。具体做法是在泉水源头至路基之间挖成1m深沟,上面覆盖柴草保温材料,再修一小坝积水井(观察眼),路基下放导管(直径30cm),使水经导管排出路基外,管的周围用保温材料包裹,防止结冰,避免冰丘的形成。在公路上侧10~15m以外开挖与路线平行的深沟,以截断活动层泉流,在冬季使涎流冰聚集在公路较远处,保证公路不受涎流冰的影响。根据涎流冰的数量,在公路外侧修筑储冰池,使涎流冰不上公路。提高溪旁路基的高度,使其高于涎流冰面60cm以上。因受地形或纵坡限制不能提高路基时,可在临水一侧路外筑堤坡或从中部凿开一道水沟,用树枝杂草覆盖加铺土保温,使水流沿水沟流动,避免溢流上路。如地形许可,可将溪流改至远离公路处通过。

2)多年冻土地区防雪设施

防风雪设施包括下导风板、屋檐式导风板、防雪墙、防雪堤和防雪栅等,以下仅对前3种作简单介绍。

(1)下导风板,设置在公路的上风侧路基边缘。先埋设立柱,在立柱上部钉以木板或涂以沥青的铁丝网,使风雪流被阻挡,集中加速在下部缺口处通过,并吹走路上疏松的积雪。

(2)屋檐式导风板,适宜于山区背风山坡路段设置。雪季应进行维修,以保持其结构完好。板面坡度与山坡自然坡度一致,并具有原设计的足够长度。

(3)防雪墙,设在公路上风侧的阻雪设施。可用木、石、土、树枝或雪块等筑成。

2.6.3.4 沙漠地区路基防沙设施的设置和养护

1）概述

沙漠地区公路防沙的基本方针是"固、阻、疏、导，综合治理"，在路基两侧形成完整的防沙设施。防沙设施包括工程防沙、植物防沙两大类。

在沙漠公路的日常养护工作中，每次大风后应检查路基两侧的沙障、防沙栅栏等防沙设施，如有被掩埋、倾倒的，应及时拔高、扶正。

（1）沙障、防沙栅栏被积沙掩埋接近顶部，应拔出重立。

①沙障、防沙栅栏的平面位置应基本与路线平行，距离路基应大于100m。

②整平沙障、防沙栅栏两侧地面。

③直立插铺沙障、防沙栅栏，压沙插实，埋设牢固。

④防沙栅栏相互连接处用铁丝绑扎结实，连成整体。

（2）沙障、防沙栅栏被风沙吹倒，应及时扶正。

①将沙障、防沙栅栏扶起直立，压沙插实，立设牢固。

②在沙障、防沙栅栏起讫处地面用卵石、柴草覆盖防护，以免被风吹倒。

2）沙漠路基病害的防治措施

（1）对路基两侧原有的沙障、石笼、风力加速堤、用黏土覆盖的植被、防沙栅栏及其他防沙设施，如有被掩埋、倾倒，损坏和失效，应对其进行拔高、扶正或修理补充。

（2）对路基的砌石护坡或草格防沙设施，如有塌方破坏，应及时修理，使其保持完好状态。

（3）必须维护路基两侧现有植物的正常生长，并有计划地补植防沙树木和防护林。

（4）路基边坡上，若出现风蚀、空洞、坍缺，应予填实并加做护坡。

（5）路肩上严禁堆置任何材料或杂物，以免造成沙丘。对公路上的积沙，应及时清除并运输到路基下风侧20m以外的地形开阔处摊撒平顺。

3）排除和处理沙害的方法

（1）防止路基风蚀

为防止沙质路基风蚀，一般采用柴草、土石或无机、有机结合料进行固沙防护，以保证路基稳固和行车安全。在砂（砾）卵石丰富的地段，可平铺砂（砾）石将边坡及路肩覆盖，厚度一般为10cm。当运距太远时，也可仅覆盖路肩，边坡则用"草方格"防护。实践证明，这种方法效果良好。

（2）防治路基沙埋

为防止路基沙埋，在路侧可采用固沙、阻沙、输沙和导沙四种方法进行治理。

①固沙措施可采用草方格网、黏性土、方格沙障或直接利用卵石、砾石、黏性土、沥青乳液等，覆盖沙面进行加固。

②阻沙措施主要是采用高立式防沙栅栏或采用挡沙沟堤等方式进行阻沙。挡沙沟堤可由当地的沙土或砂砾筑成。

③输沙措施是通过改变下垫面和加大风速的办法，使风沙流顺利通过路基而不致产生沙埋。

④导沙措施是通过导沙堤改变气流方向,使风沙流离开路基。有条件的地区应优先采用植物固沙,并贯彻草、灌、乔相结合的原则,以达到最大的防风固沙效果。对已发生沙埋的路段,需要将积沙清除并给予整平以免形成新的风积沙。将积沙清除到路基下风侧20m以外的地形开阔处摊撒平顺。

4) 固沙措施

(1) 平铺式沙障

①土类压沙:利用黏土全面铺压或带状铺压固沙,铺压厚度为50mm左右。带状铺压应与主导风向垂直,带宽一般为100~200mm,带与带间隔为10~15m。

该措施适用于产有黏土地带的流沙防护,多用于路堤流沙的防护。全面铺压黏土,雨水难以渗入沙层内,影响沙丘水分,不利于植物固沙。因此,当配合植物固沙时,以改为带状或格状铺压为宜,维持年限较长。

②沙石类压沙:利用粗砂、卵石全面铺压或带状铺压固沙,铺压厚度以不超出其最大粒径为度,对于强风地区不宜用粗沙覆盖。带状铺草要求同上。

该措施适用于产有沙石地段的流沙防护。砾石、卵石具有凝结水的作用,有利于植物生长,维持年限长。但该措施较费工,尤其在流动沙丘地带,由于运输较困难,多用于平坦流动沙地和靠近路旁的流沙防护。

③铺草压沙:利用草类全面铺压或带状铺压固沙,铺压厚度50mm左右,用草绳或枝条纵横固结,或者用沙压盖,以免被风吹蚀。带状铺草要求同上。

该措施适用于产有草类地段的流沙防护。有利于植物生长,具有简单易行的优点,但材料用量较大,并易引起火灾。维持年限3~5年。

④席或笆块压沙:用草类和枝条编制成席或笆块,全面铺压固沙,搭接处需用小桩固定。

该措施适用于路侧局部沙丘的处理。因其编织较费工,且材料用量大,大面积采用较困难。维持年限3~5年。

⑤喷洒盐、碱水:在我国沙漠地区分布着许多盐池、碱湖,利用天然盐、碱溶液喷洒沙面,形成坚实的板结层或硬壳,借以达到固沙目的。该措施具有抗风能力较强、简单易行,效果好等优点,是一种就地取材、因地制宜的有效措施。

(2) 高立式枝柴沙障

材料以灌木枝柴为主,如沙柳等。高度在1.0m以上,根据当地风的状况,分为条状、带状、格状三种规格形式,均为透风结构。单一风向地区采用条状、带状形式,风向多变地区采用格状形式。条间距离5~10m,并与主风向垂直;带间距离10~20m,每带由3~5行构成;行间距离2~3m,并与主风向垂直;格状为5m×5m和5m×10m。

该措施适用于产有枝柴地区的流沙防治。该种沙障由于系透风结构,具有将整体气流分为若干小气流,化强为弱,从而抑制流沙活动的性能,并能较均匀地散布外来沙,起一定的阻沙作用。该措施有利于植物固沙,如在适宜季节(春、秋)用新砍伐的沙柳做沙障,掌握好埋植深度,尚能成活一部分,效果较好。

(3) 低立式沙障

低立式沙障包括隐蔽式柴草沙障、半隐蔽式柴草沙障、半隐蔽式黏土沙障及半隐蔽式草皮沙障。

①隐蔽式柴草沙障适用于路旁流沙的防护,具有固定就地沙,使外来沙顺畅通过、施工简单易行等优点。设置方法:先在沙地上开挖宽150～200mm的沟,然后将柴草竖直放入沟中(如柴草过长,可横向摆好,然后用锹竖直切入),踏实两边的沙或在沟中填沙踏实,要求障顶与沙表相平或不超过50mm。根据风的情况,隐蔽式柴草沙障可为格状或条状,格状规格1.0m×1.0m或1.0m×2.0m,条状规格:条距为1.0m或1.5m,并与主风向垂直。

②半隐蔽式柴草沙障适用于产有草类的路侧大面积流沙的防治。该种沙障既能有效降低沙表风速,削弱风蚀作用,从而稳定大面积流沙,又能阻挡部分外来沙,具有固、阻双重作用。其工程造价较低。既可作为植物回沙的理想措施,又可作为进行植物固沙困难地段的一种永久性的防护措施。该种沙障,是目前我国公路、铁路防沙常用的一种固沙措施。草类沙障维持年限2～3年;沙蒿、柳枝沙障维持年限3～5年。设置方法:对于流动沙丘,在迎风坡先设主带,即与主风向垂直的沙障,后设副带,即与次要风向垂直的沙障(对格状沙障而言),主带从迎风坡下部开始向上进行;在背风坡,宜先设副带,再自下而上设置主带。柔韧性的柴草沙障,对于较硬的柴草(如沙篙、板条等)需开挖边槽,然后埋入沙中,并将沙障两边的沙踏实。沙障外露高度以150～300mm为宜。沙障的埋植深度,应根据沙丘不同部位的风蚀程度而定。一般情况下,埋入深度与外露部分的比例为1:2。

③半隐蔽式黏土沙障一般高200～300mm,底宽500～700mm。在风向单一的地区为条状,土埂与主风向垂直,在风向多变的地区,则设成格状,土埂间距为1～2m。为减少黏土用量,可利用就地沙堆成沙埂,然后封闭50～100mm厚的黏土,予以拍实,同样可达到上述效果。该沙障维持年限3～5年,其施工简单、省工,具有固沙保水作用,有利于植物生长。缺点是易于干缩。

④半隐蔽式草皮沙障。半隐蔽式草皮沙障采用草坪方格网格的设计,以固定沙丘。草坪方格网格由高强度塑料制成,每个网格的尺寸通常为1m×1m。在使用半隐式草方格固沙的过程中,将方格网格铺设在沙地上并在方格内种植适合生长在沙地上的草坪。

半隐式草方格固沙在预防沙尘暴和提高土壤肥沃度方面具有显著的效果:

a.预防沙尘暴:通过提供植物根系的夯实作用,草方格固沙可以降低沙尘暴的频率和强度。

b.提高土壤肥沃度:在草坪生长过程中,根系可以渗透土壤增加土壤肥沃度,促进土壤水分和养分的保持。

施工过程需要合理安排施工流程,并进行后期的维护工作,以保证施工效果的长期稳定。该方案可以在沙漠地区和沙尘暴频发地区得到广泛应用,有效改善当地自然环境。

3 路面

3.1 路面结构组成与分类

路面是用各种筑路材料或混合料分层铺筑在路基上供汽车行驶的层状构造物。路面是公路的主要组成部分,是保证汽车在公路中能全天候、稳定、高速、舒适、安全运行的基础,路面状况好坏会直接影响行车安全、行车速度和运输成本。

3.1.1 路面的分类

3.1.1.1 按力学特性分类

根据路面结构的力学特性可将路面划分为柔性路面、刚性路面和半刚性路面三类。

1) 柔性路面

柔性路面的整体结构刚度较小,在行车荷载作用下产生的弯沉变形较大。路面结构主要靠抗压强度和抗剪强度承受车辆荷载的作用。但柔性路面结构本身的抗弯拉强度较低,通过各结构层将行车荷载传递给土基,使土基承受较大的单位压力。

柔性路面主要包括各类沥青面层、各种未经处理的粒料基层和碎(砾)石面层或块石面层组成的路面结构。

2) 刚性路面

刚性路面主要指用水泥混凝土做面层或基层的路面结构。水泥混凝土的强度高,与其他筑路材料相比,抗弯拉强度高,并且有较高的弹性模量,因此呈现出较大的刚性。在行车荷载作用下,水泥混凝土结构层处于板体工作状态,竖向弯沉较小,路面结构主要靠水泥混凝土板的抗弯拉强度承受行车荷载,通过板体的扩散分布作用,传递给基层的单位压力较柔性路面小得多。

3) 半刚性路面

半刚性路面是指用水泥、石灰等无机结合料处治的土或碎(砾)石所修筑的路面基层,以及用含有水硬性结合料的工业废渣所修筑的路面基层。其前期具有柔性路面的力学性质,后期的强度和刚度会有较大幅度增长,但是最终的强度和刚度仍远小于水泥混凝土路面。半刚性路面处于柔性路面与刚性路面之间。

3.1.1.2 按面层材料和施工方法分类

按路面所使用的主要材料和施工方法划分,可将路面划分为沥青类路面、水泥混凝土类路面、碎(砾)石类路面、结合料稳定类路面、块料类路面。

1)沥青类路面

沥青类路面是指在矿质材料中以各种方式掺入沥青材料修筑而成的路面。常见形式有沥青混凝土、沥青碎石、沥青表面处治、沥青贯入式等。

2)水泥混凝土类路面

水泥混凝土类路面是指以水泥为胶凝材料,以砂石料为集料,加水拌制铺筑后,经一定时间硬化而形成的路面。

3)碎(砾)石类路面

碎(砾)石类路面是指用碎(砾)石按嵌挤原理或最佳级配原理铺压而成的路面。常见形式有水泥碎石、泥结碎石、级配碎(砾)石等。

4)结合料稳定类路面

结合料稳定类路面是指掺加各种结合料,使各种土、碎(砾)石混合料或工业废渣的工程性质改善,成为具有较高强度和稳定性的材料,经铺压而成的路面。常见形式有水泥稳定土、石灰稳定土、工业废渣粒料稳定土等。

5)块料类路面

块料类路面是指用各种不同形状和尺寸的块状材料铺成的路面。常见形式有条石路面、弹石路面等。

3.1.2 路面结构层

路面按结构层次可分为面层、基层、底基层和必要的功能层,如图3.1-1所示。

3.1.2.1 面层

面层是路面结构最上面的一个层次,直接承受行车荷载的垂直力、水平力和振动冲击力的作用,并受到降雨、气温和湿度变化等自然因素的直接影响。与其他结构层相比,面层具有较高的强度、抗变形能力,较好的温度稳定性、水稳定性,良好的耐磨性和抗渗水性。

铺筑面层的常用材料有水泥混凝土、沥青混凝土、沥青碎石混合料等。

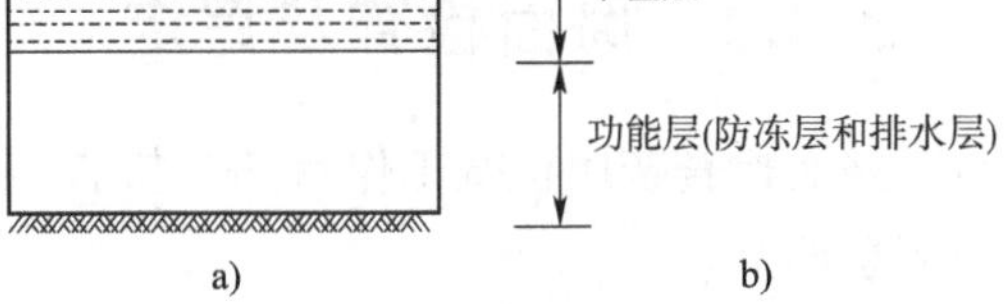

图3.1-1 路面结构层示意

3.1.2.2 基层

基层分为上基层和下基层,是面层的下卧层(位于面层之下,防冻、排水功能层或路基之上)。基层主要承受由面层传递的车荷载垂直力,并扩散和分布到垫层和土基,是路面结构中的主要承重层,具有足够的强度、刚度和良好的扩散应力能力。此外,基层还可能受到面层渗水以及地下水的侵蚀,应具有足够的水稳定性。

铺筑基层的常用材料有结合料稳定土、结合料稳定碎石、级配碎石等。

3.1.2.3 功能层(防冻层和排水层)

功能层(防冻层和排水层)是介于基层与土基之间,直接与土基接触。其功能是改善土基的湿度和温度状况,保证面层和基层的强度、刚度和稳定性不受土基的影响。同时,它还将基层传下的车辆荷载应力进一步加以扩散,从而减小土基顶面压应力和竖向变形的作用。

修筑功能层的材料,强度不一定很高,但要求稳定性和隔温性能好,一般以就地取材为原则,选用粗砂、砂砾、碎石、煤渣、矿渣等松散颗粒材料,或采用水泥、石灰煤渣稳定的密实垫层。

3.2 路面养护总体要求

路面养护是指为了保持公路的良好使用性能,确保其畅通、安全和延长其使用寿命,所采取的一系列有计划、有组织的工作措施。路面养护工作包括路面检查、日常养护和养护工程。

路面养护应遵循决策科学、预防为主、可靠耐久、节能环保的原则,在持续跟踪和掌握公路基础设施使用情况和技术状况的前提下,通过精准施策、综合养护,使公路基础设施经常处于良好技术状态。具体要求如下:

(1)应按科学决策的工作制度与方法,选用技术、经济合理的路面养护方案,并对养护工程进行合理设计,在适宜时机采取针对性的养护措施。同时,应加强数字化技术在路面养护科学决策过程中的应用,形成数据驱动型养护科学决策工作机制。

(2)采取全寿命周期养护成本理念,推进路面预防养护工作,及时对病害进行养护处治,促进预防与修复养护的良性循环。

(3)结合各地实际情况及路面病害发展特点,采用性能可靠、适用耐久、易于实施的养护技术,并积极稳妥地应用新技术、新材料、新工艺和新设备。

(4)公路养护应贯彻节约资源和保护环境的基本国策,推广资源再利用和循环利用,通过应用节能环保养护技术,提高路面再生利用、资源节约、绿色环保养护水平。

3.2.1 路面检查及评定

路面检查按照检查工作目的与检查频率分为日常巡查、经常检查、定期检查、专项检查和应急巡查。

3.2.1.1 日常巡查

日常巡查是为及时掌握公路路面基础设施表观状态和使用情况,发现并及时处理可能危及通行安全的病害、损毁及其他异常情况而进行的日常性巡视检查。

(1)在公路养护日常巡查工作制度中应明确路面日常巡查工作内容。

(2)日常巡查应主要检查路面病害,以及易发路面病害或影响通行的积水、积雪、积冰、污染物、散落物、路障等情况。

（3）日常巡查宜采用乘车、骑行或步行等巡查方式，乘车巡查过程中发现路面突发病害及异常情况时，应停车辅助人工检查。

（4）日常巡查应记录并发现路面突发病害与异常情况信息，宜采用移动终端实时输入信息数据，并按信息管理系统功能将突发病害图片、有关说明等信息一并录入，巡查结束后应及时整理、汇总日常巡查记录，并录入相关信息管理系统。

（5）日常巡查中发现重大情况时应按相关规定及时报告。

3.2.1.2 经常检查

路面的经常检查是为排查和跟踪公路路面基础设施病害及隐患而进行的周期性调查与检测，其调查与评价结果主要用于安排日常养护生产计划，考核评价日常养护工作成效。

（1）路面经常检查采用人工调查与设备检测相结合的方法，应符合下列规定。

①日常巡查发现路况变化明显时，应增加技术状况调查与检测的频率。

②人工调查主要针对路面损坏，其指标为路面破损率（DR）。

③路面损坏采用人工调查时应丈量各类损坏的尺寸。同一位置存在不同路面损坏时，应按损坏权重最大的计算。调查包含所有行车道，紧急停车带按路肩处理。

（2）路面技术状况调查与评价应按现行《公路技术状况评定标准》（JTG 5210）的有关规定执行，其评价结果不影响公路网级路面技术状况评定结果。

3.2.1.3 定期检查

路面的定期检查是为全面掌握公路基础设施技术状况对路网开展的周期性路面技术状况检测与评定，其结果主要用于编制公路养护年度计划与养护规划，申请养护资金以及考核评价年度养护工作成效。

（1）公路养护管理机构每年应组织一次公路网级路面技术状况指数（PQI）调查与评定。

（2）公路网级路面技术状况调查、检测与评定应按上行方向、下行方向或上下行一个方向，以连续桩号1000m路段为一个基本单元，不足1000m按一个基本单元计。

（3）公路网级路面技术状况调查与评定方法应按现行《公路技术状况评定标准》（JTG 5210）的有关规定执行。

（4）路面技术状况评定应包括路面损坏（PCI）、路面平整度（RQI）、路面车辙（RDI）、路面跳车（PBI）、路面磨耗（PWI）、路面抗滑性能（SRI）和路面结构强度（PSSI）七项内容，PQI及其分项指标的值域为0～100。

（5）路面技术状况可分为"优、良、中、次、差"五个等级，路面技术状况等级划分标准应符合现行《公路技术状况评定标准》（JTG 5210）的有关规定。

3.2.1.4 专项检查

路面的专项检查是指为路面养护决策、养护工程设计或为进一步查明病害和技术状况等专项需要而进行的检测与评价。

（1）对计划实施养护工程的路段，应在路面技术状况指数调查与评价基础上，补充专项数据调查，并进行详细的技术状况评价。

(2)养护工程设计的路面路况数据调查与检测应按现行《公路沥青路面养护设计规范》(JTG 5421)、《公路养护工程设计规范》(JTG 5410)的有关规定执行。

(3)专项数据调查应结合路况特点针对路面病害类型及分布特点、路面结构强度及完整性、筑路材料性能及路面排水情况等开展专项检测工作。

3.2.1.5 应急检查

应急检查是指因突发事件造成公路基础设施损毁、交通中断或存在重大安全隐患时进行的应急性检查。

(1)应急检查应对公路受损范围、基础设施损毁类型和程度、路段及路网通行条件等进行调查,必要时应开展结构物承载能力和抗灾能力等专项检查、地质和水文等勘察。

(2)应急检查应编制应急检查报告,分析基础设施损坏状况、成因及范围,评估受损基础设施技术状况、安全性和修复可行性,提出抢通、保通和抢修等应急养护工程技术方案建议。

3.2.2 路面日常养护

日常养护主要根据路面日常养护方案,结合巡查获取的基础设施日常清洁状态、病害、缺损及其他异常情况,有针对性地采取保养、维修和处治等措施。路面日常养护应满足以下要求:

(1)使路面保持干净、整洁,及时清除杂物、积水。

(2)及时发现并处治路面病害,并与旧路面接合的界面顺直、紧密、耐久,达到平整、美观等效果。

(3)路缘石保持线条直顺,顶面平整、无缺失,具有良好的视线诱导与挡水引流效果。

(4)路面障碍及时清理或报告,并做好路面日常巡查、病害处治和障碍清理记录。

路面日常养护分为日常保养和日常维修。

3.2.2.1 日常保养

(1)日常保养应维护路面基础设施及设备整洁、完好和正常运行。日常保养应包括下列主要工作内容:

①清除路面泥土杂物、污染物、散落物等。

②清除路面积水,疏通路面排水。

③清除路面积雪、积冰、积沙等。

④实施路面夏季洒水降温作业。

⑤水泥混凝土路面接缝应适时保养,保持接缝完好,表面平顺。

(2)清扫作业应符合下列规定:

①定期沿路幅右侧或左侧开展路面日常清扫作业,清扫频率应根据公路等级、交通量大小、路面污染情况确定,遇突发污染事件应及时开展路面特殊清扫作业。

②路面清扫作业可采用机械清扫或人工清扫方式,高速公路及一级公路应以机械清扫方式为主,二级及二级以下公路可视实际情况采用合适方式进行清扫作业。

③路面清扫作业应根据现场泥土杂物、清洁情况及通车状况选择不同功能的机械清扫设备,宜采用无尘清扫设备与工艺,机械清扫车辆应配备洒水及除尘设备,清扫作业时应根

据路面扬尘程度确定适当的洒水量,减少扬尘。

④机械清扫作业应避开交通量大的时段,不宜在影响正常交通的中间行车道和变换车道进行。对机械无法清扫的路面边角,应进行人工辅助清扫。

⑤根据实际情况适当加大桥梁桥面清扫频率,宜与桥面泄水孔、伸缩缝清理工作相结合,清扫时不得堵塞桥面泄水孔和伸缩缝。

⑥宜采用无尘清扫作业方式,严禁扬尘。

⑦路面受油类物质或其他化学品污染时,应撒砂、木屑或采用化学中和剂处理后进行清扫,影响行车安全时,应采用水冲洗干净并进一步处治。

⑧路面清扫后的垃圾、杂物等不得随意倾倒、堵塞边沟、阻挡路肩排水,应运至指定地点或垃圾场站妥善处理。

(3)排水作业应符合下列规定:

①定期检查路面排水和积水情况,对一般路段、桥涵、隧道路面排水系统进行清理和疏通,保持排水功能正常、路面无积水。

②汛期前,对影响路面排水的设施应进行全线检查和疏通;雨天时,应及时排除积水;汛期后,应对排水设施进行全面检查和修复。

③对沥青路面局部沉陷、横坡不适、拦水带开口设置不合理等原因导致的积水,应及时采取排除措施。

(4)清除冰雪作业应符合下列规定:

①根据当地历年气象记录资料、气象预测资料、路面结构、沿线环境条件等因素,应制订切合实际情况的除冰雪和防冻工作计划,以及适用于各种不同的气温、降雪量和积雪深度条件下的除冰雪和防冻作业规程,配备相应的除冰雪、防冻作业人员、材料和机具设备。

②冬季降雪或下雨时,应及时掌握气象变化情况,出现降温、降雪时应按制订的工作方案及时进行除冰雪和防冻,并做好桥面、坡道、弯道、匝道、收费广场等重点路段的除冰雪和防冻措施。

③除冰雪宜以机械作业为主,人工作业为辅。除雪机械的作业方向宜与正常行车方向一致,并从路面左侧向右侧或中间向两侧依次进行。若降雪量较大,难以在降雪过程中清除全部积雪时,应在雪停后及时清除路面全部积雪。

④路面上的压实雪、融化的雪水或未及时排除的雨水形成冰冻层时,应开展除冰与防滑作业,尤其是在大中桥、纵坡较大或平曲线半径较小路段,应做好防冰冻与防滑处理。

⑤除冰雪撒布的融雪剂、防冰冻、防滑等材料宜采用环保型材料,应根据降雪情况确定撒布时机、方式与数量,及时清除路面积雪与残留物。

⑥除冰雪和防冻作业可连续开展,作业现场必须实行统一指挥,并落实与作业形式相适应的安全作业措施和交通控制措施,夜间作业时可适当增设闪光设施、警示标志等。

(5)夏季洒水降温作业应符合下列规定:

①了解当地气象温度相关资料,掌握沥青路面表面温度变化规律,应制订切合实际情况的夏季洒水降温工作计划和作业规程。

②洒水降温作业宜采用机械方式,洒水车辆车身应有明显标识,配备导向闪光箭头,车

顶宜安装带有黄闪标志的车辆闪光灯。

③夏季连续3天最高气温达到35℃及以上,沥青路面表面温度达到60℃及以上时,对于易发生车辙、波浪、拥包病害的路段及上坡、弯道、桥面铺装、重载交通等路段,宜进行洒水降温作业,或进行交通管制。

④夏季洒水降温作业时,宜选在每天12:00—15:00时间段进行。洒水车辆应行驶在路面右侧位置。其行驶速度,高速公路及一级公路不宜大于60km/h,二级及二级以下公路不宜大于40km/h。

3.2.2.2 日常维修

(1)路面日常维修应按工作计划进行,并根据日常维修工作记录信息适时进行日常维修质量评价与反馈。

(2)日常维修工作计划应根据路面损坏状况调查与评价以及日常巡查记录结果按月度进行编制。

(3)应分析路面各类损坏与病害产生的原因,并根据路面结构类型、使用年限、处治季节、气温等实际情况,采取相应的病害处治措施。

(4)应推行路面病害发现、信息上报、处治审批与下达、现场处治与上报、审核与计量、效果评价等处治闭环管理。

3.2.3 路面养护工程

路面养护工程主要包括预防养护、修复养护、专项养护和应急养护。路面养护工程应按计划组织设计,依据设计及相关技术文件组织施工及验收,与日常养护相比,路面养护工程在规模、周期、技术要求、成本投入和目标效果等方面有明显的区别。

3.2.3.1 预防养护

预防养护是指路面整体性能良好但存在病害隐患或有轻微病害,为延缓路面性能过快衰减、延长使用寿命而预先采取的主动性养护工程。

(1)贯彻预防养护理念,每年应对符合条件的路面实施一定里程或比例的预防养护。

(2)预防养护应根据公路等级、使用年限、路面技术状况、交通量大小及组成、气候条件等因素,合理确定路面预防养护时机。

(3)在预防养护时机确定的基础上,应设定预防养护目标,经过养护设计与方案比选,采取合适的预防养护措施。

(4)沥青路面预防养护措施可选用封层、超薄罩面、薄层罩面等,其铺筑厚度应小于4cm。

(5)沥青路面实施预防养护工程应满足下列要求:

①封闭路面表面细小裂缝与裂隙,提高路面的防水性能。

②防止路面表面松散,延缓沥青路面的老化。

③提供表面磨耗层,提高路面的耐磨性能。

④保持或提高路面的抗滑性能。

⑤改善沥青路面表观效果。

3.2.3.2 修复养护

修复养护是指路面出现明显病害或部分丧失服务功能,为恢复路面技术状况而进行的功能性或结构性修复养护工程。

(1)路面修复养护工程应按年度养护计划实施。

(2)应根据公路等级、路面技术状况、交通量大小、预期寿命等因素,合理确定路面修复养护目标。

(3)在修复养护目标确定的基础上,应根据路面主导损坏类型、交通量大小及组成、气候与地质条件、施工可行性、技术经济性等因素,通过养护设计与方案比选,采取罩面、结构性补强等修复养护措施。

(4)路面实施修复养护工程应满足下列要求:

①有效处治旧路面或下承层的各类病害,并对病害处治进行动态设计。

②保证与旧路面或下承层、新旧界面的黏结防水及其搭接平顺。

③工程实施后,路面技术状况各项指标接近或达到旧路面设计标准。

3.2.3.3 专项养护

专项养护是指为恢复、保持或提升路面服务功能而集中实施的路面改造、局部加宽、专项处治、灾后恢复等养护工程。

专项养护是指为提升或恢复公路基础设施服务功能而集中实施的完善增设、加固改造、拆除重建或灾后恢复等工程。路面专项养护工程涉及的修复养护工程应符合本章第3.2.3.2节的有关规定,改建、重建工程应符合行业现行有关新建和改扩建规定。

3.2.3.4 应急养护

应急养护是指突发情况下造成路面损毁、中断、存在重大安全隐患等,为较快恢复路面安全通行能力而实施的应急性抢通、保通和抢修养护工程。

(1)遵循"快速反应、有效抢险、及时处治、保障安全"的原则,应制订路面应急抢险预案,建立应急抢险工作机制,合理配备应急抢险队伍、设备、物资等。

(2)对影响通行安全的突发性路面损毁,应启动应急预案,及时开展应急抢通、保通和抢修工作,安排灾后修复养护工程。

(3)实施路面应急养护时,应设置交通安全设施;若需中断交通的,应合理进行分流。

3.3 路面常见病害类型及判定

公路使用过程中受气候环境、交通荷载、材料老化、施工质量等因素影响,路面病害不断出现,从而影响公路使用性能。通过对路面常见的病害进行划分并明确其分类标准,有助于更好地评估公路状况,了解不同病害的成因、特点及可能带来的影响,从而为采取相应的养护维修措施提供依据。

3.3.1 沥青路面

根据《公路技术状况评定标准》(JTG 5210—2018)中对沥青路面病害分类的规定,并参考现行《公路沥青路面养护技术规范》(JTG 5142—2019)的相关规定,将沥青路面病害类型分为以下11种。

3.3.1.1 龟裂

龟裂是沥青路面病害最重要的一种裂缝形式,在路面上表现为相互交错的小网格状裂缝,因其形似龟背而被称为龟裂,有时也称为龟网裂(图3.3-1)。龟裂的成因包括材料质量、设计施工、交通荷载和天气环境等多方面因素。例如,低质量的材料、重载交通、不合理的设计或施工方法容易引发路面强度不足,导致龟裂形成。

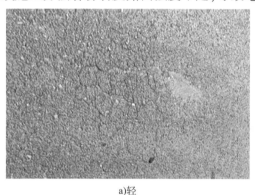

a)轻　　　　　　　　　　　　　　b)重

图3.3-1 龟裂

龟裂根据松散情况、缝宽及裂缝块度情况,分为轻、中、重三个等级,分级情况见表3.3-1。

龟裂病害分级　　　　　　　　　　　　　　　　　　　　　　　　　表3.3-1

分级	外观描述	计量单位
轻	初期裂缝,缝区无变形、无散落,细缝,主要裂缝块度在0.2~0.5m范围内,平均裂缝宽度小于2mm。损坏按面积计算	m²
中	龟裂的发展期,龟裂状态明显,裂缝区有轻度散落或轻度变形,主要裂缝块度小于0.2m,平均裂缝宽度在2~5mm范围内。损坏按面积计算	m²
重	龟裂特征显著,块裂较小,裂缝区变形明显、散落严重,主要裂缝块度小于0.2m,平均裂缝宽度大于5mm。损坏按面积计算	m²

3.3.1.2 块状裂缝

沥青路面块状裂缝是一种常见的公路病害,主要表现为裂缝将路面划分成大小不一、形状各异的碎块,块状裂缝涉及路面的深层结构,其破坏程度相对较严重(图3.3-2)。块状裂缝的成因包括基层材料问题、交通荷载以及气候因素等。基层材料不合格或厚度不足会导致承载力下降,使路面产生裂缝。长期承受交通荷载,尤其是重型车辆的频繁碾压,会使路面承受过大应力,进而形成裂缝。此外,温度变化也可能导致块状裂缝发生,反复的温差变化会加速裂缝的产生和扩展。

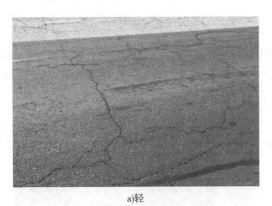
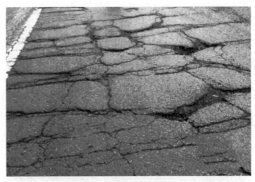

a) 轻   b) 重

图 3.3-2 块状裂缝

根据散落情况、缝宽及裂缝块度情况,块状裂缝可分为轻、重两个等级,分级情况见表3.3-2。

块裂病害分级　　　　　　　　　　　　　　　表3.3-2

分级	外观描述	计量单位
轻	主要裂缝块度大于1.0m,平均裂缝宽度为1~2mm范围内。损坏按面积计算	m²
重	主要裂缝块度在0.5~1.0m范围内,平均裂缝宽度大于或等于2mm。损坏按面积计算	m²

3.3.1.3 纵向裂缝

沥青路面纵向裂缝是指在路面上与行车方向基本平行的裂缝(图3.3-3)。其成因主要由行车荷载、路基差异沉降、沥青路面施工不良、基层渗水等因素造成。

a) 轻   b) 重

图 3.3-3 纵向裂缝

纵向裂缝根据裂缝宽度、有无支缝等情况可分为轻、重两个等级,分级情况见表3.3-3。

纵向裂缝分级　　　　　　　　　　　　　　　表3.3-3

分级	外观描述	计量单位
轻	缝细、裂缝壁无散落或有轻微散落,无支缝或有少量支缝,裂缝宽度小于或等于3mm,损坏按长度计算,检测结果要用影响宽度(0.2m)换算成面积	m²
重	缝宽、裂缝壁有散落、有支缝,主要裂缝宽度大于3mm,损坏按长度(m)计算,检测结果要用影响宽度(0.2m)换算成面积	m²

3.3.1.4 横向裂缝

沥青路面横向裂缝是指在路面上与行车方向基本垂直的裂缝(图3.3-4)。其成因主要包括半刚性基层或旧路面反射裂缝,温度应力引起的温度裂缝以及差异沉降引起的路面开裂。

a) 轻　　　　　　　　　　　　　　　　b) 重

图3.3-4　横向裂缝

根据缝口散落、缝宽等情况,横向裂缝分为轻、重两个等级,分级情况见表3.3-4。

横向裂缝分级　　　　　　　　　表3.3-4

分级	外观描述	计量单位
轻	缝细,裂缝壁无散落或有轻微散落,裂缝宽度小于或等于3mm,损坏按长度计算,检测结果要用影响宽度(0.2m)换算成面积	m^2
重	缝宽,裂缝贯穿整个路面,裂缝或裂缝壁有散落或伴有少量支缝,主要裂缝宽度大于3mm,损坏按长度(m)计算,检测结果要用影响宽度(0.2m)换算成面积	m^2

3.3.1.5 坑槽

坑槽是局部集料丧失而在路面表面形成的坑洞,可深及不同的路面结构层次(图3.3-5)。

a) 轻　　　　　　　　　　　　　　　　b) 重

图3.3-5　坑槽

坑槽成因主要包括沥青混合料的空隙率过大,材料黏附性和剥离性不佳,施工温度控制不佳,等等。

根据坑槽的深度和面积、坑槽可分为轻、重两个等级,分级情况见表3.3-5。

坑槽病害分级 表3.3-5

分级	外观描述	计量单位
轻	坑槽深度小于25mm,或面积小于0.1m²,正常行车无明显感觉,损坏按面积计算	m²
重	坑槽深度大于或等于25mm,或面积大于或等于0.1m²,正常行车有明显感觉,损坏按面积计算	m²

3.3.1.6 松散

松散是一种从路面表面向下不断发展的集料颗粒流失和沥青结合料流失而造成的路面损坏(图3.3-6)。松散成因主要包括路面施工质量不佳(压实不足)、上面层厚度不够、路面水损坏等。

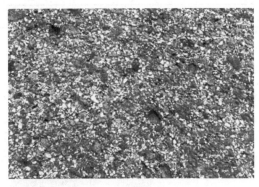
a) 轻

b) 重

图3.3-6 松散

根据路面粗、细集料散失情况等,松散分为轻、重两个等级,分级情况见表3.3-6。

松散病害分级 表3.3-6

分级	外观描述	计量单位
轻	路面细集料散失,脱皮、麻面等表面损坏,损坏按面积计算	m²
重	路面粗集料散失,脱皮、麻面、露骨、表面剥落、有小坑洞,损坏按面积计算	m²

3.3.1.7 沉陷

沉陷是路面表面产生的大于10mm的局部凹陷变形,是沥青路面主要结构性破坏形式之一(图3.3-7)。沉陷成因主要包括路基不均匀沉降、路面局部开挖回填压实不足、桥涵台背填土不实、路面基层结构损坏或不稳定等。

根据路面沉陷深度情况等,沉陷分为轻、重两个等级,分级情况见表3.3-7。

a) 轻　　　　　　　　　　　　　　　b) 重

图 3.3-7　沉陷

松散病害分级　　　　　　　　　　表 3.3-7

分级	外观描述	计量单位
轻	深度在 10～25mm 范围内，正常行车无明显感觉，损坏按面积计算	m²
重	深度大于 25mm，正常行车有明显感觉，损坏按面积计算	m²

3.3.1.8　车辙

车辙是在沥青路面表面形成的沿轮迹方向大于 10mm 的纵向凹陷（图 3.3-8）。车辙成因主要包括车流量大、重载交通、路面材料质量、天气因素以及施工质量等。

a) 轻　　　　　　　　　　　　　　　b) 重

图 3.3-8　车辙

根据车辙凹陷深度情况等，车辙分为轻、重两个等级，分级情况见表 3.3-8。

车辙病害分级　　　　　　　　　　表 3.3-8

分级	外观描述	计量单位
轻	车辙凹陷浅，深度在 10～15mm 范围内，损坏按长度计算，检测结果要用影响宽度（0.4m）换算成面积	m²
重	车辙凹陷深，深度在 15mm 以上，损坏按长度计算，检测结果要用影响宽度（0.4m）换算成面积	m²

3.3.1.9 波浪拥包

波浪拥包指的是由于局部沥青面层材料移动而在路表面形成的有规律的纵向起伏,是一种对路面行驶质量影响较大的病害形式(图3.3-9)。波浪拥包成因主要包括路面材料油石比过大、细料过多、施工质量差、面层与基层之间存在不稳定夹层等。

a) 轻

b) 重

图 3.3-9 波浪拥包

根据波峰波谷高差大小等情况,波浪拥包分为轻、重两个等级,分级情况见表3.3-9。

波浪拥包病害分级   表3.3-9

分级	外观描述	计量单位
轻	波峰波谷高差小,高差在10～25mm范围内,损坏按面积计算	m²
重	波峰波谷高差大,高差大于25mm,损坏按面积计算	m²

3.3.1.10 泛油

泛油是路面混合料中的沥青向上迁移到路表面,形成一层有光泽的沥青膜(图3.3-10)。泛油的主要成因包括沥青含量过多,混合料中空隙过少,拌和控制不严,沥青高温稳定性差,黏层油撒布不均等。

泛油损坏不分严重程度等级,损坏按面积计算。

3.3.1.11 修补不良

修补不良是指已处治的沥青路面破损或病害因工艺或材料选择不当、施工不合理、温度变化等原因,而产生的二次损坏(图3.3-11)。

图 3.3-10 泛油

3.3.2 水泥混凝土路面

根据《公路技术状况评定标准》(JTG 5210—2018)中对水泥路面病害分类的规定,将水泥路面病害类型分为10种。

 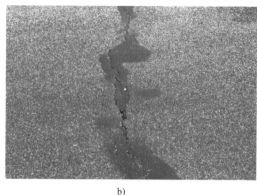

a)   b)

图 3.3-11 修补不良

3.3.2.1 破碎板

裂缝将一块路面板分为 3 块以上时,称为水泥混凝土路面破碎板病害(图 3.3-12)。破碎板病害的主要成因包括交通重载、混凝土配比不佳、施工质量控制不当以及日常养护不到位等。

a) 轻   b) 重

图 3.3-12 水泥路面破碎板

按病害程度不同,水泥路面破碎板病害分为轻、重两个等级,分级情况见表 3.3-10。

破碎板病害分级   表 3.3-10

分级	外观描述	计量单位
轻	水泥混凝土路面板被裂缝分为 3 块及以上,破碎板未发生松动和沉陷,损坏按面积计算	m²
重	水泥混凝土路面板被裂缝分为 3 块及以上,破碎板发生松动、沉陷和唧泥,损坏按面积计算	m²

3.3.2.2 裂缝

裂缝包括纵向裂缝、横向裂缝和斜向裂缝。裂缝病害的主要成因包括路面强度不足、混凝土配比不当、交通荷载超过设计承载能力、路面基层不稳定等(图 3.3-13)。

按病害程度不同,水泥路面裂缝病害分为轻、中、重三个等级,分级情况见表 3.3-11。

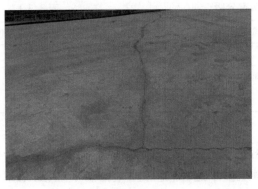
a) 轻

b) 重

图 3.3-13　水泥路面裂缝

裂缝病害分级　　　　表 3.3-11

分级	外观描述	计量单位
轻	裂缝宽度小于 3mm，一般为未贯通裂缝。损坏按长度计算，检测结果要用影响宽度（1.0m）换算成面积	m²
中	裂缝宽度在 3～10mm 范围内。损坏按长度计算，检测结果要用影响宽度（1.0m）换算成面积	m²
重	裂缝宽度大于 10mm。损坏按长度计算，检测结果要用影响宽度（1.0m）换算成面积	m²

3.3.2.3　板角断裂

板角断裂应为裂缝与纵横接缝相交，且交点距板角小于或等于板边长度一半的损坏（图 3.3-14）。板角断裂病害的主要成因包括路面板在使用过程中受到车辆荷载和温度变化等外部作用的影响，导致路面板角部位的应力集中和疲劳破坏，同时可能与路面材料质量抗压强度、抗拉强度不达标、施工工艺不合理等因素有关。

a) 轻

b) 重

图 3.3-14　板角断裂

按病害程度不同，水泥路面板角断裂病害分为轻、中、重三个等级，分级情况见表 3.3-12。

板角断裂病害分级　　　　　　　　　　表 3.3-12

分级	外观描述	计量单位
轻	裂缝宽度小于 3mm,按断裂板角的面积计算	m²
中	裂缝宽度在 3~10mm 范围内,按断裂板角的面积计算	m²
重	裂缝宽度大于 10mm,按断裂板角的面积计算	m²

3.3.2.4 错台

错台是指水泥混凝土面板接缝两侧发生 3mm 以上高差,影响车辆行驶安全的一种病害(图 3.3-15)。错台病害的主要成因包括材料质量不达标、施工质量控制不佳、路基不均匀沉降等。

a) 轻

b) 重

图 3.3-15　水泥路面错台

根据水泥混凝土板接缝两侧出现的高差,错台病害分为轻、重两个等级,分级情况见表 3.3-13。

错台病害分级　　　　　　　　　　表 3.3-13

分级	外观描述	计量单位
轻	轻度错台为接缝两侧高差在 5~10mm 范围内,按长度(m)计算。检测结果应用影响宽度(1.0m)换算成损坏面积	m²
重	重度错台为接缝两侧高差大于或等于 10mm,按长度(m)计算。检测结果应用影响宽度(1.0m)换算成损坏面积	m²

3.3.2.5 拱起

拱起是指水泥混凝土板面横缝两侧板体高度大于 10mm 的抬高(图 3.3-16),损坏应按拱起涉及板块的面积计算。拱起病害的主要成因包括路面基层不均匀沉降、材料配比设计不合理、施工工艺不当、环境及温度影响等。

3.3.2.6 边角剥落

边角剥落是指沿接缝方向板边上出现的碎裂和脱落,裂缝面与板面成一定角度(图 3.3-17)。边角剥落病害的主要成因包括施工质量控制不当、材料配比不佳、车辆荷载冲击、环境因素等。

图 3.3-16 水泥路面拱起

a) 轻

b) 重

图 3.3-17 水泥路面边角剥落

按病害程度不同,水泥路面边角剥落病害分为轻、中、重三个等级,分级情况见表 3.3-14。

边角剥落病害分级　　　　　表 3.3-14

分级	外观描述	计量单位
轻	板边上出现碎裂和脱落,按长度(m)计算。检测结果应用影响宽度(1.0m)换算成损坏面积	m²
中	板边上出现碎裂和脱落,接缝附近水泥混凝土有开裂。按长度(m)计算。检测结果应用影响宽度(1.0m)换算成损坏面积	m²
重	板边上出现碎裂和脱落,接缝附近水泥混凝土多处开裂,开裂深度超过接缝槽底部。检测结果应用影响宽度(1.0m)换算成损坏面积	m²

3.3.2.7 接缝料损坏

接缝料损坏是指由于接缝的填缝料老化、剥落等原因,接缝内已无填料,接缝被砂、石、土等填塞(图 3.3-18)。接缝料损坏病害的主要成因包括材料质量不佳、施工质量不良、重载交通、环境因素等。

按病害程度不同,水泥路面接缝料损坏病害分为轻、重两个等级,分级情况见表 3.3-15。

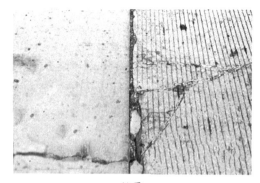

a) 轻　　　　　　　　　　　　　　　　　　b) 重

图 3.3-18　水泥路面接缝料

接缝料病害分级　　　　　　　　　　　表 3.3-15

分级	外观描述	计量单位
轻	填料老化,不密水,尚未剥落脱空,未被砂、石、土等填塞。按长度(m)计算,检测结果应用影响宽度(1.0m)换算成损坏面积	m
重	30%以上接缝出现空缝或被砂、石、土填塞。按长度(m)计算,检测结果应用影响宽度(1.0m)换算成损坏面积	m

3.3.2.8　坑洞

坑洞是水泥混凝土路面局部破损中常出现的一种破坏形式,是由于面层集料局部脱落或基层和面层的集料局部脱落而出现的路面洞穴(图3.3-19)。

图 3.3-19　水泥路面坑洞

坑洞应为板面出现直径大于30mm、深度大于10mm的坑槽,损坏应按坑洞或坑洞群的包络面积计算。

3.3.2.9　唧泥

唧泥的主要表现为当车辆通过脱空的路面板时,会有明显的活动感,随即发生唧泥现象;在路面板接缝处有污染,沉积着许多基层材料(图3.3-20)。

a)　　　　　　　　　　　　　　　　　　b)

图 3.3-20　水泥路面唧泥

水泥路面唧泥损坏应按长度(m)计算。检测结果应用影响宽度(1.0m)换算成损坏面积。

3.3.2.10 露骨

露骨是指水泥混凝土板块表面细集料散失、粗集料暴露或表层疏松剥落(图3.3-21)。水泥路面露骨病害的主要成因包括材料质量不佳、施工质量控制不良和环境因素等。

露骨损坏应按面积(m^2)计算。

a) b)

图3.3-21 水泥路面露骨

3.4 路面检查及评定

日常巡查、经常检查和定期检查频率应根据检查类型、检查对象及其养护检查等级,结合气象条件等确定。路面养护检查等级分为Ⅰ、Ⅱ、Ⅲ级。划分标准见表3.4-1。对于技术状况等级为中的路段,表列Ⅱ、Ⅲ级应各提高一级;技术状况等级为次、差的路段,养护检查等级应采用Ⅰ级。

路面养护检查等级划分标准　　　　　　表3.4-1

养护检查等级	Ⅰ级	Ⅱ级	Ⅲ级
公路技术等级	高速公路、一级公路	二级公路	三、四级公路

3.4.1 日常巡查

日常巡查包括日间巡查与夜间巡查。日常巡查的频率不应小于表3.4-2的规定。

日常巡查频率　　　　　　表3.4-2

养护检查等级		Ⅰ级	Ⅱ级	Ⅲ级
巡查频率	日间巡查	1次/日	1次/3日	1次/周
	夜间巡查	1次/月	1次/2月	1次/3月

3.4.1.1 日间巡查

日间巡查是利用交通工具或步行的方式,通过目测、测量、照相和记录等手段,及时发现路面病害及可能诱发病害的因素,发现可能妨碍交通的路障等并及时上报,以进行处治,并填写巡查记录表(对前期已经记录过的病害不重复记录),见表3.4-3。日间巡查主要内容包括:

(1)路面上是否有明显的病害,其危害程度及趋势。

(2)路面上是否有可能损坏路面或妨碍交通的堆积物等。

(3)公路是否有水毁、塌方、边沟堵塞、绿化、路肩、路缘石损坏、交通设施损坏等情况。

公路养护巡查记录表 表3.4-3

单位:				
日期:			天气:	
路线名称	桩号	巡查情况	记录人	备注

3.4.1.2 夜间巡查

夜间巡查是指对标志、标线和轮廓标等的夜间视认性是否满足使用要求,照明设施是否齐全完好、工作正常等的检查。

近年来,随着技术的发展,无人机、大数据与人工智能、车载式智能巡查系统等逐渐被应用到日常养护巡查中,为精准、高效、安全、便捷地开展公路日常巡查提供了丰富的技术手段。智能化巡查是以现代化的信息采集与传输技术为基础,利用路况快速巡查设备(图3.4-1),实现养护与路政数据的同步采集、分析,达到联合巡查的目的,通过巡查将采集的数据上传至市县两级联网的区域公路网智能养护系统,为日常养护管理提供实时、可视、智能的信息采集、分析和管理手段。

图3.4-1 路况快速巡查设备

3.4.2 经常检查

路面经常检查主要针对路面破损及病害进行调查和检测,多以人工抵近检查的方式为主,通过丈量各类损坏尺寸,获取不同病害类型的数量及损坏程度,为日常养护质量考核及具体任务分配提供客观依据。

路面经常检查的频次应满足表3.4-4的要求。

经常性检查频率 表 3.4-4

养护检测等级	Ⅰ级	Ⅱ级	Ⅲ级
检查频率	1次/月	1次/2月	1次/3月

3.4.2.1 路面损坏调查

（1）路面损坏调查通常由多人组成，沿路面仔细观察、量测并在损坏记录表格上填写路面损坏的桩号、位置、类型及尺寸等信息。根据周围交通状况可目测或采用量尺量测各类路面损坏。调查记录表见表 3.4-5 或表 3.4-6。

沥青路面损坏调查表 表 3.4-5

调查时间：　　　　　　　　　　　　　　　　　　　　调查人员：

路线编码名称：　　　调查方向：　　　起点桩号：　　　单元长度：　　　路面宽度：

损坏类型	程度	权重 w_i	单位	百米损坏										累计损坏
				1	2	3	4	5	6	7	8	9	10	
龟裂	轻	0.6	m²											
	中	0.8												
	重	1.0												
块状裂缝	轻	0.6	m²											
	重	0.8												
纵向裂缝	轻	0.6	m											
	重	1.0												
横向裂缝	轻	0.6	m											
	重	1.0												
沉陷	轻	0.6	m²											
	重	1.0												
车辙	轻	0.6	m											
	重	1.0												
波浪拥包	轻	0.6	m²											
	重	1.0												
坑槽	轻	0.8	m²											
	重	1.0												
松散	轻	0.6	m²											
	重	1.0												
泛油		0.2	m²											
修补不良		0.1	块状 m²											
			条状 m											

水泥混凝土路面损坏调查表 表 3.4-6

调查时间：   调查人员：

路线编码名称：		调查方向：		起点桩号：	单元长度：						路面宽度：		
损坏类型	程度	权重 w_i	单位	百米损坏									累计损坏
				1	2	3	4	5	6	7	8	9	10	
破碎板	轻	0.8	m^2											
	重	1.0												
裂缝	轻	0.6	m											
	中	0.8												
	重	1.0												
板角断裂	轻	0.6	m^2											
	中	0.8												
	重	1.0												
错台	轻	0.6	m											
	重	1.0												
拱起		1.0	m^2											
边角剥落	轻	0.6	m											
	中	0.8												
	重	1.0												
接缝料损坏	轻	0.4	m											
	重	0.6												
坑洞		1.0	m^2											
唧泥		1.0	m											
露骨		0.3	m^2											
修补不良		0.1	块状 m^2											
			条状 m											

（2）沥青路面损坏调查。

①裂缝包括纵向裂缝、横向裂缝和不规则裂缝等单条裂缝，主要采用钢卷尺或钢直尺量测其长度与宽度。缝宽按照该条裂缝宽度最大值计，宽度准确至1mm；缝长按照沿裂缝走向累计长度计算，调查结果准确至0.01m。

②沥青路面其他损坏包括龟裂、块状裂缝、坑槽、沉陷、波浪拥包、松散、泛油、修补不良等，主要量测其面积。按照矩形量测其横断面切向和垂直方向最外边的长度和宽度，矩形应覆盖该处损坏面积，调查结果准确至0.0001m^2。

（3）水泥混凝土路面损坏调查。

①裂缝、边角剥落、接缝料损坏、唧泥等，主要量测其长度。调查结果准确至0.01m。

②破碎板、板角断裂、拱起、坑洞、露骨等，主要量测其面积。按照涉及的板块、板角或包络面积计算，调查结果准确至$0.0001m^2$。

(4)必要时在损坏位置用粉笔或油漆做标记、拍摄照片或录像，并记录相应的桩号和照片编号。

(5)完成损坏调查后应计算测试路段的裂缝总长度、路面损坏的总面积，并完成路面损坏调查表的填报。

3.4.2.2 路面平整度调查

(1)采用3m直尺[图3.4-2a)]对路面平整度或日常维修施工质量进行检测。当测试沥青路面施工过程中的质量时，应以单尺方式测试，且测试位置应选在接缝处；其他情况一般以连续10尺方式测试。

(2)测试时将3m直尺沿公路纵向摆在测试位置的路面上，将具有高度标线的塞尺[(图3.4-2b)]塞进间隙处，测试其最大间隙的高度；或者用深度尺在最大间隙位置测试直尺上顶面距地面的深度，该深度减去尺高即测试点的最大间隙的高度。以mm计，准确至0.5mm。

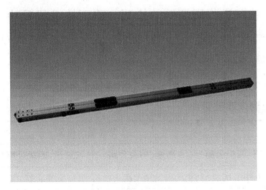 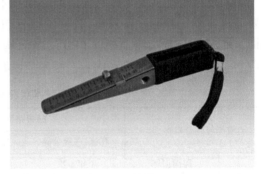

a) 3m直尺　　　　　　　　　　　　　　　b) 塞尺

图3.4-2　路面平整度人工检测工具

(3)单尺测试路面的平整度计算，以3m直尺与路面的最大间隙(δm)为测试结果；连续测试10尺时，判断每尺最大间隙(δm)是否合格，并计算合格率，以及10个最大间隙的平均值。

3.4.2.3 路面车辙调查

路面车辙是采用3m直尺进行人工检测(图3.4-3)。检测时每100m不少于1处进行测量，每处连续测量10尺。测量指标为最大间隙，取连续10尺测得的直尺与路面的最大间隙的平均值，即路面车辙深度。

3.4.2.4 路面抗滑调查

路面抗滑性能可采用摆式仪(图3.4-4)来进行人工调查。摆式仪是在摆锤底面装一块橡胶滑块，当摆锤从一高度自动下摆时，由于橡胶块与路面之间的摩擦而损耗部分能量，使摆只能回摆到一定高度，表面摩阻力越大，回摆高度越小。采用摆式仪测量时，以摆值BPN

为评价路面抗滑性能的指标。

图 3.4-3　3m 直尺测量车辙

图 3.4-4　摆式仪

3.4.3　定期检查

3.4.3.1　路面定期检查

路面定期检查主要是针对公路网路面技术状况进行周期性的检测。路面技术状况检测主要通过自动化检测设备采集，其检测指标包括路面破损率（DR）、国际平整度指数（IRI）、路面车辙深度（RD）、路面跳车（PB）、路面构造深度（MPD）、横向力系数（SFC）和路面弯沉（L_0）。路面技术状况检测内容及频率应满足表 3.4-7 的要求。

路面技术状况检测内容及频率　　　　　　表 3.4-7

检测与调查内容		沥青路面		水泥混凝土路面	
		高速、一级公路	二、三、四级公路	高速、一级公路	二、三、四级公路
路面 PQI	路面损坏	1 年 1 次	1 年 1 次	1 年 1 次	1 年 1 次
	路面平整度	1 年 1 次	1 年 1 次	1 年 1 次	1 年 1 次
	路面车辙	1 年 1 次	—	—	—
	路面跳车	1 年 1 次	—	1 年 1 次	—
	路面磨耗	1 年 1 次	—	1 年 1 次	—
	路面抗滑性能	2 年 1 次	—	2 年 1 次	—
	路面结构强度	抽样检测	抽样检测	—	—

注：1. 路面结构强度为抽样检测指标，抽样检测的路线或路段应按路面养护管理需要确定，最低抽样比例不得低于公路网列养里程的 20%。
　　2. 路面磨耗和路面抗滑性能为二选一指标，在检测与调查中可二选一。

路面技术状况自动化检测应符合《多功能路况快速检测设备》（GB/T 26764—2011）和《公路路面技术状况自动化检测规程》（JTG/T E61—2014）的规定。每个检测方向应至少检测一个主要行车道。二、三、四级公路的路面技术状况检测宜选择技术状况相对较差的方向。

（1）路面损坏自动化检测应满足下列要求：

①检测指标应为路面破损率 DR,每 10m 应计算 1 个统计值。

②路面损坏应纵向连续检测,横向检测宽度应不小于车道宽度的 70%。检测设备应能分辨约 1mm 的路面裂缝,检测数据宜采用机器自动识别,识别准确率应达到 90% 以上。

(2) 路面平整度自动化检测应满足下列要求:

①应采用断面类检测设备。

②检测指标应为国际平整度指数(IRI),每 10m 应计算 1 个统计值。

③超出设备有效检测速度或有效减速度范围的数据应为无效数据。

(3) 路面车辙自动化检测应满足下列要求:

①应采用断面类检测设备。

②检测指标应为路面车辙深度(RD),每 10m 应计算 1 个统计值。

③当横断面数据出现异常或横断面数据不完整时,该检测断面应为无效数据。

(4) 路面跳车自动化检测应满足下列要求:

①应采用断面类检测设备。

②检测指标应为路面跳车(PB),每 10m 应计算 1 个统计值。

(5) 路面磨耗自动化检测应满足下列要求:

①应采用断面类检测设备。

②检测位置应为车道的左轮迹带、右轮迹带和无磨损的车道中线。

③检测指标应为路面构造深度(MPD),每 10m 应计算 1 个统计值。

(6) 路面抗滑性能自动化检测应满足下列要求:

①应采用横向力系数检测设备或其他具有有效相关关系的自动化检测设备,相关系数应不小于 0.95。

②检测指标应为横向力系数(SFC),每 10m 应计算 1 个统计值。

(7) 路面结构强度自动化检测应满足下列要求:

①应采用与贝克曼梁具有有效相关关系的高效自动化弯沉检测设备,相关系数应不小于 0.95。

②检测指标应为路面弯沉(L_0),每 20m 应计算 1 个统计值。

③路面弯沉检测应满足现行《公路路基路面现场测试规程》(JTG 3450)的规定。

3.4.3.2 路面技术状况评定

公路技术状况评定应包括路基、路面、桥隧构造物和沿线设施四部分内容。其中,表征路面性能的指标为路面技术状况评定,采用路面技术状况指数(PQI)和相应分项指标路面损坏状况指数(PCI)、路面行驶质量指数(RQI)、路面车辙深度指数(RDI)、路面跳车指数(PBI)、路面磨耗指数(PWI)、路面抗滑性能指数(SRI)和路面结构强度指数(PSSI)。

路面技术状况指标体系如图 3.4-5 所示,路面技术状况指数(PQI)和相应分项指标值域为 0~100。

路面技术状况自动化检测与评定指标的对应关系见表 3.4-8。

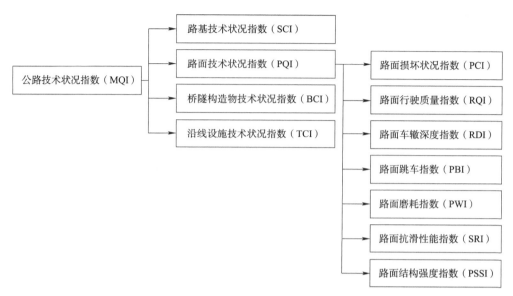

图 3.4-5 路面技术状况指标体系

路面自动化检测指标与评定指标对应关系 表3.4-8

编号	检测指标	评定指标
1	路面破损率(DR)	路面损坏状况指数(PCI)
2	国际平整度指数(IRI)	路面行驶质量指数(RQI)
3	路面车辙深度(RD)	路面车辙深度指数(RDI)
4	路面跳车(PB)	路面跳车指数(PBI)
5	路面构造深度(MPD)	路面磨耗指数(PWI)
6	横向力系数(SFC)	路面抗滑性能指数(SRI)
7	路面弯沉(L_0)	路面结构强度指数(PSSI)

路面技术状况各分项指标应分为优、良、中、次、差五个等级。各分项指标的等级划分标准应符合表3.4-9的规定。

公路技术状况分项指标等级划分标准 表3.4-9

评定指标	优	良	中	次	差
PQI	≥90	≥80，<90	≥70，<80	≥60，<70	<60
PCI、RQI、RDI、PBI、PWI、SRI、PSSI	≥90	≥80，<90	≥70，<80	≥60，<70	<60

注：1. 高速公路路面损坏状况指数(PCI)等级划分标准："优"大于或等于92，"良"在80~92范围内，其他保持不变。
2. 水泥混凝土路面行驶质量指数(RQI)等级划分标准："优"大于或等于88，"良"在80~88范围内，其他保持不变。

3.4.3.3 检评数据的应用

在完成路面定期检测及路况数据评定后,其结果主要用于公路养护科学决策。公路养护科学决策是指在公路养护过程中,通过综合考虑路况水平、资金需求和投资效益等因素与数据,采用科学方法和技术手段,制订出最优的决策方案,实现在最佳时间,对最需要养护的路段,采取最恰当的养护措施,以提高公路服务水平和养护资金使用效率。

3.4.4 专项检查

路面专项检查主要是采用自动化检测与人工检测相结合的方式,对某些路面性能指标进行专项的检测分析,检测结果为养护工程设计提供了客观依据,有利于科学诊断路面病害特征及原因、合理设计路面结构及材料、优化比选养护技术方案。用于修复养护专项数据检测方法见表3.4-10。

修复养护专项数据检测方法 表3.4-10

序号	数据类型	检测设备要求	数据项目
1	结构强度	落锤式弯沉仪、自动弯沉仪、贝克曼梁弯沉仪等	弯沉值、弯沉盆等
2	结构层完整性	钻芯取样、探地雷达等	病害发展层位、病害发展形态、各结构层完整性、结构层厚度、层间黏结情况等
3	筑路材料性能	材料试验	沥青老化程度、沥青混合料劈裂强度、沥青含量、空隙率、无机结合料无侧限抗压强度,路基土质分析、路基含水量、CBR等
4	路面结构参数	落锤式弯沉仪、承载板	结构层模量
5	排水系统状况	人工检测、钻芯取样、挖坑观测、渗水仪检测等	排水设施完好性,渗水系数等

注:1.可根据实际需求对抽样数量进行适当加密。
2.养护类型判定为功能性修复的路段,可不开展路面结构参数及路基材料性质的检测。

用于修复养护专项数据检测应满足下列要求:

(1)利用落锤式弯沉仪或其他弯沉仪检测路面弯沉值指标,应换算成《公路路基路面现场测试规程》(JTG 3450—2019)规定的回弹弯沉值,并计算路面结构强度指数(PSSI)。

(2)路面结构层完整性应通过钻芯取样数据进行评价,探地雷达图谱等无损检测数据可进行辅助分析。钻芯取样深度应达到路面基层底部,并记录各结构层厚度、结构层材料类型、病害破坏层位、病害发展形态、结构层间黏结情况、结构层芯样密实程度等内容;对于路基或底基层发生破坏的路段,取芯深度应达到破坏层位底部。钻芯取样检测现场记录表可参考表3.4-11。

钻芯取样检测现场记录表 表3.4-11

芯样编号:	路段名称: 桩号:		方向: 横向位置:		检测时间
路面状况描述					
附芯样完整照片,带标尺	芯样厚度	材料类型	各层芯样状况描述		备注
	1				
	…				
附整体路况照片		附取芯位置病害照片		附钻孔内部照片	

(3)病害原因诊断应利用钻孔或切割取得的试样开展材料性能试验,通过芯样外观、材料试验结果,判断病害的产生原因。

3.5 路面日常养护

3.5.1 日常保养

日常保养是指通过对路面的清扫或除雪、排水设施的维护、边沟清理、路肩边坡的养护等工作,保持路况完好,延长公路使用寿命,为行驶车辆提供"畅、安、舒、美"的行车环境。

日常保养的基本要求:路面洁净,无积水、积雪、障碍物,路容整洁,排水顺畅,路基稳定坚实,无缺口、冲沟,边缘整齐平顺。日常保养常用物资及设备如图3.5-1所示。

图3.5-1 日常保养常用物资及设备

3.5.1.1 清扫

路面清扫包含机械作业(图3.5-2)和人工作业两种方式。其中,高速公路和一级公路以机械清扫为主,其他等级的公路可采用机械作业与人工作业相结合的方式。路面清扫频率可根据当地公路管理机构的规定组织,但养护人员在巡查过程中,发现路面上有杂物时要及时处理。

图3.5-2 路面清扫车

1) 泥土石子处理

路面泥土石子用扫帚清扫干净；当污染面积较大且泥土吸附在沥青混凝土面层难以清理干净时，用水冲洗（图3.5-3～图3.5-6）。

图3.5-3 泥土污染路面

图3.5-4 石子散落路面

图3.5-5 机械清洗路面

图3.5-6 机械冲洗

2) 石块处理

将碎落石块收集成堆，装车清除出路面，人工用扫帚清扫干净（图3.5-7～图3.5-9）；当污染面积较大且泥土吸附在沥青混凝土面层难以清理干净时，用水冲洗。

图3.5-7 收集路面散落石子

图3.5-8 石块散落路面

3）油类或化工品污染处理

当油类或化工品污染路面时（图3.5-10），利用沙土或废弃沥青料覆盖污染路面，对路面进行清扫，洒水冲洗干净。

图3.5-9　人工清洗路面　　　　　　　　　图3.5-10　油类污染路面

3.5.1.2　特殊季节养护

1）高温洒水

夏季天气炎热，容易导致沥青路面出现泛油、发软、车辙、波浪拥包等各种病害。在高温时段对沥青路面进行洒水降温，并控制重载车辆通行，可抑制高温对路面造成的损坏，延长路面的使用寿命。洒水主要采用机械作业，如图3.5-11所示。

2）冬季除冰雪

路面冰雪会影响行车安全，引发交通事故（图3.5-12），而且冰雪融化后，渗入路基路面内部，容易造成路面翻浆等病害。

图3.5-11　公路洒水降温　　　　　　　　图3.5-12　路面积雪引发交通事故

二级及二级以上公路应及时清除路面积雪，并排出路肩以外；三、四级公路应及时清除路面积雪，路肩积雪解冻前依次清除。路面除雪应以机械作业为主，人工作业为辅，如图3.5-13、图3.5-14所示。

当冬季降雪或下雨后，路面上的压实雪、融化的雪水、未及时排除的雨水可能形成冰冻层时，在陡坡、急弯、平交道口、桥面、桥头引道应及时采取除冰防滑措施，见表3.5-1。

图 3.5-13 人工除雪设备

图 3.5-14 机械除雪

除冰防滑措施　　　　　　　　　　　　　表 3.5-1

措施	材料	用量(m³/1000m²)
撒铺防滑料	砂、炉渣、矿渣、小砾石或碎石、石屑	0.5～5
撒布融雪材料	氯化钙、氯化钠等盐类或砂与盐的混合料	0.5～1

注:盐类容易对环境和路面造成污染和损坏,应少用。

3.5.2 沥青路面病害处治

3.5.2.1 裂缝类病害处治

裂缝是沥青路面常见的病害之一,分为龟裂、块状裂缝、横向裂缝和纵向裂缝等。目前裂缝修补的主要方法是贴缝、清缝灌缝、开槽灌缝和局部挖补。

1)贴缝

(1)适用范围

贴缝适用于旧路面基层和横断面状况良好,气候温暖地区、交通量少地段的轻度单条纵、横向裂缝,以及无支缝或较少支缝的情况。

(2)养护时间

根据日常巡查结果及时处治,避免雨水对路面的损害。

(3)材料

主要材料:贴缝带。

(4)机械设备要求

根据贴缝施工要求,贴缝设备及机具配置(单个施工班组)见表3.5-2。

贴缝设备及机具配置 表 3.5-2

序号	设备及机具名称	单位	数量
1	高压吹风机	台	1
2	加热喷枪	个	1
3	橡胶滚轴或橡皮锤	个	1
4	钢丝刷	把	若干
5	扫帚	把	若干

(5)施工工艺

沥青路面裂缝贴缝处治施工流程如图 3.5-15 所示。

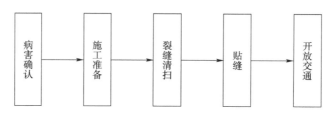

图 3.5-15 沥青路面裂缝贴缝处治施工流程

①施工准备:检查贴缝带的数量是否充足、技术是否满足要求,对高压吹风机及加热喷枪进行性能检查,确保线路安全、喷枪喷管畅通、高压热空气吹烤装置气压足够、温度适宜,根据《公路养护安全作业规程》(JTG H30—2015)进行交通管制,摆放交通安全标志。

②清扫裂缝:用钢丝刷沿裂缝来回清刷,用扫帚和高压吹风机吹净裂缝 20cm 范围及裂缝内的杂物及灰尘(图 3.5-16);若气温低于 10℃或裂缝内壁潮湿,需延长吹扫时间,并用加热喷枪对裂缝内界面进行加热烘干至干燥为止。

图 3.5-16 裂缝清理

③贴缝:用宽刷取专用黏结剂,以裂缝为中心,沿长度方向均匀、平顺涂刷;撕去贴缝带隔离纸,沿裂缝走向进行粘贴,同时用橡胶滚轴(橡胶锤)进行碾压(图 3.5-17),保证贴缝带与路面粘贴紧密。

④开放交通:检查贴缝效果,待 15~30min 后开放交通。

(6)质量控制

为了保证贴缝处治的施工质量,在贴缝完成后应进行外观检查,检查裂缝是否全部覆盖、表面是否平整、贴缝带与路面黏结是否紧密。

(7)注意事项

①必须将裂缝中及裂缝边缘的灰尘、水等杂物清除,保持路面作业面干燥清洁。

②在铺设前不得将隔离纸揭开。

a) b)

图 3.5-17 贴缝

③铺设贴缝带时,应将成卷材料拉紧,铺设后的贴缝带应平整、不起皱、不翘边。

④如遇不规则的裂缝,可用剪刀将贴缝带剪断,按裂缝走向跟踪粘贴,在贴缝带结合处需进行重叠,重叠长度应为 20~50mm,但不能超过两层以上的重叠。

⑤铺设贴缝带后宜采用橡胶滚筒进行滚压或锤压。

⑥贴缝带施工应选择晴好天气,避免受潮或雨淋。

2)清缝灌缝

(1)适用范围

清缝灌缝适用于处治宽度小于或等于 3mm、病害程度为轻的单条纵(横)向裂缝,以及无支缝或较少支缝,为避免开槽带来的次生病害,可采用清缝灌缝。

(2)养护时间

每年雨季前对巡查发现的裂缝病害进行及时处治,避免雨水对路面的损害。

(3)材料要求

贴缝主要材料:专用密封胶或公路石油沥青、SBS 改性沥青、橡胶沥青、改性乳化沥青等。

(4)机械设备要求

根据清缝灌缝施工要求,清缝灌缝设备及机具配置(单个施工班组)见表 3.5-3。

清缝灌缝设备及机具配置　　表 3.5-3

序号	设备及机具名称	单位	数量
1	灌缝机、灌缝车	台	1
2	高压吹风机	台	1
3	加热喷枪	个	1
4	钢丝刷	把	若干
5	扫帚	把	若干

(5)施工工艺

沥青路面清缝灌缝施工流程如图 3.5-18 所示。

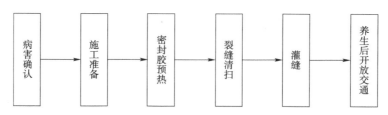

图 3.5-18 沥青路面清缝灌缝施工流程

①施工准备:施工前检查公路密封胶备料是否充足、技术是否符合要求,对灌缝设备进行性能检查,确保沥青管路、沥青喷枪畅通,高压热空气吹烤装置气压足够、温度适宜,根据《公路养护安全作业规程》(JTG H30—2015)进行交通管制,摆放交通安全标志。

②预热公路密封胶:启动密封胶加热设备,当加热至 80~100℃后,启动沥青搅拌器对密封胶进行搅拌,以保证密封胶受热均匀。当密封胶被加热到 160~180℃时,采取保温措施,建议保温时间不超过 4h。

③清扫裂缝:采用钢丝刷清刷裂缝边缘灰尘,用扫帚和高压吹风机吹净裂缝周围 20cm 范围及裂缝内的杂物及灰尘;若气温低于 10℃或裂缝内壁潮湿,需延长吹扫时间,并用加热喷枪对裂缝内界面进行加热烘干至干燥为止。

图 3.5-19 灌缝

④灌缝:使用灌缝机将预热完毕的密封胶灌入裂缝,由低的一端向高的一端灌注,灌缝应均匀一致,避免漏灌和填缝料外溢现象(图 3.5-19)。如有漏灌现象则由人工及时补齐;若填缝料外溢流淌,影响路面平整度与路容时,应予以清除。

⑤开放交通:灌缝结束待密封胶完全冷却 15~30min 后开放交通;为了提前开放交通,可在修整后的灌缝带上均匀撒布少量细砂,防止粘轮。

(6)质量控制

灌缝施工完毕,作业单位应对清缝灌缝路段进行自检并提交自检报告。质量控制要求见表 3.5-4。

清缝灌缝质量控制　　　　表 3.5-4

项目		质量要求	检验频率	检验方法
表面质量	外观	表面平整、密实、均匀;填缝料表面光滑,无颗粒状胶粒、无轮迹、无划痕	处理路段连续	目测
	灌缝料宽度	≤50mm,封条应突出凹槽边缘 5~10mm	处理路段随机抽样	游标卡尺
	灌缝料高度	高于路面 1.5~2.5mm	处理路段随机抽样	
路表渗水系数		封缝处不渗水	处理路段随机抽样	T 0971

(7)注意事项

①施工时环境温度应不低于5℃。

②密封胶加热温度必须严格控制,不得超过规定的加热标准。

③清缝后应确认裂缝边缘无明显的杂物灰尘、裂缝内部干燥。

④灌缝过程中,应控制沥青喷枪拖动速度,裂缝内灌满密封胶。

⑤在密封胶固化前不允许车辆通行。

3)开槽灌缝

(1)适用范围

开槽灌缝适用于公路基层和横断面状况良好,表面层存在单条、重度的反射裂缝,横向裂缝,轻度块裂。

(2)养护时间

每年雨季前进行一次开槽灌缝,避免雨水对路面的损害;一般可以在每年的3—5月和9—10月进行集中处治。

(3)材料要求

主要材料:专用密封胶或公路石油沥青、SBS改性沥青、橡胶沥青、改性乳化沥青等。

(4)机械设备要求

开槽灌缝应采用开槽机、灌缝机等专用灌缝设备。开槽灌缝设备及机具配置(单个施工班组)见表3.5-5。

开槽灌缝设备及机具配置　　　　表3.5-5

序号	设备及机具名称	单位	数量
1	灌缝机、灌缝车	台	1
2	开槽机	台	1
3	高压吹风机	台	1
4	加热喷枪	个	1
5	钢丝刷	把	若干
6	扫帚	把	若干

(5)施工工艺

沥青路面开槽灌缝施工流程如图3.5-20所示。

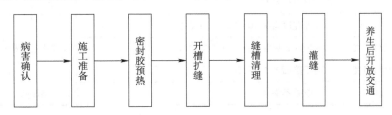

图3.5-20　沥青路面开槽灌缝施工流程

①施工准备:施工前检查公路密封胶备料是否充足、技术是否符合要求,对灌缝设备进

行性能检查,确保沥青管路、沥青喷枪畅通,高压热空气吹烤装置气压足够、温度适宜,根据《公路养护安全作业规程》(JTG H30—2015)进行交通管制,摆放交通安全标志。

②密封胶预热:启动密封胶加热设备,当加热至80~100℃后,启动沥青搅拌器对密封胶进行搅拌,以保证密封胶受热均匀。当密封胶被加热到160~180℃时,采取保温措施待用,建议保温时间不超过4h。

③开槽扩缝:采用开槽机沿着裂缝位置进行开槽(图3.5-21),开槽宽度宜为10~20mm,宽深比宜控制在1~2范围内。

若气温低于10℃或裂缝内壁潮湿,需延长吹扫时间,并用加热喷枪对裂缝内界面进行加热烘干至干燥为止。

④灌缝:使用灌缝机将预热完毕的密封胶灌入裂缝(图3.5-22),灌缝方向由低的一端向高的一端灌注,避免漏灌和填缝料外溢现象。如有漏灌现象则由人工及时补齐;若填缝料外溢流淌,影响路面平整度与路容时,应予以清除。

图3.5-21 清扫裂缝　　　　　　　　图3.5-22 灌缝

⑤开放交通:灌缝结束待处治段落完全冷却15~30min后开放交通。为了提前开放交通,可在修整后的灌缝带上均匀撒布少量细砂,防止粘轮。

(6)质量控制

灌缝应密实、饱满,灌缝边缘整齐、表面光洁。开槽灌缝质量控制各项要求见表3.5-6。

开槽灌缝质量控制　　　　表3.5-6

项目		质量要求	检验频率	检验方法
表面质量	外观	表面平整、密实、均匀;填缝料表面光滑,无颗粒状胶粒、无轮迹、无划痕	处理路段连续	目测
	开槽尺寸	开槽宽度宜为10~20mm,宽深比1~2	处理路段随机抽样	游标卡尺
	灌缝料宽度	≤50mm,封条应突出凹槽边缘5~10mm		
	灌缝料高度	高于路面1.5~2.5mm		
路表渗水系数		封缝处不渗水	处理路段随机抽样	T 0971

(7)注意事项

①施工时环境温度应不低于5℃。

②密封胶加热温度必须严格控制,不得超过规定的加热标准。
③开槽过程中,应做好作业人员安全防护工作。
④裂缝清缝后,边缘应无明显的杂物、灰尘,槽边缘无松动、无脱落部分,裂缝内部干燥。
⑤灌缝过程中,应控制沥青喷枪拖动速度,保证灌缝密实。
⑥在密封胶固化前,不允许车辆通行。

4)局部挖补

(1)适用范围

局部挖补可用于处治病害程度为重的纵横向裂缝,且存在较多支缝;或用于程度较轻的块裂及龟裂。

(2)材料要求

主要材料:乳化沥青、热拌沥青混合料(冷补料)、密封胶。

(3)机械设备要求

根据局部挖补维修施工要求,局部挖补设备及机具配置(单个施工班组)见表3.5-7。

局部挖补设备及机具配置   表3.5-7

序号	设备及机具名称	单位	数量
1	切缝机、开槽机	台	1
2	风镐、小型挖掘机	台	1
3	高压吹风机	台	1
4	沥青混合料保温车	台	1
5	轻型压路机或小型压实设备	台	1
6	扫帚	把	若干
7	铁锹	把	若干
8	铁耙	把	若干

(4)施工工艺

沥青路面裂缝局部挖补施工流程如图3.5-23所示。

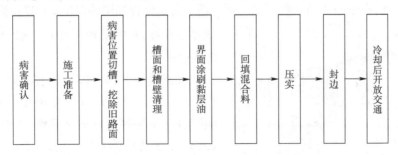

图3.5-23 沥青路面裂缝局部挖补施工流程

①施工准备:根据病害位置估算开槽的折算面积和深度,准备足够的、符合要求的乳化沥青及沥青混合料;检查施工机械设备,确保设备运转正常。若采用厂拌沥青混合料,可直

接将拌好的热料装入保温设备中。

②划定维修范围:表观确定的病害面积四周扩大 10～15cm(图 3.5-24)。

③挖槽:使用切缝机沿划定范围进行切缝,并采用风镐或小型挖掘机将划定范围内材料凿除(图 3.5-25),开槽至层位稳定部分,槽壁要垂直。

图 3.5-24　划定维修范围　　　　　　　　图 3.5-25　切缝开槽

④界面清理:使用高压吹风机清理修补界面(图 3.5-26),待保证修补槽面和槽壁干净、无杂物和浮灰、无松动集料,槽底无龟裂、唧泥和渗水现象,若出现潮湿槽面要烘干。

a)　　　　　　　　　　　　　　　　　b)

图 3.5-26　界面清理

⑤涂黏层油:在干净的槽底和槽壁上刷一薄层乳化沥青黏层油(图 3.5-27),但注意不能形成黏层油堆积,用量控制在 $0.3～0.6kg/m^2$,宜为 $0.5kg/m^2$。

⑥回填混合料:将沥青混合料摊铺至坑槽中(图 3.5-28),单层最大厚度不超过4cm,分层填筑时,中、下层厚度可适当调整,根据坑槽体积按 1.15～1.3 的松铺系数确定回填混合料体积。

⑦压实:采用轻型压路机或小型压实设备对回填沥青混合料进行压实(图 3.5-29),碾压 5～6 遍,确保每层压实度不低于95%、碾压时混合

图 3.5-27　涂黏层油

料温度不低于140℃。

图 3.5-28 回填沥青混合料

图 3.5-29 压实

⑧封边：为避免路表水沿着修补接缝处下渗至路面深处，压实后，使用灌缝设备及机具沿着接缝处进行封边（图3.5-30），形成具有一定宽度的密封带；封边工艺要求与沥青路面裂缝灌缝处治一致。

a)

b)

图 3.5-30 封边

⑨冷却放行：回填的热拌沥青混合料冷却至50℃以下时开放交通。

(5) 质量控制

修补位置要求平整密实、路拱适度、线条顺直、排水良好，外观无松散、推移、裂缝、轮迹，颜色均匀，平整度（3m直尺）不大于3mm，修补位置与旧路面高差（3m直尺）不大于2mm，横坡度误差不大于±0.3%，压实度符合要求，不低于95%。

(6) 注意事项

①利用风镐挖除旧路面时，应根据病害的严重程度决定挖掘的深度，并保持开挖面的整齐。
②摊铺混合料前，在坑壁及坑底均匀喷洒乳化沥青，提高混合料与旧路面的黏结性能。
③摊铺时，控制好混合料体积，保证压实后的表面与旧路面基本齐平或略高。

数字化学习案例一：沥青路面横、纵向裂缝等病害整治——开槽灌缝工艺

(1) 学习目标

通过本环节的数字化学习与训练，可以准确识别沥青路面横、纵向裂缝等病害，掌握开槽灌缝工艺的流程及作业要求,并能独立完成相关病害的处治。

(2) 学习情境描述

某一级公路是省公路网规划的重要组成部分,路面类型为沥青路面,该路全任务驱动线采用双向四车道一级公路标准建设,已使用接近10年。通过前期对路面进行检测发现,多处沥青路面出现横、纵向裂缝的病害。

现在你作为该公路的养护技术工人,需准确地找到这些病害点,并通过开槽灌缝工艺进行病害处治。

(3) 数字化视频学习引导

①沥青路面横、纵向裂缝等病害的形态特征识别。

②开槽灌缝工艺的作业流程。

③开槽灌缝工艺的施工要点。

④熟悉作业环境及工具的选择与使用。

(4) 数字化视频课程

使用手机、平板电脑等电子设备扫描二维码,即可开始数字化学习。

开槽灌缝工艺
数字化学习视频

(5) 任务演练

根据所学内容,回答以下问题:

①灌缝的注意事项有哪些?

②灌缝材料的性能指标有什么要求?

③开槽前需进行哪些工作?

(6) 模拟验收

表3.5-8为实际操作过程中会用到的验收记录样表,供学员模拟演练,查漏补缺。

沥青路面开槽灌缝验收记录表　　　　　　　　　　　　　　　表3.5-8

××公路					
沥青路面开槽灌缝验收记录表					
养护单元名称:				施工单位:××路桥集团有限公司	
养护工程部位:				监理单位:××监理有限公司	
基本要求	①灌缝材料质量应满足设计和规范要求。 ②开槽应与裂缝吻合,槽壁不应有松散、啃边等现象,槽内尘土、杂物应清除干净。 ③灌缝前,裂缝及周边区域应保持干燥。 ④灌缝材料应在规定的材料温度下使用。 ⑤灌缝材料应与路面黏结牢固				
实测项目	项次	检查项目	规定值或允许偏差	检查方法和频率	实测值或实测偏差值(代表值)	检查结果
	1	开槽深度(mm)	+5,-3	尺量:逐处检查,每处裂缝测3点取平均值		

续上表

	项次	检查项目	规定值或允许偏差	检查方法和频率	实测值或实测偏差值(代表值)	检查结果
实测项目	2	开槽宽度(mm)	+5, -3	尺量:逐处检查,每处裂缝测3点取平均值		
	3	灌缝材料与路面高差(mm)	不大于设计值	尺量:逐处检查,每处裂缝测3点取平均值	—	
施工单位意见:				监理工程师意见:		
专业工程师:	质检工程师:	监理工程师:			×年×月×日	

3.5.2.2 坑槽类病害修复

坑槽类病害根据坑槽产生的原因、严重程度和规模可采用的修复方法有局部挖补和局部铣刨重铺。

1) 局部挖补

(1) 适用范围

局部挖补适用于沥青路面出现的局部坑槽、沉陷、龟裂的维修。雨季期间,沥青路面坑槽面积小于 $3m^2$ 的病害,难以用热拌沥青混合料修补的病害,可用冷补料进行临时修补,待天晴后及时用合适材料更换修补。

(2) 养护时间

坑槽对行车安全性及舒适性影响较大,在行车荷载和雨水影响下容易快速发展,因此对坑槽修补时间要求较高。一般晴天要求在 8h 内修复,当日开挖必须当日修补完成。

(3) 材料要求

主要材料:乳化沥青、热拌沥青混合料(冷补料)、密封胶。

(4) 机械设备要求

根据局部挖补维修施工要求,局部挖补设备及机具配置(单个施工班组)见表3.5-9。

局部挖补设备及机具配置　　　表3.5-9

序号	设备及机具名称	单位	数量
1	切缝机	台	1
2	风镐、小型挖掘机、铣刨机	台	1
3	高压吹风机	台	1
4	沥青混合料保温车	台	1

续上表

序号	设备及机具名称	单位	数量
5	轻型压路机或小型压实设备	台	1
6	扫帚	把	若干
7	铁锹	把	若干
8	铁耙	把	若干

(5)施工工艺

沥青路面坑槽局部挖补施工流程如图3.5-31所示。

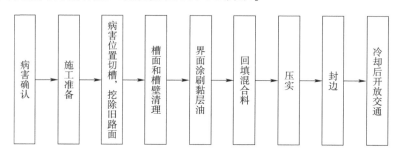

图3.5-31 沥青路面坑槽局部挖补施工流程

①施工准备:根据坑槽病害位置估算开槽的折算面积和深度,准备足够的、符合要求的乳化沥青及沥青混合料;检查施工机械设备,确保设备运转正常。若采用厂拌沥青混合料,可直接将拌好的热料装入保温设备中。

②划定维修范围:坑槽病害修补形状遵循"圆洞方补、斜洞正补"的原则确定,在表观确定的病害面积四周扩大10~15cm的方槽,其边线应与路面中心线平行或垂直(图3.5-32)。

③切缝挖槽:使用切缝机沿划定范围进行切缝(图3.5-33),并采用风镐或小型挖掘机将划定范围内材料凿除;开槽应开到层位稳定部分,槽壁要垂直。

图3.5-32 划定维修范围

图3.5-33 切缝挖槽

④界面清理:人工清理开挖槽内松散混合料后,使用高压吹风机清理修补界面(图3.5-34),槽面和槽壁要干净、无杂物和浮灰、无松动集料,槽底无龟裂、唧泥和渗水现象;出现潮湿槽面时要烘干。

a)   b)

图 3.5-34　界面清理

⑤涂黏层油:在干燥的槽底和槽壁上刷一薄层乳化沥青黏层油(图3.5-35),但注意不能形成黏层油堆积,用量控制在 $0.3\sim0.6kg/m^2$,宜为 $0.5kg/m^2$。

⑥回填混合料:将沥青混合料摊铺至坑槽中(图3.5-36),单层最大厚度不超过4cm,分层填筑时,中、下层厚度可适当调整,根据坑槽体积按 $1.15\sim1.3$ 的松铺系数确定回填混合料体积。

图 3.5-35　涂黏层油   图 3.5-36　回填沥青混合料

⑦压实:采用轻型压路机或小型压实设备对回填沥青混合料进行压实,碾压5~6遍,碾压时混合料温度不低于140℃。

⑧封边:为避免雨水沿着修补接缝处下渗至路面深处,压实后,使用灌缝设备沿着接缝处进行封边,形成具有一定宽度的密封带,封边工艺要求与沥青路面裂缝灌缝处治一致。

⑨冷却放行:回填的热拌沥青混合料冷却至50℃以下时开放交通。

(6)质量控制

修补位置要求平整密实、路拱适度、线条顺直、排水良好,外观无松散、推移、裂缝、轮迹,颜色均匀,平整度(3m直尺)不大于3mm,修补位置与旧路面高差(3m直尺)不大于2mm,横坡度误差不大于±0.3%,压实度符合要求,不低于95%。

(7)注意事项

①利用风镐挖除旧路面时,应根据病害的严重程度决定挖掘的深度,若因基层强度不足

引起破坏的,必须处理到基层,将损坏的基层、底基层清理干净,用素混凝土或沥青碎石重新填筑后,再进行路面修复;若基层存在单条裂缝的轻微病害,可实施灌缝后再进行面层材料铺筑。

②摊铺混合料前,在坑壁及坑底均匀喷洒乳化沥青或改性乳化沥青,提高新旧材料界面的黏结性能。

③摊铺时,控制好混合料体积,保证压实后的表面与旧路面基本齐平或略高。

2)局部铣刨重铺

(1)适用范围

局部铣刨重铺适用于沥青路面较大面积的坑槽、沉陷、龟裂等病害处治。

(2)材料要求

主要材料:乳化沥青、热拌沥青混合料(冷补料)、密封胶等。

(3)机械设备要求

局部铣刨重铺所需设备及机具配置(单个施工班组)见表3.5-10。

局部铣刨重铺设备及机具配置　　　　表3.5-10

序号	设备及机具名称	单位	数量
1	切缝机	台	1
2	风镐、小型挖掘机、铣刨机	台	1
3	高压吹风机	台	1
4	沥青混合料保温车	个	1
5	压路机	台	1
6	摊铺机	台	1
7	画线车	辆	1
8	扫帚	把	若干
9	铁锹	把	若干
10	铁耙	把	若干

(4)施工工艺

沥青路面局部铣刨重铺施工流程(图3.5-37)。

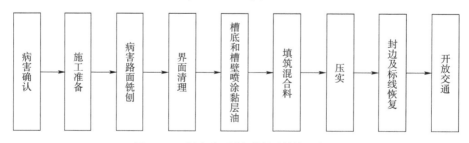

图3.5-37　沥青路面局部铣刨重铺施工流程

①路面病害调查:对路面病害进行处治之前,需对路面病害进行实地调查,认真记录病

害位置、面积、深度并初步确定形成原因。

②路面切缝：养护技术人员划定修补范围，然后用切割机将修补范围边线切出，切缝深度不小于4cm。

③病害路面铣刨：根据确定的铣刨面和深度沿着行车方向进行铣刨（图3.5-38），若病害较严重，影响深度较深，则应加大铣刨深度，直至露出坚实的底层为止；当铣刨深度大于8cm时，铣刨过程中要注意预留台阶以便于拼接，预留台阶宽度不小于20cm。

④界面清理：对铣刨面进行检查和测量，查看铣刨面是否平整、松散物是否都完全铣刨掉、槽壁是否整齐垂直；利用高压空气吹风机对槽底进行清理（图3.5-39），吹净灰尘以及杂物。

图3.5-38 病害路面铣刨

a) b)

图3.5-39 界面清理

⑤喷洒乳化沥青：在干净的槽底、槽壁上喷洒一薄层乳化沥青黏层油，并注意不能形成黏层油堆积，用量控制在 $0.3 \sim 0.6 kg/m^2$，宜为 $0.5 kg/m^2$。

⑥填筑沥青混合料：若修补面积较小，可采用人工摊铺方式；若修补面积较大，人工摊铺难以保证平整度时，应采用摊铺机进行摊铺（图3.5-40）。当铣刨深度超过10cm时，应分层进行摊铺；对于摊铺不到的边角，要人工及时进行填补。

⑦碾压：碾压采用钢轮压路机以及胶轮压路机（图3.5-41），分初压、复压、终压三道工序，施工时注意碾压速度、碾压温度、碾压遍数。

⑧封边及标线恢复：为避免路表水沿着修补接缝处下渗至路面深处，压实后，应使用灌缝设备沿着接缝处进行封边，形成具有一定宽度的密封带；封边工艺要求与沥青路面裂缝灌缝处治一致。待修复路面冷却后，应对路面施工质量进行自检，合格后用画线车恢复标线，待标线漆固化后再开放交通。

(5) 质量控制

局部铣刨重铺沥青路面修补施工质量控制和验收参照现行《公路沥青路面施工技术规范》

(JTG F40)以及《公路工程质量检验评定标准 第一册 土建工程》(JTG F80/1)的规定执行。

图3.5-40 填筑沥青混合料

图3.5-41 碾压

(6)注意事项

切割机切边主要是为了保证边线笔直、坑槽槽壁垂直、槽边整齐。

①摊铺机在进行路面补修时,由于所补坑槽面积不大,一般采用一次性摊铺,采用挂线法施工,需合理考虑松铺系数。一般在摊铺沥青混凝土上面层时,摊铺速度宜在2~5m/min范围内选择。为了获得高标准的平整度,摊铺机应连续、稳定地运行。

②碾压温度的高低,直接影响沥青混合料的压实质量。当沥青混合料温度较高时,可用较少的碾压遍数,获得较高的密实度和较好的压实效果;当沥青混合料温度较低时,碾压工作变得较为困难,且易产生很难消除的轮迹,造成路面不平整。因此,要求在摊铺完毕后及时进行碾压。一般来说,沥青混合料的最佳压实温度为130~190℃。

③在施工中,保持适当的恒定碾压速度是非常必要的。一般碾压速度控制在2~4km/h,轮胎压路机可适当提高,但不超过5km/h。碾压速度过低,会使摊铺与压实工序间断,影响压实质量;碾压速度过快,会产生推移、横向裂纹等。

④碾压要从坑槽两边开始,以1/3轮宽压在新铺路面上,来回碾压,逐渐向坑槽中间移动。同时,碾压应按阶梯形逐步向前推进。逐渐向新铺层移动,直至全轮压实在新铺层上。

数字化学习案例二:沥青路面坑槽病害整治——热料热补工艺

(1)学习目标

通过本环节的数字化学习与训练,可以准确识别沥青路面坑槽病害,掌握热料热补工艺的流程及作业要求,并能独立完成相关病害的处治。

(2)学习情境描述

某一级公路是省公路网规划的重要组成部分,路面类型为沥青路面,该路全任务驱动线采用双向四车道一级公路标准建设,已使用接近10年。通过前期对路面进行检测发现,多处沥青路面出现坑槽病害。

现在你作为该公路的养护技术工人,需准确地找到这些病害点,并通过热料热补工艺进行病害处治。

(3)数字化视频学习引导

①沥青路面坑槽病害的形态特征识别。

②热料热补工艺的作业流程。
③热料热补工艺的施工要点。
④熟悉作业环境及工具的选择与使用。

(4) **数字化视频课程**

使用手机、平板电脑等电子设备扫描二维码,即可开始数字化学习。

热料热补工艺
数字化学习视频

(5) **任务演练**

根据所学内容,完成以下问题:
①路面切割的注意事项有哪些?
②填料的性能指标有什么要求?
③压实填料前需进行哪些工作?

(6) **模拟验收**

表3.5-11为实际操作过程中会用到的验收记录样表,供学员模拟演练,查漏补缺。

热料热补施工质量验收标准　　　　　表3.5-11

××桥梁						
热料热补施工验收记录表						
养护单元名称:				施工单位:××路桥集团有限公司		
养护工程部位:				监理单位:××监理有限公司		
基本要求	①遵循"圆洞方补,斜洞正补"的原则,画出坑槽的外轮廓线; ②槽壁整齐垂直,底层坚实稳定,槽内平整干燥; ③在槽底与槽壁均匀地喷洒乳化沥青,要求洒布均匀,涂刷过量应予以刮除; ④在摊铺前应该首先对混合料的温度进行测量,混合料的温度应不低于160℃; ⑤摊铺时应首先摊入槽壁四周,由边向中摊铺,并避免混合料离析,摊铺完毕后,应对新摊铺的坑槽进行整边,将多余的混合料整平					
	项次	检查项目	规定值或允许偏差	检查方法和频率	实测值或实测偏差值(代表值)	检查结果
实测项目	1	开槽深度(mm)	+5,-3	尺量:逐处检查,每处坑槽测3点取平均值		
	2	开槽宽度(mm)	+5,-3	尺量:逐处检查,每处坑槽测3点取平均值		
	3	压实度	≥最大理论密度的92%	按《公路养护工程质量检验评定标准》(JTG 5220—2020)附录B检查		
	4	接缝处高差(mm)	+3,0	尺量:骑缝检测,逐处检查		

续上表

	项次	检查项目	规定值或允许偏差	检查方法和频率	实测值或实测偏差值(代表值)	检查结果
实测项目	5	平整度、最大间隙(mm)	≤3	3m直尺：逐处检查，单尺评价		
	6	接缝顺直度(mm/m)	≤10	拉线、钢直尺：逐处检查		
施工单位意见：					监理工程师意见：	
专业工程师： 质检工程师： 监理工程师： ×年×月×日						

3.5.2.3 沉陷类病害修复

沉陷类病害修复是根据沉陷病害类型、发生部位、严重程度及原因可采用回填压实、局部挖补和局部铣刨重铺的维修工艺进行病害处治。

本节仅对回填压实工艺进行介绍，局部挖补和局部铣刨重铺维修工艺可参考本章3.5.2.2沥青路面病害维修——坑槽类病害修复中局部挖补和局部铣刨重铺工艺实施病害修复。

(1)适用范围

回填压实适用于路基及基层稳定良好的情况下，路表面局部沉陷病害的处治。

(2)材料要求

主要材料：与旧路面性能要求一致的热拌沥青混合料、热沥青。

(3)机械设备要求

回填压实设备及机具配置见表3.5-12。

回填压实设备及机具配置　　　　表3.5-12

序号	设备及机具名称	单位	数量
1	高压吹风机	台	1
2	沥青混合料保温车	个	1
3	轻型压路机或小型压实设备	台	1
4	扫帚	把	若干
5	铁锹	把	若干
6	铁耙	把	若干

(4)施工工艺

沥青路面回填压实施工流程如图3.5-42所示。

①施工准备：根据路面局部沉陷病害的情况，估算材料用量。检查施工设备及机具，确保设备运转正常。若采用厂拌沥青混合料，可直接将拌好的热料装入保温设备中。

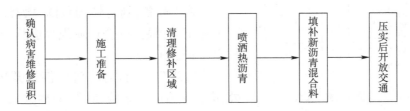

图 3.5-42　回填压实处治沉陷病害施工流程

②清理修补区域:清扫干净路面病害范围内的泥土、灰尘、污垢及杂物,清扫范围略大于处治面积。

③喷洒热沥青:在处治范围内均匀喷洒热沥青并及时用刮板摊刮均匀。热沥青摊刮温度以 120~140℃ 为宜(低温地区温度可提高10℃)。若温度过高沥青易流淌,温度过低沥青不易摊刮。摊刮厚度以 1mm 为宜,用量控制在 0.8~1.0kg/m²。

④填补新沥青混合料:将沥青混合料摊铺至沉陷病害范围内,按 1.15~1.3 的松铺系数确定回填混合料体积。

⑤压实后开放交通:采用轻型压路机或小型压实设备对回填沥青混合料进行压实,碾压 5~6 遍,碾压时混合料温度不低于120℃。回填的热拌沥青混合料冷却至50℃以下后开放交通。

3.5.2.4　波浪拥包类病害修复

波浪拥包类病害根据其产生原因和类型,可采用局部挖补和局部铣刨的处治方式。

本节仅对局部铣刨工艺进行讲述,局部挖补维修工艺可参考本章 3.5.2.2 沥青路面病害维修——坑槽类病害修复中局部挖补工艺实施病害修复。

(1)适用范围

局部铣刨适用于沥青路面出现较多且严重的波浪拥包病害的处治。

(2)材料要求

主要材料:采用局部铣刨处治波浪拥包病害无须额外材料。

(3)机械设备要求

局部铣刨机械设备及机具配置(单个施工班组)见表 3.5-13。

局部铣刨机械设备及机具配置　　表 3.5-13

序号	设备及机具名称	单位	数量
1	精铣刨机	台	1
2	铁锹	把	若干
3	扫帚	把	若干
4	工具车	辆	1

注:1. 局部铣刨采用装有精铣刨鼓的铣刨机,铣刨刀头间距为8mm,铣刨深度 0~50mm。
　　2. 局部精铣刨后,路面将产生细致的纹理,满足行车平顺舒适的要求。

(4)施工工艺

采用局部精铣刨修复沥青路面波浪拥包病害时的施工流程如图 3.5-43 所示。

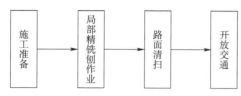

图 3.5-43　局部精铣刨施工流程

①施工准备:划定铣刨范围,检查施工设备是否正常工作,根据安全作业规程进行交通管制,摆放交通安全标志。

②局部精铣刨作业:将铣刨机开至铣刨位置处,沿行车方向开始铣刨(图 3.5-44),铣刨过程中注意高程控制。

③开放交通:铣刨结束后对路面进行清扫(图 3.5-45),施工完毕后按规定拆除安全标志,开放交通。

图 3.5-44　局部精铣刨作业

图 3.5-45　路面清扫

(5)质量控制

使用局部精铣刨处治的沥青路面应平整密实、路拱适度、线条顺直、排水良好,3m 直尺平整度检测不大于 5mm。

(6)注意事项

局部精铣刨过程中必须严格控制高程,保证铣刨后沥青路面与旧路面形成完好的平面,施工后平整度满足要求。

3.5.2.5　泛油病害修复

泛油病害可根据其产生原因和类型,采用碎石处治的方式。

(1)适用范围

泛油修复适用于不同严重程度的泛油病害处治。

(2)养护时间

应选择高温季节及时进行处理。

(3)材料要求

主要原材料:碎石,根据病害情况不同选用不同粒径的碎石。

(4)机械设备要求

对于严重泛油路段,必须采用重型压路机进行碾压,要求不小于 15t。

(5)施工工艺

沥青路面泛油病害维修的施工流程如图 3.5-46 所示。

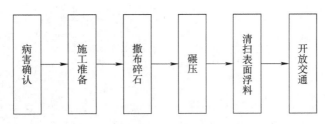

图 3.5-46 泛油修复施工流程

①施工准备:根据病害路段估计修复面积,准备足够的碎石,并根据安全作业规程进行交通管制,摆放交通安全标志。

②撒布碎石及碾压(图 3.5-47):

a. 严重泛油路段,选择撒料强压处理,先撒一层 S10(10~15mm)或更粗粒径碎石,用重型压路机(要求不小于 15t)强行碾压,达到基本稳定后,再分次撒布 S12(5~10mm)的粗砂,引导行车碾压成型。

b. 对于泛油较重的路段,根据情况可先撒 S12(5~10mm)的碎石,待稳定后,再撒 S14(3~5mm)的碎石或粗砂,通过行车碾压至不粘轮为宜。

c. 轻度泛油的路段,可撒 S14(3~5mm)的碎石或粗砂,通过行车碾压至不粘轮为宜。

图 3.5-47 撒布碎石

d. 先撒布矿料或碎石等粗料,后撒布石屑或粗砂等细料,撒布要求均匀、无堆积、无空白、均匀压入。

③清扫浮料:碾压结束后,用扫帚将路表面悬浮碎石清扫干净。

④开放交通:施工完毕,按规定拆除安全标志,开放交通。

(6)质量控制

泛油病害路段修复后,路面不应有碎石,且沥青与碎石黏结良好,表现良好。

(7)注意事项

撒布石料处治时,应先撒布粗碎石,然后再撒布细料,并利用重型压路机将碎石压入路面,与旧路面形成良好的结合。

3.5.3 水泥路面病害处治

3.5.3.1 裂缝类病害处治

1)填缝裂缝修补

(1)适用范围

填缝裂缝修补适用于非基层原因造成的轻微裂缝的处治,如图 3.5-48 所示。

(2)养护时间

裂缝类病害要及时处治,每年雨季来临前对轻微裂缝填缝一次。

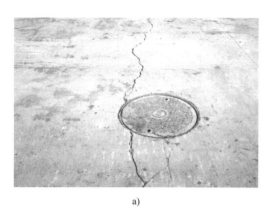
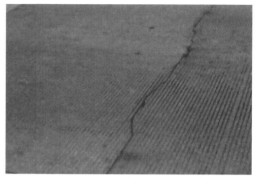

a)   b)
图 3.5-48 轻微开裂

(3)材料要求

灌缝主要材料:公路密封胶、洁净的细砂。

(4)机械设备要求

根据清缝灌缝施工要求,清缝灌缝设备及机具配置(单个施工班组)见表 3.5-14。

清缝灌缝设备及机具配置   表 3.5-14

序号	设备及机具名称	单位	数量
1	灌缝机(灌缝车)	台	1
2	高压吹风机或吹风机	台	1
3	加热喷枪	个	1
4	钢丝刷	把	若干
5	扫帚	把	若干

(5)施工工艺

水泥混凝土路面清缝灌缝施工流程如图 3.5-49 所示。

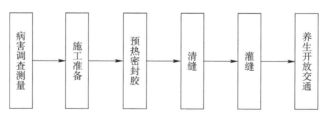

图 3.5-49 清缝灌缝施工流程

①施工准备:施工前准备充足的、符合要求的公路密封胶,对灌缝设备进行性能检查,确保沥青管路、沥青喷枪畅通,高压热空气吹烤装置空压足够、温度适宜;根据安全作业规程进行交通管制,摆放交通安全标志。

②预热密封胶:启动密封胶加热设备,当密封胶加热到一定温度(80~100℃)后,启动沥青搅拌器对密封胶进行搅拌,以保证密封胶均匀受热。当密封胶被加热到 160~180℃时,采取保温措施,即可灌注裂缝。

③清扫裂缝：用扫帚进行清扫，必要时采用钢丝刷清刷裂缝边缘灰尘，高压吹风机吹净裂缝周围及裂缝内的杂物、灰尘。当气温较低（<10℃）或裂缝内壁潮湿时，需对裂缝位置进行加热烘干，可采用加热喷枪预热裂缝边缘。

④灌缝处治：利用灌缝机将加热到要求温度的密封胶灌入裂缝，灌缝方向由低的一端向高的一端灌注，灌缝应均匀一致，避免漏灌和填缝料外溢现象，如图3.5-50所示。如有漏灌现象则由人工及时补齐；若填缝料外溢流淌到接缝两侧面板，影响路面平整度与路容时，应予以清除。

图 3.5-50 裂缝修补效果

⑤开放交通：灌缝结束后，待密封胶完全冷却 15~30min 后开放交通。

(6)质量控制

修补裂缝黏结良好，满足工艺要求。

2)条带罩面法

(1)适用条件

贯穿全厚的中等、严重程度的裂缝。

(2)材料要求

原材料包括钯钉、(改性)环氧树脂、钢筋网、水泥混凝土。

(3)机械设备要求

条带罩面法施工所需设备及机具配置见表3.5-15。

条带罩面法设备及机具配置　　　表 3.5-15

序号	设备及机具	单位	数量
1	手电钻	台	1
2	小型混凝土拌和机	台	1
3	高压吹风机	台	1
4	风镐	个	1
5	发电机	台	1
6	扫帚	把	若干
7	铁锹	把	若干
8	抹平板	个	若干

(4)施工工艺

条带罩面法施工流程及示意如图3.5-51及图3.5-52所示。

①施工准备：施工前准备充足的、符合要求的材料，根据安全作业规程进行交通管制，摆放交通安全标志。

②切缝：平行于缩缝，在裂缝两侧切缝，且距裂缝距离不小于15cm，凿除切缝内混凝土，深度以一半板厚为宜。

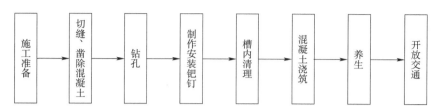

图 3.5-51 条带罩面法施工流程

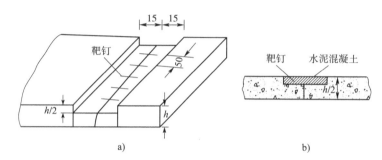

图 3.5-52 条带法施工示意(尺寸单位:cm)

③钻孔:间隔 30~50cm 钻孔,钯钉孔直径应大于钯钉直径 2~4mm。

④制作安装钯钉:用 φ16 螺纹钢筋制作钯钉,长度不小于 20cm,直角弯钩长度大于 7cm,钯钉孔内填满环氧树脂砂浆,将钯钉插入孔内安装。

⑤槽内清理:用钢丝刷将切割的缝内壁清理干净,并清除缝内松动的混凝土碎块及表面尘土、裸石。

⑥混凝土浇筑:铺设钢筋网,浇筑水泥混凝土,喷洒养护剂。

⑦养生与开放交通:养生 3~7d 后,开放交通。

(5)质量控制

水泥混凝土坍落度宜在 2~3cm 范围内,强度宜不小于 C40。施工后平整度及相邻板块高差不大于 2mm。

3.5.3.2 板角断裂修补

(1)适用范围

板角断裂修补适用于板角松动、破碎,角隅断裂,缺角等病害的处治。

(2)材料要求

满足强度要求的水泥混凝土、乳化沥青、细砂、传力杆。

(3)机械设备要求

板角断裂维修所需设备及机具配置见表 3.5-16。

板角断裂维修设备及机具配置   表 3.5-16

序号	设备及机具名称	单位	数量
1	切缝机	台	1
2	小型混凝土拌和机	台	1

续上表

序号	设备及机具名称	单位	数量
3	高压吹风机	台	1
4	风镐	个	1
5	发电机	台	1
6	电钻	台	1
7	扫帚	把	若干
8	铁锹	把	若干
9	抹平板	个	若干

(4)施工工艺

板角断裂处治施工流程如图3.5-53所示。

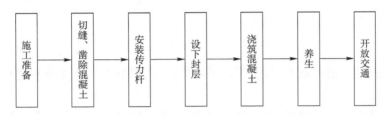

图3.5-53 板角断裂处治施工流程

①施工准备:施工前准备充足的、符合要求的材料,根据安全作业规程进行交通管制,摆放交通安全标志。

②切缝、凿除混凝土:视板角断裂面大小切缝,要求切缝边距离裂缝不小于20cm。全深凿除缝内部分,保证缝壁垂直,保留、补齐槽内钢筋,如图3.5-54所示。

③安装传力杆:沿行车方向在板中设滑动传力杆,间距30cm。

④设下封层:处理不良基层,铺设下封层,与旧路面板的接缝面,涂刷沥青。

⑤浇筑混凝土:浇筑水泥混凝土,洒养护剂,与原面板之间的接缝处切缝、灌缝。

⑥养生与开放交通:待强度达到要求后开放交通。

图3.5-54 凿除角隅断裂部分

(5)质量控制

水泥混凝土强度要求不小于原板块设计强度,水泥混凝土坍落度要求小于3cm,板块平整度要求小于3mm,相邻板块高差要求小于5mm。

3.5.3.3 坑洞病害修复

(1)适用范围

对面积不大或较浅的坑洞,可先对坑洞进行清理,然后采用环氧树脂混凝土人工直接修补,或采用沥青混合料进行修补。本方法适用于对孔洞较深或面积较大的坑洞病害的处治。

(2)材料要求

主要材料:与原板块水泥混凝土强度和模量相当的水泥混凝土。

(3)机械设备要求

坑洞类修补所需设备及机具:切缝机、夯锤、振动棒、抹平工具。

(4)施工工艺

对面积不大或较浅的坑洞,可先对坑洞进行清理,然后采用环氧树脂混凝土人工直接修补,或采用沥青混合料进行修补。对于孔洞较深或面积较大的,施工流程如图 3.5-55 所示。

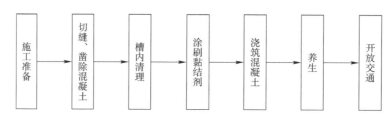

图 3.5-55 坑洞类修补施工流程

①施工准备:施工前准备充足的、符合要求的材料,根据安全作业规程进行交通管制,摆放交通安全标志。

②切缝、凿除混凝土及清理:确定施工尺寸,切槽、凿除原处混凝土,并扫净吹干。

③涂刷黏结剂:在坑槽面均匀涂刷一层黏结剂。

④浇筑混凝土:按原板块混凝土标号配制混凝土,并掺加早强剂,填入拌好的混凝土,振捣出浆。

⑤养生与开放交通:喷洒养生剂,压盖塑料薄膜养生。待混凝土强度达到要求后开放交通。

(5)质量控制

水泥混凝土强度必须不低于原板块混凝土强度。

3.5.3.4 应力释放法拱起病害修复

(1)适用范围

应力释放法适用于水泥混凝土板块两端拱起但路面完好的病害的处治。

(2)材料要求

主要材料:质量合格的灌缝材料。

(3)机械设备要求

应力释放法处治拱起所需设备及机具主要包括切割机、灌缝机。

(4)施工工艺

应力释放法的施工流程如图 3.5-56 所示。

①两侧各锯横缝:用切割机具缓慢地将被拱起端两侧的各 1~2 条横缝切宽、切深,释放其应力(图 3.5-57)。

②板块复位:切开拱起端,将板块恢复原位。

③清缝：板块恢复原位后，在缝隙和其他接缝内进行清缝，并灌填缝料。

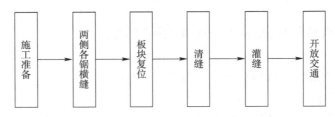

图 3.5-56 应力释放法施工流程

(5)质量控制

拱起修复部分的路面高程应与旧路面一致；新锯缝的填缝料不高出路面，且不低于路面 3mm。

3.5.3.5 错台病害修复

1)打磨法

(1)适用范围

打磨法适用于高差较小，不超过 10mm 的错台病害的处治，如图 3.5-58 所示。

图 3.5-57 切缝、释放应力

图 3.5-58 水泥路面错台打磨

(2)材料要求

填补法主要采用沥青砂或聚合物水泥混凝土进行填补。其中，沥青砂的配合比、含油量、材料应符合《公路沥青路面施工技术规范》(JTG F40—2004)的要求。聚合物水泥混凝土的配合比、水灰比、材料应符合《公路水泥混凝土路面施工技术细则》(JTG/T F30—2014)的要求。

(3)机械设备要求

打磨法所需设备及机具主要包括磨平机。

(4)施工工艺

①打磨从错台最高点开始向四周扩展，边磨边用 3m 直尺找平，直至相邻两块板齐平为止。
②磨平后，将接缝内杂物清除干净，并吹净灰尘，及时填入嵌缝料。

(5)质量控制

磨平后，平整度及相邻板高差要求小于 5mm，抗滑构造深度和平整度满足规定要求。

2) 填补法

(1) 适用范围

填补法适用于高差大于 10mm 的严重错台病害的处治。

(2) 材料要求

填补法主要采用沥青砂或聚合物水泥混凝土进行填补。

(3) 机械设备要求

填补法所需设备及机具主要有压路机。

(4) 施工工艺

① 采用沥青砂填补,沥青砂填补施工流程如图 3.5-59 所示。

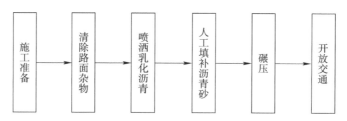

图 3.5-59 沥青砂填补施工流程

a. 清理及洒黏层油:清除路面杂物和灰尘,并喷洒一层热沥青或乳化沥青黏层油,沥青用量为 0.4~0.6kg/m²。

b. 填补:人工填补沥青砂,用轮胎压路机碾压。修补后纵坡变化不超过 1%。

c. 养生放行:控制初期行车慢速通过。

② 采用聚合物水泥混凝土填补(图 3.5-60)。

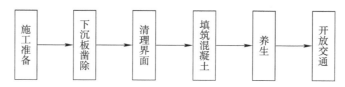

图 3.5-60 聚合物水泥混凝土填补施工流程

a. 下沉板凿除:将错台下沉板凿除 2~3cm 深,修补长度按错台高度除以坡度(1%)计算。

b. 清理界面:清除凿除面杂物、灰尘。

c. 填筑混凝土:浇筑聚合物水泥混凝土。

d. 养生开放交通:待混凝土达到通车强度后,开放交通。

(5) 质量控制

平整度及相邻板高差要求小于 5mm,抗滑构造深度和平整度满足规定要求。

3) 板块修补法

(1) 适用范围

板块修补法适用于板端发生破损或断裂的情况。

(2) 材料要求

合格的水泥混凝土,强度等级不小于旧水泥混凝土板块强度。

(3)机械设备要求

板块修补采用的设备及机具主要包括切割机、抹平工具、刻槽机等。

(4)施工工艺

板块修补施工流程如图3.5-61所示。

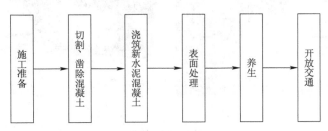

图3.5-61 板块修补施工流程

①切割、凿除混凝土:切割、凿除断裂或损坏部分。

②浇筑新水泥混凝土,如图3.5-62所示。

③表面处理:采用机械刻槽或人工拉毛的方式进行表面处理;一般路面强度达到标养28d强度的40%(养生2~3d)作为刻槽的最佳时间;为降低汽车行驶噪声,推荐采用不等间距刻槽。

④养生与开放交通:水泥混凝土养生,达到通车强度要求后开放交通。

图3.5-62 浇筑新水泥混凝土

(5)质量控制

平整度及相邻板高差要求小于5mm,抗滑构造深度和平整度满足规定要求。

3.5.3.6 路面基层脱空、唧泥病害修复

(1)适用范围

本方法适用于水泥混凝土路面板与基层之间出现空洞或松动等病害的处治。

(2)材料要求

主要材料:水泥、粉煤灰、铝粉、水。

(3)机械设备要求

路面基层脱空、唧泥修复所需设备及机具主要包括凿岩机、发电机、压浆机。

(4)施工流程

路基脱空、唧泥病害修复施工流程如图3.5-63所示。

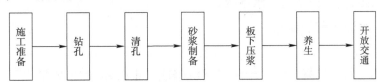

图3.5-63 路基脱空、唧泥病害修复施工流程

①钻孔:采用凿岩机钻孔,钻头选择直径5cm,孔应保持垂直并且要圆,深度要穿透板块并稍经过稳定的基层,最小深度为30cm,如图3.5-64所示。

a) b)

图 3.5-64 钻孔

②清孔:用吹气的方法形成板下空隙,以便砂浆初始分布。用 5cm 长橡胶管安插在孔口作为衬垫,以橡胶管外径与孔径一致为宜(在压浆前半天完成),以便使灌浆栓塞与孔口紧密结合,防止漏浆。

③砂浆制备:将水泥、粉煤灰按比例放入砂浆搅拌筒内,搅拌 15s;然后掺入所需的外加剂,搅拌 15s;再加水搅拌,将砂浆送入搅拌器,用泵送出。

④板下压浆:将灌浆栓塞打入孔中,栓塞底部适当离开基层,软管出料口套在栓塞上并

图 3.5-65 注浆

固定好,开始连续地向泵内送砂浆(图 3.5-65),直至观察到砂浆从一个孔流入另一个孔,或当砂浆泵压力迅速升高达 2.0MPa 时停止泵送,然后将压力值降至 1.5~1.8MPa,保持约 2min,打开卸荷开关,压力回零;再次泵送,压力又达 2.0MPa,停止泵送,待压力稳定在某值约 2min 时卸荷,压力回零。停止泵送由压力计自动保护装置控制。

⑤养生与开放交通:灌浆后,残留在板面上的砂浆要及时扫掉,应避免砂浆注入缝隙。取出木塞,用快凝水泥砂浆永久地密封孔口,并抹平。一般养生期 3d,严格控制任何车辆不得驶入板块处于养生期的封闭路段。达到通车强度后开放交通。

(5)质量要求

原材料性能、灌浆材料配比和施工性能应符合方案设计要求,不得产生新的路面裂缝、局部脱空和板块抬升,不得堵塞排水系统。

3.5.3.7 水泥板整板维修

(1)适用范围

本办法适用于水泥混凝土路面产生严重沉陷或严重破碎,且主要集中于一块板内等病害的处治。

(2)材料要求

主要材料:水泥混凝土、传力杆。

(3) 机械设备要求

水泥板整板维修设备及机具配置见表 3.5-17。

水泥板整板维修设备及机具配置　　　　表 3.5-17

序号	设备及机具名称	单位	数量
1	小型混凝土拌和机	台	1
2	高压吹风机	台	1
3	风镐	个	1
4	发电机	台	1
5	扫帚	把	若干
6	铁锹	把	若干
7	抹平板	个	若干

(4) 施工流程

水泥板整板维修施工流程如图 3.5-66 所示。

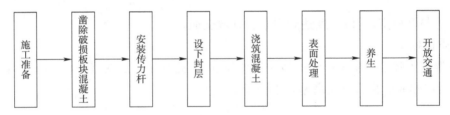

图 3.5-66　水泥板整板维修施工流程

①施工准备：施工前准备充足的、符合要求的材料，根据安全作业规程进行交通管制，摆放交通安全标志。

②凿除破损板块混凝土：利用风镐或液压镐凿除破损板块混凝土，如图 3.5-67 所示。

③安装传力杆：沿行车方向在相邻板中以间距 30cm 钻孔布设滑动传力杆，如图 3.5-68、图 3.5-69 所示。

图 3.5-67　凿除破损板块混凝土路面

图 3.5-68　传力杆钻孔

④设下封层：处理不良基层，铺设下封层，与旧路面板的接缝面，涂刷沥青。基层的压实

处置如图3.5-70所示。

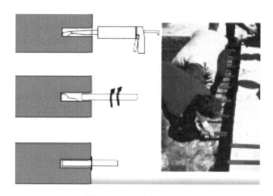
图3.5-69 传力杆安装

图3.5-70 基层的压实处置

⑤浇筑混凝土:浇筑水泥混凝土,洒布养护剂,与原面板之间的接缝处切缝、灌缝。

⑥表面处理:采用机械刻槽或人工拉毛的方式进行表面处理;一般路面强度达到标养28d强度的40%(养生2~3d)作为刻槽的最佳时间;为降低汽车行驶噪声,推荐采用不等间距刻槽。

⑦养生与开放交通:待强度达到要求后开放交通。

(5)质量控制

水泥混凝土强度要求不小于原板块设计强度,水泥混凝土坍落度要求小于3cm,板块平整度要求小于3mm,相邻板块高差要求小于2mm。

3.6 路面养护工程

3.6.1 预防养护

3.6.1.1 预防养护概述

《公路养护技术标准》(JTG 5110—2023)中明确规定,公路养护应贯彻"预防为主、防治结合"的方针,加强预防性养护,保持公路及其沿线设施良好的技术状况。

预防性养护是交通运输主管部门或公路管理机构,为防止路面出现病害或轻微病害的进一步扩展,延缓路面使用性能的衰减,降低路面全寿命周期费用,在没有发生损坏或只有轻微病害与病害迹象的路面上,采取的基本不扰动路面结构、不增加路面结构强度,加铺各种薄层铺装层(<40mm)的路面养护作业。

1)预防养护分类

(1)沥青路面

根据《公路沥青路面预防养护技术规范》(JTG/T 5142-01—2021)的分类标准,沥青路面预防养护技术可分为封层、罩面、就地热再生等不同类型。其中,封层类技术可包括雾封层、碎石封层、纤维封层、稀浆封层、微表处、复合封层;罩面类技术可包括薄层罩面、超薄罩面、封层罩面;就地热再生类技术可包括复拌再生、加铺再生等。下面对其中一部分预养护技术进行介绍。

①雾封层:采用专用高压喷洒设备将雾封材料喷洒在沥青路面上形成的封层。根据是否添加适量碳化硅、石英砂、玄武岩等细集料,雾封层可分为含砂雾封层和不含砂雾封层。

②碎石封层:是一种表面处治技术,即先在面层表面喷洒沥青(通常使用乳化沥青),之后立即用集料覆盖和碾压。

③纤维封层:在碎石封层基础上增加一层纤维和改性乳化沥青而成的封层。

④稀浆封层:使用慢凝乳化沥青、良好级配的细集料、矿粉和水拌制的混合料,用来填封裂缝和旧路面表面,以恢复均匀的表面纹理,防止水与空气侵入路面并提供抗滑阻力。

⑤微表处:将聚合物改性乳化沥青作为结合料,矿质集料、矿粉、水和其他添加剂按适当比例组成,拌和并撒铺在有沥青混凝土铺面的表面上。

⑥复合封层:又称为开普封层,包含应用稀浆封层、新铺面层处治或石屑罩面等的表面处治技术,用来提供防水的表面并改善防滑性能。

⑦薄层罩面:厚度为25~40mm的沥青混合料罩面。

⑧超薄罩面:厚度小于25mm的沥青混合料罩面。

⑨现场热再生:一种现场再生工艺流程,先将既有沥青面层加热,之后用机械将松散的既有面层材料移开堆放与再生剂拌和,必要时加入新集料,把拌和好的再生沥青混合料重用于路面摊铺碾压成型。

(2)水泥混凝土路面

对于水泥混凝土路面,预防性养护通常包括接缝养护、路面板裂缝修补、板底注浆、排水设施养护、表面功能恢复等。这些养护技术多属于日常养护或者小修、中修的范围。此外,对于水泥混凝土路面表面功能恢复的薄层"白改黑"技术也可视为水泥混凝土路面的预防养护技术。

2)预防养护技术选取

路面养护管理应针对路面不同的损坏状况提出不同的技术指标,用于判别所选养护技术措施的适宜性。科学的养护决策是保证预防养护有效性和经济性的前提,也是养护工程设计的重要依据,这一点非常关键。预防养护决策一般是由公路养护管理部门或公路运营企业作出,或由其委托的咨询机构完成。在选择预防养护技术时应遵循下列原则:

(1)应根据养护目的和病害特征等,选择有针对性的技术。

(2)应优先选用经过本地工程实践验证、应用经验丰富且实施效果好的技术。

(3)用于城镇过境段、净高受限路段、隧道等特殊路段时,应确认技术适用性。

(4)当多种预防养护技术同时适用且缺少经验无法判断优劣时,应进行技术经济性比选。

不同预防养护技术适用于不同的公路等级和交通荷载等级,在选择预防养护技术时应满足表3.6-1的要求。

预防养护技术适用的公路技术等级和交通荷载等级　　　　表3.6-1

场合		预防养护技术								
		雾封层a	碎石封层、纤维封层	稀浆封层	微表处	复合封层b	薄层罩面	超薄罩面	封层罩面	就地热再生
公路技术等级	高速公路	√	×	×	√	√	√	√	√	√
	一级公路	√	×	×	√	√	√	√	√	√
	二级公路	√	√	√	√	√	√	△	√	√
	三级公路	√	√	√	△	√	√	△	√	×
	四级公路	√	√	√	△	√	√	△	√	×
交通荷载等级	极重	△	△	△	△	△	△	△	△	△
	特重	△	△	×	√	√	√	√	√	√
	重	△	△	△	√	√	√	√	√	√
	中	√	√	√	√	√	√	√	√	√
	轻	√	√	√	√	√	√	√	√	√

注：1.表中√表示适用，△表示可用，×表示不适用，下表同；a 表示不含砂雾封层，不适用于高速公路和一级公路；b 表示复合封层中，碎石封层或纤维封层加铺微表处适用于二级及二级以上公路，适用于各交通荷载等级情况。
2. 碎石封层加铺稀浆封层适用于二级及二级以下公路，适用于重以下交通荷载等级情况。

不同的预防养护技术适用于解决不同的路表功能性问题。在选择预防养护技术时应满足表3.6-2的要求。

预防养护技术适用的路面功能状况　　　　表3.6-2

路面功能状况	预防养护技术								
	雾封层	碎石封层、纤维封层	稀浆封层	微表处	复合封层	薄层罩面	超薄罩面	封层罩面	就地热再生
抗滑损失	×	√	√	√	√	√	√	√	√
路面渗水	√	√	√	√	√	√	√	√	△
路面磨耗	×	√	√	√	√	√	√	√	√
沥青老化	√	√	√	√	√	△	△	△	△
路面不平整	×	×	×	×	×	△	×	△	△

3.6.1.2 雾封层技术

1）技术概述

雾封层技术就是利用专用雾封层洒布车在沥青面层喷洒一层薄薄的、高渗透性的改性乳化沥青，以形成一层严密的防水层将路面空隙封闭，起到隔水防渗、保护路面功能的作用。雾封层技术作为一种有效的预防性养护手段，能够封闭路面表面微裂缝、阻止路面表面渗水、防止路面表面松散、延缓旧路面沥青老化、降低沥青面层温度和改善路面外观。

含砂雾封层，是由以改性乳化沥青或煤沥青基材料、陶土、聚合物添加剂为主要成分的雾封层材料与砂组成的混合料，采用专用的含砂雾封层高压喷洒车，在沥青路面上喷洒形成一薄层，起到封闭路面微裂缝、防止松散石料脱落、阻止水分下渗的作用，并能延缓路面沥青老化、降低沥青面层温度与保持路面抗滑性能，达到显著改善路面外观的效果。含砂雾封层施工及效果如图3.6-1所示。

图3.6-1 含砂雾封层施工及效果

2）适用范围

含砂雾封层适用于表面有松散麻面、渗水、沥青老化且抗滑性能较好的沥青路面，但不适用于由酸性岩石、鹅卵石等破碎集料铺筑的沥青路面。其适用的各等级公路路况水平应符合表3.6-3的规定。

含砂雾封层适用的各等级公路路况水平 表3.6-3

路况指数	高速公路	一级及二级公路	三级及四级公路
PCI、RQI、RDI	≥90	≥88	≥85
SRI	≥75	≥70	—

使用含砂雾封层能封闭路面微裂缝隙，可在一定程度上防止表面石料松散脱落，延缓公路表面沥青老化，显著改善路面外观，但含砂雾封层会对旧路面抗滑性能产生一定影响，同时其耐久性与环境适用性偏弱，容易脱落影响使用寿命。

3）材料技术要求

（1）沥青

含砂雾封层用乳化沥青类材料性能应满足《沥青路面雾封层材料乳化沥青类薄浆封层》（JT/T 1330—2020）的要求。还原剂类雾封层材料性能应满足现行《沥青路面雾封层材料还原剂类雾封层材料》（JT/T 1264—2019）的要求。

（2）细集料

含砂雾封层细粒砂可采用石英砂、金刚砂或机制砂（机制砂宜采用专用的制砂机制造，并选用优质的玄武岩生产），细粒砂的细度应为30~50目。含砂雾封层用细集料应满足表3.6-4的技术要求。

含砂雾封层用细集料技术要求 表 3.6-4

项目		技术要求	试验方法
表观密度		≥2.50	T 0328
吸水率(%)		≤2	T 0330
砂当量(%)		≥85	T 0334
通过筛孔的百分率（%）	2.36mm	100	T 0327
	1.18mm	90~100	
	0.3mm	5~70	
	0.75mm	0~5	

（3）胶结料

含砂雾封层胶结料可采用乳化沥青基或煤焦油基，并掺加聚合物、矿物等成分的黏性材料，具有良好的还原、渗透和抗老化性能，且具有与砂良好的黏附性，其具体技术指标应满足表 3.6-5 的要求。

含砂雾封层用胶结料技术要求 表 3.6-5

检测指标	技术要求	试验方法
残留物含量(%)	≥56	JTG 5142-01[①]附录 B.1
干燥时间(h)	≤2(60℃)/6(20℃)	JTG 5142-01[①]附录 B.1
黏结强度(MPa)	≥0.15	JTG 5142-01[①]附录 B.1
布氏黏度(25℃,Pa·s)	≥2.5	T 0625

注：①在本书中为《公路沥青路面预防养护技术规范》(JTG/T 5142-01—2021)，后同。

4) 施工质量控制

（1）施工前准备

①各类施工设备和机具应运转正常。雾封层喷洒车喷洒管高度应适宜，喷嘴与洒油喷洒管夹角应调整至适宜位置，喷嘴应无堵塞，喷洒压力应正常，洒布时宜有 2~3 个喷嘴，喷洒的材料能同时覆盖同一点。

②施工前应对喷洒设备的计量系统进行标定。

③雾封层材料的喷洒率，应根据旧路面技术状况、表面致密程度、粗糙度、路面渗水、松散麻面情况，在设计的基础上作出合理调整。

④雾封层材料应均匀、稳定，无结块、沉淀、离析现象，必要时应搅拌。

⑤旧路面局部病害应按设计完成处治。

⑥施工前路面应清洁、干燥，无杂物、无污染、无积水，公路人工构造物、路缘石、标线等外露部分应做防污染遮盖。

（2）施工过程控制

①应保证施工起点和终点位置的喷洒边缘整齐，宜在起点和终点位置预铺油毛毡。

②喷洒过程中应确保洒布车的车速稳定，喷洒管路畅通，喷洒后的材料应均匀分布，喷

洒过程中有局部不均匀处,应及时补漏。

③如出现条纹状洒布或材料泄漏情况,应立刻停止施工进行检查。

④含砂雾封层应视天气情况确保施工后有足够的养护成型时间。开放交通时间应至少保证施工后路面在常温、空气湿度小于70%的条件下养护4h。

⑤含砂雾封层施工中应对其混合料和现场质量进行抽样检测,检测项目、检测频率、质量要求及检测方法应符合表3.6-6的规定。

含砂雾封层施工过程控制要求　　　　　表3.6-6

检测项目	检测频率	质量要求或允许偏差	检测方法
稳定性(%)	1次/车	≤15	JTG 5142 附录 B.4
耐磨性(g/m^2)	1次/3个工作日	≤600	JTG 5142 附录 B.5
外观	全线连续	表面喷洒均匀,无积聚	目测
洒布量(kg/m^2)	1次/工作日	±0.1	T 0982

3.6.1.3 碎石封层及纤维封层

1)概述

(1)碎石封层

碎石封层是一种沥青路面早、中期预防性封层养护技术,采用层铺法施工,在旧路面强度指标符合要求的情况下,只需要对旧路面进行清扫和简单处理,采用直接洒布热沥青或乳化沥青和撒布碎石的方法加铺的沥青薄处理层。

①碎石封层按使用的胶结料类型可分为热沥青(普通或改性)碎石封层和乳化沥青(普通或改性)碎石封层。其中,采用热沥青(普通或改性)作为胶结料的碎石封层应采用同步摊铺工艺与设备。

②碎石封层按施工工艺与设备可分为异步碎石封层和同步碎石封层。其中,同步碎石封层是指用同步碎石封层车将石料及沥青胶结料同时撒(洒)布在路面上,在胶轮压路机和自然行车碾压下,使胶结料与石料之间有充分的表面接触,以达到它们之间最大的黏结性,从而形成保护原有路面的沥青碎石磨耗层。同步碎石封层施工及效果如图3.6-2所示。

图3.6-2 同步碎石封层及实施效果

③碎石封层按是否掺入纤维可分为碎石封层和纤维碎石封层。

④碎石封层按铺筑的层数可分为单层和双层。单层碎石封层的工艺是在路面上直接洒布沥青胶结料和撒布石料后,立即用轮胎压路机进行碾压,使撒布的集料固定嵌挤。双层碎石封层的工艺是第二层的施工,应在第一层施工结束后立即进行,其中第一层施工先用较大粒径的集料,用量占总集料用量的60%,第二层施工用其余40%较小粒径的集料,其粒径为第一层集料粒径的一半。

（2）纤维封层

纤维封层技术是指采用纤维封层设备同时洒（撒）布沥青黏结料和玻璃纤维,然后在上面撒布碎石经碾压后形成新的磨耗层或者应力吸收中间层的一种预防性养护技术。纤维封层及实施效果如图3.6-3所示。纤维封层技术特别适用于旧沥青路面（新建路基）、面层层间应力吸收中间层和旧沥青路面耐磨层施工,对新旧沥青公路建设及养护起到有效的保护作用,更能延长其养护周期及服务寿命。

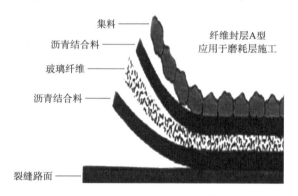

图3.6-3　纤维封层及实施效果

2）适用范围

碎石封层与纤维封层均只适用于二级及二级以下公路、需要改善抗滑等使用性能的沥青路面;或者用作各等级公路加铺功能性罩面、结构性补强、桥隧沥青铺装、水泥混凝土路面沥青铺装等需要起到应力吸收作用的黏结防水层。碎石封层适用的各等级公路路况水平见表3.6-7。

碎石封层适用的各等级公路路况水平　　　　　　表3.6-7

路况指数	二级公路	三级及四级公路
PCI、RQI、RDI	≥80	≥75

使用碎石封层与纤维封层能够封闭路面轻度裂缝、改善路面抗滑性能、改善路面外观、提高路面整体防水性能,但碎石封层与纤维封层普遍存在行车噪声问题,同时在材料性能或施工质量控制不佳的情况下,容易松散、掉粒,影响整体性能。

3）材料技术要求

（1）沥青

碎石封层宜采用乳化沥青或改性乳化沥青作为胶结料,可采用公路石油沥青、改性沥青、橡胶沥青等作为胶结料。纤维封层宜采用改性乳化沥青作为胶结料。

胶结料技术要求应符合现行《公路沥青路面施工技术规范》（JTG F40—2004）的有关规定。使用乳化沥青时，乳化沥青蒸发残留物含量应不小于60%，宜不小于62%；使用改性乳化沥青时，改性乳化沥青蒸发残留物含量应不小于62%，宜不小于65%。

（2）集料

碎石封层和纤维封层应选择玄武岩、辉绿岩、石灰岩等岩石破碎而成，宜采用粒径3~5mm、5~8mm、7~10mm、9~12mm或12~15mm接近单一粒径集料。碎石封层和纤维封层用集料技术要求应满足表3.6-8的要求。

碎石封层和纤维封层用集料技术要求 表3.6-8

项目	技术要求		试验方法
	二级及二级以上公路	三级和四级公路	
石料压碎值(%)	≤20	≤20	T 0316
洛杉矶磨耗损失(%)	≤28	≤30	T 0317
磨光值 a	≥42	≥38	T 0321
表观相对密度	≥2.6	≥2.5	T 0304
吸水率(%)	≤2.0	≤3.0	T 0304
坚固性(%)	≤12	≤12	T 0314
针片状含量(%)	≤10	≤10	T 0312
水洗法<0.075mm 颗粒含量(%)	≤1	≤1	T 0310
软石含量(%)	≤2	≤2	T 0320

（3）纤维

纤维封层用纤维应符合现行《沥青路面用纤维》（JT/T 533）的有关规定。

（4）材料撒（洒）布率

碎石撒布率和胶结料洒布率应根据旧路面状况、交通荷载等级、施工经验、施工季节等，并结合碎石粒径和施工层数，在表3.6-9、表3.6-10所示的范围内合理确定。

单层式碎石封层材料规格和用量 表3.6-9

碎石规格 （mm）		碎石用量 （m³/1000m²）	（改性）乳化沥青用量 （kg/m²）	热（改性）沥青用量 （kg/m²）
砂粒式	3~5	4~7	1.2~1.5	—
细粒式	5~8	6~9	1.5~1.8	0.9~1.2
	7~10	8~11	1.8~2.1	1.1~1.4
中粒式	9~12	10~13	2.1~2.4	1.4~1.7
	12~15	13~16	2.4~2.7	1.7~2.0

注：具体用量应经现场试铺确定。

双层式碎石封层材料规格和用量 表3.6-10

碎石规格（mm）		碎石用量（m³/1000m²）		（改性）乳化沥青用量（kg/m²）		热（改性）沥青用量（kg/m²）	
第一层	第二层	第一层	第二层	第一层	第二层	第一层	第二层
7~10	3~5	6~9	2~5	1.2~1.5	0.7~1.0	1.2~1.5	0.4~0.7
9~12	5~8	9~12	4~7	1.5~1.8	1.0~1.3	1.5~1.8	0.7~1.0
12~15	7~10	12~15	6~9	1.8~2.1	1.3~1.6	1.8~2.0	1.0~1.3

注：具体用量应经现场试铺确定。

4）施工质量控制

施工质量控制仅以同步碎石封层技术为例，同步碎石封层施工质量控制要点如下：

（1）碎石的质量。碎石必须有足够的硬度和洁净度，单一级配优于级配碎石；粒形以棱角性为典型特征，宜选择立方体形状的石料，避免较多的针片状含量。

（2）胶结料和碎石应洒（撒）布均匀，胶结料洒布不均匀处，可由人工及时补喷，碎石撒布应厚度一致，不重叠。

（3）同步碎石封层车每前进10~15m时，立即用胶轮压路机碾压。相邻两幅初压完成后，即可进行错轮碾压，碾压时每次轮迹应重叠30cm，每次折回的位置避免在同一横断面上。

（4）同步碎石封层施工结束后，使用热沥青的可限速开放交通，保证行车速度40km/h以下，减少石子脱落，及时扫除多余松散的石子。

通过进行的相关试验，同步碎石封层质量检验首先从外观确保表面平整，平整度小于或等于8mm，集料撒布均匀，覆盖率达沥青表面90%以上。两幅接缝处平整、外观颜色均匀一致，不应存在泛油或接缝过大等现象，并且与其他构造物连接要平顺。同步碎石封层的质量标准见表3.6-11。

同步碎石封层施工过程控制要求 表3.6-11

检测项目	检测频率	质量要求或允许偏差	检测方法
外观	全线连续	胶结料无明显积聚、流淌、漏洒，碎石无明显积聚、漏撒	目测
胶结料洒布量（kg/m²）	1次/工作日	设计值±0.2	T 0982
胶结料洒布温度	1次/工作日	表面喷洒均匀，无积聚	目测
碎石撒布量（kg/m²）	1次/工作日	设计值±0.5	T 0982

3.6.1.4 稀浆封层与微表处

1）技术概述

稀浆封层和微表处是一种沥青路面早、中期预防性封层养护技术，可起到封闭路面裂缝，阻止水分下渗的作用，提高路面抗滑与耐久性，防止路面松散，改善路面外观，延长路面使用寿命等作用；可用于深度≤30mm的车辙处治（双层）。

（1）稀浆封层

稀浆封层是采用机械设备将乳化沥青、粗细集料、填料、水和添加剂等按照设计配比拌和成稀浆混合料并且摊铺到旧路面上形成薄层的一种技术。按照矿料级配的不同，稀浆封层可以分为细封层（Ⅰ型）、中封层（Ⅱ型）和粗封层（Ⅲ型），分别以 ES-1、ES-2、ES-3 表示；

按照开放交通的快慢,稀浆封层可以分为快开放交通型稀浆封层和慢开放交通型稀浆封层。稀浆封层施工及实施效果如图3.6-4所示。

图3.6-4 稀浆封层施工及实施效果

(2)微表处

微表处是采用专用机械设备将聚合物改性乳化沥青、粗(细)集料、填料、水和添加剂等按照设计配比拌和成稀浆混合料并且摊铺到旧路面上,形成很快开放交通的具有高抗滑和耐久性能的薄层的一种技术。微表处可以分为Ⅱ型、Ⅲ型、Ⅳ型,分别以 MS-2、MS-3 和 MS-4 表示。微表处施工如图3.6-5所示。

图3.6-5 微表处施工

稀浆封层与微表处的主要区别如下:

①乳化沥青技术要求不同,稀浆封层采用的是未改性的乳化沥青,而微表处采用的是高分子聚合物改性的乳化沥青。

②集料质量要求不同,稀浆封层的砂当量要求大于45%,微表处用集料的砂当量要求大于65%。

③稀浆封层和微表处混合料设计指标要求不同。

④稀浆封层不能用于车辙填充,而微表处可以用于车辙填充。

2)适用范围

稀浆封层适用于二级及二级以下公路沥青路面,微表处适用于二级及二级以上公路、需要改善抗滑等使用性能的沥青路面。稀浆封层与微表处适用的各等级公路路况水平,应符合表3.6-12、表3.6-13的规定。

稀浆封层适用的各等级公路路况水平　　　　　　　　　　　　　　　　表3.6-12

路况指数	二级公路	三级及四级公路
PCI、RQI、RDI	≥85	≥80

微表处适用的各等级公路路况水平　　　　　　　　　　　　　　　　　表3.6-13

路况指数	高速公路	一级及二级公路
PCI、RQI	≥85	≥80

使用稀浆封层与微表处能够封闭路面轻度裂缝、提高路面抗滑性能、填充路表车辙,但稀浆封层与微表处普遍存在抗滑性能与行车噪声难以协调的共性问题,同时在材料性能或施工质量控制不佳的情况下,稀浆封层与微表处容易松散、脱落影响整体性能。

3)材料技术要求

(1)沥青

微表处必须选用阳离子型聚合物改性的乳化沥青,改性剂剂量(改性剂有效成分占纯沥青的质量百分比)不宜小于3%。选用的改性乳化沥青应符合表3.6-14中BCR型的规定,稀浆封层用乳化沥青应符合表3.6-14中BC-1型和BA-1型的规定。

微表处和稀浆封层用乳化沥青技术要求　　　　　　　　　　　　　　表3.6-14

试验项目		单位	BCR型	BC-1型	BA-1型	试验方法
筛上剩余量(1.18mm筛)		%	≤0.1	≤0.1	≤0.1	T 0652
电荷			阳离子正电(+)	阳离子正电(+)	阴离子负电(−)	T 0653
恩格拉黏度 E_{25}			3~30	2~30	2~30	T 0622
沥青标准黏度 $C_{25,3}$①		s	12~60	10~60	10~60	T 0621
蒸发残留物含量		%	≥60	≥55	≥55	T 0651
蒸发残留物性质	针入度(100g,25℃,5s)	0.1mm	40~100	45~150	45~150	T 0604
	软化点	℃	≥53②	—	—	T 0606
	延度(5℃)	cm	≥20	—	—	T 0605
	延度(15℃)	cm	—	≥40	≥40	
	溶解度(三氯乙烯)	%	≥97.5	≥97.5	≥97.5	T 0607
储存稳定性③	1d	%	≤1	≤1	≤1	T 0655
	5d	%	≤5	≤5	≤5	

注:①为乳化沥青黏度以恩格拉黏度为准,条件不具备时也可采用沥青标准黏度。
②为南方炎热地区、重载交通公路及用于填补车辙时,BCR蒸发残留物的软化点应不低于57℃。
③为储存稳定性根据施工实际情况选择试验天数,通常采用5d,乳化沥青生产后能在第二天使用完时也可选用1d。个别情况下,改性乳化沥青5d的储存稳定性难以满足要求,如果经搅拌后能够达到均匀一致而不影响正常使用,此时要求改性乳化沥青运至工地后应存放在附有循环或搅拌装置的储存罐内,并进行循环或搅拌,否则不准使用。

(2)集料

微表处矿料可采用不同规格的粗(细)集料、矿粉等掺配而成,粗集料应选择坚硬、粗糙、耐磨、洁净的集料,细集料宜采用碱性石料生产的机制砂。微表处和稀浆封层用集料技术要求见表3.6-15。

微表处和稀浆封层用集料技术要求 表3.6-15

材料	项目	技术要求			试验方法	备注
		A级微表处	B级微表处	稀浆封层		
粗集料	压碎值(%)	≤26	≤26	≤28	T 0316	—
	洛杉矶磨耗损失(%)	≤25	≤28	≤30	T 0317	—
	磨光值(BPN)	≥42	≥42	—	T 0321	
	坚固性(%)	≤12	≤12	≤12	T 0314	
	针片状含量(%)	≤15	≤15	≤18	T 0312	
细集料	坚固性(%)	≤12	≤12	—	T 0340	>0.3mm部分
合成矿料	砂当量(%)	≥65	≥65	≥50	T 0334	合成矿料中<4.75mm部分
	亚甲蓝值(g/kg)	≤2.5			T 0349	合成矿料中<2.36mm部分

注:1.稀浆封层用于四级公路时,粗、细集料的质量要求可参照《公路沥青路面施工技术规范》(JTG F40—2004)适当放宽。

2.微表处按矿料级配可分为MS-2、MS-3和MS-4三种类型,按性能可分为A、B两个等级。隧道道面、夜间施工及对性能有较高要求的路段宜采用A级微表处。

(3)混合料级配及性能指标

微表处和稀浆封层混合料设计选用的矿料级配范围应符合表3.6-16、表3.6-17的规定,室内试验技术指标应满足表3.6-18、表3.6-19的技术要求。

微表处矿料级配范围 表3.6-16

级配类型	通过下列筛孔(mm)的质量百分率(%)									
	13.2	9.5	7.2	4.75	2.36	1.18	0.6	0.3	0.15	0.075
MS-2	100	100	100	90~100	65~90	45~70	30~50	18~30	10~21	7~12
MS-3	100	100	83~96	70~90	45~70	28~50	19~34	12~25	7~18	6~12
MS-4	100	88~100	72~90	60~80	40~60	28~45	19~34	14~25	8~17	4~8

稀浆封层矿料级配范围 表3.6-17

级配类型	通过下列筛孔(mm)的质量百分率(%)								
	9.5	4.75	2.36	1.18	0.6	0.3	0.15	0.075	9.5
ES-1	—	100	90~100	65~90	40~65	25~42	15~30	10~20	—
ES-2	100	90~100	65~90	45~70	30~50	18~30	10~21	5~15	100
ES-3	100	70~90	45~70	28~50	19~34	12~25	7~18	5~15	100

微表处混合料技术要求   表3.6-18

项目		技术要求		试验方法
		A级微表处	B级微表处	
可拌和时间(s)①		90~180①	120~300(25℃)	T 0757
破乳时间(min)②		≤10	≤20	T 0753
黏聚力(N·m)	30min 初凝时间	≥1.2,且初级成型	≥1.2	T 0754
	60min 开放交通时间	≥2.0,且中度成型	≥2.0,且初级成型	
温度25℃,湿度70%条件下养生2h,养生初期磨耗损失(g/m²)		≤800	—	JTG/T 5142—01 附录B
负荷轮黏附砂量(g/m²)		≤450	≤450	T 0755
湿轮磨耗值(g/m²)	25℃浸水1h	≤360	≤540	T 0752
	25℃浸水6d	≤480	≤800	
轮辙变形试验的宽度变化率(%)③		≤5	≤5	T 0756
配伍性等级值④		≥11	≥11	T 0758

注:①为可拌和时间应按施工现场可能遇到的温度进行测试。
②为破乳时间的测试应选用工程实际使用的集料(合成级配);否则应予以注明。
③为不用于车辙填充的微表处混合料可不要求轮辙变形试验。
④为A级微表处混合料应进行配伍性试验并满足配伍性等级值,B级微表处混合料宜进行配伍性等级试验。

稀浆封层混合料技术要求   表3.6-19

项目		技术要求		试验方法
		快开放交通型	慢开放交通型	
25℃可拌和时间(s)		≥120	≥180	T 0757
黏聚力试验(N·m)	30min(初凝时间)	≥1.2	—	T 0754
	60min(开放交通时间)	≥2.0①		
负荷车轮黏附砂量(g/m²)		≤450②		T 0755
25℃浸水1h湿轮磨耗值(g/m²)		≤800		T 0752

注:①为试样至少为初级成型。
②为用于轻交通荷载等级公路的罩面和下封层时,可不作黏附砂量指标的要求。

4)施工质量控制

(1)旧路面的病害处治。施工前,应对旧路面的病害进行处治,使路面具有足够的结构强度,裂缝、坑槽、隆起等病害应提前处治,清除路面的垃圾,并使用强力吹尘设备清除路面的浮土。

(2)设备检修标定。施工前,应对摊铺车进行检修和标定,以保证设备正常运转,材料计量准确。

(3)微表处和稀浆封层的施工应在干燥状态下进行,严禁在雨天施工,最低施工环境温度不得低于10℃,摊铺后尚未成型混合料遇雨时应予以铲除。

(4)微表处和稀浆封层两幅纵缝搭接宽度不宜超过80mm,横向接缝宜做成对接缝。若分两层摊铺时,第一层摊铺后至少应开放交通24h后方可进行第二层摊铺。

(5)人工修整。微表处和稀浆封层混合料摊铺后的局部缺陷,应及时使用橡胶耙等工具进行人工修整;人工修整的重点为个别超粒径粗集料产生的纵向刮痕,横、纵向接缝等。

(6)养生。微表处和稀浆封层施工结束后,应封闭交通 2~3h,具体时间应根据天气情况而定,在开放交通前禁止一切车辆和行人通过。

微表处和稀浆封层工程完工后 1~2 个月时,将施工全线以 1~3km 作为一个评价路段进行质量检查和验收。微表处和稀浆封层施工质量控制标准见表 3.6-20。

微表处和稀浆封层施工质量控制标准　　　表 3.6-20

检查项目		质量要求	检验频率	方法
厚度	均值	不小于设计值	5 个点/km	T 0912,每个断面挖坑 3 点
	合格值	设计厚度 -10%		
渗水系数(mL/min)		≤10	5 个点/km	T 0971
纵向接缝高差(mm)		≤6	全线连续	3m 直尺法
抗滑性能[2]	摆值 F_b(BPN)	高速公路、一级公路≥45	5 个点/km	摆式仪:T 0964
	横向力系数[1]	高速公路、一级公路≥54	全线连续	T 0965 或 T 0967
	构造深度 TD(mm)	高速公路、一级公路≥0.60	5 个点/km	T 0961
宽度		≤10mL/min	5 个点/km	钢卷尺法

注:①为横向力系数和摆值任选其一作为检测要求。
②为当稀浆封层用于下封层时,抗滑性能不做要求,验收的时间可灵活掌握。

3.6.1.5 薄层罩面和超薄罩面

1)技术概述

薄层(超薄)罩面是一种传统的预防性养护方法。它是在原有路面上加铺一层厚度为 1.5~2.5cm(超薄罩面)或 2.5~4cm(薄层罩面)的热沥青混合料。沥青路面罩面按使用功能划分为罩面层、抗滑层(磨耗层)等。

(1)薄层罩面

薄层罩面可使用与铺筑厚度相匹配的 SMA-10/13、AC-10/13、OGFC 型热拌沥青混合料或温拌沥青混合料,胶结料应根据使用场合选择采用高黏度改性沥青、高分子聚合物改性沥青、橡胶改性沥青或公路石油沥青。

(2)超薄罩面

超薄罩面可使用与铺筑厚度相匹配的空隙型超薄罩面 UTO-5/10/13 型及密实型超薄罩面 UTOD-5、SMA-5/10、AC-5/10 型的热拌沥青混合料或温拌沥青混合料,超薄罩面施工及实施效果如图 3.6-6 所示。胶结料应根据使用场合选择采用高黏度改性沥青、高分子聚合物改性沥青、橡胶改性沥青,黏层应采用 SBS 改性乳化沥青、高黏度改性乳化沥青或不黏轮改性乳化沥青。

(3)常见的薄层(超薄)罩面技术

①沥青玛蹄脂碎石混合料(Stone Mastic Asphalt,SMA,薄层罩面技术)。SMA 是一种由沥青、纤维稳定剂、矿粉及少量的细集料组成的沥青玛蹄脂填充间断级配的粗集料骨架间隙组成一体的沥青混合料。SMA 的最基本组成是碎石骨架和沥青玛蹄脂结合料两部分。SMA

具有良好的抗高温低温、抗水损害及表面抗滑性能,在经济条件允许的情况下,已经越来越多地被应用于高速公路工程中。考虑到 SMA 的造价较高,公路养护工程采用薄层 SMA 罩面技术,既可以兼顾路面的性能,又可以适当降低工程造价。SMA 的混合料类型包括 SMA9.5、SMA13,厚度一般在 20~30mm 范围内。

图 3.6-6　超薄罩面施工及实施效果

②开级配磨耗层施工技术(Open Graded Friction Courses,OGFC),OGFC 是一种高空隙率的开级配沥青混凝土层,也是一种断级配的沥青混合料,与 SMA 不同的是粗集料间隙中没有用沥青玛琋脂填充,而是留下很大的空隙,所以表面留下非常大的构造深度。在欧美,OGFC 混合料是作为一种特殊用途的磨耗层而发展起来的,主要目的是排除路面表面雨水和吸收噪声,同时改善轮胎与路表面间的抗滑性能。值得注意的是,OGFC 作为透水路面结构层,要求其下卧层均匀密实,具有良好的水稳定性,并有很好的路面排水系统与之相匹配,而且必须使用黏度较高的沥青胶结料。

③超薄黏结磨耗层(Novachip)施工技术。Novachip 特性类似于 SMA,采用优质轧制集料,间断级配。Novachip 工艺流程及现场效果如图 3.6-7 所示。工艺过程:首先在旧沥青路面上铺设一层较厚的改性乳化沥青,然后立即铺筑热拌沥青混合料,此时乳化沥青上升裹覆在热拌沥青混合料的石料四周,乳化沥青粘接层破乳,使超薄热沥青层与旧路面实现充分粘接,随后压路机碾压,20min 内即可开放交通。摊铺厚度 10~20mm。其独特的断级配混合料能更有效地降低路面噪声,减少水雾;具有更高的抗滑性能,更好的排水性能,雨天行车安全系数较高。

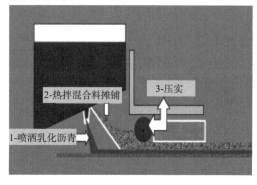 

图 3.6-7　Novachip 工艺流程及现场效果

2)适用范围

薄层罩面与超薄罩面适用于预防或修复部分病害、需要改善抗滑等使用性能的沥青路面,其适用的各等级公路路况水平应满足表3.6-21的要求。

薄层罩面与超薄罩面适用的各等级公路路况水平　　　　表3.6-21

类型	路况指数	高速公路	一、二级公路	三、四级公路
薄层罩面	PCI、RQI	≥80	≥75	≥70
	RDI	≥75	≥70	≥65
超薄罩面	PCI、RQI	≥85	≥80	≥75
	RDI	≥80	≥75	≥70

使用薄层罩面与超薄罩面能够有效修复路表病害、改善路面抗滑性能、提升路表外观与路面整体防水性能,有效改造路面行车舒适性。使用特殊黏层材料的薄层罩面或超薄罩面能用于水泥路面"白改黑",整体提升水泥混凝土路面表面平整度与抗滑性能,如图3.6-8所示。

图3.6-8　利用超薄罩面对水泥路面"白改黑"

3)材料技术要求

(1)沥青

公路石油沥青、SBS改性沥青的技术指标应满足现行《公路沥青路面施工技术规范》(JTG F40)的规定。超薄罩面用SBS改性沥青、高黏改性沥青的技术指标还应分别满足

表3.6-22的要求。

超薄罩面用SBS改性沥青、高黏改性沥青技术要求 表3.6-22

项目	技术要求		试验方法
	SBS改性沥青	高黏改性沥青	
针入度(25℃,100g,5s)(0.1mm)	50~80	40~70	T 0604
延度(5℃,5cm/min)(cm)	≥30	≥40	T 0605
软化点(℃)	≥75	≥90	T 0606
135℃运动黏度(Pa·s)	1.0~3.0	—	T 0625、T 0619
165℃运动黏度(Pa·s)	—	≤3	T 0625、T 0619
60℃动力黏度(Pa·s)	—	≥200000	T 0620
25℃(N·m)	—	≥25	T 0624
25℃韧性(N·m)	—	≥20	T 0624
闪点(℃)	≥230		T 0611
溶解度(%)	≥99		T 0607
25℃弹性恢复(%)	≥85	≥95	T 0662
离析(48h软化点差)(℃)[①]	≤2.5		T 0661
质量变化(%)	-0.5~0.5	-1.0~1.0	T 0610、T 0609
25℃针入度比(%)	≥75	≥70	T 0604
5℃延度(cm)	≥20	≥25	T 0605

注:①为采用干拌工艺时可不检测离析(48h软化点差)指标。

(2)黏层沥青

超薄罩面黏层用SBS改性乳化沥青、高黏度改性乳化沥青技术指标应符合表3.6-23的规定,不粘轮改性乳化沥青应经试验验证并符合相关产品标准。

超薄罩面黏层用SBS改性乳化沥青、高黏度改性乳化沥青技术要求 表3.6-23

项目		技术要求		试验方法
		SBS改性乳化沥青	高黏度改性乳化沥青	
破乳速度		快裂	快裂	T 0658
粒子电荷		阳离子(+)		T 0653
筛上剩余量(1.18mm)(%)		≤0.1		T 0652
黏度	恩格拉黏度 E_{25}	1~15	—	T 0622
	沥青标准黏度 $C_{25,3}$(s)	—	12~60	T 0621
蒸发残留物性能试验	含量(%)	≥62	≥65	T 0651
	针入度(100g,25℃,5s)(0.1mm)	50~150	40~60	T 0604

续上表

项目		技术要求		试验方法
		SBS 改性乳化沥青	高黏度改性乳化沥青	
蒸发残留物性能试验	软化点(℃)	≥55	≥70	T 0606
	5℃延度(cm)	≥20		T 0605
	溶解度(三氯乙烯)(%)	≥97.5		T 0607
	25℃弹性恢复(%)	≥60	≥85	T 0662
储存稳定性(%)	1d	≤1		T 0655
	5d	≤5		T 0655
与矿料的黏附性	裹覆面积	≥2/3		T 0654

(3)集料

粗集料、细集料和填料技术指标应符合《公路沥青路面施工技术规范》(JTG F40—2004)的有关规定,并满足下列要求:

①粗集料宜采用质地坚硬、表面粗糙、形状接近立方体的玄武岩或辉绿岩等硬质石料加工而成,应具有良好的耐磨耗与磨光性能。

②细集料宜采用石灰岩或岩浆岩中的强基性岩石经制砂机破碎得到的机制砂,应与沥青有良好的黏结能力。

③填料宜采用石灰岩或岩浆岩中的强基性岩石经磨细得到的矿粉,应洁净、干燥。

(4)混合料

①采用薄层罩面时,SMA、AC、OGFC 型混合料的矿料级配范围应符合《公路沥青路面施工技术规范》(JTG F40—2004)的有关规定。

②采用超薄罩面时,空隙型超薄罩面 UTO-13、UTO-10 和 UTO-5 型混合料矿料级配范围宜符合表 3.6-24 的规定,密实型超薄罩面 UTOD-5、SMA-5 和 AC-5 型混合料矿料级配范围宜符合表 3.6-25 的规定。

空隙型超薄罩面混合料矿料级配范围　　　表 3.6-24

级配类型	通过下列筛孔(mm)的质量百分率(%)									
	16	13.2	9.5	4.75	2.36	1.18	0.6	0.3	0.15	0.075
UTO-13	100	80~100	60~80	25~40	20~30	13~20	8~14	6~11	4~9	4~7
UTO-10	—	100	90~100	30~45	22~32	14~25	9~15	7~12	5~10	4~7
UTO-5	—	—	100	40~55	25~35	15~25	10~18	8~13	5~11	4~7

密实型超薄罩面混合料矿料级配范围　　　表 3.6-25

级配类型	通过下列筛孔(mm)的质量百分率(%)								
	9.5	4.75	2.36	1.18	0.6	0.3	0.15	0.075	
UTOD-5	100	85~100	25~53	15~34	10~24	8~16	5~11	4~8	

续上表

级配类型	通过下列筛孔(mm)的质量百分率(%)							
	9.5	4.75	2.36	1.18	0.6	0.3	0.15	0.075
SMA-5	100	90~100	35~65	22~36	18~28	15~22	13~18	9~15
AC-5	100	90~100	50~70	35~55	20~40	12~28	7~18	5~9

4)施工质量控制

(1)施工前准备

①沥青路面：

a.旧路面必须有足够的结构强度，即旧路面整体结构强度实测弯沉值不得大于设计弯沉值的130%。旧路面局部结构强度不足的，必须根据具体情况选择合适的方法进行补强，补强后的弯沉值不得大于设计弯沉值。

b.旧路面的纵、横向平整度标准差应小于2.0或3m直尺的最大间隙小于4mm；当旧路面平整度不满足要求时，应采取铣刨等措施，使铣刨后的路面平整度满足上述要求。

c.旧路面存在以下病害时，不得采用超薄罩面：旧路面路基为软弱路基、存在不均匀沉降等，旧路面基层松散、网裂严重、失去承载力，旧路面面层车辙深度大于40mm，旧路面渗水系数大于300mL/min。

d.旧路面存在裂缝病害时：宽度小于5mm的裂缝可不进行处理，宽度为5~15mm的裂缝应进行贴缝处理，贴缝带厚度须2~2.5mm，宽度须30~40mm；宽度大于15mm的裂缝应进行直接灌缝或开槽后灌缝处理，灌缝深度需大于15mm。

e.旧路面存在车辙病害时：深度15mm以下的车辙可直接进行薄层(超薄)罩面；深度15mm以上的车辙必须进行铣刨处理，保证车辙病害处的最小摊铺厚度大于薄层(超薄)罩面用混合料的公称最大粒径尺寸。

f.旧路面局部破损有坑槽、松散、波浪拥包等病害时，应进行彻底挖补。

②水泥路面：

a.水泥路面板必须完整，有断板、碎裂、沉陷等病害时，必须进行挖除，并用6MPa以上水泥稳定碎石换填或换板处理。

b.相邻板块之间必须无错台，有错台时应进行铣刨处理。

c.水泥面板之间接缝需用沥青胶砂填充，保证水泥面板之间连续、平整、接缝内部饱满。

d.水泥路面宜铣刨8~10mm，以表面露出粗集料为宜，并清理干净已经松动的颗粒；铣刨后的水泥路面清扫干净后，须洒布改性乳化沥青黏层油，沥青洒布量以0.3~0.5L/m²为宜。

(2)施工工艺控制

根据薄层罩面或超薄罩面的技术特点，其施工工序主要包括前期准备、封闭交通、精铣刨、界面清扫、黏层洒布、罩面施工、碾压养生、开发交通。薄层罩面或超薄罩面施工工艺流程如图3.6-9所示。

薄层罩面和超薄罩面施工过程材料质量控制要求应符合表3.6-26的规定。薄层罩面和超薄罩面用沥青混合料的检验频率和质量要求，应按《公路沥青路面施工技术规范》(JTG F40—2004)的规定执行。

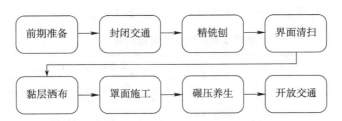

图 3.6-9 薄层罩面或超薄罩面施工工艺流程

薄层罩面和超薄罩面施工过程材料质量控制要求 表 3.6-26

材料	检查项目	质量要求	检验频率
SBS 改性沥青、高黏度改性沥青	表 3.6-22 要求的检测项目	符合设计要求	每批来料 1 次
高黏度改性乳化沥青	表 3.6-23 要求的检测项目		
高分子聚合物改性沥青、公路石油沥青	《公路沥青路面施工技术规范》(JTG F40—2004)规定的检测项目		
粗集料、细集料和填料	《公路沥青路面施工技术规范》(JTG F40—2004)规定的检测项目		

薄层罩面施工过程质量控制要求应符合表 3.6-27 的规定。

薄层罩面施工过程质量控制要求 表 3.6-27

项目		技术要求		试验方法
		SBS 改性乳化沥青	高黏度改性乳化沥青	
破乳速度		快裂	快裂	T 0658
粒子电荷		阳离子(+)		T 0653
筛上剩余量(1.18mm)(%)		≤0.1		T 0652
黏度	恩格拉黏度 E_{25}	1~15	—	T 0622
	沥青标准黏度 $C_{25,3}$(s)	—	12~60	T 0621
蒸发残留物性能试验	含量(%)	≥62	≥65	T 0651
	针入度(100g,25℃,5s)(0.1mm)	50~150	40~60	T 0604
	软化点(℃)	≥55	≥70	T 0606
	5℃延度(cm)	≥20		T 0605
	溶解度(三氯乙烯)(%)	≥97.5		T 0607
	25℃弹性恢复(%)	≥60	≥85	T 0662
储存稳定性(%)	1d	≤1		T 0655
	5d	≤5		T 0655
与矿料的黏附性	裹覆面积	≥2/3		T 0654

超薄罩面施工过程质量控制要求应符合表3.6-28的规定。

超薄罩面施工过程质量控制要求　　　　表3.6-28

检查项目		检验频率	质量要求或允许偏差		检验方法
			高速公路及一级公路	其他等级公路	
厚度均值(mm)		5个断面/km，每个断面测3点	不小于设计值		T 0912
平整度	σ(mm)	连续检测	≤1.5	≤2.5	T 0932、T 0934
	IRI(m/km)		≤2.5	≤4.2	
渗水系数(mL/min)		5个点/km	符合设计要求		T 0971
宽度(mm)		5个点/km	不小于设计值		钢卷尺法

就地热再生技术是介于预防养护和修复养护之间的一种技术，此处为了内容编排，把此项技术归类到了修复养护中的再生技术，在就地热再生技术分类中进行描述。

3.6.2 修复养护

3.6.2.1 沥青路面铣刨重铺技术

沥青路面铣刨重铺技术是一种主要的沥青路面修复养护技术，通常用于修复损坏严重或老化的沥青路面。通过沥青路面铣刨重铺技术，不仅可以修复沥青路面功能性损坏，如裂缝、坑洞等，还可以对沥青路面的结构性损坏进行修复和补强，从而提高路面的平整度、抗滑性和抗压能力，延长路面的使用寿命，提升沥青路面的使用性能，保障公路交通的安全和畅通。

1）适用范围

铣刨重铺施工技术用于路面的重铺和维修，能够改变路面结构。具体适用情况包括如下：

（1）沥青路面出现坑洼、龟裂、剥离等严重损坏，影响行车安全，可运用沥青路面铣刨重铺技术。

（2）车辙病害重的路段，严重影响安全行驶，需要对该路段进行重铺和维修。

（3）沥青路面上、中、下面层出现不同程度损坏，可进行多层铣刨重铺。

2）处治方案

沥青路面铣刨重铺技术应根据路面结构强度状况、主要病害发生层位等因素，确定采取铣刨重铺沥青面层或基层与沥青面层共同补强措施，并应符合下列规定：

（1）对于沥青面层部分破损、基层完好，仅铣刨处治部分厚度沥青面层的，对部分沥青面层回填压实后，采取沥青面层补强措施。

（2）对于沥青面层严重破损、基层较完好，铣刨处治全部沥青面层的，采取直接加铺沥青面层、柔性基层或半刚性基层与沥青面层共同补强措施。

（3）对于沥青面层严重破损、基层局部病害，铣刨处治全部沥青面层的，对基层局部病害处治后,采取直接加铺沥青面层、柔性基层或半刚性基层与沥青面层共同补强措施。

(4)对于沥青路面整体破损严重,铣刨处治沥青面层与基层的,采取柔性基层或半刚性基层与沥青面层共同补强措施。

(5)二级及二级以下公路路面结构强度指数(PSSI)小于70、沥青面层厚度小于4cm且老化破损严重时,可采取水硬性结合料类全深式再生作为基层,直接加铺沥青面层、柔性基层与沥青面层或半刚性基层与沥青面层共同补强的措施;也可采取沥青类全深式再生作为柔性基层,直接加铺沥青面层,或柔性基层与沥青面层共同补强的措施。

3)施工工艺

沥青路面铣刨重铺技术施工流程如图3.6-10所示。

(1)设备准备

根据施工要求,应配备足量的高压吹风机、加热喷枪、铣刨机、摊铺机、11~13t钢轮压路机、胶轮压路机、沥青混合料保温车等设备及机具。

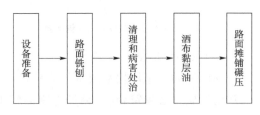

图3.6-10 沥青路面铣刨重铺技术施工流程

(2)路面铣刨

沥青路面铣刨施工通常需要使用带有自动控制铣刨深度的大型铣刨机对旧路面铣刨,如图3.6-11所示。现场进行铣刨线标记,根据需要铣刨的工程数量确定所需铣刨机的数量,在需铣刨的路段的一端按顺序进行铣刨作业。为了提高效率,最好一次性完成铣刨作业,除非遇到特殊原因,中途不得停顿。

图3.6-11 旧路面铣刨

铣刨过程中产生的废料会通过铣刨机的输送带直接输送至运输车辆,然后由运输车辆统一运输至指定地点进行废弃处理。为了避免环境污染,废料不得随意倾倒,而应按规定进行正确的处理。

(3)清理和病害处治

铣刨表面层结束后,应对铣刨路面进行清扫和鼓风,清除灰尘和粉料等(图3.6-12),并对中、下层各个位置上的病害进行处治。对于中面层出现裂隙、裂缝等病害,进行灌封、粘贴处理;对于零星存在的龟裂、沉陷、坑槽等较为严重的病害,需结合实际情况进行调整,并确定合理的铣刨深度尺寸或进行局部挖补处治,如图3.6-13所示。

图 3.6-12　鼓风清扫铣刨路面

图 3.6-13　铣刨路面病害处治

（4）喷洒黏层油

黏层油通常采用快裂或中裂乳化沥青、改性乳化沥青，或快、中凝液体石油沥青。材料的规格和质量必须符合《公路沥青路面施工技术规范》（JTG F40—2004）的要求。洒布黏层油可以使用沥青洒布车进行喷洒，如图 3.6-14 所示。洒布前应选择适宜的喷嘴，洒布时应保持洒布速度和喷洒量的稳定。

（5）路面摊铺碾压

①摊铺。

摊铺机开工前应提前 0.5~1h 预热，熨平板不低于 100℃。铺筑过程中，应选择熨平板的振捣或夯锤压实装置具有的适宜振动频率和振幅，以提高路面的初始压实度。熨平板加宽连接应仔细调节至摊铺的混合料没有明显的离析痕迹。摊铺过程中，应缓慢、均匀、连续不间断地摊铺，不得随意变换速度或中途停顿，以提高平整度，减少混合料的离析，如图 3.6-15 所示。摊铺速度宜控制在 2~6m/min 范围内。

图 3.6-14　黏层油喷洒

图 3.6-15　沥青路面铣刨重铺

②碾压。

压路机碾压过程应以缓慢而均匀的速度前进，如图 3.6-16 所示。在进行碾压操作时，应遵循慢启动、慢停车的原则，避免突然改变碾压路线和碾压方向，以免导致混合料移位。碾压区的长度应保持相对稳定，而碾压区两端的折返位置应随着摊铺机的前进而推进，以确保横向碾压不在同一断面上进行。

4) 注意事项

(1) 黏层油应当在当天洒布,待乳化沥青破乳、水分蒸发完成后,或稀释沥青中的稀释剂基本挥发完成后,立即铺筑沥青层,以确保黏层不受污染。

(2) 喷洒的黏层油必须均匀雾状,应在路面全宽度内均匀洒布成一薄层,不得有洒花、漏空或形成条状,也不得有堆积现象。如果喷洒不足,应进行补洒;而对于喷洒过量的部分,应及时刮除。在喷洒黏层油后,严禁其他车辆和行人通过运料车外的区域。

图3.6-16　沥青路面碾压

(3) 当沥青摊铺层自然冷却到低于50℃后,才可以开放交通。如果需要提前开放交通,可以通过洒水冷却来降低混合料的温度。

3.6.2.2　沥青路面再生技术

1) 再生技术概述

在当前社会经济发展方式变革的背景下,传统的粗放式的养护方式已不符合发展趋势,也不能满足行业发展需求。资源、环境等外部因素的制约,以及资金投入、专业水平等内在因素的限制,促使公路养护也必须不断地转变发展理念和发展方式,向绿色、高效、精细、智能等方向发展,通过质量、效率和动力变革,以高质量养护破解当前的发展瓶颈。

交通运输部印发《"十四五"公路养护管理发展纲要》,明确了"十四五"公路养护管理的发展目标和主要任务。突出绿色低碳,促进资源集约节约利用。牢固树立生态优先理念,加强节能减排和生态功能恢复,大力推进废旧路面材料等再生利用。因此,开展公路旧材料综合再生利用技术,提升公路废旧材料的利用率与利用价值,能够推动全国公路养护管理实现高效低碳发展,实现公路养护向资源节约型、环境友好型转变。

公路废旧沥青材料的再生利用,就是将旧沥青路面经过再生专用设备的翻挖、铣刨、回收、加热、破碎、筛分后,与再生剂、新沥青、新集料等按一定比例重新拌和,满足一定的路用性能并重新铺筑于路面的一整套工艺。

2) 再生技术分类

沥青路面材料再生技术分类如图3.6-17所示。

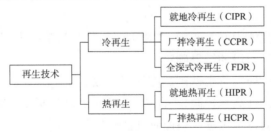

图3.6-17　沥青路面材料再生技术分类

(1) 就地冷再生

①概述。

就地冷再生是指采用专用的就地冷再生设备(图3.6-18),对沥青路面进行现场冷铣刨、

图 3.6-18 就地冷再生施工

破碎和筛分(必要时),掺入一定数量的新集料、再生结合料、活性填料(如水泥、石灰等)、水,经过常温拌和、摊铺、碾压等工序,一次性实现旧沥青路面再生的技术。

②施工准备。

a.施工前,应配备满足施工要求的就地冷再生机、压路机、运料车、沥青罐车、水罐车等施工设备,并保证其处于良好的工作状态。施工前还应做好技术、材料、设备、人员、交通组织、后勤保障等各方面的准备工作。正式施工前应铺筑试验段,长度不宜小于200m。

b.需要分幅完成再生作业时,每个作业段长度的确定应综合考虑施工季节、气候条件、再生作业段宽度、施工机械和运输车辆的效率和数量、操作熟练程度、水泥终凝时间等因素,作业段长度宜控制在 100~200m 范围内。

c.施工前应清除原路面上的杂物,根据再生厚度、宽度、干密度等计算单位面积沥青再生结合料、新集料、水泥等的用量,将新集料、水泥均匀撒布到原路面上,有条件的宜采用水泥制浆车添加水泥。

③铣刨与拌和。

a.就地冷再生的施工应按照试验段确定的再生工艺进行。

b.再生机组应匀速、连续地进行再生作业,按照设定再生的深度对路面进行铣刨、拌和,不得随意变更施工速度或者中途停顿,再生施工速度宜为 3~6m/min。

c.纵向接缝搭接宽度不宜小于100mm。当搭接宽度超过再生机沥青喷嘴和水喷嘴的有效喷洒宽度时,后一幅施工时应关闭相应位置的沥青喷嘴和水的喷嘴。

④摊铺。

a.混合料宜采用摊铺机或者采用带有摊铺装置的再生机进行摊铺。原路面平整度较差或对冷再生层平整度要求较高时,不宜采用再生机自带的摊铺装置就地冷再生施工进行摊铺。三级和四级公路也可使用平地机进行摊铺。

b.使用摊铺机摊铺时,应符合下列规定:

ⓐ摊铺应匀速、连续,摊铺速度宜控制在 2~4m/min 范围内,且不得随意变换速度或者中途停顿。

ⓑ摊铺能力应与再生能力基本匹配,应在水泥初凝时间范围内完成材料摊铺压实。

ⓒ松铺系数应根据试验段的结果确定。

ⓓ摊铺机的摊铺宽度应与再生铣刨宽度保持一致。

ⓔ可根据工程需要选择高程控制、平衡梁、雪橇式等摊铺厚度控制方式。

c.使用带摊铺装置的再生机进行摊铺时,应满足下列要求:

ⓐ摊铺应匀速、连续,摊铺速度宜控制在 2~4m/min 范围内,且不得随意变换速度或者中途停顿。

ⓑ摊铺厚度应合理,使单位时间内摊铺槽进出材料数量基本平衡,不得出现缺料或者溢料的情况。

ⓒ松铺系数应根据试验段的结果确定。
ⓓ摊铺机的摊铺宽度应与再生铣刨宽度保持一致。
d.摊铺过程中应随时检查摊铺层厚度、路拱和横坡等,若发现问题应及时调整。
e.摊铺出的混合料不应出现明显离析、波浪、裂缝、拖痕现象,若发现问题应及时处理。
⑤压实。
a.压实应采用流水作业法,使各工序紧密衔接,缩短从拌和到完成碾压之公路沥青路面再生技术规范间的延迟时间。
b.混合料宜在最佳含水率情况下碾压,避免出现弹簧、松散、起皮等现象。
c.终压前可采用平地机再整平一次,使其纵向顺适,路拱和横坡符合设计要求。
(2)厂拌冷再生
①概述。
厂拌冷再生是将回收沥青路面材料运至拌和场(厂、站),经破碎、筛分,以一定的比例与新集料、沥青类再生结合料、活性填料(水泥、石灰等)、水进行常温拌和,常温铺筑形成路面结构层的一种沥青路面再生技术(图3.6-19)。

a) b)

图3.6-19 厂拌冷再生施工

②施工准备。
a.施工前,应配备满足施工要求的厂拌冷再生拌和设备、摊铺机、压路机、运料车等施工设备,并保证其处于良好的工作状态。
b.施工前应准备足够数量的、满足要求的粗(细)集料、沥青、矿粉、水泥、预处理后的沥青混合料回收料(RAP)等材料,以满足生产所需。
c.施工前,应检查下承层。下承层应密实平整,强度应符合设计要求,病害应进行处治。
d.正式施工前,应铺筑试验段,其长度不宜小于200m。通过铺筑试验段应完成下列工作内容:
ⓐ检验再生设备的性能是否满足施工需要。
ⓑ确定施工工艺和参数。
ⓒ验证混合料配合比设计。
ⓓ检测压实度、渗水系数等性能指标。

ⓔ建立设备仪表显示值与实际值的相关关系,检验质量控制方案的可行性。
③沥青路面回收料(RMAP)的回收、预处理和堆放。
a.在RAP回收阶段,应采取下列措施严格控制RAP变异性:
ⓐ在对旧沥青路面状况充分调查、收集旧沥青路面原始资料以及修补、养护记录的基础上,对不同路况路段分段铣刨。
ⓑ施工过程中铣刨速度、铣刨深度等工艺参数应保持稳定。
ⓒ记录不同的RAP的信息。
b.无机回收料(RAI)的回收、预处理和堆放应符合下列规定:
ⓐ不同料源、品种、规格的RAI宜分开进行破碎、筛分等预处理。
ⓑ对于粒径超过37.5mm的RAI,应使用破碎机进行破碎。
ⓒ根据再生混合料的最大公称粒径合理选择筛网尺寸,应将RAI筛分成2档或者3档。
ⓓ预处理后的RAI应分开堆放。
④拌和。
a.生产泡沫沥青冷再生混合料时,沥青温度不应低于设计的沥青发泡温度。生产乳化沥青冷再生混合料时,乳化沥青应无结团、无破乳现象;乳化沥青温度不应超过60℃。
b.拌和时应随时检查各料仓出料口、沥青喷嘴、沥青泵、管道等是否堵塞,若发现堵塞应及时清理。
c.拌和后的冷再生混合料应均匀,无结团成块、流淌等现象。
⑤运输。
a.混合料应选用载重量15t以上的自卸车运输,自卸车数量应满足连续摊铺施工需要。
b.拌和好的冷再生混合料应及时运至施工现场,完成摊铺和压实。
c.运料车装料时宜前后移动位置,平衡装料,避免混合料离析。
d.混合料运输及等待摊铺过程中,宜采用厚苫布等覆盖车厢,避免混合料污染、雨淋、提前硬结。运料车每次使用前、后应清扫干净,宜在车厢板上喷涂隔离剂。
⑥摊铺。
a.混合料宜采用摊铺机摊铺,熨平板不需要加热。用于三、四级公路时可采用平地机摊铺。
b.摊铺前应检查摊铺机的刮板输送器、螺旋布料器、振动梁、熨平板、厚度调节器等工作装置和调节机构,确认其处于正常工作状态。熨平板振频振幅以高频低幅为宜,初始密实度宜调整至85%以上。
c.摊铺应均匀、连续,速度宜控制在2~4m/min。应避免明显离析、波浪、裂缝、拖痕等现象。
d.厂拌冷再生混合料的松铺系数应根据试验段确定。
e.摊铺过程中应随时检查摊铺层厚度、路拱和横坡,发现问题及时调整。
⑦压实。
a.混合料应采用试验段确定的碾压工艺进行压实。
b.混合料宜在最佳含水率情况下碾压,避免出现弹簧、松散、起皮等现象。
c.压路机的碾压速度应均匀,初压速度宜为1.5~3km/h,复压速度和终压速度宜为2~4km/h。

d. 对大型机具无法压实的部位,应选用小型振动压路机或者振动夯板配合碾压。

⑧养生。

a. 乳化沥青或泡沫沥青冷再生层宜在封闭交通条件下自然养生,养生时间不宜少于7d,不应少于48h。

b. 养生时间达到7d的冷再生层,可进行下一步工序施工。当满足下列两个条件之一时,可提前结束养生:

ⓐ再生层使用 ϕ150mm 钻头的钻芯机可取出完整的芯样。

ⓑ再生层含水率低于2%。

(3)全深式冷再生

①概述。

全深式冷再生是指采用专用设备对沥青层及部分下承层进行就地翻松,或是将沥青层部分或全部铣刨移除后对部分下承层进行就地翻松,同时掺入一定数量的新矿料、再生结合料、水等,经过常温拌和、摊铺、压实等工序,实现旧沥青路面再生的技术(图3.6-20)。

②施工准备。

施工前应配备满足施工要求的全深式冷再生机、压路机、运料车、沥青罐车、水罐车等生产施工设备,并保证其处于良好的工作状态。

全深式冷再生施工准备的其他规定可参照就地冷再生施工准备执行。

图3.6-20 全深式冷再生施工

③铣刨与拌和。

全深式冷再生铣刨与拌和规定可参照就地冷再生铣刨与拌和执行。

④摊铺。

全深式冷再生摊铺规定可参照就地冷再生摊铺执行。

⑤压实。

采用乳化沥青或泡沫沥青作为结合料的全深式冷再生层,其压实应按照就地冷再生演示执行。

⑥养生及开放交通。

采用乳化沥青或泡沫沥青作为结合料的全深式冷再生层,养生及开放交通应满足厂拌冷再生养生及开放交通要求。

采用水泥或石灰作为结合料的全深式冷再生层,养生及开放交通应符合现行《公路路面基层施工技术细则》(JTG/T F20)的有关规定。

(4)就地热再生

①概述。

就地热再生是采用专用的就地热再生设备,对沥青路面进行加热、铣刨或趴松,就地掺入一定数量的新沥青、再生剂、新沥青混合料等,经热态拌和、摊铺、碾压等工序,一次性实现对表面一定深度范围(≤5cm)内的旧沥青混凝土路面再生的一种技术,可分为复拌再生和加铺再生(图3.6-21)。

图3.6-21　就地热再生施工

在《公路沥青路面预防养护技术规范》(JTG/T 5142—2021)中,就地热再生被归类为一种预防养护技术方案,养护工程实践中就地热再生结构层厚度往往超过40mm,因此,也可将其归类为一种修复养护技术方案。

②施工准备。

a.施工前,应配备满足施工要求的预热机、再生复拌机、压路机等施工设备,并检查其是否处于良好的工作状态。

b.施工前,应做好技术、材料、设备、人员、交通组织、后勤保障等各方面的准备工作。

c.施工前,应进行现场周边环境调查,对可能受到影响的植物隔离带、树木、加油站等提前采取防护措施。

d.施工前,应对就地热再生无法修复的下列路面病害进行预处理:

ⓐ破损松散类病害的深度超过就地热再生施工深度时,应予以挖补。

ⓑ根据再生设备的不同,深度为30～50mm变形类病害,再生前应进行铣刨处理。

ⓒ影响热再生工程质量的路面裂缝应预先处理。

e.原路面特殊部位的预处理应满足下列要求:

ⓐ采用铣刨机沿行车方向将伸缩缝和井盖后端铣刨2～5m,前端铣刨1～2m,铣刨深度30～50mm。就地热再生施工时应采用新沥青混合料或再生沥青混合料铺筑。

ⓑ原路面上的标线、突起路标、灌缝胶等应清除。

ⓒ桥梁伸缩装置应采用隔热板进行保护。

f.正式施工前应铺筑试验段,试验段长度不宜小于200m。通过铺筑试验段应完成下列工作内容:

ⓐ检验再生设备的性能是否满足施工需要。

ⓑ确定再生设备加热时间、加热温度及施工速度等施工工艺和参数。

ⓒ验证混合料配合比设计,检验新材料的添加组成和添加量以及最佳沥青用量。

ⓓ检测压实度、渗水系数等性能指标。

ⓔ检验质量控制方案的可行性。

g. 施工前应清扫路面,在路面再生宽度以外画导向线,也可将路面边缘线作为导向线,保证再生施工边缘顺直美观。

③加热、翻松与拌和。

a. 路面加热应满足下列要求:

ⓐ原路面应充分加热。不应因加热温度不足造成翻松时集料破损,也不应因加热温度过高造成沥青过度老化。

ⓑ再生机组各设备应保持合理间距,加热机和具备翻松功能的机具最大间距不宜超过2m。

ⓒ原路面加热宽度比翻松宽度每侧应至少宽出200mm。

ⓓ纵缝搭接处,加热宽度应超过搭接边线150~200mm。

b. 路面翻松应满足下列要求:

ⓐ翻松深度应均匀。翻松深度变化时应缓慢渐变。

ⓑ翻松面应有较好的粗糙度。

ⓒ翻松前路表温度,普通沥青路面应不高于185℃,改性沥青路面应不高于200℃。翻松后裸露面的温度,普通沥青路面应高于85℃,改性沥青路面应高于100℃。

c. 添加沥青再生剂、新沥青、新沥青混合料等新材料应满足下列要求:

ⓐ新材料的添加量应根据再生沥青混合料配合比设计结果确定。

ⓑ新材料应均匀添加、精确控制。

ⓒ施工过程中应根据再生路段状况适时调整新材料的用量。

d. 再生混合料应拌和均匀,拌和温度应满足施工要求。

④摊铺。

a. 摊铺速度应与加热设备行进速度保持协调一致,宜为1.5~4m/min。摊铺混合料应均匀,无裂纹、离析等现象。

b. 根据再生混合料类型与再生层厚度,调整摊铺时振捣的频率与振幅,提高混合料的初始密实度。

c. 普通沥青再生混合料摊铺温度不宜低于120℃,改性沥青再生混合料摊铺温度不宜低于130℃,熨平板预热温度不宜低于110℃。

⑤压实。

a. 应采用试验段确定的碾压工艺压实。

b. 压实应紧跟摊铺机进行。使用双钢轮压路机压实时宜减少喷水,使用轮胎压路机压实时不宜喷水。

c. 对大型机具无法压实的部位,应选用小型振动压路机或者振动夯板配合碾压。

d. 就地热再生路面压实的其他要求,应符合现行《公路沥青路面施工技术规范》(JTG F40)中对热拌沥青混合料路面的有关规定。

⑥养生及开放交通。

a. 开放交通时路面温度应低于50℃。

b. 再生路面开放交通及其他事项,应符合现行《公路沥青路面施工技术规范》(JTG F40)中对热拌沥青混合料路面的有关规定。

(5)厂拌热再生

①概述。

厂拌热再生是将回收的沥青混合料运至沥青拌和厂(场、站),经破碎、筛分,以一定的比例与新集料、新沥青、再生剂(必要时)等拌制成热拌沥青混合料,用其来铺筑路面的一种技术(图3.6-22)。

a)   b)

图3.6-22 厂拌热再生施工

②施工准备。

a. 施工前,应配备满足施工要求的厂拌热再生拌和设备、摊铺机、压路机、运料车等施工设备,并保证其处于良好的工作状态。

b. 施工前,应储备足够数量的、满足要求的粗细集料、沥青、沥青再生剂(必要时)、矿粉、预处理后的RAP等所需的各类材料。

c. 施工前,应检查下承层。下承层应密实平整,强度应符合设计要求,病害应进行处治。

d. 正式施工前应按照现行《公路沥青路面施工技术规范》(JTG F40)的有关规定铺筑试验段。

③RAP的回收、预处理和堆放。

a. 在RAP回收阶段,应采取下列措施严格控制RAP变异性:

ⓐ在充分调查旧路面状况,收集旧路面原始资料以及修补、养护记录的基础上,对不同路况路段分段铣刨。

ⓑ施工过程中铣刨速度、铣刨深度等工艺参数应保持稳定。

ⓒ记录不同的RAP材料的信息。

b. 获取RAP时不得混入杂物。

c. RAP进厂应进行检验。

d. RAP在使用前应进行破碎、筛分等预处理。

ⓐ不同料源、品种、规格的RAP宜分开进行预处理。

ⓑ对于粒径超过26.5mm的RAP、聚团的RAP,应使用破碎机进行破碎。

ⓒ应根据再生混合料的最大公称粒径合理选择筛网尺寸,将破碎后的RAP筛分成不少于2档。

e. 预处理后的RAP,应根据不同料源、品种、规格分隔堆放,分别设立清晰的材料标识牌。

f. 预处理后的RAP在堆放时应将其沿水平方向摊开,逐层堆放。

g. 预处理后的 RAP 不宜长期存放,应避免离析、结团。

④拌和。

a. 再生混合料的拌和时间应根据具体情况经试拌确定,拌和的混合料应均匀、无花白料。干拌时间宜比普通热拌沥青混合料延长 5~10s,总拌和时间宜比普通热拌沥青混合料延长 10~30s。

b. 再生混合料的生产温度应符合下列规定:

ⓐ拌和时应适当提高新集料的加热温度,但最高不宜超过 200℃。

ⓑRAP 加热温度不宜低于 110℃,不宜超过 130℃。

ⓒ再生混合料出料温度应比相应类型的热拌沥青混合料高 5~10℃。

c. 拌和过程中应避免 RAP 过热或加热不足的情况。RAP 过热、碳化时,应予废弃。

d. 再生混合料拌和的其他要求,应符合现行《公路沥青路面施工技术规范》(JTG F40)中对热拌沥青混合料的有关规定。

⑤运输。

a. 应选用载质量 15t 以上的自卸车运输厂拌热再生沥青混合料,自卸车数量应满足连续摊铺施工需要。

b. 运料车车厢宜做保温处理。运料车运输混合料时可采用苫布、棉被等覆盖保温,卸料过程中宜保持覆盖。

c. 运料车车厢板上不得使用柴油、废机油等作为防止沥青黏结的隔离剂或防粘剂。

d. 再生混合料运输的其他要求,应符合现行《公路沥青路面施工技术规范》(JTG F40)中对热拌沥青混合料路面的有关规定。

⑥摊铺。

a. 再生混合料的摊铺温度宜比相应类型的热拌沥青混合料摊铺温度高 5~10℃。

b. 再生混合料的松铺系数应由试验段确定。

c. 摊铺机熨平板预热温度应不低于 110℃。

d. 再生混合料摊铺的其他要求,应符合现行《公路沥青路面施工技术规范》(JTG F40)中对热拌沥青混合料路面的有关规定。

⑦压实。

a. 再生混合料的压实温度宜在《公路沥青路面施工技术规范》(JTG F40)中规定的对应类型的热拌沥青混合料压实温度的基础上提高 5~10℃。

b. 当边缘有挡板、路缘石、未铣刨的路面等支挡时,压路机宜紧靠支挡碾压。当边缘无支挡时,压路机的外侧轮宜伸出边缘 100mm 以外碾压。

c. 急弯路段宜采取直线式碾压,对压路机碾压不到的缺角位置宜使用小型机具压实。

d. 再生混合料压实的其他要求,应符合现行《公路沥青路面施工技术规范》(JTG F40)中对热拌沥青混合料路面的有关规定。

⑧养生及开放交通。

再生路面的养生和开放交通,应符合现行《公路沥青路面施工技术规范》(JTG F40)中对热拌沥青混合料路面的有关规定。

数字化学习案例三:沥青路面车辙病害整治——就地热再生工艺

(1)学习目标

通过本环节的数字化学习与训练,可以准确地识别沥青路面车辙病害,掌握就地热再生工艺的流程及作业要求,并能独立完成相关病害的整治。

(2)学习情境描述

某一级公路是省公路网规划的重要组成部分,路面类型为沥青路面,该路全任务驱动线采用双向四车道一级公路标准建设,已使用近10年。根据前期对路面进行检测发现,多处沥青路面出现较为严重的车辙(15mm<车辙深度RD≤30mm)病害。

现在你作为该公路的养护技术工人,需准确找到这些病害点,并通过就地热再生工艺进行病害处治。

(3)数字化视频学习引导

①沥青路面车辙病害的形态特征识别。

②就地热再生工艺的作业流程。

③就地热再生工艺的施工要点。

④熟悉作业环境及工具的选择与使用。

(4)数字化视频课程

使用手机、平板电脑等电子设备扫描二维码即可开始数字化学习。

就地热再生工艺
数字化学习视频

(5)任务演练

根据所学内容,回答以下问题:

①路面加热的注意事项有哪些?

②摊铺的注意事项有哪些?

③压实需进行哪些工作?

(6)模拟验收

表3.6-29为实际操作过程中会用到的验收记录样表,供学员模拟演练,查漏补缺。

就地热再生施工质量验收记录表　　　　表3.6-29

××公路	
就地热再生验收记录表	
养护单元名称:	施工单位:××路桥集团有限公司
养护工程部位:	监理单位:××监理有限公司
基本要求	①旧路面技术状况应满足相关规范和设计要求。旧路面标线、突起路标、灌封胶等应按设计要求进行处理。 ②旧路面应在不造成沥青过度老化的前提下充分加热,翻松裸露面温度、再生混合料摊铺温度应满足设计和规范要求,路面加热宽度应大于翻松宽度。 ③路面翻松深度和翻松速度应保持稳定,再生混合料应拌和均匀。 ④应将再生路面碾压至要求的压实度。开放交通前路表温度应低于50℃。 ⑤再生混合料的沥青含量、矿料级配、马歇尔稳定度指标应满足生产配合比要求

续上表

	项次	检查项目		规定值或允许偏差		检查方法和频率	实测值或实测偏差值	检查结果
				高速公路一级公路	其他公路			
实测项目	1△	压实度(%)		≥最大理论密度的93%		按照《公路养护工程质量检验评定标准》(JTG 5220—2020)附录B检查		
	2	平整度	σ(mm)	≤1.5	≤2.5	T 0932：全程每车道施工段连续，按每100m施工段计算σ		
			IRI(m/km)	≤2.5	≤4.2	T 0934：全程每车道施工段连续，按每100m施工段计算IRI		
	3	再生宽度(mm)		不小于设计宽度		T 0911：每100m测1个断面		
	4	再生层、加铺层厚度(mm)	平均值	不小于设计厚度		按照《公路养护工程质量检验评定标准》(JTG 5220—2020)附录H检查		
			合格值	−5，+10				
	5	接缝处高差(mm)		≤3		3m直尺：每200m测1处		
	6	渗水系数(mL/min)		符合设计要求		渗水试验仪：每1500m^{2}测1处		
	7	抗滑	摩擦系数	符合设计要求	—	摆式仪：每1500m^{2}测1处 横向力系数车：按附录L,全程连续		
			构造深度(mm)			铺砂法：每1500m^{2}测1处		
施工单位意见：						监理工程师意见：		
专业工程师： 质检工程师： 监理工程师： ×年×月×日								

注：△表示关键项目。

3.6.2.3 水泥混凝土路面直接加铺沥青层路面结构

1）适用范围

在旧水泥混凝土面板上铺筑粒料或半刚性基层后再加铺沥青混合料面层，或者直接在旧水泥混凝土面板上加铺沥青混合料结构层，常被称为"水泥路面白改黑"。

"水泥路面白改黑"技术不仅能够显著地提高路面平整度和抗滑能力，消除旧路面接缝处易产生唧泥、断裂、脱空等多种病害的不利影响，改善路用性能与路面服务水平，还能够改善路面整体结构，提高路面整体承载能力，是一种常见的旧水泥混凝土路面综合改造措施。

2）处治方案

近年来，我国对水泥混凝土路面加铺沥青混凝土施工技术进行了积极的探索，经实践证明，取得了许多成果，积累了很多宝贵的经验。其归纳起来可分为两类典型处治方案：

（1）水泥混凝土路面表面加铺沥青上下面层及应力吸收层。该方案主要是对旧水泥混凝土路面进行局部病害处治后拉毛，采用基层抗裂贴或灌缝工艺对接缝进行处治，之后加铺应力吸收层与沥青混凝土路面（水泥混凝土路面病害处治并拉毛 +1cm 应力吸收层 +6cm 改性沥青下面层 +4cm 改性沥青上面层）。

（2）水泥混凝土路面表面加铺沥青磨耗层。该方案主要是对旧水泥混凝土路面进行精铣刨，对铣刨后的水泥混凝土路面病害进行局部处治，对接缝处采用聚氨酯沥青进行灌缝。在处治完后的水泥路面上喷洒高黏度改性沥青黏层后加铺 2cm 超薄磨耗层或薄层罩面。

3）施工工艺

"水泥路面白改黑"技术施工流程如图 3.6-23 所示。

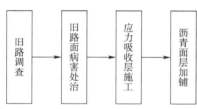

图 3.6-23 "水泥路面白改黑"技术施工流程

（1）旧路调查

在"水泥路面白改黑"技术施工前，为更好地了解旧水泥混凝土路面的结构状况和强度，分析路面损坏的原因及提出旧路病害处理措施，应对旧水泥混凝土路面的破损状况和结构状况等进行调查。调查方法以现行《公路技术状况评定标准》（JTG 5210）为依据，由经过训练的工程技术人员（2~3人），按照混凝土路面病害类型和分级，沿着整个调查路段逐板块进行调查，调查工作采用目测和仪具量测方法，详细地记录各种损坏类型、损坏程度和数量；调查内容包括路面破损状况、结构承载能力、行驶质量和抗滑能力、交通状况、路基和路面的排水状况及路面的修建和养护历史等。

（2）旧路面病害处治

众多的改造经验和教训表明，旧水泥混凝土路面的病害处治往往是工程成功的关键，为了保证旧水泥混凝土路面板的稳定，使加铺层路面处于良好、稳定的工作状态，依据实测数据和路况评定结果，必须对旧水泥混凝土路面板的破损进行修复处理。根据旧水泥混凝土路面调查结果，确定旧水泥混凝土路面的维修方法：

①对破碎的混凝土板块进行翻修。

②对局部损坏的混凝土板块进行挖补。

③对板下脱空的板块，采用板下封堵的方法进行压浆。

④对旧水泥混凝土路面接缝进行清缝灌缝。

⑤用压缩空气清洗混凝土面板,必须清除水及杂物。

⑥在错台位置,在下沉混凝土板块上按 $0.6 kg/m^2$ 喷洒黏层沥青,摊铺细粒式沥青混凝土调平层。

(3) 应力吸收层施工

为减小应力吸收层施工对交通的影响,应力吸收层宜采用半幅封闭、半幅通车的交通组织方案。沥青与粗集料的撒布量应根据交通量、撒布层位、集料规格等因素综合确定,以石料嵌入沥青60%~70%为宜,粗集料撒布量以满铺80%碎石重量为宜。如果沥青撒布量过大,容易产生面层泛油,自由沥青过多会提高层底的弯拉应变;如果沥青撒布量过少,集料将无法被裹覆充分,从而可以自由活动,形成不稳定的夹层,碎石容易产生应力集中,反而会加速面层的破坏。

①橡胶沥青拌和及运输。

在生产橡胶沥青时,先将基质沥青快速加温至160~170℃,输送至搅拌设备中。先预设至少3个不同的橡胶粉掺量进行试验,将橡胶粉和基质沥青的拌和温度控制在170~200℃范围内,拌和时间为1h。拌和完成后再输送至橡胶沥青智能撒布车内,运至施工现场。在运输过程中注意保温。

②撒布和碾压。

a. 橡胶改性沥青撒布温度一般控制在180~190℃范围内。

b. 注意横、纵接缝处的施工处理,横向接缝位置,与前次施工的范围线搭接2m。

c. 雨水井口采用木板进行覆盖,路缘石采用彩条布覆盖保护。

d. 每台粗集料撒布车配备1~2名施工人员,跟随在撒布车后,对没有撒碎石部位进行人工补撒,对于只撒碎石没洒沥青的部位,人工将碎石清扫干净,重新撒布。

e. 沥青、粗集料撒布完成后,胶轮压路机紧跟撒布车进行碾压。

f. 压路机慢速碾压,以避免集料产生推移,碾压遍数为1~2遍。碾压在较短的时间内完成,可防止温度下降难以压实。

g. 碾压完毕,待集料黏附在沥青层中并冷却后,用人工或机械清除多余的未黏结集料。

(4) 沥青混凝土加铺层施工

①沥青混合料的拌制。

a. 严格掌握沥青和集料的加热温度以及沥青混合料的出厂温度。集料温度应比沥青温度高10~15℃,热拌混合料成品在储料仓储存后,其温度下降不应超过10℃,储料仓的储料时间不得超过72h。

b. 拌和楼控制室要逐盘打印沥青及各种矿料的用量和拌和温度,并定期对拌和楼的计量和测温进行校核,没有材料用量和温度自动记录装置的拌和机不得使用。

c. 拌和时间由试拌确定。必须使所有集料颗粒全部裹覆沥青结合料,并以沥青混合料拌和均匀为度。

d. 要注意目测检查混合料的均匀性,及时分析异常现象,如混合料有无花白、冒青烟和离析等现象。如确认是质量问题,应作废料处理并及时予以纠正。在作业开始以前,有关人员要熟悉本项目所用各种混合料的外观特征,这主要通过细致地观察室内试拌的混合料而取得。

e. 每台拌和机每天上午、下午各取一组混合料试样做马歇尔试验和抽提筛分试验,检验油石比、矿料级配和沥青混凝土的物理力学性质。

油石比与设计值的允许误差为 -0.1% ~ +0.2%。

矿料级配与生产设计标准级配允许差值:0.075mm:±2%;≤2.36mm:±4%;≥4.75mm:±5%。

f. 每天摊铺结束后,用拌和楼打印的各料数量,以总量控制、各仓用量及各仓级配计算平均施工级配、油石比与施工厚度和抽提结果进行校核。

g. 每周分析一次检测结果,计算油石比、各级矿料通过量和沥青混凝土物理力学指标检测结果的标准差和变异系数,检验生产是否正常。

②沥青混合料的运输。

a. 采用数字显示插入式热电偶温度计检测沥青混合料的出厂温度和运到现场温度。插入深度要大于150mm。在运料卡车侧面中部设专用检测孔,孔口距车厢底面约300mm。

b. 拌和机向运料车放料时,汽车应前后移动,分几堆装料,以减少粗集料的分离现象。

c. 沥青混合料运输车的运量应较拌和能力和摊铺速度有所富余,摊铺机前方应有5辆运料车等候卸料。

d. 运料车应有篷布覆盖设施,以保温或避免污染环境。

e. 连续摊铺过程中运料车在摊铺机前10~30cm处停住,不得撞击摊铺机。卸料过程中运料车应挂空挡,靠摊铺机推动前进。

③沥青混合料的摊铺。

a. 连续稳定地摊铺是提高路面平整度的主要措施。摊铺机的摊铺速度应根据拌和机的产量、施工机械配套情况及摊铺厚度、摊铺宽度,按2~6m/min予以调整选择,做到缓慢、均匀、不间断地摊铺。不应任意地快速摊铺几分钟,然后停下来等下一车料。午饭应分批轮换交替进行,切忌停铺用餐,争取做到每天收工停机一次。

b. 用机械摊铺的混合料未压实前,施工人员不得进入踩踏。一般不用人工不断地整修,只有在特殊情况下,如局部出现离析现象,则需在现场主管人员指导下,允许采用人工找补或更换混合料,缺陷较严重时应予以铲除,并调整摊铺机或改进摊铺工艺。

c. 下面层摊铺厚度采用钢丝引导的高程控制方式。钢丝为扭绞式,直径不小于6mm,钢丝拉力大于800N,每5m设一钢丝支架。采用两台摊铺机实施摊铺施工,靠中央分隔带侧摊铺机在前,左侧架设钢丝,摊铺机上安装横坡仪控制摊铺层横坡;后面摊铺机的右侧架设钢丝,左侧在摊铺好的层面上走雪橇。中面层和上面层用移动式自动找平基准装置控制摊铺厚度。两台摊铺机摊铺层的纵向接缝,应采用斜接缝,避免出现缝痕。两台摊铺机距离不应超过30m。

d. 摊铺机应调整到最佳工作状态,调好螺旋布料器两端的自动料位器,并使料门开度、链板送料器的速度和螺旋布料器的转速相匹配。螺旋布料器的料位置以略高于螺旋布料器2/3为度,使熨平板的挡板前混合料的高度在全宽范围内保持一致,避免摊铺层出现离析现象。

e.检测松铺厚度是否符合规定,以便随时进行调整。摊前熨平板应预热至规定温度。摊铺机熨平板必须拼接紧密,不许存有缝隙,防止卡入粒料将铺面拉出条痕。

f.摊铺遇下雨时,应立即停止施工,并清除未压实成型的混合料。遭受雨淋的混合料应废弃,不得卸入摊铺机摊铺。

④沥青混合料的压实成型。

a.沥青混合料的压实是保证沥青面层质量的重要环节,应选择合理的压路机组合方式及碾压步骤。为保证压实度和平整度,初压应在混合料不产生推移、开裂等情况下尽可能在摊铺后较高温度下进行。初压严禁使用轮胎压路机,以确保面层横向平整度。在石料易于压碎的情况下,原则上钢轮压路机不开振,以轮胎压路机碾压为主。

b.压路机应以缓慢而均匀的速度碾压,压路机的适宜碾压速度随初压、复压、终压及压路机的类型而定,按表3.6-30选用。

压路机碾压速度推荐值　　　　　　表3.6-30

压路机类型	初压		复压		终压	
	适宜	最大	适宜	最大	适宜	最大
钢筒式压路机	1.5~2	3	2.5~3.5	5	2.5~3.5	5
轮胎压路机	—	—	3.5~4.5	6	4~6	8
振动压路机	1.5~2(静压)	3(静压)	3~4(振动)	4~5(振动)	2~3(静压)	5(静压)

c.为避免碾压时混合料推挤产生拥包,碾压时应将驱动轮朝向摊铺机,碾压路线及方向不应突然改变,压路机起动、停止必须减速缓行,不准紧急制动。压路机折回不应处在同一横断面上。

d.在当天碾压的尚未冷却的沥青混凝土层面上,不得停放压路机或其他车辆,并防止矿料、油料和杂物散落在沥青层面上。

e.要对初压、复压、终压段落设置明显标志,便于司机辨认。

对松铺厚度、碾压顺序、压路机组合、碾压遍数、碾压速度及碾压温度应设专岗管理和检查,使面层做到既不漏压也不超压。

f.压实完成12h后,方允许施工车辆通行。

⑤施工接缝的处理。

a.纵向施工缝。采用两台摊铺机成梯队联合摊铺方式的纵向接缝,应采用斜接缝,在前部已摊铺混合料部分留下10~20cm宽暂不碾压,作为后高程基准面,并有5~10cm的摊铺层重叠,以热接缝形式在最后做跨接缝碾压以消除缝迹。如果两台摊铺机相隔距离较短,也可做一次碾压。上下层纵缝应错开15cm以上。

b.横向施工缝。全部采用平接缝。用3m直尺沿纵向位置,在摊铺段端部的直尺呈悬臂状,以摊铺层与直尺脱离接触处定出接缝位置,用锯缝机割齐后铲除;继续摊铺时,应将接缝锯切时留下的灰浆冲洗干净,晾干后,涂上少量黏层沥青,摊铺机熨平板从接缝处起步摊铺,碾压时用钢筒式压路机进行横向压实,从先铺路面上跨缝逐渐移向新铺面层。

4)注意事项

(1)对旧水泥混凝土路面进行沥青罩面前,应重视对旧水泥混凝土路面的路况进行全面的调查、评价、分类,根据路况的不同分类采取相应的沥青加铺方案。

(2)加铺沥青面层之前,应重视旧水泥混凝土路面板的病害处理,结合旧水泥混凝土路面路况的全面调查和客观评价,对旧水泥混凝土路面存在的各种破损情况,采取对应的处理措施,以提高旧水泥混凝土路面板的强度。

(3)加铺沥青面层时,应注意加强复合路面各结构层的层间结合力,各层之间应洒布黏层油,能有效地提高层间的结合力。

(4)在改造旧水泥混凝土路面的同时,完善的路基路面排水系统也是必要的,有完善的排水系统配合,才可能有安全、舒适、使用寿命较长的路面。

3.6.2.4 水泥混凝土路面碎石化施工

1)适用范围

共振碎石化技术适用于路面状况指数不小于70,平均错台量小于2cm,10%≤断板率<30%的水泥路面"白改黑"路面养护与改建工程。既有公路路基强度CBR值小于8%以及板底脱空路段,应经处理合格后才能施工。

2)工艺流程

水泥混凝土路面碎石化施工工艺如图3.6-24所示。

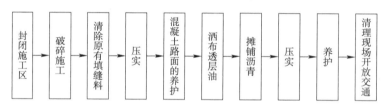

图3.6-24 水泥混凝土路面碎石化施工的工艺流程

3)作业要求

(1)封闭施工区:根据《公路养护安全作业规程》(JTG H30—2015)的相关内容一次性全封闭施工段落,并在相应位置设置交通安全设施。

(2)破碎施工:采用共振碎石机,通过共振原理,使旧水泥混凝土路面与破碎机械产生共振,将旧水泥混凝土路面破碎成上层1/3板厚部分为砂粒层,下部2/3板厚部分形成35°~60°斜向开裂、裂而不散的嵌锁层,碎石最大粒径不超过23cm,钢筋与碎石完全分离。

(3)清除原有填缝料:在破碎后,摊铺沥青面层前,应对所有松散的填缝料、胀缝材料或其他类似物进行清除。

(4)压实:采用振动压路机高频低幅振压,来回碾压不少于5遍,碾压速度不得超过4km/h,碾压时相邻碾压带应重叠100~200mm。大型压路机难于碾压部位,应采用自重小型压路机辅助压实。直线和不设超高的平曲线路段,应由路肩向路中心碾压。若设超高的平曲线路段,应由内侧向外侧碾压。

(5)混凝土路面的养护:除了必须开放的横穿交通之外,破碎后的任何路面均不得开放交通。

(6)洒布透层油:为使表面较松软的粒料有一定的结合力,在破碎压实后的表面喷洒乳化沥青透层油,按 $2.5\sim3.5L/m^2$ 用量洒布 50% 的慢裂乳化沥青。

(7)摊铺沥青:采用沥青摊铺车进行改性沥青混合料的摊铺,摊铺速度控制在 $1\sim3m/min$ 范围内。摊铺机开工前应提前 $0.5\sim1h$ 预热熨平板不低于 100℃,摊铺温度不低于 160℃,摊铺过程中应随时检查摊铺厚度及路拱、横坡。

(8)压实:

①初压需紧跟在摊铺机后碾压,开始碾压的温度不低于 150℃,通常采用双钢轮压路机静压 $1\sim2$ 遍,速度宜为 $2\sim3km/h$。

②复压选用总质量不小于 25t 的轮胎压路机进行揉搓碾压 $3\sim4$ 遍,以增加路面的密水性,相邻碾压带应重叠 $1/3\sim1/2$ 的碾压轮宽度,速度宜为 $3\sim5km/h$。

③终压选用双钢轮压路机静压不宜少于 2 遍,至无明显轮迹为止,速度宜为 $3\sim6km/h$,碾压终了温度不低于 90℃。

(9)养护、清理现场及开放交通:沥青混凝土路面铺完后,清理施工现象,并严格控制交通,待自然冷却至温度低于 50℃,且路面检验合格后方可开放交通。

4)质量要求

水泥混凝土路面碎石化施工工艺的质量控制应符合表 3.6-31、表 3.6-32 的要求。

水泥混凝土路面碎石化施工质量验收标准 表 3.6-31

检查项目		规定值或允许偏差		检查方法和频率
		高速公路、一级公路	其他公路	
回弹模量(MPa)		符合设计要求		T 0943:每 $3000m^2$ 测 1 处
碎石化粒径(mm)		符合设计要求		钢直尺:每 $1500m^2$ 测 1 处
平整度	最大间隙 h(mm)	≤25		3m 直尺:每 100m 测 1×5 尺
破碎宽度(mm)		符合设计要求		钢卷尺:每 100m 测 2 处

重铺沥青面层施工质量验收标准 表 3.6-32

检查项目		规定值或允许偏差			检查方法和频率
		高速公路、一级公路		其他公路	
		多层施工	单层施工		
压实度(%)		试验室标准密度的 96%(*98%) 最大理论密度的 92%(*94%)			按《公路养护工程质量检验评定标准》(JTG 5220—2020)附录 B 检查
平整度	σ(mm)	≤1.2	≤1.3	2.5	平整度仪:全线每车道连续按每 100m 计算 IRI 或 σ
	IRI(m/km)	≤2.0	≤2.2	4.2	
	最大间隙 h(mm)	—		5.0	3m 直尺:每 100m 测 1×5 尺
厚度(mm)	平均值	总厚度不小于设计值			按《公路养护工程质量检验评定标准》(JTG 5220—2020)附录 H 检查
	合格值	总厚度:$-10\%H$ 上面层:$-20\%h$	$-20\%h$	$-20\%h$	

续上表

检查项目		规定值或允许偏差		检查方法和频率
		高速公路、一级公路	其他公路	
		多层施工	单层施工		
宽度(mm)		不小于设计		钢卷尺:每100m测2个断面
渗水系数(mL/min)		符合设计要求		渗水试验仪:每1500m² 测1处
抗滑	摩擦系数	符合设计要求	—	摆式仪:每1500m² 测1处；横向力系数测定车:按《公路养护工程质量检验评定标准》(JTG 5220—2020)附录L检查
	构造深度(mm)			铺砂法:每1500m² 测1处
横坡(%)		±0.3	±0.5	水准仪:每100m测1个断面
弯沉值(0.01mm)		不大于设计值		按《公路养护工程质量检验评定标准》(JTG 5220—2020)附录J检查
纵断高程(mm)		±15	±20	水准仪:每100m测2断面
沥青含量(%)		满足生产配比要求		T 0722、T 0721、T 0735,每台班1次
马歇尔稳定度		满足生产配比要求		T 0709,每台班1次

数字化学习案例四:路面加铺维修技术——水泥混凝土路面碎石化施工工艺

(1)学习目标

通过本环节的数字化学习与训练,可以准确地识别水泥混凝土路面碎石化施工工艺适用的病害范围,掌握本工艺的施工流程及作业要求,完成对相关病害的整治。

(2)学习情境描述

某村镇公路是该乡村区域交通的重要组成部分,公路路面类型为水泥混凝土公路,已使用近10年。根据前期对路面进行检测发现,本条水泥混凝土路面破损严重,已不满足车辆正常行驶要求,其升级改造工程属本年度农村公路提质增效项目。

现在你作为该公路的养护技术工人,需采用路面碎石化施工工艺对旧路面进行处理,加铺沥青混合料面层。

(3)数字化视频学习引导

①水泥混凝土路面碎石化施工工艺的适用范围。

②水泥混凝土路面碎石化施工工艺的作业流程。

③水泥混凝土路面碎石化施工工艺的施工要点。

④熟悉作业环境及工具的选择与使用。

(4)数字化视频课程

使用手机、平板电脑等电子设备扫描二维码即可开始数字化学习。

(5)任务演练

根据所学内容,回答以下问题:

水泥混凝土路面碎石化施工工艺数字化学习视频

①混凝土路面压实的注意事项有哪些？
②摊铺沥青的注意事项有哪些？
③沥青路面的压实分为哪几步？

(6) 模拟验收

表3.6-33及表3.6-34为实际操作过程中会用到的验收记录样表，供学员模拟演练，查漏补缺。

水泥混凝土路面碎石化验收记录表　　　表3.6-33

××公路						
水泥混凝土路面碎石化验收记录表						
养护单元名称：				施工单位：××路桥集团有限公司		
养护工程部位：				监理单位：××监理有限公司		
基本要求	①碎石化前的路基强度和含水率应满足设计要求；当其不满足要求时，应按设计进行处治；路面基层应基本稳定，板体应无松散。 ②混凝土板块上存在的沥青罩面层和沥青表面修补材料应在碎石化施工前清除。 ③破碎后路面出现的局部破损坑洼，应按照设计要求进行挖补找平，形成平整的表面。 ④碎石化施工不得对路幅内构造物与管线、路幅外建筑物等的结构安全构成影响。 ⑤路面破碎后应按要求进行碾压，并及时完成封层等层间处理。碎石化路面在加铺面层结构前不得浸水，不得开放交通					
实测项目	项次	检查项目	规定值或允许偏差		检查方法和频率	实测值或实测偏差值（代表值）	检查结果
			高速公路、一级公路	其他公路			
	1△	回弹模量(MPa)	符合设计要求		T 0943：每3000m²测1处		
	2△	碎石化粒径(mm)	符合设计要求		钢直尺：每1500m²测1处		
	3	平整度 最大间隙 h(mm)	≤25		3m直尺：每100m测1×5尺		
	4	破碎宽度(mm)	符合设计要求		钢卷尺：每100m测2处		
施工单位意见：				监理工程师意见：		
专业工程师： 　质检工程师： 　监理工程师：				×年×月×日		
注：△表示关键项目。						

重铺沥青混凝土面层验收记录表

表 3.6-34

××公路	
重铺沥青混凝土面层验收记录表	
养护单元名称：	施工单位：××路桥集团有限公司
养护工程部位：	监理单位：××监理有限公司

基本要求	①各类原材料的质量，包括使用厂拌热再生时 RAP 及再生剂的质量应满足规范和设计要求。沥青含量、矿料级配等沥青混合料质量指标应满足规范和设计要求。 ②应按设计和现行《公路沥青路面施工技术规范》(JTG F40)的规定进行黏层、封层等层间黏结施工。 ③应严格控制沥青混合料拌和温度。沥青混合料应拌和均匀，无花白、无粗细料分离和结团成块等现象。 ④应严格控制摊铺和碾压温度，加强边部和接缝处碾压，按规定工艺将摊铺的沥青混合料碾压至要求的压实度。多层摊铺时，上层摊铺之前应保持下层整洁，不得污染。 ⑤路面应完成压实并冷却至表面温度低于50℃后方可开放交通或在路面上进行其他作业。 ⑥路面横坡应能保证路面横向排水顺畅，且不得出现反坡。单车道施工的路面横坡应与整幅路面横坡相协调，且不得出现反坡

	项次	检查项目		规定值或允许偏差			检查方法和频率	实测值或实测偏差值(代表值)	检查结果
				高速公路、一级公路		其他公路			
				多层施工	单层施工				
实测项目	1△	压实度(%)		试验室标准密度的 96%(*98%) 最大理论密度的 92%(*94%)			按《公路养护工程质量检验评定标准》(JTG 5220—2020)附录 B 检查		
	2	平整度	σ(mm)	≤1.2	≤1.3	2.5	平整度仪：全线每车道连续按每100m 计算 IRI 或 σ		
			IRI (m/km)	≤2.0	≤2.2	4.2			
			最大间隙 h(mm)	—		5.0	3m 直尺：每100m 测 1×5 尺		
	3△	厚度(mm)	平均值	总厚度不小于设计值			按《公路养护工程质量检验评定标准》(JTG 5220—2020)附录 H 检查		
			合格值	总厚度： −10% H 上面层： −20% h		−20% h			
						−20% h			
	4	宽度(mm)		不小于设计要求			钢卷尺：每100m 测 2 个断面		
	5	渗水系数(mL/min)		符合设计要求			渗水试验仪：每1500m² 测 1 处		

续上表

	项次	检查项目	规定值或允许偏差			检查方法和频率	实测值或实测偏差值(代表值)	检查结果
			高速公路、一级公路		其他公路			
			多层施工	单层施工				
实测项目	6	抗滑 摩擦系数	符合设计要求		—	摆式仪:每1500m² 测1处 横向力系数测定车:按《公路养护工程质量检验评定标准》(JTG 5220—2020)附录L检查		
		构造深度(mm)				铺砂法:每1500m² 测1处		
	7	横坡(%)	±0.3		±0.5	水准仪:每100m 测1个断面		
	8	弯沉值(0.01mm)	不大于设计值			按《公路养护工程质量检验评定标准》(JTG 5220—2020)附录J检查		
	9	纵断高程(mm)	±15		±20	水准仪:每100m 测2个断面		
	10△	沥青含量(%)	满足生产配合比要求			T 0722、T 0721、T 0735,每台班1次		
	11	马歇尔稳定度	满足生产配合比要求			T 0709,每台班1次		
施工单位意见:						监理工程师意见:		
专业工程师:		质检工程师:		监理工程师:			×年×月×日	

注:△表示关键项目。

4 桥涵

4.1 桥涵结构组成与分类

4.1.1 桥梁基础知识

桥梁是供公路、铁路、渠道、管线、行人等跨越各种障碍物（如江河湖海、沟谷或其他线路等）时的构筑物。

4.1.1.1 桥梁的基本组成

桥梁一般由上部结构、下部结构、支座和附属设施等四个基本部分组成，如图4.1-1所示。

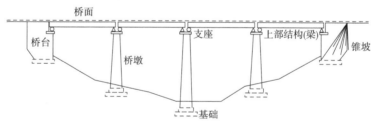

图 4.1-1 桥梁的基本组成示意

1）上部结构

上部结构，又称桥跨结构，是在线路中断时跨越障碍（如河流、沟谷等）的主要承重结构。它的作用是承受行车及行人荷载，并将行车及行人荷载等通过支座传递给下部结构。

2）下部结构

下部结构包括桥墩、桥台和基础，是支承上部结构并将其传来的恒载和车辆等活载传至地基的结构物。

3）支座

支座是设在墩（台）顶，用于支承上部结构的传力装置。它不仅要传递很大的荷载，而且要保证上部结构按设计要求能产生一定的变位。

4）附属设施

附属设施包括桥面系、伸缩缝装置、桥头搭板和锥形护坡等。

4.1.1.2 桥梁的主要尺寸

1)长度

(1)净跨径:是设计洪水位线或通航水位线上相邻两墩、台之间的净距,用 l_0 表示。

(2)总跨径:也称桥梁孔径,是多孔桥梁中各孔净跨径的总和,用 $\sum l_0$ 表示,它反映了桥梁的排泄洪水的能力。

(3)计算跨径:桥跨结构相邻两支座中心之间的距离,用 l 表示。

(4)标准跨径:指相邻两桥墩中线之间的距离;或指桥墩中线至桥台台背前缘之间的距离,用 l_k 表示。

(5)桥长:桥梁两桥台侧墙或八字尾端间的距离;当无桥台时,桥梁全长为桥面系行车道的长度,用 L 表示。

2)高度

(1)桥梁高度:也称桥高,指桥面至低水位或桥下路面之间的距离,用 H 表示。

(2)桥下净空高:指设计洪水位或通航水位至桥跨结构最下缘的距离,用 H_0 表示。

(3)建筑高度:指桥面与桥跨结构最低边缘的差,用 h 表示。

4.1.1.3 桥梁的分类

1)按承重结构的受力特点分类

桥梁按承重结构的受力特点可分为梁桥、拱桥、刚架桥、斜拉桥和悬索桥等。

(1)梁桥

梁桥是一种在竖向荷载作用下无水平反力的结构,主要承重构件是梁或板,如图 4.1-2 所示。

(2)拱桥

拱桥的主要承重结构是拱肋或拱圈,以受压为主。拱是有水平推力的结构,对地基要求较高,一般常建于地基良好的地区,如图 4.1-3 所示。

(3)刚架桥

图 4.1-2 梁桥

刚架桥是主梁与桥墩整体结合在一起的刚架结构,梁和墩联结处具有很大的刚性,如图 4.1-4 所示。

图 4.1-3 拱桥

图 4.1-4 刚架桥

(4)斜拉桥

斜拉桥由主梁、斜索和塔柱组成,用高强钢材的斜索将主梁多点吊起,并将主梁的荷载传至塔柱,再通过塔柱传至基础,如图 4.1-5 所示。

(5)悬索桥

悬索桥,也称吊桥,主要承载结构由桥塔和悬挂在塔上的高强度缆索、吊索、加劲梁、锚定结构组成,主缆索是其主要承重结构,如图 4.1-6 所示。

图 4.1-5 斜拉桥

图 4.1-6 悬索桥

2)按桥长和跨径分类

桥梁按桥长和跨径的不同可分为特大桥、大桥、中桥、小桥,划分标准见表 4.1-1。

桥梁按长度和跨径划分标准　　　　　　　　表 4.1-1

桥梁类型	多孔跨径总长 $L(m)$	单孔跨径 $l_k(m)$
特大桥	$L > 1000$	$l_k > 150$
大桥	$100 \leq L \leq 1000$	$40 \leq l_k \leq 150$
中桥	$30 < L < 100$	$20 \leq l_k < 40$
小桥	$8 \leq L \leq 30$	$5 \leq l_k < 20$

3)按承重结构所用的材料分类

桥梁按主要承重结构所用的材料可分为木桥、钢桥、圬工桥、钢筋混凝土桥及预应力混凝土桥等。

4)按桥面位置分类

桥梁按桥面位置可分为上承式桥、中承式桥和下承式桥。

5)按用途分类

桥梁按用途可分为公路桥、铁路桥、公铁两用桥、运水桥(渡槽)及其他专用桥等。

4.1.2　涵洞基础知识

涵洞是公路路基通过洼地或跨越水沟(渠)时设置的,或为把汇集在路基上的水流宣泄到下方而设置的横穿路基的小型地面排水结构物。少数涵洞也用作交通,供行人和车辆通行。一般规定:单孔跨径 <5m,多孔跨径总长 $L < 8m$(圆管涵及箱涵不论管径或跨径大小、孔数多少)均称为涵洞。

4.1.2.1　涵洞的基本组成

涵洞通常由洞身和洞口建筑两大部分组成。

洞身通常由承重结构、涵台(墩)、基础以及防水层和伸缩缝等部分组成。洞身结构的常见形式有圆管涵、盖板涵、拱涵和箱涵等。基础有整体式和非整体式两类。

洞口建筑由进水口、出水口和沟床加固三部分组成。常用的洞口建筑形式有一字(端墙)式、八字式和跌水式三种。

4.1.2.2 涵洞的分类

1)按构造形式分类

涵洞按构造形式可分为盖板涵、圆管涵、箱涵和拱涵等。

(1)盖板涵

盖板涵主要由盖板、涵台、洞身铺底、伸缩缝及防水层等构成。盖板涵有石盖板和钢筋混凝土盖板两种。经常采用的是钢筋混凝土盖板涵,如图4.1-7所示。

(2)圆管涵

圆管涵主要由管身、基础、接缝及防水层构成。一般采用预制的钢筋混凝土管材,如图4.1-8所示。

图4.1-7 钢筋混凝土盖板涵

图4.1-8 圆管涵

(3)箱涵

箱涵主要由钢筋混凝土涵身、翼墙、基础和变形缝等组成,如图4.1-9所示。箱涵为整体闭合式钢筋混凝土框架结构,具有良好的整体性及抗震性能。箱涵一般仅在软土基上采用。

(4)拱涵

拱涵主要由拱圈、护拱、涵台、基础、铺底、沉降缝及排水设施组成,图4.1-10所示。

图4.1-9 箱涵

图4.1-10 拱涵

2）按建筑材料分类

涵洞按建筑材料可分为砖涵、石涵、混凝土涵和钢筋混凝土涵等。

3）按洞顶填土厚度分类

涵洞按洞顶填土情况可分为明涵和暗涵。

（1）明涵

明涵是指洞顶填土高度小于50cm的涵洞，适用于低路堤、浅沟渠。

（2）暗涵

暗涵是指洞顶填土高度大于50cm的涵洞，适用于高路堤、深沟渠。

4.2 桥涵养护总体要求

公路桥涵养护应遵循"防治结合、科学养护、安全运行、保障畅通"的原则，并应符合下列要求：

(1)保障结构完好、外观整洁和附属设施齐全完好。

(2)配备必要的检测和养护设备、设施。

(3)积极稳妥地采用先进的检查设备、养护技术和科学的管理方法。

(4)及时掌握桥涵技术状况的变化，并采取相应养护对策。

(5)有效开展预防养护，保障结构耐久性。

(6)确保养护作业安全，降低对交通的影响。

(7)重视资源节约和环境保护。

为了保障桥涵整体运行，需要定期进行桥涵检查、评定、养护。

4.2.1 桥梁检查

公路桥梁养护检查等级分为Ⅰ、Ⅱ、Ⅲ级，分级标准应符合下列规定：

(1)单孔跨径大于150m的特大桥、特别重要桥梁的养护检查等级为Ⅰ级。

(2)单孔跨径小于或等于150m的特大桥、大桥，以及高速公路或一、二级公路上的中桥、小桥的养护检查等级为Ⅱ级。

(3)三、四级公路上的中桥、小桥的养护检查等级为Ⅲ级。

(4)技术状况评定为3类的大、中、小桥应提高一级进行检查。

(5)技术状况评定为4类的桥梁在加固维修前应按Ⅰ级进行检查。

桥梁检查分为初始检查、日常巡查、经常检查、定期检查和特殊检查。

4.2.2 桥梁评定内容

桥梁评定包括技术状况评定和适应性评定。

4.2.2.1 桥梁技术状况评定

桥梁技术状况评定应依据桥梁初始检查、定期检查资料，通过对桥梁各部件技术状况的综合评定,确定桥梁的技术状况等级,提出养护措施。桥梁技术状况评定应按现行《公路桥梁技术状况评定标准》(JTG/T H21)的规定执行。

1)桥梁技术状况评定等级

桥梁技术状况评定等级应分为1类、2类、3类、4类、5类。桥梁技术状况评定等级及状态描述见表4.2-1。

桥梁技术状况评定的等级及状态描述 表4.2-1

技术状况评定等级	状态	技术状况描述
1类	完好、良好	(1)主要部件功能与材料均良好。 (2)次要部件功能良好,材料有少量(3%以内)轻度缺损。 (3)承载能力和桥面行车条件符合设计标准
2类	较好	(1)主要部件功能良好,材料有少量(3%以内)轻度缺损,结构受力裂缝宽度小于设计限值。 (2)次要部件有较多(10%以内)中等缺损。 (3)承载能力和桥面行车条件达到设计指标
3类	较差	(1)主要部件材料有较多(10%以内)中度缺损,结构受力裂缝宽度超过设计限值,或出现轻度功能性病害,且发展缓慢,尚能维持正常使用功能。 (2)次要部件有大量(10%~20%)严重缺损,功能降低,进一步恶化将不利于主要部件和影响正常交通。 (3)承载能力比设计降低10%以内,桥面行车不舒适
4类	差	(1)主要部件材料有大量(10%~20%)严重缺损,结构受力裂缝宽度超过设计限值,锈蚀严重,或出现轻度功能性病害,且发展较快。结构变形小于或等于设计限值,功能明显降低。 (2)次要部件有20%以上严重缺损,失去应有功能,严重影响正常交通。 (3)承载能力比设计降低10%~25%
5类	危险	(1)主要部件材料出现严重功能性病害,且有继续扩大现象,关键部位的部分材料强度达到极限,出现部分钢丝或钢筋断裂、混凝土压碎或杆件失稳变形、破损现象,变形大于设计限值,结构的强度、刚度、稳定性和动力响应不能达到交通安全通行的要求。 (2)承载能力比设计降低25%以上

2)养护对策

根据桥梁技术状况评定结果,对各类桥梁应按表4.2-2采取相应的养护对策。

桥梁技术状况评定等级与养护对策 表4.2-2

技术状况评定等级	养护对策
1类	正常保养或预防养护
2类	修复养护、预防养护
3类	修复养护、加固或更换较大缺陷构件,必要时可以进行交通管制
4类	修复养护、加固或改造;及时进行交通管制,必要时封闭交通
5类	及时封闭交通,改建或重建

为恢复、保持或提升公路服务功能,结合阶段性专项公路养护治理工作,可对桥梁实施专项养护,包括增设、加固改造、拆除重建、灾后恢复等。

4.2.2.2 桥梁适应性评定

桥梁适应性评定可根据需要进行。将桥梁适应性评定工作与定期检查、特殊检查结合进行,可采用下列方法:

(1)承载能力评定,可采用分析检算或荷载试验方法。

(2)通行能力评定,可将设计通行能力与实际交通量进行比较,也可与使用期预测交通量进行比较,评价桥梁能否满足现行或预期交通量的要求。

(3)抗灾害能力评定,可采用现场测试与分析检算方法,重要桥梁可进行模拟试验。

(4)耐久性评定,可采用外观耐久状态评定与剩余耐久年限评定相结合的方法。

对适应性不满足要求的桥梁,应采取提高承载力、加宽、加长、基础防护等改造措施;情况严重时,应对桥梁进行改建或重建。当整个路段有多个桥梁的适应性不能满足要求时,应结合路线改造进行方案比较和决策。

4.2.3 涵洞养护规定

涵洞养护应符合下列规定:

(1)功能正常、排水顺畅、排放适当。

(2)各构件及附属结构完好。

(3)涵洞表面清洁、不漏水。

涵洞养护工作内容应包括经常检查和定期检查,日常养护、维修、加固与改建。

涵洞需开挖维修加固时,必须按现行《公路养护安全作业规程》(JTG H30)的要求实施作业。

4.2.4 涵洞技术状况评定

涵洞定期检查可按表4.2-3,并结合检查人员经验,对涵洞的技术状况综合做出"好、较好、较差、差、危险"五个级别的技术状况评定,提出日常养护、维修、加固、改建等建议。

涵洞技术状况评定标准　　　　　　表4.2-3

技术状况评定等级	评定标准
好	各构件及附属结构完好,使用正常
较好	主要构件有轻微缺损,对使用功能无影响
较差	主要构件有中等缺损,病害发展缓慢,尚能维持正常使用功能
差	主要构件有大的缺损,严重影响涵洞使用功能;或者影响承载能力,不能保证正常使用
危险	主要构件存在严重缺损,不能正常使用,危及涵洞结构安全

4.2.5 桥涵日常养护要求

4.2.5.1 桥梁上部结构的日常养护要求

1)梁桥

(1)梁桥上部结构应保持结构完好、无缺损。

(2)梁(板)开裂时,应视裂缝性质和影响程度,及时采取相应处治措施。

(3)梁(板)存在表观缺陷时,应及时予以维修。

(4)箱梁或空心板内应保持干燥、无积水。箱梁内应保持通风良好。

(5)梁体受水侵蚀时,应采取必要的截水措施。

(6)装配式组合梁(板)桥,纵、横向联系出现开裂、开焊、破损等病害时,应及时修复。

(7)主梁持续下挠或挠度超过设计限值时,应进行特殊检查评估并及时加固处治。

(8)混凝土梁发生纵、横向异常变位,支点位置发生异常角变位或过大沉降时,应及时处治。

(9)混凝土梁受到车辆或船舶等撞击后,应根据检测评估结果及时处治。

2)预应力混凝土梁桥

(1)预应力混凝土梁桥上部结构的预应力体系各组成部分应保持完好、有效。

(2)全预应力及部分预应力 A 类构件出现结构性裂缝时,应及时维修或加固。

(3)预应力混凝土锚固区存在破损、开裂、剥落、封锚不严、锚具暴露等缺陷时,应及时维修或加固。

(4)当发现预应力钢束存在严重锈蚀等缺陷时,应及时处治。

(5)体外预应力钢束存在表面防护严重破损、锈蚀、断丝,夹片破损、失效时,应及时维修或更换;锚固块、转向块与梁体结合区域出现超限的结构裂缝时,应及时加固处治。

(6)预制节段拼装的预应力混凝土梁桥,拼接缝部位出现接触不紧密、拼接材料老化等病害时,应及时维修或加固。

3)圬工拱桥

(1)圬工拱桥的圬工结构应保持表面整洁、完整,无杂草。

(2)圬工结构出现空洞、孔洞或砌块断裂、压碎、松动、脱落等病害时,应及时维修或加固。

(3)砌筑砂浆脱落、不饱满导致主拱圈整体性差时,应及时修复。

(4)圬工结构发生异常变形或出现结构裂缝时,应进行特殊检查评估并及时处治。

4)混凝土拱桥

(1)混凝土拱桥的拱圈应保持结构完好、无缺损;若存在表观缺陷,应及时维修。

(2)箱形拱拱圈应保持通气孔、排(进)水孔畅通。主拱圈开裂,应视裂缝性质和影响程度,及时采取相应处治措施。

(3)肋拱、双曲拱、桁架拱、刚架拱的肋间横向联系出现开裂、破损病害时,应及时修复。双曲拱桥拱波出现纵向开裂、渗水等病害时,应及时修复。桁架拱、刚架拱、系杆拱因节点强度不足引起节点及杆件端部开裂时,应及时加固处治。

(4)预制拼装拱桥的铰缝、横向接缝存在开裂、破损等病害时,应及时修复。

(5)主拱圈变形异常或拱顶下挠严重时,应进行特殊检查评估并及时加固处治。

(6)系杆拱桥的混凝土系杆出现裂缝病害时,应及时维修处治。系杆的锚固区存在破损、开裂、剥落、封锚不严、锚具暴露等病害时,应及时维修或加固。

5)拱桥

(1)拱式腹拱的拱铰及变形缝应保持工作正常,有杂物时应予以清除。

(2)腹拱、侧墙出现开裂、破损、错位、倾斜或外移等病害时,应及时修复。

(3)拱上填料应密实、无沉陷,有沉陷时应及时处治;拱背防排水系统应保持畅通。

(4)双曲拱桥拱波、刚架拱桥微弯板等存在露筋、开裂及塌陷等病害时,应及时修复。

4.2.5.2 桥梁下部结构的日常养护要求

1)墩台

(1)保持墩台表面清洁,及时清除墩台表面的青苔、杂草、灌木和污物。

(2)混凝土墩台表面存在侵蚀剥落、蜂窝、麻面、露筋及钢筋锈蚀等缺陷时,应及时修复。

(3)墩台开裂时,应根据裂缝性质和影响程度,及时采取相应处治措施。

(4)圬工砌体的砌缝脱落时,应重新勾缝;圬工砌体严重风化、鼓凸或损坏时,应及时维修或加固。

(5)墩台抗震设施损坏时,应及时修复或改造。

(6)桥梁墩台发生异常变位时,应进行特殊检查评估并及时加固处治。

2)基础

(1)桩基础存在颈缩、露筋、钢筋锈蚀等缺陷时,必须及时维修或加固。基础冲刷过深或基底局部淘空时,应及时采取必要的防护措施。

(2)桥下河床铺砌出现局部损坏时,应及时维修。

(3)高寒地区的桩基础发生浅桩冻拔、深桩环状冻裂时,应及时予以处治。

3)锥坡

(1)锥坡应保持完好。锥坡出现开裂、沉陷,并且受洪水冲空时,应及时维修或加固。

(2)翼(耳)墙出现下沉、开裂等损伤时,应及时维修加固。

4.2.5.3 桥面系的日常养护要求

(1)桥面应经常清扫,排除积水,清除泥土、杂物、积雪和冰凌等,保持桥面平整、清洁。

(2)排水系统应满足排水需要,保持完好和畅通,有损坏时应及时维修或更换,有堵塞时应及时疏通。

(3)人行道、栏杆、护栏各构件等应牢固并保持完好状态,有损坏时应及时维修或更换。伸缩装置处的栏杆或护栏应满足结构的变形需要。钢护栏及钢筋混凝土护栏上的外露钢构件应根据环境条件定期涂装。桥梁两端的栏杆柱或防撞墙端面,涂有立面标记或警示标志的,应保持标记、标志鲜明。

(4)桥上灯柱等设备应保持完好,照明设备锚固支撑应牢固可靠,有缺损时应及时维修。

灯具或供电系统老化、损坏应及时更换或维修,应确保照明设施电线不外露,接线盒处于良好工作状态。增设照明设施宜置于桥梁内侧,不得影响桥梁养护维修及行车安全。

(5)伸缩装置应平整、直顺、无漏水,处于良好的工作状态。应经常清除伸缩装置的缝内积土、垃圾等杂物,使其能正常发挥作用。伸缩装置的密封橡胶带(止水带)损坏后,应及时更换。密封橡胶带的选择,应满足其规格和性能要求。钢板(梳齿型)伸缩装置的钢板开焊时,应及时补焊;螺栓松动、脱落时,应及时维修。

(6)桥头搭板脱空、断裂或枕梁下沉引起桥路连接不顺适,影响行车安全时,应进行维修处理。

(7)桥梁交通标志、标线和安全设施应齐全、醒目、牢固,标志板应整洁、完好,有损坏时应及时维修或更换。交通标线应经常保持完好、清晰,宜定期重涂。桥梁的防眩板应保持齐全、牢固,有损坏时应及时维修或更换。桥梁的防护隔离设施应完整、牢固,有损坏时应及时维修。

利用桥梁架设管线、广告牌等设施,应通过相应的技术论证,并报经交通运输主管部门同意,不得影响桥梁正常养护。

4.2.5.4 桥梁支座的日常养护要求

(1)桥梁支座各组件应保持完整、清洁、有效,防止积水、积雪和结冰,并及时清除支座周围的垃圾,确保支座正常工作。

(2)滚动支座滚动面上每年应涂一层润滑油。

(3)钢支座除铰轴和滚动面外,其余部分均应涂漆防锈。支座的锚栓应连接紧固,支承垫板应平整紧密。

(4)板式橡胶支座局部脱空、偏压时,或高阻尼橡胶支座等减隔震类支座连接构件失效时,垫石破损应予处治。养护维修时,应防止橡胶支座与油脂接触,焊接时应对支座进行保护。

4.2.5.5 桥梁其他附属设施的日常养护要求

桥梁其他附属设施包括防撞、导航、警示标志、桥梁避雷装置、防抛网、声屏障、检修道等。

(1)防撞、导航、警示标志等附属设施应保持醒目、完好。

(2)桥梁避雷装置应保持完好。避雷针接地线附近严禁堆放物品和修建设施。严禁挖掘地线的覆土,并应采取防冲刷措施。在雷雨季节前,应对避雷针和引下线及地线进行检查,若发现缺损,必须及时修理。

(3)防抛网应清洁、完整、有效,若发现有缺损,应及时维修;应经常检查桥梁防抛网的锚固部位,及时修复锚固区缺陷。对存在安全隐患的防抛网应及时予以更换。

(4)声屏障应保持整洁完好、安装牢固,并不得影响桥梁结构安全;应经常检查声屏障的锚固位置,及时修复锚固区缺陷。

(5)检修道应保持牢固、完好。主梁、主缆、拱圈、桥塔、墩台等检修通道的扶手、栏杆、爬梯、平台、盖板、承重件等钢构件有锈蚀时,应及时除锈并涂刷防锈漆;锚固件有松动,应及时紧固;撑杆等杆件有弯曲扭转时,应予以校正或更换。检查桁车应定期检查,保持清洁、完好。检查桁车的行走系统、驱动系统、电气系统等,应根据生产厂家提供的使用说明书进行日常养护工作。应保持桥塔内、箱梁内的照明系统处于正常工作状态。若轨道与主梁的连接有松动,应及时拧紧或维修。爬梯、工作电梯、观光电梯应定期保养,包括除锈、涂漆、修理损坏的构件等。工作电梯、观光电梯应按生产厂家提供的有关规定或行业规定进行保养。检查门应保持完好。

4.2.5.6 涵洞的日常养护要求

(1)涵洞的日常养护应保持洞口清洁、无杂物,洞内排水畅通,若发现淤塞或积雪、积冰,应及时疏通和清除。洞内排水明沟每周应清扫一次,排水暗沟每季度应疏通一次。采用机械排水的涵洞,应保持排水泵、排水阀、排水管道及其他设备功能完好、运转正常,并做定期检修。对在进水口设置沉沙井和出水口为跌水构造的涵洞,应适时检查其是否损坏、与洞口是否结合成整体。当有损坏或发现裂隙甚至脱离时,应及时修复,使水流畅通。沉降缝或连续缝止水带应保持完好,有破损时应及时更换。

(2)涵底铺砌、洞口上下游路基护坡、引水沟、汇水槽、沉沙井等发生变形或出现破损时,应及时修理或封塞填平。

(3)设有照明设施的涵洞,应保持照明设备处于完好状态,照明灯具和输电线路有损坏时应及时更换或维修。通行车辆的涵洞应在醒目位置设置限高标志并保持完好。涵洞端面应涂设立面标记,并保持颜色鲜明,定期涂刷。

4.2.6 桥涵养护工程

公路桥涵养护工程按照养护目的可分为预防养护、修复养护、专项养护和应急养护。

预防养护是指桥涵有轻微病害但整体性能良好,为延缓其性能衰减、延长使用寿命而采取的防护工程。

修复养护是指为恢复桥涵技术状况而实施的功能性、结构性修复或更换的工程措施。

专项养护是指为恢复、完善或提升桥涵使用功能而集中实施的增设、加固、改造、拆除重建等工程措施。

应急养护是指突发情况造成公路桥涵损毁、交通中断、存在安全隐患时,实施的应急抢修、保通等工程措施。

4.3 桥涵常见病害识别与判定

4.3.1 桥梁上部结构构件病害识别与判定

4.3.1.1 桥梁上部结构构件常见病害

桥梁上部结构构件常见病害主要有以下几种:

(1)蜂窝麻面。梁(板)、横隔板或横隔梁的混凝土表面存在蜂窝麻面病害,如图 4.3-1

所示。蜂窝是指混凝土局部不密实或松散,混凝土表面多砂或少浆,呈蜂窝状孔洞;麻面是指混凝土表面局部缺浆、粗糙,或有大量小凹坑的现象。

(2)剥落掉角。梁(板)、横隔板或横隔梁的混凝土表面存在剥落掉角病害,如图4.3-2所示。剥落是指混凝土表层脱落、粗集料外露的现象,严重时,成片状脱落,钢筋外露;掉角是指构件角边处混凝土局部掉落,或出现不规整缺陷。

图4.3-1 构件表面蜂窝麻面

图4.3-2 梁板局部混凝土剥落掉角

(3)空洞或孔洞。梁(板)、横隔板或横隔梁的混凝土存在局部的较深的空洞或孔洞现象,如图4.3-3、图4.3-4所示。

图4.3-3 构件侧面孔洞

图4.3-4 梁板底面孔洞

(4)混凝土碳化。梁(板)、横隔板或横隔梁的混凝土存在碳化现象。混凝土的碳化是混凝土所受到的一种化学腐蚀。空气中 CO_2 通过硬化混凝土细孔渗透到混凝土内,与其碱性物质[$Ca(OH)_2$]发生化学反应后生成碳酸盐($CaCO_3$)和水,使混凝土碱性降低的过程称为混凝土碳化。

(5)钢筋锈蚀。梁(板)、横隔板或横隔梁存在钢筋锈蚀现象。钢筋锈蚀是指构件因混凝土保护层厚度不足或密实度不足,在外界水分长期侵蚀下,构件内部钢筋产生锈蚀导致构件表面混凝土鼓胀、剥离,钢筋外露锈蚀的现象,如图4.3-5、图4.3-6所示。

(6)裂缝。梁(板)、横隔板或横隔梁等构件存在开裂现象,如图4.3-7~图4.3-10所示。裂缝可根据其成因分为受力裂缝和非受力裂缝。构件上下底面裂缝根据性状不同分为网状裂缝、纵向裂缝、横向裂缝、斜向裂缝;侧立面裂缝根据性状不同分为网状裂缝、竖向裂缝、斜向裂缝、水平裂缝。

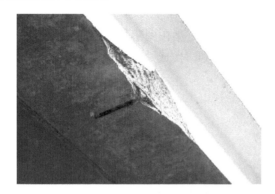

图4.3-5 梁板破损露筋

图4.3-6 梁板侧面锈胀露筋

图4.3-7 小箱梁侧面纵向裂缝

图4.3-8 空心板底面纵向裂缝

图4.3-9 梁板底面横向裂缝

图4.3-10 横隔板竖向裂缝

（7）预应力构件损伤。预应力构件的预应力筋出现断丝、失效,或锚头出现开裂、损坏,或齿板位置处出现裂缝等现象。

（8）构件变形。桥梁结构的次要构件、主要构件出现异常变形。图4.3-11所示为梁桥左侧下挠。

（9）结构变位。桥梁结构整体或局部产生变位,或横向联结件出现松动。

4.3.1.2 圬工拱桥上部结构构件病害

圬工拱桥上部结构构件病害主要包括以下几种：

(1)主拱圈渗水。桥面排水系统和拱圈上方的防水系统出现病害,导致外界雨水从主拱圈砌块缝隙渗出,如图4.3-12所示。

图4.3-11 梁板左侧下挠

图4.3-12 主拱圈纵向开裂、渗水

(2)主拱圈裂缝。主拱圈因墩台变形或开裂而导致主拱圈产生横向裂缝、纵向裂缝或斜向裂缝。

(3)主拱圈变形。主拱圈存在变形或边拱有横移或外倾现象,如图4.3-13所示。

(4)拱脚位移。主拱圈的拱脚出现水平、竖向位移或转角。

(5)拱铰功能受损。

(6)实腹拱的侧墙与主拱圈脱裂。实腹拱的侧墙与主拱圈之间由于受力后变形不协调,产生脱裂,如图4.3-14所示。

图4.3-13 主拱圈变形(侧石外移)

(7)侧墙变形。实腹拱的侧墙产生变形,如图4.3-15所示。

图4.3-14 侧墙与主拱圈脱裂

图4.3-15 侧墙变形

(8)拱上填料沉陷或开裂。

(9)空腹拱的腹拱、横向联结系变形、错位。

(10)立墙或立柱倾斜。

(11)拱上结构表面缺陷。拱上结构出现蜂窝麻面、剥落、掉角、空洞、孔洞、碳化、腐蚀等现象。

（12）拱上结构裂缝。拱上结构中的立柱（立墙）、盖梁和横系梁、腹拱拱顶和拱脚、梁（板）跨中等构件产生裂缝，如图4.3-16、图4.3-17所示。

图4.3-16　腹拱圈开裂

图4.3-17　立墙开裂

（13）拱上填料排水不畅。拱上填料排水不畅，填土聚积水分，导致侧墙出现渗水、鼓肚甚至变形。

4.3.1.3　钢结构桥梁上部结构构件常见病害

钢结构桥梁上部结构构件常见病害主要包括以下几种：

（1）涂层劣化。涂层出现不同程度的流痕、气泡、白化、漆膜发黏、针孔、起皱或皱纹、表面粉化、变色起皮、脱落等缺陷。

（2）锈蚀。构件表面发生不同程度的锈蚀、氧化皮或油漆层剥落，严重时重要部位有被锈蚀成洞的现象。

（3）焊缝开裂。焊缝部位涂层出现不同程度的裂纹或裂缝现象。

（4）铆钉（螺栓）损失。铆钉（螺栓）出现不同程度的损坏、松动或丢失，造成联结部件铆钉（螺栓）失效。

（5）构件裂缝。钢构件出现不同程度的裂缝。

（6）跨中挠度。跨中出现不同程度的挠度。

（7）构件变形。个别次要构件或个别主要承重构件出现不同程度的异常变形，导致行车时有摇晃，严重时将影响结构安全。

（8）结构变位。横向联结件出现松动、纵向裂缝开裂较大，或主要构件存在不同程度的明显的永久变形。

（9）管内混凝土填充不密实或脱空。钢管混凝土的管内混凝土存在不同程度的不密实或脱空现象。

（10）拱脚变位。

4.3.2　桥梁下部结构构件病害识别与判定

4.3.2.1　桥台台身病害

桥台台身病害主要有以下几种：

(1)剥落。

(2)空洞、孔洞。

(3)磨损。

(4)混凝土碳化、腐蚀。

(5)桥台圬工砌体缺陷,如图4.3-18所示。

(6)桥头跳车。轻度时,台背路面轻微沉降,有轻度跳车现象(沉降值≤2cm);中度时,台背路面沉降较大,桥头跳车明显(沉降值>2cm且≤5cm);重度时,台背路面明显沉降,桥头跳车严重(沉降值>5cm),如图4.3-19、图4.3-20所示。

图4.3-18 桥台圬工砌体缺陷

图4.3-19 台后接线路面破损

图4.3-20 桥头跳车(台后接线路面高差)

(7)台背排水。台背出现不同程度的排水不良,导致桥台被渗水污染或填土出现膨胀或冻胀,严重时造成台身、翼墙等构件出现大面积鼓肚或砌体松动,甚至出现严重变形。

(8)位移。桥台出现不同程度的下沉、倾斜滑动,严重时桥台不稳定,出现严重滑动、下沉、位移、倾斜、冻拔等现象,造成结构或桥面变形过大,变形大于规范值或不能正常行车。

(9)裂缝。台身表面出现不同程度的网状开裂、台身水平裂缝、从基础向上发展至台身的竖向裂缝、台身竖向裂缝、翼墙和前墙连接处出现开裂、镶面石突出开裂等现象;严重时,桥台出现结构性裂缝,桥台变形失稳。如图4.3-21、图4.3-22所示。

图4.3-21 桥台台身横向裂缝

图4.3-22 桥台台身侧墙开裂

4.3.2.2 桥台台帽病害

桥台台帽病害主要有以下几种：

(1)破损。

(2)混凝土碳化、腐蚀。

(3)空洞、孔洞。

(4)裂缝。台帽出现不同程度的由支承垫石从下向上发展的裂缝、自上而下的垂直裂缝等现象。桥台台帽破损、裂缝病害如图 4.3-23、图 4.3-24 所示。

图 4.3-23　桥台台帽破损

图 4.3-24 桥台台帽裂缝

4.3.2.3 桥墩墩身病害

桥墩墩身病害主要有以下几种：

(1)蜂窝、麻面。

(2)剥落、露筋。

(3)空洞、孔洞。

(4)磨损。磨损是指构件表面磨耗,粗集料显露。较严重时,构件有较大范围磨损、缩颈现象,并出现露筋或锈蚀;严重时,构件有大范围磨损、缩颈现象,混凝土剥蚀,大范围出现露筋现象,钢筋裸露锈蚀,如图 4.3-25 所示。

(5)钢筋锈蚀。

(6)混凝土碳化、腐蚀。

(7)圬工砌体病害。轻度时,砌体局部出现灰缝脱落现象,或砌体局部出现破损、剥落等现象;较严重时,砌体大范围出现灰缝脱落现象,或砌体较大范围出现破损、剥落、局部变形等现象;严重时,砌体大范围出现破损、剥落、松动、变形等现象,如图 4.3-26 所示。

(8)位移。桥墩出现不同程度的下沉、倾斜、滑动和变形现象。严重时,造成结构和桥面变形过大,变形大于规范值或不能正常行车。

(9)裂缝。墩身表面出现不同程度的网状裂缝、水平裂缝、竖向裂缝或镶面石局部开裂等现象。严重时,桥墩出现结构性裂缝,缝宽超限,裂缝有开合现象,桥墩变形失稳。

图 4.3-25　墩身表面混凝土剥落、露筋

图 4.3-26　圬工砌体灰缝脱落

4.3.2.4　盖梁和系梁病害

（1）蜂窝、麻面。
（2）剥落、露筋。
（3）空洞、孔洞。
（4）钢筋锈蚀。盖梁钢筋锈蚀如图 4.3-27 所示。
（5）混凝土碳化、腐蚀。
（6）裂缝。盖梁或系梁表面出现不同程度的网状开裂、墩帽顶面有水平裂缝、由支承垫石从下向上发展的竖向裂缝、盖梁有自上而下的竖向裂缝，如图 4.3-28 所示。

图 4.3-27　盖梁钢筋锈蚀

图 4.3-28　盖梁竖向裂缝

4.3.2.5　基础病害

基础（包括水下基础）病害主要有以下几种：
（1）冲刷、淘空。水中基础局部产生冲蚀、外露，或基础下地基被冲空，露出底面，如图 4.3-29 所示。
（2）剥落、露筋。基础或承台出现剥落、露筋、锈蚀等现象。
（3）冲蚀。基础或承台出现磨损、腐蚀、缩径、露筋、锈蚀现象。
（4）河底铺砌损坏。河底铺砌出现冲刷或冲刷淘空或损坏现象。

图 4.3-29　基础冲刷淘空

(5) 沉降。基础出现沉降或不稳定现象。

(6) 滑移和倾斜。基础出现滑移或倾斜现象。

(7) 裂缝。基础结构应力异常,出现剪切裂缝或碎裂现象。

4.3.2.6 翼墙、耳墙病害

翼墙、耳墙病害主要有以下几种:

(1) 破损。翼墙、耳墙出现不同程度的空洞、孔洞、剥落等现象,或出现表面块件剥落现象。

(2) 位移。翼墙、耳墙出现永久变形,或填料损失,或下沉、滑动、断裂、失稳等现象。

(3) 鼓肚、砌体松动。翼墙、耳墙出现不同程度的鼓肚、砌体松动现象。

(4) 裂缝。翼墙、耳墙出现不同程度的网裂、裂缝、断裂,或与前墙脱开等现象。

4.3.2.7 锥坡、护坡病害

锥坡、护坡病害主要有以下几种:

(1) 缺陷。锥坡、护坡铺砌面出现不同程度的隆起、凹陷、开裂、砌缝砂浆脱落,或铺砌面下滑、坡角损坏等现象。

(2) 冲刷。锥坡、护坡出现不同程度的冲蚀现象,如图4.3-30、图4.3-31所示。

图4.3-30 锥坡砌缝砂浆脱落

图4.3-31 护坡砌缝砂浆脱落

4.3.2.8 河床及调治构造物病害

河床及调治构造物病害主要有以下几种:

(1) 河床堵塞。河床出现漂浮物堵塞现象,如图4.3-32所示。

(2) 河床冲刷。河床出现冲刷现象,如图4.3-33所示。

(3) 河床变迁。河床出现淤积、变迁、扩宽等现象。

(4) 调治构造物损坏。调治构造物出现断裂、砌体松动、鼓肚、凹陷、灰浆脱落,表面出现损坏等现象,或需要设置但没有设置调治构造物。

(5) 调治构造物冲刷、变形。调治构造物出现边坡下滑、基础冲空现象。

4.3.3 桥面系构件病害识别与判定

4.3.3.1 桥面铺装病害

桥面铺装病害可参照沥青混凝土路面和水泥混凝土路面的病害。

图 4.3-32 河床漂浮物堵塞

图 4.3-33 河床冲刷

4.3.3.2 伸缩缝装置病害

伸缩缝装置病害主要有以下几种：

(1)凹凸不平。伸缩缝装置两侧出现凹凸不平现象。

(2)锚固区缺陷。锚固区出现锚固构件松动或锚固螺栓松脱，或混凝土开裂、损坏、剥落现象。

(3)破损。锚固区锚固构件松动、缺失，或焊缝开裂，或橡胶条损坏、老化。

(4)失效。伸缩缝装置上层槽口堵塞、卡死，导致伸缩缝伸缩异常，车辆行驶时出现冲击和噪声。伸缩缝填塞、胶条破损、卡死以及锚固区混凝土开裂如图 4.3-34～图 4.3-37 所示。

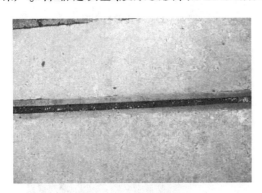
图 4.3-34 伸缩缝填塞

图 4.3-35 伸缩缝胶条破损

图 4.3-36 伸缩缝卡死

图 4.3-37 伸缩缝锚固区混凝土开裂

4.3.4 桥梁支座病害识别与判定

桥梁支座病害主要包括以下几种：

（1）板式橡胶支座老化变形、开裂。板式橡胶支座因使用年限久或接触化学物品导致表面出现老化开裂现象，或因受力过大导致破损开裂，如图4.3-38所示。

（2）板式橡胶支座外鼓或钢板外露。板式橡胶支座因受压导致外鼓或钢板外露。

（3）板式橡胶支座位置串动、脱空或剪切超限。板式橡胶支座因行车振动等原因偏离原位，或因受力不均、施工不良等原因导致脱空现象，或因上部结构带动支座发生剪切变形，如图4.3-39～图4.3-42所示。

（4）盆式橡胶支座组件损坏。图4.3-43所示为盆式橡胶支座钢组件生锈、破损。

图4.3-38 支座老化开裂

图4.3-39 支座剪切变形

图4.3-40 支座移位

图4.3-41 支座局部脱空

图4.3-42 支座破损

图4.3-43 盆式橡胶支座钢组件生锈、破损

(5)盆式橡胶支座位置、转角超限。

(6)聚四氟乙烯滑板磨损。聚四氟乙烯滑板外露高度大于0.5mm,为磨损较少;聚四氟乙烯滑板外露高度大于0.2mm且小于0.5mm,为磨损较多;聚四氟乙烯滑板外露高度小于0.2mm,为磨损严重。

4.3.5 桥梁其他附属设施病害识别与判定

4.3.5.1 人行道病害

人行道病害主要有两种:

(1)破损。人行道面出现坑槽(图4.3-44)、孔洞、裂缝、剥落和松动现象。

(2)缺失。人行道面出现缺失、缺损现象。

4.3.5.2 栏杆、护栏病害

栏杆、护栏病害主要有以下两种:

(1)撞坏、缺失。栏杆或护栏因车辆冲撞引起损坏,或构件脱落、缺失等。

(2)破损。栏杆或护栏构件出现蜂窝麻面、剥落、锈蚀、裂缝和变形错位等现象。

栏杆、护栏病害如图4.3-45~图4.3-47所示。

图4.3-44 人行道面坑槽

图4.3-45 栏杆撞坏、缺失

图4.3-46 栏杆破损

图4.3-47 护栏破损

4.3.5.3 防排水系统病害

排水系统病害主要包括如下:

(1)排水不畅。桥面排水不畅,导致桥下出现漏水,或桥台支承面、翼墙面等受到污染,或支座锈蚀,或桥台后填料排水不畅,造成路堤沉降。

(2)泄水管、引水槽缺陷。泄水管、引水槽、排水孔出现堵塞,或排水设施构件破损,或缺件、管体脱落、漏留泄水管等现象。

排水系统病害如图 4.3-48～图 4.3-51 所示。

图 4.3-48 桥面积水

图 4.3-49 桥墩水侵害

图 4.3-50 排水孔堵塞

图 4.3-51 引水管破损

4.3.5.4 照明、标志病害

照明、标志病害主要包括如下:

(1)污损或损坏。照明或标志出现设施松动、锈蚀、损坏等现象,或出现污损标志不清等现象,严重时危及行车安全。

(2)照明设施缺失。照明设施出现不同程度的缺失。

(3)标志脱落、缺失。标志脱落、缺失,或需要标志的位置被遮挡,或没有相应标志。

桥头标牌被遮挡或变形,如图 4.3-52、图 4.3-53 所示。

4.3.6 涵洞进水口、出水口病害

涵洞进水口、出水口病害主要包括如下:

(1)铺砌、翼墙、护坡、挡水墙是否完整。

(2)洞口周围路基填土是否稳定、完整。

(3)进水口。进水口是否堵塞,连接是否平整、适顺。
(4)沉砂井有无淤积。
(5)出水口。排水是否畅通。

图4.3-52 桥头标牌被遮挡

图4.3-53 桥头标牌变形

4.4 桥涵检查及评定

4.4.1 桥梁检查与评定

桥梁检查应分为初始检查、日常巡查、经常检查、定期检查和特殊检查。公路桥梁养护检查等级分为Ⅰ、Ⅱ、Ⅲ级,养护检查等级为Ⅰ级的桥梁宜安装结构监测系统,对结构状态和各类外荷载作用下的响应情况进行监测,定期将监测结果与桥梁检查结果进行比对和分析。

桥梁检查时需配备相应的仪器设备,包括桥梁检测车、桥梁探伤仪、桥梁缝隙检测仪等。

桥梁检测车是桥梁检测的重要设备,它是一种特殊的构筑物检测车,用于检测桥梁的抗震性能、结构变形、探伤等,如图4.4-1所示。桥梁检测车一般都具备轻量设计、高效率、安全稳定等特点。

桥梁探伤仪是桥梁检测中不可缺少的一种设备,它可以检测桥梁的表面和内部损伤、裂纹、腐蚀、脱落等情况,以便于桥梁的安全管理和检修工作,如图4.4-2所示。

图4.4-1 桥梁检测车

图4.4-2 桥梁探伤仪

桥梁缝隙检测仪是桥梁检测中的重要设备,它可以检测桥梁的缝隙、跨度、支座桥面等,以便于桥梁的安全管理和检修工作,如图4.4-3所示。

图4.4-3 桥梁缝隙检测仪

4.4.1.1 初始检查

新建或改建桥梁应进行初始检查。初始检查宜与交工验收同时进行,最迟不得超过交付使用后1年。

桥梁初始检查应包括下列内容:

(1)定期检查需测定的所有项目,并按规范要求设置永久观测点。

(2)测量桥梁长度、桥宽、净空、跨径等;测量主要承重构件尺寸,包括构件的长度与截面尺寸等;测定桥面铺装层厚度及拱上填料厚度;等等。

(3)测定桥梁材质强度、混凝土结构的钢筋保护层厚度。

(4)对于养护检查等级为Ⅰ级的桥梁,通过静载试验测试桥梁结构控制截面的应力、应变、挠度等静力参数,计算结构校验系数;通过动载试验测定桥梁结构的自振频率、冲击系数、振型、阻尼比等动力参数。

(5)有水中基础,养护检查等级为Ⅰ、Ⅱ级的桥梁,应进行水下检测。

(6)测量缆索结构的拉索索力及吊杆索力,测试索夹螺栓紧固力,等等。

(7)检测钢管混凝土拱桥钢管内混凝土密实度。

(8)当交、竣工验收资料中已经包含上述检查项目或参数的实测数据时,可直接引用。

(9)初始检查后应提交技术状况评定报告。技术状况评定报告应包括下列内容:

①桥梁基本状况卡片(表4.4-1)、桥梁初始检查记录表(表4.4-2)、桥梁定期检查记录表(表4.4-3)和桥梁技术状况评定表。

桥梁基本状况卡片　　　　　　　　　　　　　　　　表4.4-1

A.桥梁所处行政区划代码							
B.行政识别数据							
1	路线编号		2	路线名称		3	路线等级	
4	桥梁编号		5	桥梁名称		6	桥位桩号	
7	功能类型	(公路、公铁两用)	8	被跨越公路（通道）名称		9	被跨越公路（通道）桩号	
10	设计荷载		11	桥梁坡度		12	桥梁平曲线半径	
13	建设时间		14	设计单位		15	施工单位	
16	监理单位		17	业主单位		18	管养单位	
C.桥梁技术指标							
19	桥梁全长(m)		20	桥面总宽(m)		21	车道宽度(m)	

续上表

C. 桥梁技术指标							
22	人行道宽度(m)		23	护栏或防撞墙高度(m)		24	中央分隔带宽度(m)	
25	桥面标准净空(m)		26	桥面实际净空(m)		27	桥下通航等级及标准净空(m)	
28	桥面实际净空(m)		29	引道总宽(m)		30	引道线形或曲线半径(m)	
31	设计洪水频率及其水位		32	历史洪水位		33	设计地震动峰值加速度系数	
34	桥面高程(m)		(根据测点设置列数)				

D. 桥梁结构信息			
	35	桥梁分孔(m)	[根据孔数(号)设置列数]
	36	结构体系	(根据种类设置列数)
上部结构形式与材料	37	主梁	
	38	主拱圈	
	39	桥(索)塔	
	40	拱上建筑	
	41	主缆	
	42	斜拉索(含索力)	(根据索数设置列数)
	43	吊杆(含索力)	(根据吊杆数设置列数)
	44	系杆(含索力)	(根据系杆数设置列数)
桥面系形式与材料	45	桥面铺装	
	46	伸缩缝	(根据孔数设置列数)
	47	人行道、路缘石	
	48	栏杆、护栏	(根据不同部位设置列数)
	49	照明、标志	
下部结构形式与材料	50	桥台	(根据桥台数设置列数)
	51	桥墩	(根据桥墩数设置列数)
	52	锥坡、护坡	
	53	翼墙、耳墙	
基础形式与材料	54	基础	
	55	锚碇	(根据锚碇数设置列数)

续上表

		D.桥梁结构信息						
支座形式、材料与附属设施	56	支座						
	57	桥梁防撞设施						
	58	航标及排水系统						
	59	调治构造物						

E.桥梁档案资料

60	设计图纸	(全、不全或无)	61	设计文件	(全、不全或无)	62	竣工图纸	(全、不全或无)
63	施工文件(含施工缺陷处理)	(全、不全或无)	64	验收文件	(全、不全或无)	65	行政审批文件	(全、不全或无)
66	定期检查资料	(全、不全或无)	67	特殊检查资料	(全、不全或无)	68	历次维修、加固资料	(全、不全或无)
69	其他档案	(如计算书、专题研究报告、地质水文勘测报告等相关文件)	70	档案形式	(纸质、电子文件)	71	建档时间	年 月 日

F.桥梁检测评定历史(根据需要设置行数)

72	73	74	75	76
评定时间	检测类型	桥梁技术状况评定结果/特殊检查结论	处治对策	下次检测时间

G.养护处治记录(根据需要设置行数)

77	78	79	80	81	82	83	84	85	86	87
时间(段)	处治类别(维修、加固、改造)	处治原因	处治范围	工程费用(万元)	经费来源	处治质量评定	建设单位	设计单位	施工单位	监理单位

H.需要说明的事项(含桥梁管养单位的变更情况)

88	

续上表

I.其他						
89	桥梁总体照片			90	桥梁正面照片	
91	桥梁工程师		92	填卡人		93	填卡日期	年 月 日

桥梁初始检查记录表　　　　　表4.4-2

1 路线编号		2 路线名称		3 桥位桩号	
4 桥梁编号		5 桥梁名称		6 被跨越公路（通道）名称	
7 被跨越公路（通道）桩号		8 桥梁全长(m)		9 最大跨径(m)	
10 上、下部结构形式					
11 桥梁分联及跨径组合					
12 桥梁施工方法					
13 新建桥梁在施工过程中的返工、维修或加固情况					
14 加固改造后的桥梁,加固改造情况					
15 设计单位名称			16 施工单位名称		
17 管养单位名称			18 交工时间		年 月 日
19 初始检查		年 月 日	20 初始检查时的气候及环境温度		
21 桥面高程					
22 拱轴线					
23 主缆线形					
24 墩、台身、锚碇的高程					
25 墩、台身、索塔倾斜度					
26 索塔水平变位、高程					

续上表

27 拱桥桥台、悬索桥锚碇水平位移	
28 悬索桥索夹螺栓紧固力	
29 水中基础	
30 斜拉索或吊杆索力	
31 主要承重构件尺寸	
32 材质强度	
33 保护层厚度	
34 钢管混凝土管内混凝土密实度	
35 静载试验结果	
36 动载试验结果	

37 记录人		38 桥梁工程师	
39 桥梁初始检查机构			

桥梁定期检查记录表　　　　　表 4.4-3

公路管理机构名称：					
1 路线编号		2 路线名称		3 桥位桩号	
4 桥梁编号		5 桥梁名称		6 被跨越公路（通道）名称	
7 桥梁全长(m)		8 主跨结构		9 最大跨径(m)	
10 管养单位		11 建成时间		12 上次修复养护时间	
13 上次检查时间		14 本次检查时间		15 本次检查时的气候及环境温度	

序号	16 部位	17 部件名称	18 评分	19 缺陷					20 养护建议（维修范围、方式、时间）	21 是否需要特殊检查
				类型	位置	范围	照片	最不利构件		
1	桥面系	桥面铺装								
2		伸缩装置								
3		排水系统								
4		人行道								
5		栏杆、护栏								
6		照明、标志								
7		桥路连接处								
8	上部结构	主要承重构件								
9		一般构件								

续上表

序号	16 部位	17 部件名称	18 评分	19 缺陷					20 养护建议（维修范围、方式、时间）	21 是否需要特殊检查
				类型	位置	范围	照片	最不利构件		
10	下部结构	桥墩及基础								
11		桥台及基础								
12		翼墙、耳墙								
13		锥坡、护坡								
14		支座								
15	附属设施	防撞设施								
16		防雷设施								
17		防抛网、声屏障								
18		检修设施								
19		监测系统、永久观测点								
20		调治构造物								
21		其他								
22 桥梁技术状况评定等级				23 全桥清洁状况				24 预防及修养复护状况		
25 记录人				26 负责人				27 下次检查时间		

②典型缺损和病害的照片、文字说明及缺损分布图,缺损状况的描述应用专业标准术语说明缺损的部位、类型、性质、范围、数量和程度等。

③3 张总体照片,包括桥面正面照片 1 张,桥梁两侧立面照片各 1 张。

④检查内容的成果。

⑤养护建议。

4.4.1.2 日常巡查

养护检查等级为Ⅰ、Ⅱ级的桥梁,日常巡查每天不应少于 1 次;对有特殊照明需求(如功能性照明及装饰性照明、航空航道指示灯等)的桥梁,应适当开展夜间巡查。养护检查等级为Ⅲ级的桥梁,日常巡查每周不应少于 1 次。遇地震、地质灾害或极端气象时应增加检查频率。

日常巡查可以乘车目测为主,并应做巡查记录(表 4.4-4);若发现明显缺损和异常情况,应及时上报。

桥梁日常巡查记录表　　　　　　　　　表 4.4-4

1 路线编号		2 路线名称		3 桥位桩号	
4 桥梁编号		5 桥梁名称		6 养护单位	
部位	部件名称	问题描述		养护措施	
上部结构	上部承重构件				
	上部一般构件				
	支座				
下部结构	翼墙(侧墙、耳端)				
	锥坡、护坡				
	桥墩				
	桥台				
	墩台基础				
	河床				
	调治构造物				
桥面系	桥面铺装				
	伸缩缝装置				
	人行道、栏杆、护栏等				
	标志、标线				
	排水系统				
	信号灯、照明设施等				
其他	整体外观				
	以往维修工程跟踪				
检查记录人：		日期：	桥梁工程师确认：		日期：

桥梁日常巡查应包括下列内容：

(1)桥路连接处是否异常。

(2)桥面铺装、伸缩缝是否有明显破损；伸缩缝位置的桥面系是否存在异常。

(3)栏杆或护栏等有无明显缺损。护栏破损如图 4.4-4 所示。

图 4.4-4　护栏破损

(4)标志标牌是否完好。

(5)桥梁线形是否存在明显异常。

(6)桥梁是否存在异常的振动、摆动和声响。

(7)桥梁安全保护区是否存在侵害桥梁安全的情况。

4.4.1.3　经常检查

1)经常检查规定

经常检查应符合下列规定：

(1)养护检查等级为Ⅰ级的桥梁,经常检查每月不应少于1次。
(2)养护检查等级为Ⅱ级的桥梁,经常检查每两个月不应少于1次。
(3)养护检查等级为Ⅲ级的桥梁,经常检查每季度不应少于1次。
(4)在汛期、台风、冰冻等自然灾害频发期,应提高经常检查的频率。
(5)养护检查等级为Ⅱ、Ⅲ级的桥梁,在定期检查中发现存在4类构件时,加固处治前应提高经常检查频率。
(6)对支座的经常检查每季度不应少于1次。

经常检查宜抵近桥梁结构,以目测结合辅助工具进行。同时,应现场填写桥梁经常检查记录表(表4.4-5)。

桥梁经常检查记录表 表4.4-5

公路管理机构名称:					
1 路线编号		2 路线名称		3 桥位桩号	
4 中心桩号		5 桥梁名称		6 养护单位	
7 检查项目	缺损类型		缺损范围		处治建议
8 主梁					
9 主拱圈					
10 拱上建筑					
11 桥(索)塔(含索鞍)					
12 主缆					
13 斜拉索					
14 吊杆					
15 系杆					
16 桥面铺装					
17 伸缩缝					
18 人行道、路缘石					
19 栏杆、护栏					
20 标志、标线					
21 排水系统					
22 照明系统					
23 桥台及基础(含冲刷)					
24 桥墩及基础(含冲刷)					
25 锚碇(含散索鞍、锚杆)					

续上表

26 支座				
27 翼墙 (耳墙、侧墙)				
28 锥坡、护坡				
29 桥路连接处 (桥头搭板)				
30 航标、防撞设施				
31 调治构造物				
32 减振装置				
33 其他				
34 负责人		35 记录人	36 检查日期	年 月 日

2）经常检查内容

经常检查中发现桥梁重要部件缺损严重，应及时上报。

桥梁经常检查应包括下列内容：

（1）桥梁结构有无异常的变形和振动及其他异常状况。

（2）外观是否整洁，构件表面是否完好，有无损坏、开裂、剥落、起皮、锈迹等。

（3）混凝土主梁裂缝是否有发展，箱梁内是否有积水。钢结构主梁抽查焊缝有无开裂，螺栓有无松动或缺失。

（4）斜拉索、吊杆（索）、系杆等索结构锚固区的密封设施是否完好，有无积水或渗水痕迹，密封材料等有无老化和开裂；主缆最低点是否渗水；索鞍是否有异常的位移、卡死、辊轴歪斜以及构件锈蚀、破损；鞍座混凝土是否开裂；鞍室是否渗水、积水。

（5）支座是否有明显缺陷，使用功能是否正常。

（6）桥面铺装是否存在病害。

（7）伸缩缝是否堵塞、卡死，连接部件有无松动、脱落、局部破损。

（8）人行道、缘石有无破损、剥落、裂缝、缺损和松动。

（9）栏杆、护栏有无破损、缺失、锈蚀、移动或错位。

（10）排水设施有无堵塞和破损。

（11）墩台有无明显的倾斜、损伤、开裂以及是否受到车、船或漂流物撞击而受损；基础有无冲刷、损坏、悬空；墩台与基础是否受到生物腐蚀。

（12）翼墙（侧墙、耳墙）、锥坡、护坡、调治构造物有无缺损、开裂、沉降和塌陷。

（13）悬索桥锚碇是否存在渗水、积水。

（14）交通信号、标志、标线、照明设施以及桥梁其他附属设施是否完好、正常工作。

（15）永久观测点及标志点是否完好。

4.4.1.4 定期检查

1）定期检查规定

养护检查等级为Ⅰ级的桥梁，定期检查周期不得超过1年；养护检查等级为Ⅱ、Ⅲ级的桥梁,定期检查周期不得超过3年。

桥梁定期检查应接近各部件,仔细检查各部件缺损情况,并应符合下列规定:

(1)现场校核桥梁基本数据,填写或补充完善"桥梁基本状况卡片"(表4.4-1)。

(2)现场填写桥梁定期检查记录表(表4.4-3),记录各部件缺损状况并绘制主要病害分布图。

(3)对桥梁永久观测点进行复核,对桥面高程及线形、变位等检测指标进行量测。

(4)判断病害原因及影响范围。

(5)进行技术状况评定,提出养护建议。

定期检查中发现的各种缺损应在现场将其范围、分布特征、程度及检测日期标记清楚。对3类、4类、5类桥梁及有严重缺损的构件,应做影像记录,并附病害状况说明。

定期检查后提交检查报告,应包括下列内容:

(1)桥梁基本状况卡片、桥梁定期检查记录表、桥梁技术状况评定表。

(2)典型缺损和病害的照片、文字说明及缺损分布图,缺损状况的描述应用专业标准术语说明缺损的部位、类型、性质、范围、数量和程度等。

(3)3张总体照片,包括桥面正面照片1张,桥梁两侧立面照片各1张。

(4)判断病害原因及影响范围,并与历次检查报告进行对比分析,说明病害发展情况。

(5)桥梁的技术状况评定等级。

(6)提出养护建议及下次检查时间。

对需限制交通或关闭的桥梁应及时报告并提出建议。

2)桥面系的检查

桥面系的检查应包括下列内容:

(1)桥面铺装层纵、横坡是否顺适,有无严重的龟裂、纵(横)向裂缝,有无坑槽、拥包、拱起、剥落、错台、磨光、泛油、变形、脱皮、露骨、接缝料损坏、桥头跳车等病害。

(2)伸缩缝是否有异常变形、破损、脱落、漏水、失效,锚固区有无缺陷,是否存在明显的跳车。

(3)人行道有无缺失、破损等。

(4)栏杆、护栏有无缺失、破损等。

(5)防排水系统是否顺畅,泄水管、引水槽有无明显缺陷,桥头排水沟功能是否完好。

(6)桥上交通信号、标志、标线、照明设施是否损坏、失效。

3)混凝土梁桥上部结构检查

混凝土梁桥上部结构检查应包括下列内容:

(1)混凝土构件有无开裂及裂缝是否超限,有无渗水、蜂窝、麻面、剥落、掉角、空洞、孔洞、露筋及钢筋锈蚀等现象。

(2)主梁跨中、支点及变截面处,悬臂端牛腿或中间铰部位,刚构的固结处和桁架的节点部位,混凝土是否开裂、缺损,钢筋有无锈蚀。

(3)预应力钢束锚固区段混凝土有无开裂,沿预应力筋的混凝土表面有无纵向裂缝。

(4)桥面线形及结构变位情况。

(5)混凝土碳化深度、钢筋锈蚀检测。

(6)主梁有无积水、渗水,箱梁通风是否良好。

(7)组合梁的桥面板与梁的结合部位及预制桥面板之间的接头处,混凝土有无开裂、渗水。

(8)装配式梁桥的横向连接构件是否开裂,连接钢板的焊缝有无锈蚀、断裂。

4)钢桥上部结构检查

钢桥上部结构检查应包括下列内容:

(1)构件涂层劣化情况。

(2)构件有无锈蚀、裂缝、变形、局部损伤等现象。

(3)焊缝是否开裂或脱开。

(4)铆钉和螺栓是否松动、脱落或断裂。

(5)结构的跨中挠度、结构变位情况。

(6)钢箱梁内部湿度是否符合要求,除湿设施是否工作正常。

(7)钢-混凝土组合梁桥和混合梁桥的检测,除应符合钢桥上部结构和混凝土梁桥上部结构的相关要求外,尚应包括下列内容:

①桥面板与梁的结合部位有无纵向滑移、开裂。

②预制桥面板之间的接头处,混凝土有无开裂、压溃、渗水、错位。

③混凝土梁段与钢梁段结合处构造功能是否正常,接合面有无脱开、渗漏、错位、承压钢板变形等。

5)拱桥上部结构检查

拱桥上部结构检查应符合下列规定:

(1)主拱圈是否变形、开裂、渗水,拱脚是否发生位移。

(2)圬工拱桥拱圈的灰缝有无松散、剥离或脱落,砌块有无风化、断裂、压碎、局部掉块、脱落;钢筋混凝土拱桥的拱圈(片)表观及材质状况检测应按混凝土梁桥上部结构检查的规定执行;钢-混凝土组合拱桥及钢拱桥的钢结构检测应按钢桥上部结构检查的规定执行。

(3)行车道板、横梁、纵梁及拱上立柱(墙)、盖梁、垫梁的混凝土有无开裂、剥落、露筋和锈蚀。空腹拱的腹拱圈有无较大的变形、开裂、错位,立墙或立柱有无倾斜、开裂。

(4)拱的侧墙与主拱圈间有无脱落,侧墙有无鼓凸变形、开裂,实腹拱拱上填料有无沉陷,排水是否正常。

(5)拱桥的横向联结有无变位、开裂、松动、脱落、断裂、钢筋外露、锈蚀等,连接部钢板有无锈蚀、断裂。

(6)双曲拱桥拱波与拱肋接合处是否开裂、脱开,拱波之间砂浆有无松散、脱落,拱波是否开裂、渗水等。

(7)劲性骨架的拱桥,混凝土是否沿骨架出现纵向裂缝或横向裂缝。

(8)吊杆索力有无异常变化。吊杆防护套有无开裂、鼓包、破损,必要时可打开防护套,检查吊杆钢丝涂膜有无劣化,钢丝有无锈蚀、断丝。钢套管有无锈蚀、损坏,内部有无积水;吊杆导管端密封减振设施和其他减振装置有无病害及异常等。

(9)逐个检查吊杆锚头及周围锚固区的情况,锚具是否渗水、锈蚀,是否有锈水流出的痕迹,锚固区是否开裂。必要时可打开锚具后盖,抽查锚杯内是否积水、潮湿,防锈油是否结块、乳化失效,锚杯是否锈蚀,锚头是否锈蚀,镦头或夹片是否异常,锚头螺母位置有无异常。

(10)拱桥系杆外部涂层是否劣化,系杆有无松动,锚头、防护罩、钢箱有无锈蚀、损坏。预应力混凝土系杆的检测应按混凝土梁桥上部结构检查的规定执行。

(11)钢管混凝土拱桥钢管内混凝土密实度检测,检查频率宜为3~6年1次。

6)支座的检查

支座的检查应包括下列内容:

(1)支座是否缺失。组件是否完整、清洁,有无断裂、错位、脱空。

(2)活动支座实际位移量、转角量是否正常,固定支座的锚销是否完好。

(3)橡胶支座是否老化、开裂,有无位置串动、脱空,有无过大的剪切变形或压缩变形,各夹层钢板之间的橡胶层外凸是否均匀。

(4)聚四氟乙烯滑板支座是否脏污、老化;聚四氟乙烯滑板是否磨损,是否与支座脱离,是否倒置。

(5)盆式橡胶支座的固定螺栓是否剪断,螺母是否松动,钢盆外露部分是否锈蚀,防尘罩是否完好,抗震装置是否完好。

(6)组合式钢支座是否干涩、锈蚀,固定支座的锚栓是否紧固,销板或销钉是否完好。钢支座部件是否出现磨损、开裂。

(7)摆柱支座各组件相对位置是否准确。混凝土摆柱的柱体有无破损、开裂、露筋。钢筋及钢板有无锈蚀。活动支座滑动面是否平整。

(8)辊轴支座的辊轴是否出现爬动、歪斜。摇轴支座是否倾斜。轴承是否有裂纹、切口或偏移。

(9)球型支座地脚螺栓有无剪断、螺纹有无锈死,支座防尘密封裙有无破损,支座相对位移是否均匀,支座钢组件有无锈蚀。

(10)支承垫石是否开裂、破损。

(11)简易支座的油毡是否老化、破裂或失效。

(12)支座螺纹、螺帽是否松动,锚螺杆有无剪切变形,上、下座板(盆)的锈蚀状况。

(13)支座封闭材料是否老化、开裂、脱落。

7)桥梁下部结构检查

桥梁下部结构检查应包括下列内容:

(1)墩身、台身及基础变位情况。

(2)混凝土墩身、台身、盖梁、台帽及系梁有无开裂、蜂窝、麻面、剥落、露筋、空洞、孔洞、钢筋锈蚀等。

(3)墩台顶面是否清洁,有无杂物堆积,伸缩缝处是否漏水。

(4)圬工砌体墩身、台身有无砌块破损、剥落、松动、变形、灰缝脱落,砌体泄水孔是否堵塞。

(5)桥台翼墙、侧墙、耳墙有无破损、裂缝、位移、鼓肚、砌体松动。台背填土有无沉降或挤压隆起,排水是否畅通。

(6)基础是否发生冲刷或淘空现象,地基有无侵蚀。水位涨落、干湿交替变化处基础有无冲刷磨损、颈缩、露筋,有无开裂,是否受到腐蚀。

(7)锥坡、护坡有无缺陷、冲刷。

8)附属设施检查

附属设施检查应包括下列内容:

(1)养护检修设施是否完好。

(2)减振、阻尼装置是否完好。

(3)墩台防撞设施是否完备。

(4)桥上避雷装置是否完好。

(5)桥上航空灯、航道灯是否完好,能否保证正常照明。桥面照明及结构物内供养护检修的照明系统是否完好。

(6)防抛网、声屏障是否完好。

(7)结构监测系统仪器设备工作是否正常。

(8)除湿设备工作是否正常。

9)河床及调治构造物的检查

河床及调治构造物的检查应包括下列内容:

(1)桥位段河床有无明显冲淤或漂流物堵塞现象,有无冲刷及变迁状况。河底铺砌是否完好。

(2)调治构造物是否完好,功能是否适用。

4.4.1.5 特殊检查

特殊检查应根据检测目的、病害情况和性质,采用仪器设备进行现场测试和其他辅助试验,针对桥梁现状进行检算分析,形成评定结论,提出建议措施。

1)分类

特殊检查分为应急检查和专门检查。

(1)应急检查:当桥梁遭受洪水、流冰、漂浮物、船舶撞击、滑坡、地震、风灾和超重车辆通过之后,为查明破损状况,采取应急措施,组织恢复交通,对结构进行详细检查和鉴定工作。

(2)专门检查:根据经常检查和定期检查的结果,对需要进一步判明损坏原因、缺损程度和使用能力的桥梁,针对病害进行专门的现场试验检测、验算与分析等鉴定工作。

2)适用范围

下列情况应做特殊检查:

(1)定期检查中难以判明构件损伤原因及程度的桥梁。

(2)拟通过加固手段提高荷载等级的桥梁。

(3)需要判明水中基础技术状况的桥梁。

(4)遭受洪水、流冰、滑坡、地震、风灾、火灾、撞击,因超重车辆通过或其他异常情况影响造成损伤的桥梁。

3)检查内容

(1)实施特殊检查前,应充分收集桥梁设计资料、竣工资料、材料试验报告、施工资料、历次检测报告及维修资料等,并现场复核。

特殊检查应包括下列一项或多项内容:

①材料的物理、化学性能及其退化程度的测试鉴定;结构或构件开裂状态的检测及评定。

②结构的强度、刚度和稳定性的检算、试验和鉴定。桥梁承载能力评定宜按现行《公路桥梁承载能力检测评定规程》(JTG/T J 21)执行。

③桥梁抵抗洪水、流冰、风、地震及其他灾害能力的检测鉴定。

④桥梁遭受洪水、流冰、滑坡、地震、风灾、火灾、撞击,因超重车辆通过或其他因素造成损伤的检测鉴定。

⑤水中墩台身、基础的缺损情况的检测评定。

⑥定期检查中发现的较严重的开裂、变形等病害,应进行跟踪观测,预测其发展趋势。

(2)特殊检查后应提交检查报告。检查报告应包括下列内容:

①桥梁基本状况信息。

②特殊检查的总体情况概述。此部分应包括桥梁的基本情况、检测的组织、时间、背景、目的和工作过程等。

③现场调查、检测与试验项目及方法的说明。

④详细描述检测部位的损坏程度并分析原因。

⑤桥梁结构特殊检查评定结果。

⑥填写桥梁特殊检查记录表(表4.4-6)。

桥梁特殊检查记录表　　　　　　　　　　　表4.4-6

公路管理机构名称:					
1 路线编号		2 路线名称		3 桥位桩号	
4 桥梁编号		5 桥梁名称		6 被跨越公路(通道)名称	
7 桥梁全长(m)		8 上部结构形式		9 最大跨径(m)	
10 管养单位		11 建成时间		12 上次检测时间	
13 上次特殊检查项目					
14 本次特殊检查时间		年　月　日	15 检查时的气候及环境温度		
16 本次特殊检查类型	(包含承载力检测、水下检测、抗灾能力检测、灾后检测、耐久性检测等)				
检测项目	检测结果				

续上表

(可根据需要自行增加行数)			
评定结论			
记录人		负责人	
特殊检查完成机构			

⑦提出结构部件和总体的维修、加固或改建的建议。

4.4.2 涵洞检查与评定

涵洞检查分为初始检查、经常检查和定期检查。

4.4.2.1 初始检查

新建或改建涵洞应进行初始检查。初始检查宜与交工验收同时进行,最迟不得超过交付使用后1年。

初始检查后应提交技术状况评定报告,技术状况评定报告应包括下列内容:

(1)涵洞基本状况卡片(表4.4-7)、涵洞初始检查记录表(表4.4-8)和涵洞定期检查记录表(表4.4-9)。

涵洞基本状况卡片　　　　表4.4-7

A.公路管理机构名称					
1 路线编号		2 路线名称		3 路线等级	
4 中心桩号		5 功能类型		6 结构形式	
7 设计荷载		8 管养单位		9 建成时间	
B.结构技术数据					
10 涵身长度(m)		11 孔径(m)		12 净高(m)	
13 进口形式		14 出口形式		15 基础形式	
16 涵底纵坡		17 涵底铺砌		18 填土高度(m)	
19 路面宽度(m)		20 路基宽度(m)		21 路面类型	
C.档案资料(全、不全或无)					
22 设计图纸		23 设计文件		24 施工文件		25 竣工图纸	
26 验收文件		27 经常检查资料		28 定期检查资料		29 历次维修、加固资料	
30 其他档案		31 档案形式		32 建档时间			
D.检测评定历史							
33 评定时间	34 检测类型	35 涵洞部件技术状况统计结果/特殊检查结论			36 处治对策		37 下次检测时间

涵洞初始检查记录表　　　　　　　表 4.4-8

A.公路管理机构名称						
1 路线编号		2 路线名称		3 路线等级		
4 中心桩号		5 功能类型		6 结构形式		
7 设计荷载		8 管养单位		9 建成时间		
B.结构技术数据						
10 涵身长度(m)		11 孔径(m)		12 净高(m)		
13 进口形式		14 出口形式		15 基础形式		
16 涵底纵坡		17 涵底铺砌		18 填土高度(m)		
19 路面宽度(m)		20 路基宽度(m)		21 路面类型		
C.档案资料(全、不全或无)						
22 设计图纸		23 设计文件		24 施工文件		25 竣工图纸	
26 验收文件		27 经常检查资料		28 定期检查资料		29 历次维修、加固资料	
30 其他档案		31 档案形式		32 建档时间			
D.检测评定历史						
33 评定时间	34 检测类型	35 涵洞部件技术状况统计结果/特殊检查结论			36 处治对策	37 下次检测时间

(2)典型缺损和病害照片、文字说明及缺损分布图,缺损状况的描述应用专业标准术语说明缺损的部位、类型、性质、范围、数量和程度等。

(3)3 张总体照片,包括正面照 1 张,两侧立面照各 1 张。

(4)检查内容的成果。

(5)养护建议。

4.4.2.2 经常检查

涵洞的经常检查可采用目测方法,也可配以简单工具进行测量,现场填写涵洞日常巡查记录表(表 4.4-10)或涵洞经常检查记录表(表 4.4-11),记录所检查项目的缺损类型,估计缺损范围及养护工作量,提出相应的小修保养措施,为编制辖区内涵洞养护工作计划提供依据。

涵洞的经常检查每季度不少于 1 次,在汛期及冰雪前后应加大检查频率。

涵洞的经常检查内容包括:

(1)进、出水口铺砌、翼墙、护坡、挡水墙、沉沙井、跌水、急流槽等是否完整。

(2)进、出水口是否堵塞,沉沙井有无淤积,洞内有无淤塞及排水不畅。

(3)洞口周围有无杂物堆积,涵洞是否清洁、渗漏水。

(4)高填土涵洞的路基填土是否稳定,是否沉降。

涵洞定期检查记录表

表 4.4-9

公路管理机构名称：

1 路线编号		2 路线名称		3 涵洞桩号		4 涵洞编号		5 涵洞名称	
6 涵洞类型		7 涵洞长(m)		8 管养单位		9 建成时间(改建时间)		10 检查时间	
部件名称		构件名称	构件数量	构件编号	缺陷			照片	技术状况	备注
					类型	位置	范围	示意图			
Ⅰ 洞身	1	盖板		Ⅰ-1-1 …							
	2	涵台		Ⅰ-2-1 Ⅰ-2-2							
	3	圆管涵涵身		Ⅰ-3-1 …							
	4	箱涵涵身		Ⅰ-4-1 …							
Ⅱ 洞口	1	八字墙		Ⅱ-1-1 …							
	2	一字墙		Ⅱ-2-1 …							
Ⅲ 进、出水口	1	截水墙		Ⅲ-1-1							
	2	边沟		Ⅲ-2-1							
	…	……									
过水能力											
检测				记录				桥梁工程师			

涵洞日常巡查记录表 表 4.4-10

1 路线编号		2 路线名称		3 涵洞桩号	
4 养护单位		5 涵洞类型		6 检查时间	
7 部件名称	检查细目		是与否(打"√")		特殊情况说明
(1)进水口	①八字墙是否完好		□是 □否		
	②勾缝、抹面是否脱落		□是 □否		
	③其他构造物是否完好(如跌水等)		□是 □否		
	④其他(自填):		□是 □否		
(2)出水口	①八字墙是否完好		□是 □否		
	②勾缝、抹面是否脱落		□是 □否		
	③其他构造物是否完好(如急流槽、截水墙等)		□是 □否		
	④其他(自填):		□是 □否		
(3)涵身两侧	①墙身是否有纵、横向裂缝		□是 □否		
	②是否腐蚀		□是 □否		
	③混凝土是否剥落		□是 □否		
	④其他(自填):		□是 □否		
(4)涵身顶部	①盖板有无纵向裂缝或横向裂缝		□是 □否		
	②盖板是否露筋		□是 □否		
	③盖板是否腐蚀		□是 □否		
	④盖板混凝土是否剥落		□是 □否		
	⑤帽石是否完好		□是 □否		
	⑥其他(自填):		□是 □否		
(5)涵底铺砌	①涵底铺砌是否完好		□是 □否		
	②铺砌勾缝是否脱落		□是 □否		
	③其他(自填):		□是 □否		
(6)涵附近填土	①八字墙墙背填土是否密实、被掏空		□是 □否		
	②进、出水口构造物填土是否掏空		□是 □否		
	③其他(自填):		□是 □否		
涵洞技术状况	①好;②较好;③较差;④差;⑤危险				
养护方案	①日常养护;②维修;③加固;④改建				
维修加固建议及其他情况:					
查记录人: 日期: 桥梁工程师确认: 日期:					

涵洞经常检查记录表　　　　　　　　表 4.4-11

1 路线编号		2 路线名称		3 行政区划	
4 中心桩号		5 涵洞类型		6 养护单位	
7 部件编号	缺损类型	缺损范围		保养措施意见	
8 盖板					
9 涵台					
10 圆管涵涵身					
11 箱涵涵身					
12 八字墙					
13 一字墙					
14 截水沟					
15 边沟					
16 涵底铺砌					
17 涵附近填土					
18 标志、照明					
19 其他					
负责人：		记录人：		检查日期：	

（5）涵洞结构各构件有无损坏。

（6）交通标志及涵洞其他附属构造是否完好。

（7）其他明显的损坏或病害。

经常检查中发现有排水不畅或有构件明显损坏需要进行维修时，应做好记录并及时报告。

4.4.2.3 定期检查

涵洞的定期检查周期不得超过 3 年，特殊结构及特别重要的涵洞每年检查不少于 1 次。新建、改建涵洞交付使用 2 年内，应进行第一次全面检查。若涵洞的经常检查发现存在较大损坏，应立即安排定期检查。

涵洞定期检查以目测观察结合仪器观测进行，应接近各部件仔细检查其缺损情况。

涵洞定期检查的主要工作包括：

（1）现场校核涵洞基本数据，填写或补充完善涵洞基本状况卡片（表 4.4-7）。

（2）现场填写涵洞定期检查记录表（表 4.4-9），记录各部件缺损状况。

（3）判断病害原因，确定维修范围及方式。

（4）进行涵洞技术状况评定，提出下次检查时间建议。

（5）对损坏严重、危及安全运营的涵洞，提出限制交通、维修加固或改建的建议。

涵洞定期检查应包括下列内容：

（1）检查涵洞的过水能力，包括涵洞的位置是否适当，孔径是否足够，涵底纵坡是否合适。

(2)进出水口铺砌、翼墙、护坡、挡水墙、沉沙井、跌水、急流槽等是否完整,洞口连接是否平整、顺适,排水是否顺畅。

(3)涵体侧墙或台身是否渗漏水、开裂、变形或倾斜,墙身砌缝砂浆是否脱落,砌块是否松动,基础是否冲刷淘空。

(4)涵身顶部的盖板、顶板或拱顶是否开裂、漏水、变形下挠,砌缝砂浆是否脱落,砌块是否松动、脱落。

(5)涵底是否淤塞阻水,涵底铺砌是否开裂、沉降、隆起或缺损。

(6)洞口附近填土是否有渗水、冲刷、空洞,填土是否稳定。

(7)涵洞顶路面是否开裂、沉陷、存在跳车现象。

(8)交通标志及涵洞其他附属设施是否损坏、失效。

涵洞定期检查后应提交下列文件:

(1)本次检查涵洞清单。

(2)涵洞基本状况卡片、涵洞定期检查记录表、涵洞技术状况评定表。

(3)典型缺损和病害的照片及说明。缺损状况的描述应用专业标准术语说明缺损的部位、类型、性质、范围、数量和程度等。

(4)2张总体照片,包括1张上游侧立面照片,1张下游侧立面照片。

涵洞定期检查报告应包括下列内容:

(1)辖区内所有被检查涵洞的技术状况评定等级及日常养护情况,可按路线编号进行统计,或按涵洞结构类型进行统计。

(2)需要维修、加固或改建的涵洞,应说明维修的项目、拟采用的维修方案、预估费用和建议实施时间。

(3)需进行交通管制的涵洞的建议报告。

4.5 桥涵日常养护

4.5.1 桥梁上部结构的日常保养

(1)清理桥梁上部结构物表面污垢、附着物及杂草等,以免影响其结构外观的整洁及完整,如图4.5-1。

(2)保持封闭式的箱梁、空心板梁、箱形拱圈等结构构件的通气孔、排(进)水孔畅通。

4.5.2 桥梁下部结构的日常保养

(1)清除墩台、锥(护)坡及翼(耳)墙等表面的

图4.5-1 圬工结构表面杂草

青苔、杂草、灌木和污物,保持其表面清洁。

(2)汛期应及时清除墩台、调治构造物周边的漂流物。

4.5.3 桥面系的日常保养

(1)桥面铺装的日常保养方法可参照路面的日常保养,如图4.5-2所示。

(2)用工具对堵塞的排水孔进行疏通,确保排水系统的完好和畅通,满足排水需要;维修或更换损坏的排水孔、泄水管、引水管等排水设施。排水孔疏通钢构件涂装如图4.5-3所示。

图4.5-2　桥面的日常保养　　　　　　　图4.5-3　排水孔疏通钢构件涂装

(3)定期涂装钢护栏及钢筋混凝土护栏上的外露钢构件,保持桥梁两端涂有立面标记或警示标志的栏杆柱或防撞墙端面的标记、标志鲜明。钢构件涂装如图4.5-4所示。

(4)维修桥上缺损的灯柱、照明设备、锚固支撑,维修或更换老化、损坏的灯具或供电系统。照明设施维护如图4.5-5所示。

图4.5-4　钢构件涂装　　　　　　　　　图4.5-5　照明设施维护

(5)用清扫设备清除伸缩装置的缝内积土、垃圾等杂物,如图4.5-6所示。对钢板(梳齿型)伸缩装置中开焊的钢板进行补焊,维修松动、脱落的螺栓。

(6)定期重涂交通标线,保持其完好、清晰;维修或更换有损坏的桥梁交通标志、标线、安全设施、标志板、防眩板、防护隔离设施。交通标线施工如图4.5-7所示。

图4.5-6 伸缩缝清理

图4.5-7 交通标线施工

4.5.4 桥梁支座的日常保养

(1)清除支座周围的垃圾,保证支座正常工作。
(2)在滚动支座滚动面上每年涂一层润滑油。在涂润滑油之前,应先清洁滚动面。
(3)钢支座除锈防腐。除铰轴和滚动面外,其余部分均应涂漆防锈防腐。
(4)支座的锚栓连接紧固,支承垫板平整、紧密。

4.5.5 桥梁其他附属设施的日常保养

(1)保持防撞标志、导航标志、警示标志等附属设施的醒目和完好。航道防撞、警示标志如图4.5-8所示。
(2)保持桥梁避雷装置完好。发现缺损必须及时修理。
(3)保持防抛网、声屏障、检修道等设施的清洁、完整、有效。若发现设施出现缺损应及时维修;若发现设施存在安全隐患应及时更换。

4.5.6 涵洞的日常保养

(1)定期疏通和清除淤塞或积雪、积冰,保持洞

图4.5-8 航道防撞、警示标志

口清洁无杂物,洞内排水畅通。洞内排水明沟每周应清扫一次,排水暗沟每季度应疏通一次。
(2)采用机械排水的涵洞,应保持排水泵、排水阀、排水管道及其他设备功能完好、运转正常,并进行定期检修。
(3)设有照明设施的涵洞,应保持照明设备处于完好状态;若发现照明灯具和输电线路有损坏,应及时更换、维修。

(4)通行车辆的涵洞,应设置限高标志并保持完好。涵洞端面应涂设立面标记,并保持颜色鲜明,定期涂刷。

(5)波纹管防护涂层出现剥落、波纹管锈蚀时,应及时维修。

4.6 桥涵预防养护

4.6.1 梁桥结构的预防养护

(1)应保持梁桥结构完好、无缺损。
(2)箱梁或空心板内应保持干燥、无积水。
(3)箱梁内应保持通风良好。
(4)梁体受水侵蚀时,应采取必要的截水措施。

4.6.2 桥面铺装的预防养护

(1)沥青混凝土桥面出现泛油、波浪拥包、裂缝、坑槽、车辙等病害时,应及时处治。根据损坏程度,局部修补或整跨铣刨重新铺设铺装层,并应满足现行《公路沥青路面养护技术规范》(JTG 5142)中的相关技术要求。

(2)水泥混凝土桥面出现断缝、拱胀、错台、起皮、露骨等病害时,应及时处治。根据损坏程度,将原铺装整块或整跨凿除,重铺新的铺装层,并应满足现行《公路水泥混凝土路面养护技术规范》(JTJ 073.1)中的相关技术要求。局部修补时严禁使用普通配比混凝土替代防水水泥混凝土。

4.6.3 涵洞的预防养护

(1)涵底铺砌、洞口上下游路基护坡、引水沟、汇水槽、沉沙井等发生变形或出现破损,应及时修理或封塞填平。

(2)对在进水口设置沉沙井和出水口为跌水构造的涵洞,应适时检查其是否损坏、与洞口是否结合成整体。若发现损坏或裂隙甚至脱离,应及时修复,确保水流畅通。

(3)沉降缝或连续缝止水带应保持完好,有破损时应及时更换。

4.7 修复养护

为恢复桥涵技术状况而实施的功能性、结构性修复或更换的工程措施。

4.7.1 混凝土缺陷的修复养护

混凝土出现严重表观缺损引起钢筋外露，或混凝土因内部钢筋锈蚀而表面鼓胀、剥离、脱落、钢筋外露甚至钢筋锈蚀时，应按露筋缺陷修补进行保护层重筑。混凝土缺损露筋、锈胀引起混凝土剥落而露筋如图4.7-1、图4.7-2所示。

图4.7-1 混凝土缺损露筋　　　　图4.7-2 锈胀引起混凝土剥落而露筋

露筋缺陷修补的施工工艺流程如图4.7-3所示。

病害定位勾勒 → 混凝土表面处理 → 外露钢筋除锈处理 → 混凝土缺陷处理

图4.7-3 露筋缺陷修补的施工工艺流程

（1）病害定位勾勒。原构件混凝土表观缺陷及病害区域的几何形状一般都很不规则，勾勒时应使表观缺陷及病害清除后的区域平面几何形状尽量简单。

（2）混凝土表面处理。清除勾勒范围内混凝土表面杂物碎渣、污物、灰尘和混凝土疏松层，用空压机或清水清理干净。

（3）外露钢筋除锈处理。先用电动钢丝刷将外露钢筋表面的氧化层清理干净，使其表面洁净并露出金属光泽，再涂刷除锈剂。

（4）混凝土缺陷处理。使用修复砂浆对结构进行修补，修补后潮湿养生。

> **数字化学习案例五：桥涵轻微开裂、蜂窝、麻面、松散等病害整治——聚合物（环氧）砂浆表面修补工艺**
>
> （1）学习目标
>
> 通过本环节的数字化学习与训练，可以准确地识别桥涵轻微开裂、蜂窝、麻面、松散、剥落、露筋等病害，掌握聚合物（环氧）砂浆表面修补工艺的流程及作业要求，并能独立完成相关病害的整治。
>
> （2）学习情境描述
>
> 某省公路上的一座钢筋混凝土公路桥梁，结构类型是柱式桥墩和钢筋混凝土简支梁，已使用近20年。根据前期对桥梁进行的检测发现，桥身多处出现轻微开裂、蜂窝、麻面、松散、剥落、露筋等病害。

现在你作为该桥的养护技术工人,需准确找到这些病害点,并通过聚合物(环氧)砂浆表面修补工艺进行病害处治。

(3)数字化视频学习引导

①桥涵轻微开裂、蜂窝、麻面、松散、剥落、露筋等病害的形态特征识别。

②聚合物(环氧)砂浆表面修补工艺的作业流程。

③聚合物(环氧)砂浆表面修补工艺的施工要点。

④熟悉作业环境及工具的选择与使用。

(4)数字化视频课程

使用手机、平板电脑等电子设备扫描二维码即可开始数字化学习。

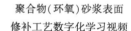

聚合物(环氧)砂浆表面修补工艺数字化学习视频

(5)任务演练

根据所学内容,回答以下问题:

①基面清理的注意事项有哪些?

②聚合物(环氧)砂浆的性能指标有什么要求?

③涂抹砂浆前需进行哪些工作?

(6)模拟验收

表4.7-1为实际操作过程中会用到的验收记录样表,供学员模拟演练,查漏补缺。

聚合物(环氧)砂浆表面修补验收记录表 表4.7-1

××桥梁						
聚合物(环氧)砂浆表面修补验收记录表						
养护单元名称:				施工单位:××路桥集团有限公司		
养护工程部位:				监理单位:××监理有限公司		
基本要求	①修补材料质量应满足设计和规范要求。 ②修补面应平整、清洁。 ③修补前,裂缝及周边区域应保持干燥。 ④修补材料应在规定的材料温度下使用。 ⑤修补材料应与桥体黏结牢固					
实测项目	项次	检查项目	规定值或允许偏差	检查方法和频率	实测值或实测偏差值(代表值)	检查结果
	1	梁体平整度(mm)	±5	直尺、塞尺丈量		
	2	阴阳角(°)	±5	钢尺量		
施工单位意见:				监理工程师意见:		
专业工程师:		质检工程师:		监理工程师:		×年×月×日

4.7.2 钢筋混凝土构件裂缝的修复养护

1)封闭灌注法修补非结构裂缝

钢筋混凝土构件出现较多非结构裂缝,采用封闭灌注法修补裂缝。

封闭灌注是指将缝隙形成一密闭腔体,在一定时间内,以较高压力将修补裂缝用的注浆料注入裂缝腔内。利用修补材料自身的黏结强度和高抗拉强度,使断裂的原结构恢复为整体,以达到桥梁加固目的。

常用裂缝注胶方法分为自动低压渗注法和压力灌注法两种。其中,自动低压渗注法也称壁可法,适用于数量较多、宽度为0.1~1.5mm的裂缝处理;压力灌注法适用于较深、宽度较大的裂缝处理。

(1)自动低压渗注法

自动低压渗注法的施工流程如图4.7-4所示。

表面处理 → 埋设压浆嘴 → 封缝 → 配置浆液 → 压浆 → 后处理

图4.7-4 自动低压渗注法的施工工艺流程

①表面处理。用打磨机或钢丝刷将裂缝区表面松散混凝土清除,宽度为裂缝左右两侧各2~3cm,长度沿裂缝方法两端分别向外延伸5~10cm,露出结构层和隐蔽的裂缝。

②埋设压浆嘴。在裂缝交叉处、较宽处、端部以及裂缝贯穿处埋设压浆嘴,其间距以350~500mm为宜。在一条裂缝上必须有进浆嘴、排气嘴和出浆嘴。胶嘴埋设时先在压浆嘴的底盘上抹一层至少1mm的环氧胶泥,将压浆嘴的进浆孔对正裂缝粘贴在预定的位置上。

③封缝。用环氧树脂胶泥封缝,即先在裂缝两侧2~3cm宽范围内涂一层环氧树脂基液后,再抹一层约1mm厚、2~3cm宽的环氧树脂胶泥,抹泥时应防止产生小孔或气泡,抹刮平整,保持封闭可靠。

④配置浆液。按厂家提供的配方或配置方法进行配制,根据浆液的凝固时间和注胶速度来确定一次配置浆液的数量。

⑤压浆。将胶液装入注胶器(注器的安装顺序为间隔安置,即隔一个注胶底座安置一个注胶器,直至安装完该缝上全部注胶器为止),松开注胶器上的弹簧,让胶液在低压作用下慢慢渗入缝中。当不安装注胶器的底座出胶时,则在该底座上安装注胶器注胶;当注胶器内的胶注完时,应取下及时补充胶液。注胶时应从裂缝下端逐渐向上依次安装注胶器注胶试压。压气试漏,检查封闭效果。检测方法:待封缝的环氧树脂胶泥硬化后,沿裂缝涂一层肥皂水,从压浆嘴通入压缩空气,凡漏气处,应修补密封至不漏气为止。

⑥后处理。待裂缝内胶液达到初凝时,可拆下压浆嘴,再用环氧树脂胶泥把压浆嘴处抹平封口。

(2)压力灌注法

压力灌注法的施工工艺流程与自动低压渗注法基本相同,施工时仅在压浆料和压浆工艺上存在差异。

压力注浆法的注意事项：

①压浆应从裂缝一端向裂缝另一端，或自上而下，切勿颠倒，以免空气混入浆内影响浆液密度性。纵向裂缝上端往往因浆液收缩而不饱满，可采用两次压浆方法补救。空气压力通常控制在 0.5MPa 左右。

②每次压浆时以其邻近(上)嘴子冒浆为衡量灌满的标准。嘴子冒浆后即关闭阀门并用木塞堵塞。同时将压浆嘴移到冒浆的嘴子上，然后继续压浆，直至整条裂缝充满浆液为止。为了保证浆液充分灌满，当最后一个嘴子冒浆并用木塞堵浆后，需恒压 5~10min。

③在压浆过程中，如发现有漏浆，必须立即停止压浆，采取堵塞措施后再继续压浆。每次配置浆液不宜太多，否则压浆时间太长，浆液变稠，甚至在压浆罐内硬化。施工时气温不宜低于 5℃，最佳温度为 15~20℃。

2）粘贴钢板或碳纤维片的方法加固主梁

主梁因承载力不足，或主筋出现严重锈蚀，或主梁产生严重横向裂缝，采用在结构受拉缘或薄弱部位粘贴钢板或碳纤维片的方法使其与结构形成整体，提高桥梁的承载力。

常用的粘贴钢板的方法有干粘法和湿粘法。对于钢板厚度小于 5mm 的采用干粘法，即将配好的胶黏剂均匀地涂抹在清洁钢板上，对准螺栓孔并迅速拧紧螺帽使钢板和混凝土密合。对于钢板厚度大于或等于 5mm 的采用湿粘法，即先用胶将钢板周围封闭，留出排气孔，在钢板低端压力注入胶黏剂。

粘贴钢板的施工工艺流程如图 4.7-5 所示。

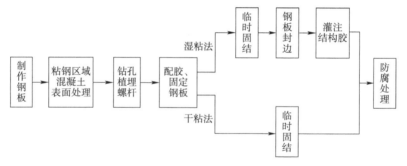

图 4.7-5　粘贴钢板的施工工艺流程

(1) 干粘法粘贴钢板

干粘法粘贴钢板的施工工序：

①制作钢板。钢板下料宜采用工厂自动、半自动切割方法；钢板黏合面可用喷砂或平砂轮打磨，直至露出金属光泽。按锚栓设计位置对钢板钻孔。

注意：钢板采购应先对钢板型号进行确认，钢板性能通过抽样试验后方可采购。钢板切割时应保持钢板边缘表面光滑，无毛刺、咬口及翘曲等缺陷。拼接钢板应提前打好坡口，通常钢板条应沿 45°角进行裁剪，保证焊接长度。钢板下料和打磨如图 4.7-6、图 4.7-7 所示。

②粘钢区域混凝土表面处理。依据设计要求并结合现场量测定位；采用凿毛机进行凿毛处理，使混凝土粗集料外露，无浮浆和疏松物，凿毛完成后进行清洁。

图4.7-6 钢板下料

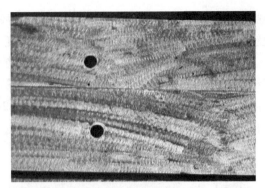
图4.7-7 钢板打磨

注意:混凝土凿毛没有规范,但要求无松渣,凿除区域混凝土内全部表层浮浆,不能露筋。人工凿时,凿子的强度必须为 $2.5N/mm^2$;采用风凿时,凿子的强度必须为 $10N/mm^2$。混凝土表面凿毛处理如图4.7-8所示。

③钻孔植埋螺杆。按设计要求布置孔位,避开主裂缝。在布孔位置进行钻孔;钻孔完成后,用钢丝刷对孔内浮层进行清理。植埋螺杆时先在孔内注入2/3孔深的环氧类结构胶,将螺杆慢慢转动插入,然后补填环氧类结构胶使孔口填塞饱满。

④配制结构胶。先用工业酒精清洗处理后的

图4.7-8 混凝土表面凿毛处理

粘钢区表面和钢板粘贴面,再在钢板粘贴面涂抹一层中间厚、两边薄的结构胶,然后将钢板贴合上。

注意:常用结构胶属于室温常规型结构胶,这种胶对使用环境要求非常高,需要适宜的温度、湿度才可固化发挥强度。当温度过低或者温度过高时,应当选用低温或高温专用结构胶,潮湿环境则需要水下结构胶。另外,我们尤其应当注意胶体的适用范围,譬如说低温专用结构胶在常规型结构胶适宜的温度下(如25℃),可能会加快固化速度,减少施工时间。涂抹结构胶、双孔临时固定如图4.7-9、图4.7-10所示。

图4.7-9 涂抹结构胶

图4.7-10 对孔临时固定

⑤加压固定。当埋植螺杆的拉拔力达到设计要求的强度后,将钢板贴合上,加垫片,紧

固螺母,交替拧紧各加压螺杆,使多余的结构胶沿板缝挤出,达到密贴程度。同时,还要不断地轻轻敲打钢板,检查钢板下结构胶的饱满度。

注意:加压过程需派专人进行饱满度检查,若出现空洞声表明粘贴不密实,应立即剥下钢板,重新粘贴。灌注孔两旁三角区往往容易出现漏灌区,即胶体无法达到的区域,其大小与灌注管插入粘贴区的长短有关,应插入1~2cm便可固定灌注管。加压固定及钢板粘贴完成如图4.7-11、图4.7-12所示。

图4.7-11 加压固定　　　　图4.7-12 钢板粘贴完成

(2)粘贴碳纤维

粘贴碳纤维的施工工艺流程如图4.7-13所示。

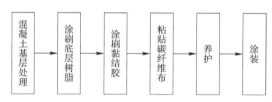

图4.7-13 粘贴碳纤维的施工工艺流程

①混凝土基层处理。按设计要求对碳纤维片材粘贴范围进行定位,弹墨线;修补区域内混凝土的残缺、破损部位;用角磨机将构件表面凸出部分打磨平缓;将棱角部位打磨成圆角,清除劣化层,使其表面平整;清洗打磨过的构件表面,并使其充分干燥。如图4.7-14、图4.7-15所示。

图4.7-14 缺陷修补完成　　　　图4.7-15 表面处理完成

注意:施工区域放样时,其四边均要比实际粘贴碳纤维区域宽3~5cm;基地处理完成后,表面平整应小于5mm/m。清洗混凝土表面后,应使其充分干燥方可进行下一道工序。

②涂刷底层树脂。把底层树脂的主剂和固化剂按规定比例准确称量后放入容器内,用电动搅拌器拌和均匀;用滚筒刷均匀涂抹底胶。需要涂刷两层时,应在涂完第一层并指触干燥后再涂刷第二层,涂刷底层树脂不得超过1mm。

③涂刷黏结胶。结构胶一次调和量以使用时间内用完为准,超过可使用时间后不得使用。涂量根据施工部位及施工面的粗糙程度而变化。拱起、拐角、碳纤维片材搭接部位以及残缺修补处要多涂一些。黏结胶不可以涂得过少或者过多,过少胶层不够饱满,过多则使得胶过厚,易产生胶瘤。

注意:在气温5℃以下、相对湿度RH>85%、混凝土表面含水率在4%以上,雨天或有结露可能而无有效保护措施时,不得施工。必须仔细检查混凝土施工平整度,若构件表面出现凹陷直接粘贴碳纤维布,将引起碳纤维布起鼓。找平胶涂刮后,对表面仍存的凹凸糙纹,须用砂纸打磨平整。涂刷底胶作业如图4.7-16所示。

④粘贴碳纤维布。粘贴碳纤维布前,用钢直尺与壁纸刀按规定尺寸裁切碳纤维片材,每段长度根据施工需要确定;当要使用长碳纤维片时,脱泡(赶出气泡)、渗浸过程必须加倍小心操作;碳纤维的纵向接头必须搭接100mm以上。

注意:

a.气温在5℃以下、相对湿度RH>85%、雨天或有结露可能而无有效保护措施时不得施工。为防止碳纤维布受损,在运输、储存、裁切和粘贴过程中,严禁弯折碳纤维布;要使用长的碳纤维片时,对脱泡、渗浸过程必须加倍小心操作。为防止片材在保管过程中损坏,片材的裁切数量应以当天用完为准;严禁在幅宽方向进行裁剪。若底涂胶或残缺修补完成时间超过1周,为确保其和碳纤维布之间的黏着性,需用砂纸打磨;一次调和量以在可使用时间内用完为准,超过可使用时间后不得再次使用。

b.碳纤维和纵向接头必须搭接100mm以上。该部位应多涂黏结胶,赶压气泡、黏结操作正常进行。碳纤维布横向不需要搭接。碳纤维布沿受力方向的搭接长度不小于150mm,邻搭接部位应相互错开300mm以上。

c.若粘贴前对混凝土打磨不平整;碳纤维布粘贴不平整,刮板在刮布时没有把空气完全排出;刷碳纤维胶时厚薄不一;碳纤维布粘贴完成后,面胶涂刷不均匀;碳纤维布的质量出现问题等均可引起碳纤维片材空鼓或褶皱,而最终导致拉拔力不足。粘贴碳纤维布如图4.7-17所示。

图4.7-16 涂刷底胶作业　　图4.7-17 粘贴碳纤维布

⑤养护。粘贴碳纤维布后,需自然养护达到初期固化,应保证固化期间不受干扰或尽量减少受干扰程度;碳纤维布粘贴后达到设计强度所需自然养护时间应满足规定要求。

⑥涂装。应在粘贴碳纤维布处涂刷一遍碳纤维专用遮盖涂料,再涂刷两遍表面配套涂料,其颜色应与混凝土本身接近,以达到美观效果。

数字化学习案例六:桥涵开裂病害整治——混凝土裂缝灌浆修补工艺

(1)学习目标

通过本环节的数字化学习与训练,可以准确地识别桥涵裂缝宽度≥0.15mm的开裂病害,掌握混凝土裂缝灌浆修补工艺的流程及作业要求,并能独立完成相关病害的处治。

(2)学习情境描述

某省公路上的一座钢筋混凝土公路桥梁,结构类型是柱式桥墩和钢筋混凝土简支梁,已使用近20年。根据前期对桥梁进行的检测发现,桥身多处出现裂缝宽度≥0.15mm的开裂病害。

现在你作为该桥的养护技术工人,需准确找到这些病害点,并通过混凝土裂缝灌浆修补工艺进行病害处治。

(3)数字化视频学习引导

①桥涵裂缝宽度≥0.15mm的开裂病害形态特征识别。

②混凝土裂缝灌浆修补工艺的作业流程。

③混凝土裂缝灌浆修补工艺的施工要点。

④熟悉作业环境及工具的选择与使用。

(4)数字化视频课程

使用手机、平板电脑等电子设备扫描二维码即可开始数字化学习。

混凝土裂缝灌浆修补工艺数字化学习视频

(5)任务演练

根据所学内容,回答以下问题:

①埋设灌浆嘴的注意事项有哪些?

②裂缝灌浆修补材料的性能指标有什么要求?

③灌浆前需进行哪些工作?

(6)模拟验收

表4.7-2为实际操作过程中会用到的验收记录样表,供学员模拟演练,查漏补缺。

混凝土裂缝灌浆修补质量验收记录表　　　　表4.7-2

××桥梁	
混凝土裂缝灌浆修补验收记录表	
养护单元名称:	施工单位:××路桥集团有限公司
养护工程部位:	监理单位:××监理有限公司
基本要求	①灌浆材料质量应满足设计和规范要求。 ②灌浆后表面应修补平整、清洁。 ③灌浆前,裂缝及周边区域应保持干燥。 ④灌浆材料应在规定的材料温度下使用。 ⑤灌浆材料应与桥体黏结牢固

续上表

	项次	检查项目	规定值或允许偏差	检查方法和频率	实测值或实测偏差值(代表值)	检查结果
实测项目	1	注胶嘴间距	注胶嘴布置合理,间距200~400mm,在裂缝变宽处、交错处及端头处要有底座	直尺		
	2	封口密封胶表面宽度	宽度25~35mm	直尺		
施工单位意见:					监理工程师意见:	
专业工程师: 　　　质检工程师: 　　　监理工程师:					年　月　日	

4.7.3 圬工结构病害的修复养护

圬工结构出现空洞、孔洞或砌块断裂、压碎、松动、脱落等病害时,应及时予以维修或加固。砌筑砂浆脱落、不饱满导致主拱圈整体性差时,应及时修复。圬工结构发生异常变形或出现结构裂缝时,应进行特殊检查评估并及时处治。

1)圬工砌体砌缝砂浆松散脱落的修复

(1)圬工砌体由于气候影响、雨水侵蚀、砌缝材料质量欠佳或施工不良,容易造成砌缝砂浆松散脱落,为防止杂草生长,需要重新勾缝。

(2)勾缝时,可用手凿或风凿凿去已破损的灰缝,深3~5cm,用压力水彻底冲洗干净,然后用水泥砂浆重新勾缝。勾缝前,先刷一层水泥净浆,使砂浆与砌石能够很好地结合。勾缝时用抹子将砂浆填入缝内后,再用勾缝器压紧并切去飞边使其密实。凹形缝抵抗风化较为耐久,片石砌筑则可用平缝。

桥台和锥坡、护坡接触处一般常有开裂,如用砂浆勾缝不久后再裂开,则可用浸过沥青的麻筋填紧,防止雨水侵入。

2)圬工砌体表面风化、剥落、蜂窝、麻面、局部破损的修补

(1)圬工砌体表面风化、剥落、蜂窝、麻面、局部破损等病害较轻时,可采用手工抹水泥砂浆的方式进行防护。首先将风化剥落表面彻底凿除,并将表面凿毛,用水冲洗干净并保持湿润状态;然后分层抹浆填补至需要厚度,并将表面抹平,每层为10~15mm,总厚度一般为20~30mm。

(2)圬工砌体表面风化、剥落、蜂窝、麻面等引起的损坏深度和范围较大时,可在破损部分清除、凿毛清洗后,在新旧混凝土接合处设置牵钉,必要时可以张拉钢筋网,立模后用浇筑混凝土的方法进行补修。

4.7.4 混凝土拱桥的修复养护

(1) 拱圈存在表观缺陷时,应予以维修。
(2) 主拱圈开裂,应视裂缝性质和影响程度,及时采取相应处治措施。
(3) 肋拱、双曲拱、桁架拱、刚架拱的肋间横向联系出现开裂、破损病害时,应及时修复。
(4) 双曲拱桥拱波的纵向开裂、渗水等缺陷应及时修复。
(5) 桁架拱、刚架拱、系杆拱因节点强度不足引起节点及杆件端部开裂时,应及时加固处治。
(6) 预制拼装拱桥的铰缝、横向接缝存在开裂、破损等缺陷时,应予以修复。
(7) 主拱圈变形异常或拱顶下挠严重时,应进行特殊检查评估并及时加固处治。
(8) 中、下承式拱桥吊杆(索)的养护与维修应按规范相关内容执行。
(9) 系杆拱桥的混凝土系杆出现裂缝时,应及时维修处治。系杆的锚固区存在破损、开裂、剥落、封锚不严、锚具暴露等缺陷时,应及时维修或加固。

4.7.5 钢结构的修复养护

(1) 钢构件出现裂纹或异常变形时,应进行特殊检查评估并及时加固处治。
(2) 应及时更换松动和损坏的铆钉。更换过的铆钉在检验之后,均应涂上与桥梁结构显著不同的颜色,并记录其数量和位置。
(3) 焊接连接的构件,焊缝处发现裂纹、气孔、未熔合、夹渣、未填满、弧坑等缺陷时,应进行返修焊,焊后的焊缝应打磨匀顺。
(4) 钢板梁由于穿孔或破裂削弱断面时,可补贴钢板或用钢夹板夹紧处理。钢板受到较短和较深的创伤时,宜用电焊填补。
(5) 钢桁梁可采用增补钢板、角钢或槽钢等方法进行维修。连接方式可采用拴接或焊接。
(6) 连接杆件有损坏或强度不足时,应及时维修或更换。

钢构件屈曲、撞击造成损伤、开裂或退化以及验算证明不满足有关要求的构件应及时进行更换。承载能力不足的构件可通过粘贴钢板或型钢予以加强。

公路桥涵钢构件出现焊缝轻微开裂时,应对开裂处重新施焊,如图 4.7-18、图 4.7-19 所示。

图 4.7-18 焊缝开裂

图 4.7-19 钢构件防腐层脱落

(7)公路桥涵钢构件防腐层出现局部脱落、损坏或起泡等病害时,应根据以下步骤与方法进行修复养护。

①画线确定破损范围,清除表面的油、水脂、盐、切削液、防冻剂等化学试剂。

②用砂纸去除破损的涂层,将破损部位周边12~25cm范围内完好漆层拉出坡口,以保证修补涂层与原涂层平滑过渡;表面灰尘的清洁度应达到规定要求。

③采用刷涂或喷涂的方式进行面漆涂层的修补,其涂层厚度应满足设计与规范要求。

(8)钢构件表面防腐层出现大面积脱落、损坏或起泡时,可按以下步骤进行修复:

①表面处理。清除所有损坏的附着不牢固的涂层,直至达到具有良好附着性且整洁坚硬涂层的边缘。采用动力工具清理表面的锈、氧化皮、旧的漆层和其他污物,并保持$25\mu m$以上的粗糙度,将破损部位周围15~25cm范围内完好漆层拉出坡口,以保证修补涂层与原涂层平滑过渡;表面灰尘的清洁应达到标准要求。

②涂装施工。修补涂层按照配套要求逐层修补。底漆和面漆涂层的修补可以采用刷涂或有气喷涂的方法进行施工,其涂层厚度应满足设计和规范要求。防火涂层的修补可以采用刷涂和镘涂的方法进行多道施工。若采用镘涂施工,可以将少量的调制好的涂料摊在干净的表面上,经过几分钟,溶剂闪蒸将使涂料达到更适宜"镘涂"的浓度,从而更易形成较厚的涂膜。应根据所需用量混合油漆,双组分油漆若超过罐藏寿命则不能再用。若整体涂层表面已覆涂面漆,修补时应避免将防火涂层覆盖到原面漆涂层表面。

4.7.6 墩、台及基础的修复养护

(1)钢筋混凝土盖梁、系梁、墩身、台身出现侵蚀剥落、蜂窝、麻面、露筋及钢筋锈蚀等缺陷时,可参照露筋缺陷修补方法进行修复。

(2)钢筋混凝土盖梁、系梁、墩身、台身表面的裂缝,可参照钢筋混凝土构件裂缝处治方法进行修复。

(3)圬工砌体墩台的裂缝,应根据裂缝性质和影响程度,采用不同方法进行修复。

①墩台表面微细而数量较多的裂缝,当裂缝宽度小于0.2mm时,一般可用表面封闭修补法进行处治,即采用抹浆、凿槽嵌补、表面喷浆的方法使其表面裂缝封闭。砌体开裂如图4.7-20所示。

a.表面抹浆:用水泥浆、水泥砂浆、环氧基液及环氧砂浆等材料,涂抹在混凝土表面裂缝部位上的一种修补方法。先用钢丝刷除去裂缝附近圬工表面上的污秽、油漆和灰尘,并用丙酮擦洗(如用水冲洗,则须干燥后才能涂环氧树脂涂料),然后在裂缝处涂抹按规定要求调制好的浆液。

b.凿槽嵌补:沿混凝土裂缝凿一条深槽,然后在槽内嵌补各种黏结材料(如环氧砂浆、沥青、甲基丙烯酸酯类化学补强剂等)的一种修补方法。

图4.7-20 砌体开裂

c.表面喷浆:在已经凿毛处理的裂缝表面,喷射一层密实而强度高的水泥砂浆保护层来封闭裂缝的一种方法。

②墩台表面裂缝,当裂缝宽度大于0.2mm时,可以采用压力注浆法对墩台表面的裂缝进行填充和封闭,或采用粘贴钢板法等方法进行修复或加固。

(4)墩台抗震设施损坏时,应及时修复或改造。

(5)桥梁墩台发生异常变位时,应进行特殊检查评估并及时加固处治。

(6)砌体发生砌块或镶面石破损、脱落时,可以个别更换或换预制混凝土块。

①如更换的面积很大,为了使它与原圬工结合牢固,可在原圬工上安装倒刺的套扣,用锚钉或抓钉与套扣相连来承托新的砌块或镶面石。

②砌块或镶面石仅松动而没有破损,可采用捣垫半干硬性水泥砂浆的方式进行处治。

a.将砌块或镶面石周围的灰缝凿去。

b.取下砌块或镶面石,将内部失效灰浆全部铲除并用水冲洗干净。

c.用砂浆填补安上砌块或镶面石,并在其四周捣垫半干硬性砂浆。

数字化学习案例七:圬工拱桥砌体结构表面风化剥落病害整治——砌块更换工艺

(1)学习目标

通过本环节的数字化学习与训练,可以准确地识别圬工拱桥砌块风化、脱落、破损、失效等病害,掌握砌块更换工艺的流程及作业要求,并能独立完成相关病害的整治。

(2)学习情境描述

某市内公路上的一座圬工拱桥,拱上结构形式为实腹式拱桥,已使用近20年。根据前期对桥梁进行的检测发现,桥身多处砌块出现风化、脱落、破损、失效等病害。

现在你作为该桥的养护技术工人,需准确找到这些病害点,并通过砌块更换工艺进行病害处治。

(3)数字化视频学习引导

①圬工拱桥砌块风化、脱落、破损、失效等病害的形态特征识别。

②砌块更换工艺的作业流程。

③砌块更换工艺的施工要点。

④熟悉作业环境及工具的选择与使用。

(4)数字化视频课程

使用手机、平板电脑等电子设备扫描二维码即可开始数字化学习。

砌块更换工艺
数字化学习视频

(5)任务演练

根据所学内容,回答以下问题:

①旧砌块拆除的注意事项有哪些?

②砌块更换的外观有什么要求?

③勾缝前需进行哪些工作?

(6)模拟验收

表4.7-3为实际操作过程中会用到的验收记录样表,供学员模拟演练,查漏补缺。

砌块更换验收记录表　　　　　　　　　　　表4.7-3

××桥梁						
砌块更换验收记录表						
养护单元名称：				施工单位：××路桥集团有限公司		
养护工程部位：				监理单位：××监理有限公司		
基本要求	①新砌块质量应满足设计和规范要求。 ②砌块安装面应平整、清洁。 ③勾缝材料应在规定的材料温度下使用。 ④砌块应与桥体黏结牢固					
实测项目	项次	检查项目	规定值或允许偏差（mm）	检查方法和频率	实测值或实测偏差值(代表值)	检查结果
	1	表面砌缝宽度 浆砌片石	≤40	每平方米检测2个点，不足1m²按照1m²算		
	2	表面砌缝宽度 浆砌块石	≤30			
	3	表面砌缝宽度 浆砌料石	15~20			
	4	3块石料相接处的空隙	≤70	钢尺量		
	5	两层间竖向错缝	≥80			
	6	块石表面错台	≤5	每个边检查1个点		
	7	外观	勾缝应坚固、无脱落，交接处应平顺，宽度、深度应均匀，灰缝颜色应一致，砌体表面应洁净	目测		
施工单位意见：				监理工程师意见：		
专业工程师：	质检工程师：		监理工程师：		×年×月×日	

4.7.7 锥(护)坡及翼(耳)墙的修复养护

(1)锥(护)坡开裂、沉陷，受洪水冲空时，应及时维修或加固。

(2)翼(耳)墙出现下沉、开裂等损伤时，应及时维修或加固。

(3)锥坡、护坡、调治构造物由于洪水冲刷及漂浮物撞击，发生基础冲空、砌体开裂时，应及时维修或加固。

(4)基础周边地基因冲刷导致基础外露时，可采用抛石加固的方式减少冲刷，也可在基础周边地基修筑水泥混凝土铺砌防止冲刷。

(5)砌体开裂时,可采用水泥砂浆对砌体开裂处进行表面封闭。

(6)附属设施产生严重破坏或丧失功能时,则应将原设施在不影响结构整体受力的情况下挖除后重新施作。

(7)桩基础存在颈缩、露筋、钢筋锈蚀等缺陷时,必须及时维修或加固。

(8)基础出现下列病害时,应及时维修或加固:

①基础产生结构性裂缝。

②出现超过允许值的沉降。

③基础病害致使墩台滑移、倾斜。

④基础出现大的缺损,使其承载力不足。

(9)基础冲刷过深或基底局部淘空时,应及时采取必要的防护措施。

(10)桥下河床铺砌出现局部损坏时,应及时维修。

(11)高寒地区的桩基础发生浅桩冻拔、深桩环状冻裂时,应予以处治。

(12)对于水中基础的冲刷、淘空情况不严重时,可采用抛石加固,即采用尺寸较大石块在桥涵基础冲刷处进行填充,加固基础周边地基,减少后期的冲刷现象。

(13)当河床水流速度较快时,则可采用石笼钢丝网形成整体防护,部分位置可采用浇筑混凝土铺顶防护层的方式。

(14)对因冲刷导致基础产生不均匀沉降的,可在基础周边土体加固之前,对淘空的基础底面采用混凝土填充或石块填充后注浆加固的方式,并可采用增大基础截面的方式进行加固。

4.7.8 桥面铺装破损的修复养护

桥面铺装出现大面积破损时,应重筑桥面铺装。

1)水泥混凝土桥面铺装的预防修复

水泥混凝土桥面铺装出现磨光、脱皮、露骨或浅层破裂时,可采用原结构凿补的方法进行维修。

水泥混凝土桥面铺装原结构凿补维修的工艺流程如图4.7-21所示。

图4.7-21 水泥混凝土桥面铺装原结构凿补维修的工艺流程

(1)画线确定维修范围。根据所需处治的病害情况,画出顺桥向的矩形,确定维修范围。

(2)表面凿毛、清理。将原水泥混凝土铺装层的表面凿毛,并尽可能深一些,露出未损坏的集料,用清水冲洗干净并充分湿润。

(3)铺筑面层。涂刷一层与原混凝土同强度等级的水泥浆(其他黏结材料),最后铺筑一层4~5cm厚的水泥混凝土铺装层。

(4)养生。浇筑好的混凝土应在终凝之后保温保湿条件下养生,强度达到设计要求后方可开放交通。

对水泥混凝土桥面铺装,则应将破损处的桥面铺装板块凿除后,重新浇筑新混凝土桥面铺装。

2）沥青类桥面铺装的修复

沥青类桥面铺装出现龟裂、松散、坑槽等浅层病害时，可采用铣刨后重新铺筑面层的方法进行维修。

沥青类桥面铺装维修的工艺流程如图4.7-22所示。

图4.7-22　沥青类桥面铺装维修的工艺流程

（1）放样。放样画线确定维修范围，根据所需处治的病害情况，画出顺桥向的矩形，确定维修范围。

（2）铣刨。用小型铣刨机将维修范围内的表层混合料铣刨，露出未损坏的集料。

（3）清扫。用人工方式扫除碎屑，也可以采用空压机对路面进行吹风，确保路面上无松散颗粒。

（4）摊铺。为确保新旧沥青类桥面结合效果，在摊铺前应洒黏层油，然后再进行沥青混合料的摊铺。

（5）碾压。用小型压路设备对摊铺好的沥青混合料进行碾压，达到设计要求后即可。等路面温度降低到50℃以下时，即可开放交通。

4.7.9　其他附属设施的修复养护

人行道、栏杆、护栏各构件产生较严重损坏而影响安全时，应及时维修或更换。

1）伸缩装置的修复养护

（1）伸缩装置出现下列病害时，应及时进行更换：

①U形锌铁皮伸缩装置的锌铁皮老化、开裂、断裂。

②钢板伸缩装置的钢板变形、翘曲、脱落。

③橡胶条伸缩装置的橡胶条老化、脱落，固定角钢变形、松动。

④板式橡胶伸缩装置的橡胶板老化、开裂，预埋螺栓松脱，伸缩失效。

⑤伸缩装置的弹性元件或其他连接构件疲劳或失效，影响伸缩装置正常使用。

（2）更换伸缩装置时宜选择技术先进合理的伸缩装置，伸缩量应满足桥跨结构变形需要，安装应牢固、平整、不漏水。

（3）维修或更换伸缩装置时，应实施交通管制。在锚固区混凝土强度未达到设计要求时，不得开放交通。

（4）伸缩缝装置更换的施工工艺流程如图4.7-23所示。

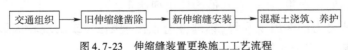

图4.7-23　伸缩缝装置更换施工工艺流程

①旧伸缩缝凿除。对凿除区放样画线确定施工范围，再用风镐打碎预留槽混凝土并清理。

②安装新伸缩缝装置（焊接新伸缩缝锚固钢板、布设锚固区钢筋网）。

a.安装温度：应根据伸缩缝安装温度进行安装间隙的计算；伸缩缝定位宽度误差为

±2mm,要求误差为同一符号,不允许一条缝不同位置上同时出现正负误差。

b. 伸缩缝的高程控制。控制伸缩缝的高程使伸缩缝上顶面比两侧沥青混凝土面层的高程约低2mm,然后对伸缩缝的纵向直线进行调整。伸缩缝的高程与直线调整到符合要求后,进行临时固定,固定时应沿一端向另一端依次将伸缩缝边梁上的锚固装置与预留槽内的预埋钢筋每隔2~3个锚固筋焊一个焊点,两侧对称施焊,保证伸缩缝不再发生变位,严禁从一端平移施焊,造成伸缩缝翘曲。

c. 伸缩缝的焊接。固定后应对伸缩缝的高程再复测一遍,确认在临时固定过程中未出现任何变形、偏差后,把异型钢梁上的锚固钢筋与预埋板在两侧同时焊牢;或者先将一侧焊牢,待达到预定的安装气温时,再将另一侧全部焊牢。注意:焊点与型钢距离不小于5cm,以免型钢变形。在焊接的同时,应随时用3m直尺、塞尺检测异型钢的平整度,平整度应控制在0~3mm范围内。在固定焊接时,对预留槽内预埋筋与异型钢锚固筋不符现象,采用钢筋进行加固连接,以确保缝体与梁体的牢固连接。伸缩缝焊接牢固后,应尽快将预先设定的临时固定卡具、定位钢筋用气割枪割去,使其自由伸缩。作业时严格保护现场,防止车辆误压。

③浇筑锚固区混凝土、养生。

a. 混凝土浇筑。浇筑前应在伸缩缝内用泡沫板填塞密实,保证混凝土不污损、不填塞梁缝。混凝土振捣时应两侧同时进行,为保证混凝土密实,特别是型钢上混凝土的密实,用振捣棒振至不再有气泡为止。混凝土振捣密实后抹压平整,控制混凝土面比沥青路面的顶面略低1~2mm为宜,避免出现跳车现象。混凝土浇筑过程中应采取保护措施,严禁污染路面及桥面。

b. 养生。混凝土浇筑完成后,覆盖洒水养生。养生期间严禁车辆通行。混凝土达到设计强度的50%以上后,可安装橡胶止水带,安装前应把缝内填充的泡沫板、漏浆的混凝土硬块清理干净,确保梁体可正常变形。

2)支座的更换与养护

(1)支座出现下列情况之一时,应予以更换:

①支座的固定锚栓剪断并造成其他构件出现病害;轴承有裂纹或切口,辊轴大小不合适;混凝土摆柱出现严重开裂、歪斜等。

②支座上下钢板翘起、断裂。

③板式橡胶支座出现严重不均匀的压缩变形,或发生过大的剪切变形、加劲钢板外露或脱胶、橡胶开裂、老化变质等病害。

④橡胶隔震类支座橡胶本体被撕裂。

⑤小跨径桥梁油毡支座的油毡垫层损坏、掉落、老化。

⑥支座滑动面磨损严重,或造成其他构件出现病害。

⑦钢支座主要受力部件出现脱焊,钢部件磨损出现陷凹,或出现较大裂缝、牙板折断或辊轴连杆螺丝剪断、支座卡死等。

⑧支座存在其他影响桥梁正常运营或结构受力安全的病害。

(2)桥梁支座发生较多的严重病害,如破损、剪切变形过大、脱空、偏位时,可按照养护要求,对损坏的支座进行更换。桥梁支座更换常用方法包括整联跨同步顶升法、直接顶升法、鞍形支架法(贝雷法)、钢扁担梁法和桥面钢导梁法。

①整联跨同步顶升法是指采用同步液压顶升系统,对多联跨整体浇筑或预制连续箱梁桥和预制梁在不封闭交通情况下实现桥梁顶升和支座更换。

整联跨同步顶升法更换支座施工工艺流程如图4.7-24所示。

图4.7-24　整联跨同步顶升法更换支座施工工艺流程

a.施工准备。提前调试、标定液压顶升设备各部件,配备易损、易坏件;检查硅油脂、丙酮以及环氧胶质量是否符合要求;搭设人行支架或吊架,确保操作人员能够方便检查、更换支座;顶升施工前,详细检查各支座情况;安装千斤顶及位移传感器。

b.试顶。在正式顶升前进行试顶,检查各千斤顶的同步性、稳定性和梁板的完好性;确认一切正常后,方可正式开始顶升。

c.顶升。检查、校正顶升设备并就位;顶升装置试顶加载合格后进行顶升,逐步加载顶升至设计力50%时停止,停放5~10min进行观察,无任何异常后方可开始整体顶升;千斤顶必须按设计的行程同步顶升,顶升至梁体脱空2~5mm,结束顶升,同时观察梁体起顶高度和千斤顶的起顶力,施行双控。

d.更换支座。需要抬高支座时,可根据抬高量的大小垫入钢板或铸钢板,更换为板式橡胶支座。当支座的抬高量大于100mm时,须浇筑支座垫石。清理盖梁顶面,事先在垫石上垫钢板,并用环氧砂浆找平至相应高度,将其一并更换,确保落梁时支座都能均匀受力。

e.测量记录。更换完毕后,测量记录并检查各支座准确到位情况,逐级回油、卸顶、落梁,最后撤除设备、支架和施工人员。

②直接顶升法适用于T梁、空心板梁和小箱梁等中小跨径(≤20m)简支梁桥。以墩台顶部为支撑面,选配合适的千斤顶直接实施梁体顶升和支座更换。

③鞍形支架法是用桥墩本身作为支撑体系,在盖梁上架设专门设置的鞍形支架,即钢结构支架和钢牛腿,固定在盖梁上,安放千斤顶,实施梁体顶升。

④钢扁担梁法利用桥面作为支撑体系,支承面为顶梁升相邻跨的梁体,利用钢梁和钢带在相邻跨桥面的作用点,类似杠杆原理,用千斤顶顶升梁体。

⑤桥面钢导梁法利用桥面作为支撑体系,支承面为顶升梁纵向相邻两跨的梁体,在顶升梁上安装钢桁架梁和反力拉杆,以相邻两跨梁体顶面为支撑面,配合顶升千斤顶,抬升桥梁,进行支座更换。

鞍形支架、钢扁担梁法与桥面钢导梁法均适用于多个小箱梁、空心板梁和T梁等横向拼接结构桥梁,其桥墩为盖梁墩柱体系,梁体顶升空间狭小无法安放顶升千斤顶的情况下的桥梁顶升和支座更换场合。

4.7.10　涵洞的修复养护

(1)涵洞圬工砌体表面出现局部风化、开裂、灰缝剥落,局部砌块松动、脱落,或砌体渗漏水时,可参照圬工结构病害处治方法进行修复。

(2)钢筋混凝土结构涵洞,其开裂、露筋、混凝土剥落等常见病害的处治措施与桥梁一致,应按相关技术标准、规范、规程要求进行维修加固。

(3)混凝土管涵的接头或铰缝处发生填缝料脱落,引起渗水时,应及时维修。

(4)涵洞渗漏水严重时应及时处治。

(5)涵洞进、出水口处冲刷严重时应及时处治。

(6)涵洞经常发生泥沙淤积时,宜在进水口增设沉沙井。

(7)管涵的管节因基础沉陷而发生严重错裂时应及时处治。

(8)局部损坏或承载能力不足的涵洞应及时维修或加固,保障通行安全。

(9)涵洞洞身出现严重开裂时,应对洞身开裂处进行注浆加固,同时可在涵顶和洞身附近一定范围内填土挖除,填充轻质材料减少土压力。

5 隧道

5.1 隧道结构组成与分类

隧道通常指用作地下通道的工程构筑物。1970年,经济合作与发展组织(OECD)隧道会议从技术方面将隧道定义为:以任何方式修建,最终使用于地表以下的条形构筑物,其空洞内部净空断面面积在 $2m^2$ 以上者均为隧道。

5.1.1 隧道基本组成

公路隧道的结构主要包括隧道土建结构和机电设施,本文主要对土建结构进行介绍。隧道土建结构主要是指隧道的各类土木构筑工程结构物,包括洞口、洞门、洞身衬砌、路面、检修道、防排水设施、吊顶及各种预埋件、内装饰以及标志、标线、轮廓标等结构物。隧道结构如图 5.1-1 所示。

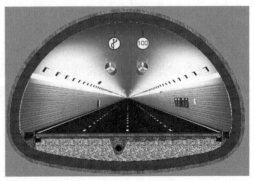

图 5.1-1 隧道结构示意

5.1.1.1 洞口

隧道洞口是指隧道的入口或出口部分,如图 5.1-2 所示。隧道洞口主要包括洞口边坡、仰坡工程,洞顶截水、排水设施,明洞段等工程和设施。

图 5.1-2 洞口

295

5.1.1.2 洞门

洞门是为保持洞口上方及两侧路堑边坡的稳定,在隧道洞口修建的墙式构造物。为保护岩(土)体的稳定,使车辆不受崩塌、落石等威胁,确保行车安全,应根据实际情况,选择恰当合理的洞门形式修筑洞门,同时对边坡、仰坡进行适当的护坡。

公路隧道中常见的洞门形式主要有端墙式洞门和削竹式洞门两种,如图5.1-3、图5.1-4所示。

图5.1-3 端墙式洞门

图5.1-4 削竹式洞门

5.1.1.3 洞身衬砌

洞身衬砌是为防止围岩变形或坍塌,沿隧道洞身周边用钢筋混凝土等材料修建的永久性支护结构,分为喷锚衬砌、整体式衬砌、复合式衬砌、装配式衬砌等形式。目前公路隧道主要采用复合式衬砌形式。

5.1.1.4 路面

公路隧道路面形式主要为复合式路面和水泥混凝土路面两种,如图5.1-5、图5.1-6所示。复合式路面由沥青混合料上面层与混凝土下面层组成。高速公路、一级公路隧道一般采用复合式路面,其他等级公路隧道采用复合式路面或水泥混凝土路面。

图5.1-5 复合式路面

图5.1-6 水泥混凝土路面

5.1.1.5 检修道

检修道一般设置于隧道两侧电缆沟上方,如图 5.1-7 所示。检修道的高度应考虑以下几点:检修人员通行的安全,以及紧急情况下司乘人员上跨检修道拿取消防设备安全,同时结合隧道内强电缆、弱电缆、给水管等的规模设置形式,满足电缆槽空间尺寸的要求。

图 5.1-7 检修道

5.1.1.6 防排水设施

隧道复合式衬砌的防水工程一般采用"三层防水",其中,第一层为初期支护,第二层一般为防水板,第三层防水由二次衬砌混凝土及其施工缝、变形缝、沉降缝中设置的止水带、止水条等组成。

排水设施一般包括两类:一类是由衬砌背后的环向排水管、边墙墙脚外侧的纵向排水管与路面下方的横向导水管以及中心排水沟(深埋边沟)组成的排水体系,排除围岩裂隙水;另一类是利用路侧边沟排除渗水、清洗水以及消防水等。衬砌排水系统断面和示意如图 5.1-8、图 5.1-9 所示。

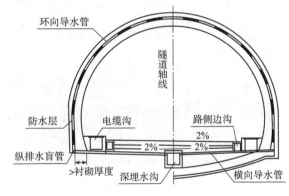
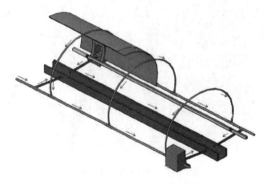

图 5.1-8 衬砌排水系统断面   图 5.1-9 衬砌排水系统示意

5.1.1.7 吊顶及各种预埋件

隧道吊顶及各种预埋件的稳固对风机、灯具安全及行车安全影响重大。常见的预埋件有吊杆、桥架、支架、线槽等,如图 5.1-10 所示。

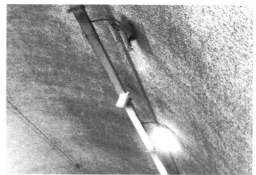

图 5.1-10　预埋件

5.1.1.8　内装饰

设计隧道时会考虑隧道照明墙面反射率要求和防火要求,并结合增强隧道壁面美观要求,对隧道衬砌设置内装饰,如图 5.1-11 所示。高速公路隧道内装饰通常采用隧道专用防火涂料,检修道以上 2.5m 高范围内为浅色防火涂料或瓷砖,其余部分为深色防火涂料。

5.1.1.9　标志、标线、轮廓标

公路隧道常见的标志有紧急电话指示标志、消防设备指示标志(图 5.1-12)、人行横通道指示标志、车行横通道指示标志、疏散指示标志(图 5.1-13)、紧急停车带指示标志等。

图 5.1-11　隧道内装饰

图 5.1-12　消防设备指示标志

图 5.1-13　疏散指示标志

公路隧道常见标线有车行道边缘线(图 5.1-14)、车行道分界线(图 5.1-15)、导流线、入口前停止线及联络通道处渠化标线等。标线一般采用热熔型反光涂料。

公路隧道常见的轮廓标有边墙轮廓标、检修道轮廓标等,如图 5.1-16、图 5.1-17 所示。

图 5.1-14 车行道边缘线

图 5.1-15 车行道分界线

图 5.1-16 边墙轮廓标

图 5.1-17 检修道轮廓标

5.1.2 公路隧道分类

公路隧道可按照以下九种分类标准进行分类：

(1)按隧道所处地质条件划分,公路隧道可分为石质隧道和土质隧道。

(2)按隧道埋置深度划分,公路隧道可分为浅埋隧道和深埋隧道。

(3)按隧道所处的地理位置划分,公路隧道可分为山岭隧道、水下隧道、城市隧道。

(4)按隧道断面形式划分,公路隧道可分为圆形隧道、马蹄形隧道、矩形隧道、直墙拱形隧道,如图 5.1-18 ~ 图 5.1-21 所示。

图 5.1-18 圆形隧道

图 5.1-19 马蹄形隧道

图 5.1-20 矩形隧道

图 5.1-21 直墙拱形隧道

（5）按国际隧道协会（International Tunnelling associaton，ITA）定义的断面大小划分，公路隧道可分为以下五种：

①特大断面隧道：断面面积在 100m² 以上，三车道以上隧道。

②大断面隧道：断面面积为 50～100m²，双车道隧道。

③中等断面隧道：断面面积为 10～50m²，单车道隧道、车行横通道或辅助导洞隧道。

④小断面隧道：断面面积为 3～10m²，人行横通道。

⑤极小断面隧道：断面面积在 3m² 以下。

（6）按隧道内车道数划分，公路隧道可分为单车道隧道、双车道隧道和多车道隧道。三车道隧道和双车道隧道如图 5.1-22、图 5.1-23 所示。

图 5.1-22 三车道隧道

图 5.1-23 双车道隧道

（7）按隧道施工方法划分，公路隧道可分为以下三种：

①山岭隧道施工方法主要为矿山法（钻爆法）与掘进机法，如图 5.1-24、图 5.1-25 所示。绝大部分隧道都采用矿山法施工。矿山法又包括传统矿山法与新奥法两种施工方法，我国 20 世纪 90 年代中期以前修建的山岭公路隧道基本采用传统矿山法修建，以后基本采用新奥法修建。

②浅埋及软土施工隧道的施工方法包括明挖法、地下连续墙法、盖挖法、浅埋暗挖法、盾构法等。

③水下隧道，主要采用沉管法和盾构法施工。

（8）按隧道长度进行划分，公路隧道可分为特长隧道、长隧道、中隧道和短隧道，其分类标准见表 5.1-1。

图 5.1-24 矿山法施工

图 5.1-25 机械掘进机施工

公路隧道长度分类　　　　　　　　　　　表 5.1-1

类型	特长隧道	长隧道	中隧道	短隧道
长度(m)	$L>3000$	$3000 \geq L>1000$	$1000 \geq L>500$	$L \leq 500$

注:隧道长度等于分界数值时归为规模较小一类。

(9)高速公路、一级公路隧道按照布线方式可分为分离式隧道、小净距隧道、连拱隧道、分岔隧道,如图 5.1-26 ~ 图 5.1-29 所示。

图 5.1-26 分离式隧道

图 5.1-27 小净距隧道

图 5.1-28 连拱隧道

图 5.1-29 分岔隧道

5.2 隧道养护总体要求

公路隧道养护应贯彻"预防为主、防治结合"的方针,加强预防性养护,保持隧道正常的使用状态,并应符合下列要求:
(1)公路隧道养护应划分隧道养护等级,并按照等级实施养护。
(2)应对公路隧道进行定期检查,及时掌握隧道技术状况的变化,并采取相应的养护对策。
(3)积极收集隧道建设期、运营期资料,建立隧道养护技术档案。
(4)确保隧道结构完好、外观整洁和附属设施齐全完好。
(5)确保隧道养护作业安全,降低对交通的影响。
(6)配备必要的检测和养护设备、机具。
(7)积极而慎重地采用隧道养护新技术、新材料、新设备和新工艺。

5.2.1 隧道养护等级

根据公路等级、隧道长度和交通量大小,公路隧道养护可分为三个等级,分级标准宜按表5.2-1、表5.2-2执行。

高速公路、一级公路隧道养护等级分级标准   表5.2-1

单车道年平均日交通量 [pcu/(d·ln)$^{-1}$]	隧道长度(m)			
	$L>3000$	$3000≥L>1000$	$1000≥L>500$	$L≤500$
≥10001	一级	一级	一级	二级
5001~10000	一级	一级	二级	二级
≤5000	一级	一级	二级	二级

二级及二级以下公路隧道养护等级分级标准   表5.2-2

年平均日交通量 (pcu/d)	隧道长度(m)			
	$L>3000$	$3000≥L>1000$	$1000≥L>500$	$L≤500$
≥10001	一级	二级	二级	三级
5001~10000	二级	二级	三级	三级
≤5000	二级	三级	三级	三级

5.2.2 隧道检查

隧道检查主要包含隧道日常巡查和隧道结构检查。

5.2.2.1 隧道日常巡查

隧道日常巡查应对隧道洞口、洞身衬砌、路面是否处在正常工作状态、是否妨碍交通安全等进行检查。

5.2.2.2 隧道结构检查

隧道结构检查主要是对构成公路隧道的土建工程结构物进行检查,其工作内容包括发现结构异常情况、系统掌握结构技术状况、判定结构物功能状态、确定相应的养护措施。隧道结构检查包括经常检查、定期检查、应急检查和专项检查。土建结构检查工作流程如图 5.2-1 所示。

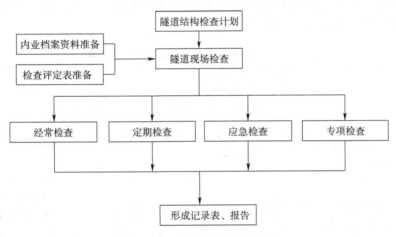

图 5.2-1 土建结构检查工作流程

1) 经常检查

为及时发现隧道早期缺损、显著病害或其他异常情况,确定对策措施,对土建结构的外观状况进行一般性定性检查。当隧道存在严重异常情况时,需要采取相应措施进行处治;当对其产生原因及详细情况不明时,需要做定期检查或专项检查。

2) 定期检查

为系统掌握结构技术状况、评定隧道使用功能、制订管理养护工作计划提供基本数据,应按规定频率对土建结构的技术状况进行全面的检查,为隧道养护管理系统搜集结构技术状态的动态数据。当定期检查中出现评定值为 3 或 4 的项目,且其产生原因及详细情况不明时,应做专项检查。

3) 应急检查

为系统掌握结构技术状况、开展土建结构技术状况评定、制订养护工作计划提供依据,在隧道遭遇自然灾害、发生交通事故或出现其他异常事件后对遭受影响的结构进行详细的检查。当难以判明缺损的原因、程度等情况时,应做专项检查。

4) 专项检查

根据经常检查、定期检查和应急检查的结果,对需要进一步查明缺损或病害的详细情况的隧道,进行更深入的专门检测、分析等工作。通过专项检查,完整掌握缺损或病害的详细资料,为其是否实施处治以及采取何种处治措施等提供技术依据。

5.2.3 隧道评定

隧道的技术状况等级分为 1 类、2 类、3 类、4 类和 5 类。其中,1 类为土建结构完好状态,无异常情况或异常情况轻微,对交通安全无影响,可正常养护;2 类为轻微破损,现阶段趋于稳定,对交通安全不会有影响,应对结构破损部位进行监测或检查,必要时实施保养维修;3 类为中等破损,存在破坏,发展缓慢,可能会影响行人、行车安全,应对结构破损部位进行重点监测,并对局部实施保养维修;4 类为严重破损,存在较严重破坏,发展较快,已影响行人、行车安全,应尽快实施病害处治措施;5 类为危险状态,存在严重破坏,发展迅速,已危及行人、行车安全,应及时关闭隧道,实施病害处治,特殊情况需进行局部重建或改建。公路隧道总体技术状况评定类别及养护对策见表 5.2-3。

公路隧道总体技术状况评定类别及养护对策 表 5.2-3

技术状况评定类别	技术状况评定类别		养护对策
	土建结构	机电设施	
1 类	完好状态。无异常情况或异常情况轻微,对交通安全无影响	机电设施完好率高,运行正常	正常养护
2 类	轻微破损。存在轻微破损,现阶段趋于稳定,对交通安全不会有影响	机电设施完好率较高,运行基本正常,部分易耗部件或损坏部件需要更换	应对结构破损部位进行监测或检查,必要时实施保养维修;应对机电设施进行正常养护,及时修复关键设备
3 类	中等破损。存在破坏,发展缓慢,可能影响行人、行车安全	机电设施尚能运行,部分设备、部件和软件需要更换或改造	应对结构破损部位进行重点监测,并对局部实施保养维修;机电设施需进行专项工程
4 类	严重破损。存在较严重破坏,发展较快,已影响行人、行车安全	机电设施完好率较低,相关设施需要全面改造	应尽快实施结构病害处治措施;对机电设施应进行专项工程,并应及时实施交通管制
5 类	危险状态。存在严重破坏,发展迅速,已危及行人、行车安全	—	应及时关闭隧道,实施病害处治,特殊情况需进行局部重建或改建

注:隧道总体技术状况评定等级应采用土建结构和机电设施两者中最差的技术状况类别作为总体技术状况的类别。

5.2.4 隧道养护

隧道养护主要包含隧道清洁、隧道保养维修和隧道病害处治。

5.2.4.1 隧道清洁

通常情况是公路隧道交通量越大、污染越严重、结构物越易脏污,清洁周期越短。相比其他公路结构物,隧道呈长管状,烟尘不易散发,因此需提高清洁频率。隧道清洁养护通常都选择在交通量较小时进行,尽量减少交通干扰,降低事故风险。

按照隧道养护等级确定清洁频率,定时对隧道各部位进行清洁。在工作中,应注意清洁记录的填写和签署,同时要做好资料归档和管理工作。

5.2.4.2 隧道保养维修

为确保隧道的正常运行和使用,需要对隧道内各分项结构定期进行保养和维修,以便及时发现和处治隧道的病害,能够恢复和保持结构的正常使用状态,延长隧道的使用寿命,提高隧道的安全性和可靠性。

5.2.4.3 隧道病害处治

(1)隧道病害处治包括修复破损结构、消除结构病害、恢复结构物设计标准、维持良好的技术功能状态,并应符合下列规定:

①确定病害处治方案前,应对隧道进行检测,对破损或病害的成因、范围、程度及其发展趋势等情况进行分析评定。

②处治设计应综合考虑隧道病害状况、地形、地质、生态环境及运营和施工条件合理确定处治方案。处治方案可由一种或多种处治方法组成。

③在处治设计与施工中,应根据病害程度、地质条件、处治方案,进行工程风险评估,制订相应的应急预案。

④隧道病害处治施工应编制实施性施工组织设计方案。

⑤病害处治工程施工完毕后,被处治段落各分项状况值应达到0或1。

(2)制订病害处治方案应满足下列要求:

①原则上应不降低隧道原有技术标准。

②应按照安全、经济、快速、合理的原则,通过多方案技术、经济比选确定。

③处治设计应体现信息化设计和动态施工的思想,制订监控量测方案。

④应尽量减少施工对隧道正常运营的影响,不能中断交通时应制订交通组织方案。

⑤应采取相应措施减小处治施工对既有结构、防排水设施、机电设施及附属设施的不良影响。

5.3 隧道病害识别与判定

隧道病害类型众多,对病害进行准确识别与判定是养护技术工人的基本技能,本节主要对常规的隧道病害进行介绍。

5.3.1 隧道洞口常见病害

隧道洞口常见病害主要有隧道洞口落石、隧道洞口坡体失稳、隧道洞口边仰坡防护结构破损、隧道洞顶截(排)水沟淤堵等。

5.3.1.1 隧道洞口落石

隧道洞口落石是指在隧道洞口安全影响区范围内,不稳定岩(土)体发生坠落,对洞口段行车安全造成威胁,如图5.3-1、图5.3-2所示。通常,在岩(土)体长期风化发生剥离、既有防护措施失效、隧址区发生地震时,隧道洞口可能发生落石。

图5.3-1 隧道洞口落石

图5.3-2 隧道洞口危石

5.3.1.2 隧道洞口坡体失稳

隧道洞口坡体失稳是指坡体在重力作用下,发生滑移或崩塌,如图5.3-3、图5.3-4所示。隧道边坡、仰坡的岩(土)体受自重或外部环境影响,失去平衡且发生移动,导致大量岩(土)体下滑,堆积在原位置下方或向下流动,威胁到隧道洞口及周边的安全,主要表现为坡体滑移、岩石崩塌等。引起洞口坡体失稳的原因很多,主要包括地质条件、松散土层、气候条件和人类活动等。

图5.3-3 隧道边坡滑移

图5.3-4 隧道洞口坡体崩塌

5.3.1.3 隧道洞口边仰坡防护结构破损

隧道洞口边仰坡防护结构破损是指在隧道洞口边仰坡上用以防止坡体滑动和碎裂的防护结构(包括主动防护网、被动防护网、挡土墙、抗滑桩、预应力锚索等)出现破损、失效或破坏的现象,如图5.3-5、图5.3-6所示。隧道洞口边仰坡防护结构破损主要表现为防护结构开裂、松动、滑移、脱落等,丧失了对边仰坡岩(土)体的防护作用,可能导致边坡上的岩(土)体变得不稳定,引起边坡失稳、滑动和崩塌。

5.3.1.4 隧道洞顶截(排)水沟淤堵

隧道洞顶截(排)水沟淤堵是指洞顶截(排)水沟内沉积物、泥沙、杂草等堆积过多,堵塞截(排)水沟,导致地表汇水不能及时、有效地排出,如图5.3-7所示。

图 5.3-5　隧道洞口仰坡防护结构破损

图 5.3-6　隧道洞口边坡防护结构破损

5.3.2　隧道洞门常见病害

隧道洞门常见病害主要有洞门墙开裂、错台、位移、倾覆和装饰材料掉落等。

5.3.2.1　洞门墙开裂、错台

洞门墙开裂、错台是隧道洞门最常见的病害，如图5.3-8、图5.3-9所示。引起洞门墙开裂、错台的原因主要包括基础不均匀沉降、墙背压力过大、地形偏压等。

图 5.3-7　隧道洞顶排水沟淤积、堵塞

图 5.3-8　洞门墙开裂

图 5.3-9　墙体错台

5.3.2.2　洞门墙位移、倾覆

洞门墙位移、倾覆是指当隧道洞门受到外力作用、地质环境发生改变或设计施工缺陷等因素影响时，可能会导致墙体发生局部或整体位移，如图5.3-10所示。洞门墙位移、倾覆主要表现为墙体基础沉降、倾斜、错动等位移；当位移不能控制时，最终墙体倾覆，对运营安全造成极大风险，如图5.3-11所示。

5.3.2.3　装饰材料掉落

装饰材料掉落是指采用石材、板材装饰的洞门墙，装饰材料发生掉落现象。若装饰材料

掉落发生在行车道上方,将危及运营安全。

图 5.3-10 墙体位移,与明洞衬砌形成错台

图 5.3-11 局部墙体倾覆

5.3.3 隧道衬砌常见病害

隧道衬砌常见病害主要有衬砌裂缝、衬砌错台、衬砌渗漏水、衬砌劣化、衬砌掉块、衬砌厚度不足等。

5.3.3.1 衬砌裂缝

衬砌裂缝是隧道衬砌最常见病害类型,该类病害是在不利荷载、温度变化、养护不到位等条件下产生的,如图 5.3-12 所示。一般表层裂缝对结构承载力影响不大,深层裂缝会使结构承载力急剧下降,大面积交叉裂缝往往会导致衬砌结构突然失稳和垮塌而产生严重后果。按照裂缝形态及其类型,衬砌裂缝可分为纵向裂缝、斜向裂缝及环向裂缝。衬砌纵向裂缝对结构安全影响最大,斜向裂缝次之。

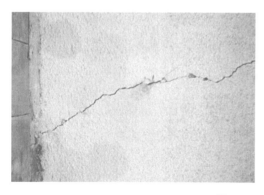

图 5.3-12 衬砌裂缝

5.3.3.2 衬砌错台

衬砌错台按其方向可分为凸出错台和凹进错台两种形式。衬砌错台一般纵向发生在隧道起拱线位置附近,环向发生在施工缝处,如图 5.3-13 所示。

5.3.3.3 衬砌渗漏水

衬砌渗漏水是隧道常见的病害类型之一,有"十隧九漏"之说,如图 5.3-14 所示。按渗漏水量的大小可定性地将渗漏水分为浸渗、滴漏、涌流、喷射四个等级,按渗漏水形状可分为点漏、线漏、面漏三种形式。

图 5.3-13　衬砌错台

图 5.3-14　衬砌渗漏水

渗漏水是导致衬砌混凝土材料劣化的重要原因,还因会携带背后砂土流出使得围岩松弛而引起外荷载作用相关病害。同时,渗漏水本身也会产生一些直接病害,如使路面湿滑而影响交通安全,对隧道内的附属设施产生不良影响;影响行车舒适性以及隧道内的美观;在寒冷地区,渗漏水还会导致路面冻结或衬砌上挂冰等。

5.3.3.4　衬砌劣化

衬砌劣化主要表现为衬砌钢筋混凝土的老化,包括混凝土腐蚀和钢筋锈蚀,如图5.3-15所示。混凝土腐蚀包括混凝土碳化、多孔、开裂、密实性降低、体积膨胀等现象。混凝土腐蚀会导致衬砌强度降低和有效厚度减小,最终反映为衬砌的承载能力降低。钢筋锈蚀的原因与混凝土的碳化深度、保护层厚度和盐化物的含有量等因素有关。同时,混凝土碳化随时间发展与盐害有着密切的关系。钢筋混凝土结构,其钢筋受到锈蚀,体积产生膨胀以后,会助长钢筋的裂缝扩展,并使钢筋有效面积减小,结构的强度也将降低。

5.3.3.5　衬砌掉块

衬砌掉块是指隧道内衬砌劣化、缺损、强度不足等病害,导致在较小范围内出现隧道局部垮塌甚至整体掉落的现象,如图5.3-16所示。衬砌混凝土浇筑时振捣不充分、衬砌混凝土劣化严重、衬砌内表面受压时压力过大等因素都会导致表层混凝土剥离、掉落。

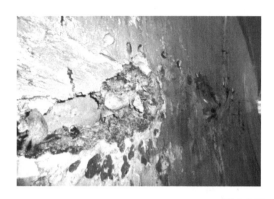

图 5.3-15 衬砌劣化

图 5.3-16 衬砌掉块

5.3.3.6 衬砌厚度不足

隧道衬砌厚度不足主要是由于施工单位在施工期间未按设计要求进行规范施工,具体表现为两方面:

(1)隧道施工掌子面钻眼精度差,爆破质量不够,导致开挖断面局部欠挖严重。

(2)在围岩变形较大的区段,隧道开挖完成后没有及时封闭,预留变形量小于实际变形量,从而造成二次衬砌厚度不够。当然,除了施工原因之外,还受运营环境的影响,导致衬砌表面剥落掉块,从而影响衬砌厚度。

隧道衬砌厚度不足将直接降低衬砌结构承载力,增大断面不均匀变形,甚至影响到隧道建筑限界。衬砌厚度严重不足,还会造成衬砌断裂和隧道塌方等灾难性后果。

5.3.4 隧道路面常见病害

隧道路面常见病害主要有路面开裂、坑槽、底鼓、积水、渗水、翻浆冒泥、结冰等。

5.3.4.1 路面开裂、坑槽

路面开裂是指路面出现横向裂缝、纵向裂缝、斜向裂缝、网状裂缝等裂缝现象,如图5.3-17所示。

路面坑槽是指在行车作用下,路面集料局部脱落而产生的坑洼,该类病害是沥青路面易发多发的常见病害,如图5.3-18所示。

5.3.4.2 路面底鼓

路面底鼓通常表现为路面隆起,造成路面开裂、错台,如图5.3-19、图5.3-20所示。造成路面底鼓的原因是隧道基底的岩(土)体具有膨胀性、底板强度和厚度不足、底板水压过大等,路面底鼓严重时可能危及车辆的运行安全。

图5.3-17 路面开裂

图5.3-18 路面坑槽

图5.3-19 路面开裂

图5.3-20 路面错台

5.3.4.3 路面积水、渗水、翻浆冒泥、结冰

路面积水是指衬砌渗漏水或排水边沟中水溢出,在路面汇集的现象,如图5.3-21所示。

路面渗水是指隧道基底下水流在压力作用下渗到路面上,该类基底通常为石质。

路面翻浆冒泥是指隧道基底下水流及泥沙在压力作用下渗到路面上,该类基底一般为软岩或土(砂)质,如图5.3-22所示。

图5.3-21 路面积水

图5.3-22 路面翻浆冒泥

路面结冰是在寒冷地区路面上积水、渗水冻结的现象。该类病害导致行车道湿滑,对行车安全构成威胁。

5.3.5 隧道检修道常见病害

隧道检修道结构及盖板的完整,对检修人员工作安全及逃生时人员安全有着重要的作用。

隧道检修道常见病害有检修道盖板缺失、破损、移位(图5.3-23),检修道侧壁破损(图5.3-24),检修道开裂、倾斜(图5.3-25)、沉陷。

图5.3-23　检修道盖板缺失、破损、移位

图5.3-24　检修道侧壁破损

图5.3-25　检修道倾斜

5.3.6　排水设施病害

隧道排水设施是隧道排水系统的重要组成部分,只有保持排水设施的完整、通畅,才能发挥出隧道排水系统的功能。隧道排水系统在设计时遵循"防、排、截、堵相结合,因地制宜,综合治理"的原则,通过环向排水管将水引入纵向排水管,再通过横向管引入路面下方的中心排水沟或行车道两侧排水暗沟,经中心排水沟或行车道两侧排水暗沟排出洞外。设置纵向管检查井、排水暗沟检查井、中心沟检查井,便于在养护过程中对隧道排水系统进行疏通。

排水设施病害主要包含两类:排水设施堵塞和排水设施缺失。排水设施堵塞是指隧道路面排水边沟、排水暗沟、中心沟、检查井排水设施淤积、堵塞,导致排水不畅,如图5.3-26所示;排水设施缺失是指纵、横向排水管、沉沙井铁篦子等构件缺失,如图5.3-27所示。

5.3.7　隧道吊顶及预埋件常见病害

隧道吊顶及各种预埋件的常见病害包括吊杆等预埋件锈蚀和预埋件不稳固导致风机脱

落,如图 5.3-28、图 5.3-29 所示。

图 5.3-26　排水边沟、纵向管检查井淤积、堵塞

图 5.3-27　沉沙井铁箅子、纵向管检查井盖板缺失

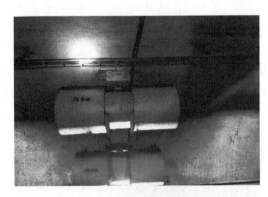

图 5.3-28　预埋件锈蚀　　　　　　　　　　图 5.3-29　风机脱落

5.3.8　隧道内装饰病害

隧道内装饰有涂料、瓷砖、板材等,目前隧道内常见的是瓷砖、防火涂料,内装饰因长时间的使用及环境影响,易出现脏污、剥落、破损,影响隧道美观及行车安全,如图 5.3-30 ~ 图 5.3-32 所示。

内装脱落可能是施工不规范,黏结或安装不牢固导致的,也有可能是在运营过程中受车辆剐蹭导致的。

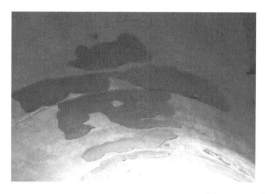
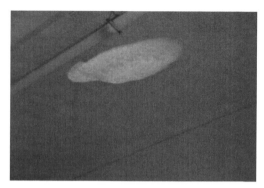

图 5.3-30　防火涂料剥落

图 5.3-31　瓷砖脱落

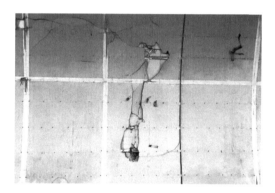

图 5.3-32　防火板破损

5.3.9　隧道标志、标线、轮廓标常见病害

隧道标志、标线、轮廓标的合理、齐全设置是对隧道内安全行驶的重要保障。其常见的病害主要包括标志、标线、轮廓标外观缺损、脏污、光度不满足要求和标志、标线、轮廓标缺失,如图 5.3-33、图 5.3-34 所示。

图 5.3-33　消防设备指示标志、轮廓标缺失

图 5.3-34 轮廓标、路面标线表面脏污

5.4 隧道检查及评定

5.4.1 日常巡查

公路隧道日常巡查通常与路段日常巡查一起进行,频率不少于 1 次/d;若遇雨季和极端天气,应增加日常巡查的频率。日常巡查通常采用人工与信息化手段相结合的方式。常用检查工具有手电筒、卷尺、相机等,如图 5.4-1~图 5.4-3 所示。

图 5.4-1 手电筒　　　　　图 5.4-2 卷尺　　　　　图 5.4-3 相机

在巡查过程中,若发现隧道存在异常情况,应进行监测或做进一步检查,必要时应采取定期检查或专项检查,如有必要应及时采取维修措施。

隧道日常巡查应对隧道洞口、衬砌、路面是否处在正常工作状态、是否妨碍交通安全等进行检查,应包括下列内容:

(1)隧道洞口边仰坡是否存在边坡开裂、滑动、落石等现象。
(2)隧道洞门结构是否存在大范围开裂、砌体断裂、脱落等现象。
(3)隧道衬砌是否存在大范围开裂、明显变形、衬砌掉块等现象。
(4)是否存在地下水大规模涌流、喷射,路面出现涌泥沙或大面积严重积水等威胁交通安全的现象。

(5)隧道路面是否存在散落物、严重隆起、错台、断裂等现象。

(6)隧道洞顶预埋件和悬吊件是否存在断裂、变形或脱落等现象。

日常巡查中,发现路面有妨碍通行的障碍物或其他异常情况时,视情况予以清除或报告,并做好记录,填写隧道日常巡查记录表,记录方式以文字记录为主,并配合照相或摄影辅助手段记录。隧道日常巡查记录表格式可参考表5.4-1。

隧道日常巡查记录表　　　　　表5.4-1

××隧道名称:(上/下行)

天气:

序号	检查项目	威胁交通安全现象	不存在异常现象	存在异常现象	备注
1	洞口边仰坡	边坡滑动、落石			
2	洞门结构	大范围开裂、砌体断裂、脱落			
3	衬砌	大范围开裂、明显变形、结构性裂缝深度贯穿衬砌混凝土、衬砌掉块			
4	路面	存在散落物、严重隆起、错台、断裂、涌泥沙或大面积严重积水			
5	洞顶预埋件和悬挂件	严重锈蚀、断裂变形或脱落			

巡查人:　　　　　　记录人:　　　　　　　　　　　时间:　年　月　日

注:填写隧道日常巡查记录表时,应首先填写隧道名称、隧道(上/下行)和巡查日期及天气。对巡查中遇到的病害或异常情况,具体记录方法如下:不存在异常时,用√表示;存在异常现象时应描述清楚其具体类型、严重程度等内容,并填写病害或异常情况的准确桩号,用以定位病害。

5.4.2　经常检查

按照公路隧道养护等级,隧道土建结构经常检查频率应满足以下规定:

(1)养护等级为一级的隧道,经常检查不低于1次/月。

(2)养护等级为二级的隧道,经常检查不低于1次/2月。

(3)养护等级为三级的隧道,经常检查不低于1次/季度。

雨季、冰冻季节或极端天气情况下,或发现严重异常情况时,应提高经常检查频率。

检查人员采用人工与信息化手段相结合的方式,配以皮尺(图5.4-4)、铁锤(图5.4-5)、激光测距仪(图5.4-6)、手电筒和粉笔等常用的、易于携带的工具对洞口防护设施、洞门墙结构、衬砌等进行检查。

经常检查内容包括对洞口、洞门、衬砌、路面、检修道、排水设施、吊顶及预埋件、内装饰、交通标志标线等9项进行检查,检查时要重点对洞口边仰坡失稳、衬砌结构性裂缝、衬砌渗漏水严重路段、路面隆起或沉陷、排水淤堵等病害进行排查,以保证隧道的运营安全。隧道定期检查内容见表5.4-2。

图 5.4-4　皮尺　　　　　　　图 5.4-5　铁锤　　　　　图 5.4-6　激光测距仪

隧道经常检查内容　　　　　　　　　　　　　　　　　表 5.4-2

项目名称	检查内容
洞口	边仰坡有无危石、积水、积雪,洞口有无挂冰,边沟有无淤塞,构造物有无开裂、倾斜、沉陷等
洞门	结构开裂、倾斜、沉陷、错台、起层、剥落,渗漏水(挂冰)
衬砌	结构裂缝、错台、起层、剥落
	渗漏水
	挂冰、冰柱
路面	落物、油污、滞水或结冰,路面拱起、坑槽、开裂、错台等
检修道	结构破损,盖板缺损,栏杆变形、损坏
排水设施	缺损、堵塞、积水、结冰
吊顶及各种预埋件	变形、缺损、渗漏水(挂冰)
内装饰	脏污、变形、缺损
标志、标线、轮廓标	是否完好

隧道土建结构破损状况判定分三种情况:情况正常(S)、一般异常(B)、严重异常(A)。当隧道存在一般异常(B)情况时,要求进行监视、观测或做进一步检查;当隧道存在严重异常(A)情况时,需要及时采取措施进行处治;当对其产生原因及详细情况不明时,需要做定期检查或专项检查。隧道病害程度判定见表 5.4-3。

隧道病害程度判定　　　　　　　　　　　　　　　　　表 5.4-3

项目名称	判定描述	
	一般异常(B)	严重异常(A)
洞口	存在落石、积水、积雪隐患;洞口局部有挂冰;构造物局部开裂、倾斜、沉陷,有妨碍交通的可能	坡顶落石、积水浸流或积雪崩塌;洞口挂冰掉落路面;构造物因开裂、倾斜或沉陷而致剥落或失稳;边沟淤塞,已妨碍交通
洞门	边墙出现起层、剥落;存在渗漏水或结冰,尚未妨碍交通	拱部及其附近部位出现剥落;存在喷水或挂冰等,已妨碍交通

续上表

项目名称	判定描述	
	一般异常(B)	严重异常(A)
衬砌	衬砌起层,且侧壁出现剥落状况,尚未妨碍交通,将来可能构成危险	衬砌起层,且拱部出现剥落状况,已妨碍交通
	存在渗漏水,尚未妨碍交通	大面积渗漏水,已妨碍交通
	存在结冰现象,尚未妨碍交通	拱部挂冰,形成冰柱,已妨碍交通
路面	存在落物、滞水、结冰、裂缝等,尚未妨碍交通	拱部落物,存在大面积路面滞水、结冰或裂缝,已妨碍交通
检修道	栏杆变形、损坏;盖板缺损;结构破损,尚未妨碍交通	栏杆局部毁坏或侵入建筑限界;公路结构破损,已妨碍交通
排水系统	存在缺损、积冰或结冰,尚未妨碍交通	沟管堵塞,积水漫流、结冰,设施缺损严重,已妨碍交通
吊顶及各种预埋件	存在缺损、漏水,尚未妨碍交通	缺损严重,或吊顶板漏水严重,已妨碍交通
内装饰	存在缺损,尚未妨碍交通	缺损严重,已妨碍交通
标志、标线、轮廓标	存在脏污、部分缺失,可能会影响交通安全	基本缺失或严重缺失,影响行车安全

隧道经常检查中,应对洞口、洞门、衬砌、路面、检修道、排水设施、吊顶及预埋件、内装饰、交通标志标线等9项的破损状况进行判定,并做好记录,填写经常检查记录表,并配合照相或摄影等辅助手段记录。隧道经常检查记录表的格式可参考表5.4-4。

隧道经常检查记录表   表5.4-4

隧道名称:　　　　(上行洞/下行洞)　　　路线名称:
隧道编码:　　　　　　　　　　　　　　　路线编码:
天气:　　　　　　　　　　　　　　　　　养护机构:
上次检查日期: 年 月 日　　　　　　　　本次检查日期: 年 月 日

里程桩号/异常位置	结构名称	检查内容	异常描述(性质、范围、程度等)	判定		养护措施		
				一般异常	严重异常	跟踪监测	维修处治	定期或专项检查

检查人:　　　　　　　　　　　　　　　　记录人:

注:填写隧道经常检查记录时,应首先填写被检隧道的信息和编码、隧道所在路线的名称和编码、养护机构和检查日期及天气。对检查中遇到的病害或异常情况,具体记录方法如下:存在异常现象时应描述清楚里程桩号、结构名称、检查内容以及异常现象,并根据表5.4-3判定异常的严重程度,填写后期拟采取的养护措施建议。

5.4.3 定期检查

隧道定期检查是按规定频率对隧道的基本技术状况进行全面检查。通过定期检查,应系统掌握结构基本技术状况,评定结构物功能状态,为制订养护工作计划提供依据。定期检查的周期宜每年1次,最长不得超过3年1次。当经常检查中发现重要结构分项技术状况评定状况值为3类或4类时,应立即开展一次定期检查。定期检查宜安排在春季或秋季进行。新建隧道应在交付使用1年后进行首次定期检查。隧道定期检查内容见表5.4-5。

隧道定期检查内容 表5.4-5

项目名称	检测内容
洞口	山体滑坡、岩石崩塌的征兆及其发展趋势,边坡、碎落台、护坡道的缺口、冲沟、潜流涌水、沉陷、塌落等及其发展趋势。 护坡、挡土墙的裂缝、断缝、倾斜、鼓肚、滑动、下沉的位置、范围及其程度,有无表面风化、泄水孔堵塞、墙后积水、地基错台、空隙等现象及其程度
洞门	墙身裂缝的位置、宽度、长度、范围或程度,结构倾斜、沉陷、断裂范围、变位量、发展趋势,洞门与洞身连接处环向裂缝开展情况、外倾趋势,混凝土起层、剥落的范围和深度,墙背填料流失范围和程度
衬砌	衬砌裂缝的位置、宽度、长度、范围或程度,墙身施工缝开裂宽度、错位量;衬砌表层起层、剥落的范围和深度;衬砌渗漏水的位置、水量、浑浊、冻结情况
路面	路面拱起、沉陷、错台、开裂、溜滑的范围或程度,路面积水、结冰等范围和程度
检修道	检修道损坏、盖板缺损的位置和状况,栏杆变形、锈蚀、缺损等的位置和状况
排水系统	结构缺损程度,中央检查井井盖、边沟盖板等完好程度,沟管开裂漏水状况;排水沟(管)、积水井等淤积堵塞、沉沙、滞水、结冰等状况
吊顶及各种预埋件	吊顶板变形、缺损的位置和程度;吊杆等预埋件是否完好,有无锈蚀、脱落等危及安全的现象及其程度;漏水(挂冰)范围及程度
内装饰	表面脏污、缺损的范围或程度,装饰板变形、缺损的范围和程度等
交通标志标线	外观缺损、表面脏污状况,连接件牢固状况,光度是否满足要求等

定期检查需要配备必要的检查工具或设备,进行目测或测量检查。

隧道定期检查常用的仪器设备有皮尺、卷尺、手电筒、水准仪、裂缝测宽仪(图5.4-7)、数码相机、高空作业车(图5.4-8)和隧道检测车(图5.4-9)等。

检查时,应尽量靠近结构,依次检查各个部位,注意发现异常情况和原有异常情况的发展变化;对有异常情况的结构,应在其适当位置做标记;检查结果记录宜量化。隧道定期检查方法见表5.4-6。

图5.4-7 裂缝测宽仪

图 5.4-8 高空作业车

图 5.4-9 隧道检测车

隧道定期检查方法 表 5.4-6

项目名称	检测内容及方法
洞口	主要采用水准仪、皮尺等工具,观察并量测记录、拍摄隧道洞口处相关病害
洞门	主要采用水准仪、皮尺等工具,观察并量测记录、拍摄隧道洞门处相关病害
衬砌	采用目测或用卷尺、裂缝观测仪、刻度放大镜、隧道检测车等进行测量检查;对衬砌渗漏水的位置、状态等进行详细记录
路面	主要采用目测、尺量等方法,对路面上有塌(散)落物、油污、滞水、结冰或堆冰,路面有拱起、沉陷、错台、开裂、溜滑等进行观测记录,对典型病害处进行拍摄记录
检修道	主要采取目测的方法,对公路毁坏、盖板缺损、栏杆变形、锈蚀、破损等病害的位置和规模进行详细记录,对典型病害处进行拍摄记录
排水系统	主要采取目测的方法,对结构破损,检查井井盖、边沟盖板缺损,沟管开裂,排水沟(管)、沉沙池等淤积堵塞、沉沙、滞水、结冰等病害的位置和规模进行详细记录,对典型病害处进行拍摄记录
吊顶及预埋件	主要采取目测的方法,对吊顶板变形、破损,吊杆破损,漏水(挂冰)等病害的位置和规模进行详细记录,对典型病害处进行拍摄记录
内装饰	主要采取目测、隧道检查车测量等方法,对表面脏污、缺损,装饰变形、破损等病害的位置和规模进行详细记录,对典型病害处进行拍摄记录
交通标志标线	主要采取目测的方法,对外观缺损、表面脏污状况、连接件牢固状况、光度状况等病害的位置和规模进行详细记录,对典型病害处进行拍摄记录

检查报告中应包括隧道的检查数据和病害情况,并在隧道展示图上标出病害的位置。当发现评定值为2类或以上的项目时,应做影像记录并详细描述缺损或病害状况,分析原因并对结构物的技术状况进行评定。当定期检查中出现评定值为3类或4类的项目,且其产生原因及详细情况不明时,应做专项检查。

定期检查时,对洞口、洞门、衬砌、路面、检修道、排水设施、吊顶及预埋件、内装饰、交通标志标线等 9 项检查内容准确记录,当场填写隧道定期检查记录表,并配合照相或摄影等辅助手段进行记录。隧道定期检查记录表的格式可参考表 5.4-7。

隧道定期检查记录表 表 5.4-7

隧道名称: （上行洞/下行洞）
隧道编码: 路线名称:
养护机构: 路线编码:
上次检查日期: 年 月 日 本次检查日期: 年 月 日

里程桩号	结构名称	缺损位置	检查内容	状况描述（如性质、范围、程度等）	标度（0~4）	影像或图片（编号/时间）

检查人: 记录人:

注:填写隧道定期检查记录时,应首先填写被检隧道的名称和编码、隧道所在路线的名称和编码、养护机构、上次检查日期和本次检查日期。对检查中遇到的病害或异常情况,具体记录方法如下:存在异常现象时应描述清楚里程桩号、结构名称、缺损位置、检查内容、状况描述、标度等,并对病害影像或照片的编号、时间进行记录;对病害的位置、规模、程度等内容应量化,如裂缝长度和宽度、开裂方向、渗水程度及面积等均需有具体数值进行量化。

5.4.4 应急检查

应急检查是在隧道遭遇自然灾害、发生交通事故或出现其他异常事件后对遭受影响的结构进行详细检查,如图 5.4-10、图 5.4-11 所示;应急检查常见病害类型一览表见表 5.4-8。应急检查时,需根据异常事件影响的结构,决定采取的检查方法、工具和设备。

图 5.4-10　地震后洞口仰坡垮塌

图 5.4-11　火灾后衬砌混凝土剥落

应急检查常见病害类型一览表　　　　表 5.4-8

事件分类	具体病害类型
自然灾害	地震、山体滑坡或崩塌、泥石流、暴雨、山洪、暴风雪和雪崩等
交通事故	擦刮、车辆冲撞、翻车、火灾等
其他异常事件	结构突发性的破坏、超限车辆通过等危及交通安全、结构设施安全的异常事件,如洞口落石、围岩坍塌、衬砌变形或塌落、路面沉陷、大量渗漏水、大量挂冰、严重冻害或者爆炸等

应急检查的内容和方法原则上与定期检查相同,但应针对发生异常情况或者受异常事件影响的结构或结构部位做重点检查,以掌握其受损情况;当难以判明缺损的原因、程度等情况时,应做专项检查。检查的评定标准、检查结果的记录与定期检查相同,必须严格按规定的内容及时间完成任务,并提交检查报告。

检查完成后,应编制应急检查报告,总结检查内容和结果,评估异常事件的影响,确定合理的对策措施及处治方案。检查报告的内容可参照定期检查报告进行。

5.4.5　专项检查

专项检查是对经常检查、定期检查和应急检查的结果,有需要进一步查明缺损或病害的详细情况的隧道,进行更深入的专门检测、分析等工作。通过专项检查,完整掌握缺损或病害的详细资料,为其是否实施处治以及采取何种处治措施等提供技术依据。

专项检查应根据隧道病害的类型、破损状况和性质,采用适当的仪器设备,以及现场勘探、试验等特殊手段和科学分析方法,查明隧道的破损情况,确定隧道的技术状况,找出病害原因,以便采取相应的加固、改善和修复措施。检查人员应对有关的技术资料、档案进行调查,并对隧道周围的地质及地表环境等展开实地调查。对于严重不良地质地段、重大结构病害或隐患处,宜开展运营期长期监测,对其结构变形、受力和地下水状态等进行长期观测。监测频率宜取经常检查的频率,当发现监测参数在快速发展变化时,观测频率应提高。专项检查可按表 5.4-9 选择执行。

专项检查项目 表 5.4-9

检查项目		检查内容
结构变形检查	公路路线、高程检查	公路中线位置、路面高度、缘石高度以及纵、横坡度等测量
	隧道横断面检查	隧道横断面测量,周壁位移测量(与相邻或完好断面比较)
	净空变化检查	隧道内壁间距测量(自身变化比较)
裂缝检查	裂缝调查	裂缝的位置、宽度、长度、开展范围或程度等
	裂缝检测	裂缝的发展变化趋势及其速度,裂缝的方向及深度等
漏水检查	漏水调查	漏水的位置、水量、浑浊、冻结及原有防排水系统的状态等
	漏水检测	水温、pH 值检查、电导度检测、水质化学分析
	防排水系统	拥堵、破坏情况
材质检查	衬砌强度检查	强度简易测定,钻孔取芯,各种强度试验等
	衬砌表观病害	起层、剥落、蜂窝、麻面、孔洞、露筋等
	混凝土碳化深度检测	采用酚酞液检测混凝土的碳化深度
	钢筋锈蚀检测	剔凿检测法、电化学测定法、综合分析判定法
衬砌及围岩状况检查	无损检查	无损检测衬砌厚度、空洞、裂缝和渗漏水等,以及钢筋、钢拱架、衬砌配筋位置及保护层厚度、围岩状况、仰拱充填层密实程度及其下岩溶发育情况
	钻孔检查	钻孔测定衬砌厚度等,内窥镜观测衬砌及围岩内部状况
荷载状况检查	衬砌应力及拱背压力检查	衬砌不同部位的应力及其变化、拱背压力的分布及其变化
	水压力检查	地下水丰富的隧道检查衬砌背后水压力大小、分布及变化规律

隧道专项检查常用的仪器设备有地质雷达(图 5.4-12、图 5.4-13)、激光断面仪(图 5.4-14)、回弹仪(图 5.4-15)、裂缝测宽仪、非金属超声检查仪、高空作业车等。

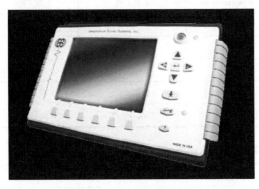

图 5.4-12 地质雷达主机

图 5.4-13 地质雷达天线

检查完成后,应编制专项检查报告,报告应包括下列内容:
(1)检查的主要经过,包括检查的组织实施、时间和主要工作过程等。
(2)所检查结构的技术状况,包括检查方法、试验与检测项目及内容、检测数据与结果分析以及缺损状态评价等。

(3)对缺损或病害的成因、范围、程度等情况的分析,及其维修处治对策、技术,以及所需的工程量和费用等建议。

图 5.4-14　激光断面仪

图 5.4-15　回弹仪

5.5　隧道清洁

隧道清洁应综合考虑隧道养护等级、交通组成、结构物脏污程度、清洁方式及效率和环境条件等因素确定清洁方案和频率。按照养护等级,各级公路隧道清洁维护频率宜不低于表 5.5-1 和表 5.5-2 的规定。

高速公路、一级公路隧道清洁频率　　　　　　　　　　　　表 5.5-1

清洁项目	养护等级		
	一级	二级	三级
路面	1 次/d	2 次/周	1 次/旬
内装饰、检修道、横通道、标志、标线、轮廓标	1 次/月	1 次/2 个月	1 次/季度
排水设施	1 次/季度	1 次/半年	1 次/半年
顶板	1 次/半年	1 次/年	1 次/2 年
斜井	1 次/半年	1 次/年	1 次/2 年
侧墙、洞门	1 次/2 个月	1 次/季度	1 次/半年

二级及二级以下公路隧道清洁频率　　　　　　　　　　　　表 5.5-2

清洁项目	养护等级		
	一级	二级	三级
路面	1 次/周	1 次/半月	1 次/月
内装饰、侧墙、洞门、检修道、横通道、标志、标线、轮廓标	1 次/季度	1 次/半年	1 次/年
排水设施	1 次/半年	1 次/年	1 次/年

续上表

清洁项目	养护等级		
	一级	二级	三级
顶板	1次/年	1次/2年	1次/3年
斜井	1次/年	1次/2年	1次/3年

隧道清洁主要包括对路面、内装饰、检修道、横通道、标志、标线、轮廓标、排水设施、顶板、斜井、侧墙以及洞门的清洁工作。

隧道清洁一般采用人工作业和机械作业相结合的方式，常用的清洁设备及车辆有除雪铲、皮卡车、护栏清扫车、洗扫车等，如图5.5-1～图5.5-4所示。

图5.5-1 除雪铲

图5.5-2 皮卡车

图5.5-3 护栏清扫车

图5.5-4 洗扫车

5.5.1 隧道内路面清洁

隧道内路面清洁应符合下列规定：
(1)应保持干净、整洁，两侧边沟不应有残留垃圾等物品。
(2)高速公路和一级公路宜以机械作业为主；清扫时应防止产生扬尘。
(3)路面被油类物质或其他化学品污染时，应采取措施清除。

5.5.2 隧道的顶板、内装饰、侧墙和洞门清洁

隧道的顶板、内装饰、侧墙和洞门清洁应符合下列规定：

(1) 应保持干净、整洁,无污垢、污染、油污和痕迹。
(2) 顶板、内装饰和边墙的清洁宜以机械作业为主、以人工作业为辅。
(3) 采用湿法清洁时,应防止路面积水和结冰,并应注意保护隧道内机电设施的安全,防止水渗入机电设施内。清洗用的清洁剂可根据实际效果选择确定,宜选用中性清洁剂。清洁剂应冲洗干净。
(4) 采用干法清洁时,应避免损伤顶板、内装饰和侧墙以及隧道内机电设施。清洁时应采取必要的降尘措施。对局部不能去除的污垢,可用清洁剂进行特别处理。
(5) 隧道内没有顶板和内装饰时,应根据需要对洞壁混凝土进行清洁。
(6) 洞门的清洁应按照侧墙要求执行。

5.5.3 隧道排水设施清洁

隧道排水设施清洁应符合下列规定:
(1) 应保持无淤积、排水通畅。
(2) 在汛前、汛中和汛后以及极端降水天气后,应对排水设施进行检查和清理疏通。在冰冻季节,应增加排水沟的清理频率。
(3) 对于纵坡较小的隧道或隧道的洞口区段,应增加清理和疏通的频率;对于检查井和沉沙池,应将其底部沉积物清除干净。

5.5.4 隧道的标志、标线和轮廓标清洁

隧道的标志、标线和轮廓标清洁应符合下列规定:
(1) 应保持完整、清晰、醒目。
(2) 当标志、标线和轮廓标表面有污秽,影响其辨认性能时,应及时进行清洗。清洗标志、标线和轮廓标时,应避免损伤其表面覆膜或涂层等。

5.5.5 隧道横通道清洁

隧道横通道应定期清除杂物与积水。

5.5.6 斜井、检修道及风道清洁

斜井、检修道及风道等辅助通道应定期清除可能损伤通风设施或影响通风效果的异物。

5.6 隧道保养维修

隧道土建结构的保养维修应包含经常性或预防性的保养和轻微缺损部分的维修等内容,恢复和保持结构的正常使用状态。本节主要对隧道洞口、洞门、衬砌、路面、检修道、排水

设施、吊顶及预埋件、内装饰和标志、标线、轮廓标等9项的保养维修内容进行介绍。

5.6.1 隧道洞口保养维修

定期对隧道洞口边仰坡防护结构[包括主动防护网(图5.6-1)、被动防护网(图5.6-2)、拦石墙、抗滑桩、预应力锚索等]、洞外截、排水沟进行保养维修。根据边仰坡防护结构,截、排水沟的破损情况采取原位修复、局部修复或者全部重做。及时清除洞边仰坡上的危石、浮土,冬季应清除边仰坡上的积雪和挂冰。

图5.6-1 主动防护网

图5.6-2 被动防护网

5.6.2 隧道洞门保养维修

常见的隧道洞门保养维修项目包含洞门墙体裂缝处治、洞门墙渗漏水处治和洞门墙装饰修补。

(1)对于洞门墙体有裂缝等轻微病害,应采用墙背注浆等措施进行处治。

(2)对于洞门墙开裂、破损的严重情况,应进行专项设计,选择针对性的处治措施,保证洞门墙稳定。

(3)对于洞门墙渗水,可采取墙体下部增设泄水孔、集中漏水点埋管引排、墙背注浆等方法进行处治,如图5.6-3所示。

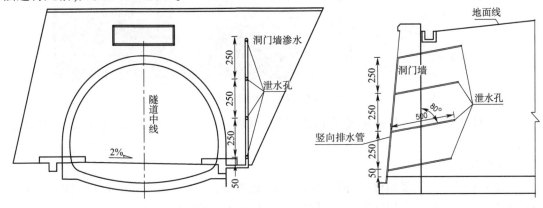

图5.6-3 洞门墙增设泄水孔(尺寸单位:cm)

(4)对于洞门墙表面镶贴的墙砖剥离、掉落,应及时补全且排查松动的墙砖,保证行车安全,利于洞门美观。

5.6.3 隧道衬砌保养维修

常见的隧道衬砌保养维修项目包含衬砌蜂窝麻面、起层剥落修补,衬砌裂缝处治和衬砌渗漏水处治。

5.6.3.1 蜂窝麻面、起层剥落

对于隧道衬砌表面存在的蜂窝麻面、起层剥落等病害的处治:①将缺陷部位表层的松散混凝土全部凿除,露出新鲜混凝土;②将混凝土表面清理干净;③利用水泥砂浆或聚合物砂浆对病害部位进行修补。

5.6.3.2 开裂

对隧道衬砌出现的裂缝,应先判断裂缝的发展情况。

(1)针对在发展的裂缝,应先通过加固措施稳定结构,再修复裂缝。

(2)针对常规、单一且无明显发展趋势的裂缝,根据裂缝宽度的不同选择表面封闭法或注射法,具体工艺如下:

①对于宽度≤0.2mm 的裂缝,采用低黏度、渗透性良好的裂缝封闭胶对裂缝进行封闭补强。

②对 0.2mm <裂缝宽度 <0.5mm 的裂缝,宜采用环氧砂浆进行裂缝表面封闭,再进行注胶。

③对裂缝宽度≥0.5mm 的裂缝,应进行开槽填充后再进行注胶(图 5.6-4)。

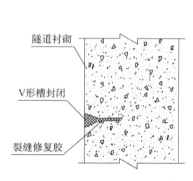
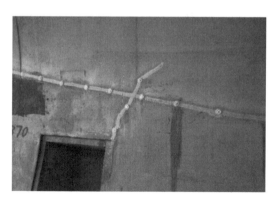

图 5.6-4 裂缝凿槽注胶示例

(3)针对衬砌裂缝存在一定发展趋势,可根据现场情况采用骑缝锚杆注浆,具体工艺如下:

①材料要求。

a.拱部采用中空注浆锚杆,浆液采用改性环氧树脂,注浆材料严格按出厂说明配制,并经试验确定配比。采用专用注浆机,注浆压力不大于 0.3MPa,树脂黏度:300~500MPa·s。

b.边墙采用砂浆锚杆:浆液采用成品高强微膨胀砂浆,注浆材料严格按出厂说明配制,并经试验确定配比,砂浆应搅拌均匀随拌随用,砂浆等级不低于M20,并严防杂物混入。

②工艺流程。骑缝锚杆注浆工艺如图5.6-5所示。

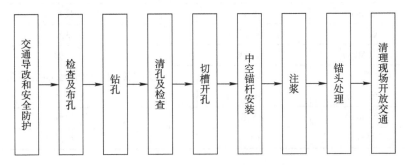

图5.6-5 骑缝锚杆注浆的工艺流程

③作业要求。

a.交通导改和安全防护:导改车辆流向,加设防护装置,设立安全工作区域。

b.检查及布孔:详细排查隧道裂缝,对照裂缝加固方式沿裂缝两侧50cm交错布置打孔,单侧孔距为1.5m;对未贯通有发展趋势裂缝在两端头安装锚杆,阻止裂缝继续发展。

c.钻孔:对隧道拱墙部位环向、纵向、斜向构成的组合裂缝进行锚杆孔钻孔施工。选择专业施工人员系安全绳站在操作平台上,手持风动钻孔机进行钻孔;在标记好的孔位处,垂直于结构面进行打钻。

d.清孔及检查:用高压风吹净孔中的石屑及细小石块,并检查孔深是否满足要求。

e.切槽开孔:将锚垫板位置摆正,中心与孔位重合,用石笔画出开槽边线,沿线进行切槽,槽应内大外小,防止混凝土掉落。

f.中空锚杆安装:在锚杆杆体上系上塑料通气管,通气管长度与锚杆长度相等,人工先将锚杆植入孔内,用力旋转锚杆,将锚头内的夹片向岩体一侧推进,使其胀开与岩壁紧密结合,以防滑落。在孔口安装止浆塞防止浆液流出,安装锚垫板与配套螺母紧固。

g.注浆:注浆压力应根据裂缝大小、衬砌质量等综合确定,一般为0.2~0.6MPa,但不超过压水试验压力。结束注浆的标准:当注浆量与预计浆量相差不多,压力较稳定且吸浆量逐渐减小至0.01L/min时再压注3~5min即可结束注浆。注浆中应随时观察压力变化,当压力急剧下降时,应暂停注浆,调整浆液的凝结时间及浆液浓度后继续注浆。

h.锚头处理:待锚杆孔内浆液达到设计强度时,先将外露的通气管割除,将垫板外侧配套螺母紧固,并施加少量的预加力旋紧,以利于岩体稳定,螺母外侧用焊点焊牢实;安装钢筋网片与垫板锚、螺母焊接牢固,采用聚合物水泥砂浆回填,对色差部分采用聚合物水泥浆修补,修补材料由试验室适配无明显色差后现场施作。

i.清理现场、开放交通:现场清理整洁后开放交通。

④质量要求。

骑缝锚杆注浆施工的质量控制应符合表5.6-1的要求。

骑缝锚杆注浆法质量验收标准　　　　　　　　　　表 5.6-1

检查项目		允许偏差	质量控制
注浆孔	深度(mm)	不小于设计值	尺量
	孔间距(mm)	±50	尺量
	孔径(mm)	+5,0	尺量
浆液	配比	符合设计要求	试验
	强度(MPa)	符合设计要求	试验
	填充率(%)	≥90	压力控制、稳压时间、完成时进浆量满足要求
注浆管	数量(根)	不小于设计值	统计
	长度(mm)	+5,0	尺量
	排距(mm)	±10	尺量

数字化学习案例八：隧道衬砌裂缝病害整治——骑缝锚杆注浆工艺

(1)学习目标

通过本环节的数字化学习与训练，可以准确地识别隧道衬砌裂缝病害，掌握骑缝锚杆注浆工艺的流程及作业要求，并能独立完成相关病害的整治。

(2)学习情境描述

位于某省的单洞双线二级公路隧道，里程 K83+360~K83+620，隧道全长 260m，隧道埋深 9~55m，总体埋深较浅，为典型的山岭隧道，已使用近 10 年，根据前期对隧道衬砌进行检测发现，部分隧道段的二次衬砌出现轻微开裂病害。

现在你作为该隧道的养护技术工人，需准确找到这些病害点，并通过骑缝锚杆注浆工艺进行病害处治。

(3)数字化视频学习引导

①隧道衬砌裂缝形态特征识别。

②骑缝锚杆注浆工艺的作业流程。

③骑缝锚杆注浆工艺的施工要点。

④熟悉作业环境及工具的选择与使用。

(4)数字化视频课程

使用手机、平板电脑等电子设备扫描二维码即可开始数字化学习。

骑缝锚杆注浆工艺
数字化学习视频

(5)任务演练

根据所学内容，回答以下问题：

①注浆的注意事项有哪些？

②浆液的性能指标有什么要求？

③锚杆安装前需进行哪些工作？

(6)模拟验收

表 5.6-2 为实际操作过程中会用到的验收记录样表，供学员模拟演练，查漏补缺。

骑缝锚杆注浆修补验收记录表						表 5.6-2	
××××隧道							
骑缝锚杆注浆修补验收记录表							
养护单元名称：				施工单位：××××路桥集团有限公司			
养护工程部位：				监理单位：××××监理有限公司			
基本要求	①施工前核查清楚裂缝情况。 ②衬砌裂缝处理前应先选取试验段确定工艺参数,质量验收合格后方可正式施工。 ③注浆应遵循"从低到高、从下往上"的施工顺序。 ④现场施工人员要认真如实地填写注浆记录,对照注浆记录情况分析,改进注浆施工作业。 ⑤现场技术人员必须保留整治过程中的影像资料,存档备案						
实测项目	项次	检查项目		允许偏差	质量控制	实测值或实测偏差值(代表值)	检查结果
	1	注浆孔	深度(mm)	不小于设计值	尺量		
	2		孔间距(mm)	±50	尺量		
	3		孔径(mm)	+5,0	尺量		
	4	浆液	配比	符合设计要求	试验		
	5		强度(MPa)	符合设计要求	试验		
	6		填充率(%)	≥90	压力控制、稳压时间、完成时进浆量满足要求		
	7	注浆管	数量(根)	不小于设计值	统计		
	8		长度(mm)	+5,0	尺量		
	9		排距(mm)	±10	尺量		
施工单位意见：				监理工程师意见：			
专业工程师：	质检工程师：			监理工程师：		年 月 日	

5.6.3.3 渗漏水

对于衬砌渗漏水病害,应根据水文地质条件、渗漏水程度等,遵循堵排结合、综合治理的原则确定渗漏水处治方案。

(1)对隧道衬砌存在的环向滴漏、涌流状及面状显著渗漏水病害采用"导水法"进行处治(图5.6-6)。在衬砌上沿渗漏水位置凿 12cm×8cm 的环向倒梯形槽,凿槽埋管长度应向未漏水裂缝以上延伸长度不小于10cm,向下至电缆槽。在槽中间钻 φ30 的引水孔,深入二衬 40~60cm,引水孔以打穿二衬且不破坏防水板为宜,倾角不小于10°。

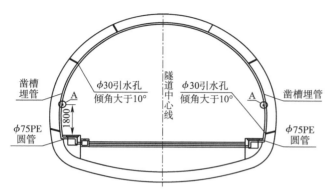

图 5.6-6 衬砌渗漏水导水法引排处治(尺寸单位:mm)

导水法施工工艺(凿槽埋管引排):

①施工前应对病害的位置及工程量进行复核并标注。

②对于衬砌渗漏水的情况,将待施工的渗漏水裂缝周围混凝土表面清洗干净,除去原表面泛碱、尘土、薄膜、油漆、表面涂层及其他外来物,并铲除疏松、空鼓和蜂窝结构,使表面彻底浸透,但要除去积水和明水。

③采用电动切割方式沿环向开凿 12cm×8cm 的环向倒梯形槽,沿倒梯形槽布设 ϕ75PE 排水半管并采用管卡固定,管卡两端用钢钉固定在槽中,管卡环向间距 40cm,在拱部(如果有)可根据实际情况进行适当加密,凿槽均应沿环向进行,严禁斜向或横向开槽。

④对半圆管与混凝土接触基面采用角磨机、砂轮机、砂纸等进行打磨,打磨后基面应基本平整,然后清除表面疏松层、浮灰、浮尘后,沿着半圆管两侧用遇水膨胀止水条封堵凿槽缝隙,半圆管下端通过 ϕ75PE 排水圆管接入路面排水边沟中。

⑤在半圆管周围及上部依次填充瞬间堵漏材料和聚合物水泥砂浆,其中瞬间堵漏材料应完全填实半圆管周围,填充厚度不小于 5cm。

⑥待用聚合物水泥砂浆对凿槽埋管表面填充、抹平后,在其外侧采用 2cm 宽铝合金压条固定,压条两侧用钢钉固定在衬砌上,并在表面涂刷两层 2mm 厚高效防水剂;涂刷宽度覆盖槽体两侧 10cm 范围,整体宽度不小于 30cm。

⑦衬砌渗水凿槽埋管处治要求精细化施工,尽量设置在施工缝位置,减少对衬砌钢筋的破坏,必须破坏钢筋时应在破坏的钢筋端部涂刷防锈剂,凿槽施工均应沿环向进行,严禁斜向或横向凿槽。

(2)对不便引排且渗水量小的、孤立的渗漏水点和两环凿槽埋管之间较轻微的渗漏水病害采用"涂层法"进行处治(图 5.6-7)。将渗水范围向周围扩大 10cm 进行凿除,凿除深度 2cm;凿除后对槽内虚渣及灰尘吹洗干净,在凿除范围内先填充 2cm 厚瞬间堵漏材料,然后在凿除位置及两侧各 5cm 范围内涂刷两层 2mm 厚高效防水剂。

衬砌渗漏水涂层法施工工艺:

①施工前应按设计文件对病害的位置及工程量进行复核并标注。

②将待施工的点、面状渗漏水衬砌周围混凝土表面扩大 10cm 进行清理,凿除原表面泛碱、尘土、薄膜、油漆、表面涂层及其他外来物,凿除疏松、空鼓和蜂窝结构,使表面彻底浸透,

但要除去积水和明水,凿除深度2cm;在凿除后,对填充基面进行清理,使其基面平整,无疏松等问题。

③凿除范围内填充2cm厚瞬间堵漏材料,瞬间堵漏材料应填充密实,并牢固附着于衬砌混凝土表面,待固化后在凿除位置及两侧各5cm范围内涂刷两层2mm厚高效防水剂。

④涂层法应在环境温度符合材料要求时进行施工,并做好施工通风。

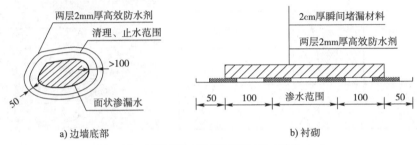

图5.6-7 衬砌渗漏水涂层法处治(尺寸单位:mm)

5.6.4 隧道路面保养维修

常见的路面保养维修项目包含路面灌缝、路面坑槽修补和路面翻水等病害的处治。

5.6.4.1 路面灌缝处治

对于路面灌缝,可先清理裂缝中灰尘和松散碎料,然后采用密封胶进行灌缝(图5.6-8)。当裂缝宽度≤5mm时,不开槽灌缝;当裂缝宽度>5mm时,开槽灌缝。开槽灌缝时,开槽宽度沿缝左右侧各扩大0.5cm,扩缝深度在原裂缝深度基础上增加1cm。

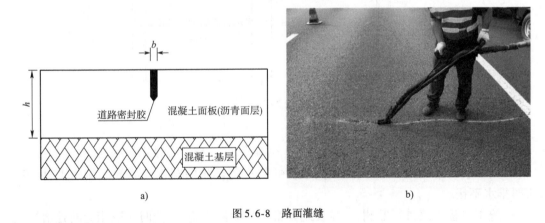

图5.6-8 路面灌缝

路面灌缝施工工艺:
(1)开槽灌缝时,开槽宽度沿缝左右侧各扩大0.5cm。
(2)扩缝深度在原裂缝深度基础上增加1cm。
(3)裂缝灌缝前应将碎裂边缘切割整齐,并清除槽内碎屑,吹净槽内灰尘。

5.6.4.2 路面坑槽处治

对于路面坑槽,可遵循"圆洞方补、斜洞正补"的原则,对路面进行修补。具体如下:

(1)对于路面面层为混凝土面板的坑槽病害,处治前,沿坑槽外扩5cm进行切割整齐,直至坑槽底部,清理碎屑、吹净灰尘,采用HK-UW-3树脂混凝土进行修补。

(2)对于路面为沥青混合料面层的坑槽病害,处治前,沿坑槽外扩5cm进行切割整齐,采用原标号沥青混合料进行修补(图5.6-9)。

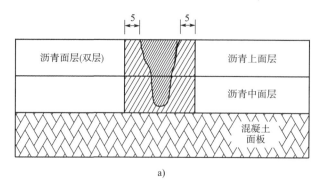
a)

b)

图5.6-9 路面坑槽修补

5.6.4.3 路面翻水处治

对于路面翻水,可采取设置横向排水盲沟(图5.6-10)的方式处治。在渗水段路面下基层混凝土中每5m设置横向盲沟一道,横向盲沟尺寸可采用20cm×10cm,盲沟为两层土工布包裹级配碎石组成,最后按原设计恢复路面结构层。

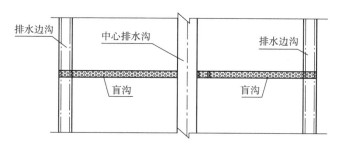

图5.6-10 设置横向排水盲沟

增设路面横向排水盲沟施工要点:

(1)施作盲沟前,应将底部杂物清除干净,并确保盲沟与中心排水沟联通。

(2)增设盲沟时的施工顺序,应从高程较低的一侧逐步向高程较高的一侧施工,以避免施工时排水不畅。

(3)施工过程中须进行监测,一旦发现异常应立即停止施工,及时采取相应的处治措施。

(4)盲沟施作完成后按设计对隧底各结构层及路面进行恢复。

5.6.5 隧道检修道保养维修

常见的隧道检修道保养维修项目包含检修道盖板更换、补充和检修道侧壁修复。

(1)对于隧道内检修道盖板缺失、破损,可根据实际缺失数量更换,对移位的盖板进行复位,并在日常巡查时注意发现并立即更换。

(2)对于检修道侧壁破损,应及时修复破损部位。

5.6.6 隧道排水设施保养维修

常见的隧道排水设施保养维修项目包含:排水设施清洁和疏通,排水设施修复,以及排水边沟铁箅子、盖板更换、补充。

(1)对于隧道排水设施淤积堵塞,应根据养护等级,定期对排水设施进行清洁。首先对淤积的杂物进行清除,然后用高压水枪对准堵塞处用高压水进行疏通。

(2)对隧道排水边沟破损、排水暗沟(中心沟)盖板破损,应及时对其按照原设计进行修复,修复的排水边沟应与原排水沟连接顺畅,并保持纵坡一致。

(3)对于排水边沟沉沙井铁箅子缺失、纵向管检查井盖板缺失,应及时补全。

5.6.7 隧道吊顶及预埋件保养维修

对于吊顶等预埋件锈蚀,存在脱落风险,应及时进行除锈防腐处治,并在日常巡查中注意观察。

5.6.8 隧道内装饰保养维修

对衬砌内装脱落部位按原设计及时进行修补喷涂,并在经常性检查时,注意拱部涂层可能存在的剥落现象,并及时维修。

5.6.9 隧道标志、标线、轮廓标保养维修

常见的隧道标志、标线、轮廓标保养维修项目包含标志、标线、轮廓标的补充、修复和清洗。

(1)对隧道内存在缺失、破损的标志、标线、轮廓标,应及时补全、修复。

(2)对标志、标线和轮廓标表面存在脏污,影响其辨认性能时,应及时进行清洗。

5.7 隧道病害处治

本节主要对衬砌加固、隧底加固、隧道水害处治等几种情况进行介绍。

5.7.1 衬砌加固

衬砌加固应在尽可能保持原结构完整性的基础上进行结构补强。通过衬砌加固,提高衬砌结构的承载能力,恢复设计使用功能,同时由于隧道内加固空间富余量小,加固时不得侵入建筑限界。根据衬砌病害程度,一般可采用粘贴纤维复合材料、粘贴钢板(带)、喷射混凝土、嵌入钢拱架、套拱等方式进行加固。

5.7.1.1 粘贴纤维复合材料

粘贴纤维复合材料是采用胶黏剂,将纤维复合材料粘贴于二次衬砌混凝土表面,利用纤维复合材料抗拉强度高的优点,通过其与衬砌结构的共同作用来达到加固补强、改善受力性能的一种结构加固方法,如图5.7-1、图5.7-2所示。

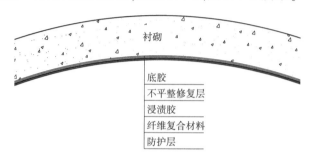

图5.7-1 粘贴纤维复合材料加固

图5.7-2 衬砌粘贴纤维复合材料

1)适用范围

由于纤维复合材料粘贴后对衬砌结构刚度方面的提高可忽略,无法有效抑制二次衬砌结构的变形。因此,该方法多用于衬砌结构整体稳定的情况下,当存在受拉开裂病害时,将纤维复合材料贴敷于衬砌受拉区域进行加固。

2)处治流程

(1)基面处理

将混凝土粘贴面进行处理,剔除表面松散层,剔除深度应达到混凝土集料新面,一般不应低于2mm,并形成平整的粗糙面。对棱角处应进行圆化打磨,圆化半径应不小于20mm。待混凝土面干燥后用丙酮对混凝土表面进行清理。对于混凝土表面凹凸不平,可以利用环氧砂浆进行修补。被粘贴的混凝土表面应打磨平整,凿除表层浮浆、油污等杂质,完全露出结构断面。将混凝土表面清理干净并保持干燥。

(2)粘贴碳纤维材料

①按设计要求的尺寸裁剪碳纤维材料。

②用滚筒刷将底胶均匀涂抹于混凝土表面,待混凝土表面指触干燥时即进行下一步工序施工。

③将碳纤维布用清洁剂清洁后,用抹灰刮刀将胶黏剂涂在其表面,用特制的滚筒沿纤维方向多次滚压,挤除气泡,并使胶黏剂充分浸透碳纤维材料。滚压时不得损伤碳纤维材料。

④在胶黏剂允许的暴露时间内(视温度不同而定),将碳纤维布置于混凝土表面上。用橡皮滚筒将碳纤维布压到环氧胶黏剂中,直到胶黏剂由层压板两边被挤出。

(3)表面防护

①当胶黏剂固化后,可以清除流出在层压板上的胶黏剂的膜,并在碳纤维材料表面涂刷一层环氧树脂保护材料。

②最后在碳纤维布表面涂刷一层防火涂料,颜色与隧道外观颜色一致。

3)操作要求

(1)浸渍、黏结专用的结构胶,其配制和使用应按产品使用说明书的规定进行。

(2)粘贴碳纤维复合材料宜在环境温度 5～35℃、混凝土表面含水率小于 4% 的条件下进行。

(3)将配制好的浸渍、粘贴结构胶均匀涂于底胶上,及时粘贴碳纤维材料,搭接长度不宜小于 100mm,搭接端部应平整无翘曲。

(4)沿碳纤维方向滚压,使胶液充分浸渍碳纤维复合材料,均匀压实,无气泡。

(5)粘贴多层碳纤维复合材料时,应待上层指触干燥后及时粘贴下一层。

(6)粘贴多层碳纤维复合材料时,各层搭接位置应不在同一截面,每层搭接位置的净距应大于 200mm。

(7)粘贴结束后,应按设计要求涂刷防护材料或防火材料。

4)注意事项

(1)碳纤维复合材料不得直接暴露于阳光下,严禁在粘贴表面进行焊接施工,周围不得有持续 100℃ 以上的高温。

(2)由于衬砌受拉区混凝土已经出现开裂,其强度一般较低,粘贴基面与碳纤维复合材料之间的黏结强度也会降低,易发生脆性的剥离破坏,导致加固效果受影响。因此一般情况下衬砌混凝土粘贴基面的强度等级不能低于 C20。

(3)在选择胶黏剂时,应注意胶黏剂与碳纤维复合材料、衬砌混凝土相适应性,并进行基底处理,如断面修复、裂缝和渗漏水处治、表面整平等,保证粘接牢固。

(4)环境湿度过大通常会影响碳纤维材料的粘贴质量,因此空气湿度大于 90% 时应采取措施或停止施工。若所用材料适应潮湿环境,则不受此条限制。

(5)温度过高,胶黏剂固化时间短,影响对碳纤维的浸透;温度过低,固化时间长,影响胶黏剂的黏结强度。

5.7.1.2 粘贴钢板(带)法

粘贴钢板(带)法是在衬砌混凝土表面,用胶黏剂及锚栓将钢板(带)与混凝土连接成一体,使钢板(带)参与混凝土受力,提高衬砌结构承载力的一种加固方法,如图 5.7-3、图 5.7-4 所示。

图 5.7-3 衬砌粘贴钢带加固

图 5.7-4 衬砌粘贴钢板加固

粘贴钢板(带)加固具有占用空间小,重量轻,操作便利,施工周期短,易于控制施工质量,且抗拉强度高,能保证加固效果等优点;其缺点是衬砌表面基面处理要求高,粘贴质量要求严格,费用较高。其中,钢板加固时,相邻两环钢板可采用钢压板进行纵向连接,形成格栅状加固结构层,钢带由于其自身结构呈 W 形,可显著提高其刚度,但无法进行纵向搭接。

1)适用范围

粘贴钢板(带)法适用于衬砌局部强度、厚度不足,隧道净空富余量较小,原衬砌混凝土强度等级不低于 C20 的衬砌加固。

2)处治流程

(1)基面的处理

①在粘贴钢板(带)位置进行基面处理,露出坚实的混凝土基面,基面应保证平整、圆顺,平整度不大于 1.5mm/m;对于局部坑槽及不平整处采用改性环氧砂浆找平。清除衬砌表面范围应满足钢板(带)固定范围。

②将混凝土表面清理干净并保持干燥。

③钻制锚栓预留孔。

(2)钢板(带)制作

①钢板(带)黏结面用喷砂或除锈机打磨直至露出金属光泽,打磨纹路应与钢板(带)受力方向垂直,钢板(带)黏结面应有一定的粗糙度;用脱脂棉蘸丙酮将钢板(带)表面擦拭干净。

②依据现场植埋的锚栓位置、间距,对待固定的钢板(带)进行配套打孔。

③钢板(带)外露面涂刷防腐底漆 3 道。

(3)粘贴钢板

粘贴钢板(带)的施工工序:

钻孔植埋全螺纹锚栓—配制结构胶—衬砌表面及钢板(带)涂刷胶黏剂—安装钢板(带)—封边—钢板(带)表面防腐处理。

3)操作要求

(1)钻孔植埋锚栓

①放出需钻孔的位置。

②采用与锚栓直径配套的钻头进行钻孔。

③钻孔应清理干净,保持干燥,不得有油污。

(2)配制结构胶

按照供应商提供的产品说明书要求配制结构胶,用低速搅拌器搅拌均匀,并在使用期内用完。胶黏剂应满足设计要求的各项力学指标和耐久性要求。

(3)涂刷胶黏剂

涂刷胶黏剂前,应对衬砌表面进行基面处理,保证粘贴面坚实干燥;对表面缺损处及不平整处,应采用改性环氧砂浆进行找平处理。基面处理完成后,在衬砌表面及钢板(带)均匀地涂刷胶黏剂,胶黏剂的胶层应有足够的厚度。

(4)安装钢板(带)

将钢板(带)固定在锚栓上,通过锚栓将钢板(带)刷胶面密贴在已涂刷胶黏剂的基面上,钢板(带)与衬砌应密贴,应避免局部脱空。钢板(带)分段处采用平口焊接连接,再用接头钢板(带)进行搭接,接头钢板(带)与原加固钢板(带)之间用锚栓固定,并用粘钢胶黏结。

(5)钢板(带)表面防腐处理

经检验确认钢板(带)粘贴固化密实效果可靠后,清除钢板(带)表面污垢。对安装过程中造成的底漆破损进行补漆,再在钢板(带)外露面涂刷面漆。

4)注意事项

(1)为保证粘贴效果,胶黏剂应与钢板(带)、衬砌混凝土相适宜。

(2)钢板(带)厚度需适宜,若钢板(带)过薄,加固效果不理想;若钢板(带)过厚,则粘贴困难,不易加工,且钢材作用不能完全发挥。

(3)钢板(带)应采用锚栓进行初步固定后,再用胶黏剂粘贴,锚栓承载力应进行验算,不得采用膨胀型锚栓。

(4)钢板(带)表面应进行防腐蚀、防锈蚀处理,处理材料应对钢板(带)及胶黏剂无害。

数字化学习案例九:隧道衬砌欠厚病害整治——隧道衬砌 W 形钢带加固工艺

(1)学习目标

通过本环节的数字化学习与训练,可以准确地识别隧道衬砌欠厚导致的较大裂缝病害,掌握隧道衬砌 W 形钢带加固工艺的流程及作业要求,并能独立完成相关病害的整治。

(2)学习情境描述

位于某省的单洞双线二级公路隧道,里程 K83 + 360 ~ K83 + 620,隧道全长260m,隧道埋深9~55m,总体埋深较浅,为典型的山岭隧道,已使用近10年,根据前期对隧道衬砌进行检测发现,部分隧道段的衬砌欠厚缺陷较为严重,出现了 3~5mm 的较大裂缝的病害。

现在你作为该隧道的养护技术工人,需准确找到这些病害点,并通过隧道衬砌 W 形钢带加固工艺进行病害处治。

(3)数字化视频学习引导

①隧道衬砌欠厚裂缝形态特征识别。

②隧道衬砌 W 形钢带加固工艺的作业流程。

③隧道衬砌 W 形钢带加固工艺的施工要点。

④熟悉作业环境及工具的选择与使用。

(4)数字化视频课程

使用手机、平板电脑等电子设备扫描二维码即可开始数字化学习。

隧道衬砌 W 形钢带加固
工艺数字化学习视频

(5)任务演练

根据所学内容,回答以下问题:

①钢带制作的注意事项有哪些?

②钢带分段处置有什么要求?

③钢带安装前需进行哪些工作?

(6)模拟验收

表 5.7-1 为实际操作过程中会用到的验收记录样表,供学员模拟演练,查漏补缺。

隧道衬砌W形钢带加固质量验收记录表						表5.7-1
××××隧道						
隧道衬砌W形钢带加固验收记录表						
养护单元名称：				施工单位：××××路桥集团有限公司		
养护工程部位：				监理单位：××××监理有限公司		
基本要求		钢带外观平整、圆顺，胶体应固化，固应牢靠。钢带尺寸、厚度、防腐处理，锚栓间距应满足设计要求，胶层应均匀，无局部过厚、过薄现象				
实测项目	项次	检查项目		规定值或允许偏差	检查方法和频率	实测值或实测偏差值（代表值）	检查结果
	1	钢带	平面尺寸（mm）	±3	尺量		
	2		厚度(mm)	+0.5，-0	尺量		
	3		粘贴位置（mm）	±5	尺量		
	4	锚栓	钻孔直径（mm）	+2,0	尺量		
	5		锚固深度（mm）	+20,0	尺量		
	6	钢带有效粘贴面积		≥95%	敲击法检验		
	7	与C20混凝土的正拉黏结强度(MPa)		≥1.5	黏结强度试验检查		
	8	钢带防腐涂装厚度		符合设计要求	漆膜测厚仪检查：每条钢带检查两处		
施工单位意见：					监理工程师意见：		
专业工程师： 质检工程师： 监理工程师： 年 月 日						

5.7.1.3 喷射混凝土加固法

喷射混凝土法加固(图5.7-5)是利用喷射机械将空气压缩，把按一定比例配合的混凝土拌和料高速喷射到衬砌结构上，并黏结成一体共同受力，从而达到加固补强的一种方法。喷射混凝土可以使已裂损的混凝土块体紧密结合，防止这些块体的进一步松动，同时通过挂网、添加短纤维，提高喷射混凝土加固层的抗拉强度，增强原有裂损衬砌的整体性，从而提高裂损衬砌的承载能力。

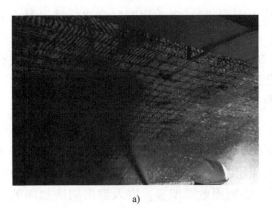
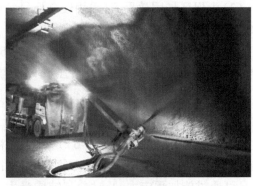

a)   b)

图 5.7-5 喷射混凝土加固

1）适用范围

喷射混凝土法加固具有经济、快速高效、质量可靠等优点，在隧道应急抢险加固方面效果显著。其缺点是施工粉尘较大、材料回弹量大、表面美观性差等。

2）处治流程

（1）喷射混凝土前，对衬砌内轮廓富余情况进行复测，尤其是对隧道左右拱腰位置进行核查，防止加固后侵入隧道建筑限界。

（2）对原机电设施进行保护，必要时需进行拆除，待喷射混凝土全部完成后，再进行安装。

（3）埋设厚度控制标志，以控制喷射混凝土的厚度。

（4）采用湿喷工艺，全面清理待喷射的基面，清除浮尘、油渍，露出坚实的混凝土基面，并使基面保持一定湿度，必要时可涂刷混凝土界面剂，以保证新旧混凝土之间具有良好的黏结强度。

（5）喷射顺序应自下而上进行。

（6）首次喷射混凝土厚度应不小于 50mm，在喷射混凝土达到初凝后方能喷射下一层，直至达到设计厚度。

3）操作要求

（1）预先设置喷射厚度标志，其间距不宜大于 1.50m。

（2）喷射混凝土施工前，工作面应冲洗干净并保持湿润。

（3）喷射混凝土施工，当加固层厚度大于 70mm 时，宜分层喷射。

（4）喷射作业面积较大时，应分段、分片按自下而上的顺序进行，每次作业区段纵向长度不宜超过 6m，变形缝位置应与原衬砌一致。

（5）喷射混凝土表面应平整，应对超喷或欠喷部位进行刮除或补喷，与周边衬砌混凝土连接圆顺。

（6）喷射完成后应及时进行打磨，保证表面平整、圆顺、美观。

4）注意事项

（1）需核查喷射混凝土加固是否会造成"侵限"问题。

(2)为保证加固效果,可采用较高标号的喷射混凝土,或者采用喷射合成纤维混凝土或钢纤维混凝土。

(3)为确保喷射混凝土与既有衬砌的有效黏结,原衬砌表面应进行凿毛处理,必要时涂混凝土界面剂或进行植筋连接,增强新旧结构层之间的结合效果。

(4)喷射混凝土的回弹物不得重复利用,所有的回弹混凝土应从工作面清除。

5.7.1.4 嵌入钢拱架法

嵌入钢拱架法加固(图5.7-6)是在二次衬砌上开槽嵌入钢拱架后,与二次衬砌混凝土组成整体,以提高隧道结构承载力的方法。由于钢拱架支撑效果好,抵抗结构变形的能力更强,且可通过施加预应力,及时参与结构受力,该法加固效果明显。嵌入钢拱架法加固的优点是在不占用隧道净空的条件下,钢拱架设置后能较大幅度提高结构承载能力;嵌入钢拱架法加固的缺点是开槽会对衬砌有一定损伤。

a)　　　　　　　　　　　　　　　b)

图5.7-6　嵌入钢拱架法加固

1)适用范围

嵌入钢拱架法需要在衬砌上开槽,将钢拱架嵌入,若隧道二次衬砌为钢筋混凝土则施工难度较大,且破坏程度较高。因此,该方法仅适用于对净空富余较小的素混凝土衬砌的加固。

2)处治流程

(1)根据隧道内轮廓尺寸,加工钢拱架。钢拱架选择上宜采用H形钢、工字钢,间距宜为0.75~1.5m,钢拱架的混凝土保护层厚度不应小于30mm。

(2)嵌入钢拱架加固宜采用全断面布置,拱脚基础应牢固,并采用锁脚措施与钢拱架连接。

(3)开槽深度应满足钢拱架及保护层厚度要求,并不宜大于原二次衬砌厚度的2/3。开槽宽度比钢拱架宽不应小于50mm。

(4)槽内宜采用自密实补偿收缩混凝土进行填充。

3)操作要求

(1)钢拱架的结构形式、断面尺寸、加工工艺等应符合设计要求,分段安装时应连接牢固。

(2)开槽前应在衬砌表面放样,按标出位置进行开槽施工。

(3)开槽施工宜采用机械切割、水切割等工艺,开槽尺寸应满足设计要求,槽内应平顺。

(4)开槽时应对开槽部位衬砌加强观测,必要时采取钢管、钢架支顶等临时措施。

(5)开槽时应采取跳槽施工,跳槽间距应根据设计要求并结合实际情况确定,开槽后应及时嵌入钢拱架并封闭。

4)注意事项

(1)钢拱架背后与衬砌接触不紧密处,采用自密实的聚合物混凝土填充密实,同时钢拱架必须落于坚实的基础上,保证支承效果。

(2)钢拱架与原衬砌之间采用植筋连接,钢拱架位置可适当平移,尽量避开孔洞、机电安装位置。

5.7.1.5 套拱加固

套拱加固是在既有混凝土衬砌表面增加一层混凝土结构,使新增套拱结构与原衬砌共同受力,进而提高衬砌结构承载能力。套拱加固可以极大地提高原衬砌结构的承载能力,是最为有效的加固方式。同时,设计中可通过采用钢筋混凝土套拱、钢架混凝土套拱、增加防水层等方式进一步提升其加固效果。套拱加固按照其与既有衬砌之间的连接方式可以分为叠合式套拱加固和复合式套拱加固。

叠合式套拱加固是将套拱结构通过凿毛、植筋、锚杆等方式与原有衬砌紧密结合在一起,增大原有衬砌截面厚度,来达到加固目的,套拱与原衬砌结合成一体,可采用喷射混凝土或模筑混凝土(图5.7-7)。

复合式套拱加固是在套拱结构与原有衬砌之间增加防水层,在衬砌加固的同时可一并解决衬砌渗漏水问题,一般采用模筑(钢筋)混凝土,厚度较厚(图5.7-8)。

图5.7-7 叠合式套拱衬砌加固

图5.7-8 复合式套拱衬砌加固

1)适用范围

套拱加固由于工程造价较高,施工周期长,适用于隧道结构裂损严重、衬砌结构变形等严重情况下的衬砌加固,也可用于老旧隧道的改造。复合式套拱结构由于新增防水板,也可以作为衬砌严重渗漏水的处治措施。

2)处治流程

(1)增设套拱后隧道内轮廓宽度会适当缩小,应首先核查隧道内轮廓情况,防止增设套拱后侵入建筑限界。

(2)合理选择套拱形式,套拱一般分为喷射混凝土、模筑混凝土结构。钢筋混凝土套拱一般采用模筑混凝土;钢架混凝土套拱多采用喷射混凝土,该套拱形式具有施工快速的特点,所以在紧急情况下或施工条件受限时采用。

(3)套拱宜全断面布置,并应设置锁脚锚杆(管)稳固基础,必要时可增设仰拱。

(4)复合式套拱与原衬砌之间设置完善的防排水系统,保证套拱结构的后续运营期的耐久性。

(5)复合式套拱应采用钢筋混凝土结构,混凝土强度等级不应低于C30。

(6)叠合式套拱应采用植筋、铺设钢筋网等措施使新旧混凝土形成整体结构。

3)操作要求

(1)套拱采用喷射混凝土时厚度不宜小于150mm,混凝土强度较原衬砌混凝土强度高一个等级,且不低于C25;采用模筑混凝土时厚度不宜小于200mm,混凝土强度等级不低于C30。

(2)钢架混凝土套拱时,钢架可采用钢格栅、工字钢、H形钢等,钢架间距宜为0.5~1.20m。

(3)套拱加固后,既有衬砌上的病害将成为隐蔽病害,因此套拱施工前应将既有衬砌上的病害进行相应处治。

(4)套拱加固范围应较病害发育段落增长2~3m,并避开衬砌变形缝。

(5)套拱宜采用全断面布置,应有可靠的基础,不能将套拱基础置于电缆沟上,必要时可增设仰拱。

(6)套拱施工影响原有排水系统时,应恢复原有排水系统功能。

4)注意事项

(1)套拱施工前,需对原衬砌内轮廓情况进行复核;根据内轮廓富余情况确定合理的套拱厚度,并放出隧道中线位置,便于模板台车定位。

(2)施工过程应精细施工,加强对衬砌结构的观察,如有异常应立即停止施工,查明原因并采取有效措施后,才可继续施工,避免造成人员设备损伤。

5.7.2 隧底加固

隧底加固的常用方法主要有隧底注浆、隧底桩基、增设仰拱等几种。

5.7.2.1 隧底注浆

隧底注浆是通过注浆管向隧底软弱地层注入浆液,通过浆液的凝固效果改善基底围岩的力学参数,提高基底的承载能力,防止隧底发生沉陷、底鼓等变形,如图5.7-9所示。

隧底注浆可分为压密注浆、渗透注浆、劈裂注浆等。根据围岩的性质采取不同的浆液类型,浆液一般采用水泥浆液,特殊地质条件下也可采用化学浆液。

1)适用范围

(1)渗透性较好的砂层和渗透性差的黏土层宜采用劈裂注浆。

(2) 中砂以上的砂性土和有裂隙的岩石宜采用渗透注浆。

(3) 中砂地基和有适宜排水条件的黏土地层宜采用压密注浆。

a) b)

图 5.7-9 隧底注浆

2) 处治流程

(1) 首先确定注浆参数,应根据病害成因、程度、围岩条件,分析确定围岩注浆范围,结合注浆设备、浆液扩散半径等综合确定注浆孔数、深度、间距等。

(2) 注浆材料宜采用水泥浆液。有堵水要求时,宜选用水泥-水玻璃浆液或水溶性聚氨酯浆液等高分子注浆堵水材料。在中、细、粉砂层及细小裂隙岩层、断层泥等发育地段,宜采用渗透性好、遇水膨胀的化学类浆液或超细水泥浆液。

(3) 浆液配制宜根据浆液种类、胶凝时间、地质条件等因素通过现场试验后确定,普通水泥浆液的水灰比宜为 0.5:1～1:1.2。水泥-水玻璃浆液中的水泥浆与水玻璃体积比宜为 1:0.3～1:1,水泥浆液的水灰比宜为 0.5:1～1.5:1,超细水泥浆液水灰比宜为 0.5:1～1:1。

(4) 注浆压力宜根据浆液种类、地质条件、静水压力等因素通过现场试验确定:

①注浆压力宜采用 0.5～1.5MPa,不影响结构安全时,黏度高的悬浊液宜采用较高压。

②渗透性好的化学浆在满足注浆扩散半径的条件下,宜采用较低压。

③有堵水要求时,注浆压力一般比静水压力大 0.5～1.5MPa;当静水压力较大时,注浆压力宜为静水压力的 2～3 倍。

(5) 围岩注浆管应采用钢管,管径宜采用 42～50mm,壁厚不宜小于 3.5mm。

(6) 注浆量应根据围岩岩性、孔隙率及扩散半径等因素计算确定。

3) 操作要求

(1) 应按设计进行孔位标识。

(2) 钻孔施工宜采用回转式钻机。围岩注浆堵水且不进行泄水降压时,钻孔设备应安装防突水装置。

(3) 钻进过程中易塌孔时,宜采用跟管钻进工艺。钻孔完成后应进行清孔。当采用水冲洗时,冲洗压力宜为注浆压力的 80% 且不大于 1MPa。

(4) 注浆施工宜采用分段注浆和全段一次注浆。

(5) 设计终压条件下,注浆孔段吸浆率小于 5～10L/min 时,稳压 10～20min 后,可停止注浆。

（6）注浆结束后,应按设计要求封孔。

4）注意事项

（1）注浆过程中冒浆时,宜采用低压、小泵量、间歇注浆等方式进行处理。

（2）注浆过程中相邻孔串浆时,宜两孔同时注浆或封堵串浆孔。

（3）由于隧底注浆易堵塞隧道既有的排水系统,因此应尽量避开中心排水沟,并控制注浆压力,防止压力过大对原结构造成损伤。

5.7.2.2 隧底桩基

隧底桩基是指当隧底围岩软弱、承载能力不足时,通过向下设置混凝土(钢管)形成桩基来提高隧底承载能力的方法。

1）适用范围

隧底承载力不足引起的隧道病害宜采取隧底桩基进行加固,即将上部围岩荷载通过桩基传递到深处承载力较强的土层上,或将浅层的软弱土层挤密以提高地基的承载能力。

2）处治流程

（1）首先根据隧底病害选择适用的桩型,依据隧道内有限空间和隧底围岩情况选择合适的桩基形式,并有效控制施工振动。隧底桩基主要包括树根桩、灰土桩、钢管桩、高压旋喷桩等。

（2）桩基参数宜进行桩长范围内的复合土层及下卧层地基变形计算,桩基不得侵入边沟断面内,并应进行桩头封闭处理。

（3）桩基对原仰拱结构有影响时,应采取结构补强措施;桩顶设置必要的垫层,避免应力集中,按需要与隧底结构进行有效衔接。

（4）注浆宜采用水泥基浆液,特殊地质条件也可采用化学浆液。

①渗透性较好的砂层和渗透性差的黏土层宜采用劈裂注浆。

②中砂以上的砂性土和有裂隙的岩石宜采用渗透注浆。

③中砂地基和有适宜排水条件的黏土地层宜采用压密注浆。

3）操作要求

（1）树根桩加固

①树根桩宜采用湿钻法成孔,钻孔的位置、倾角、深度应满足设计要求。

②孔口 1.0~2.0m 范围内宜设置套筒,钻至设计桩长以下 100~200mm 后,进行清孔。

③桩体钢筋笼宜整根吊放,易发生缩孔时可设置通孔器;灌注施工时,灌注管应直插至孔底,采取间隔施工、间歇施工或增加速凝剂掺量等措施,防止相邻桩孔移位和串孔。

④采用填石料注浆施工,采用细石填料时,其粒径应为 10~25mm,投入量不应小于计算桩孔体积的 0.9 倍,注浆管应预先插至孔底。

⑤注浆施工应采取间隔、间歇施工或缩短浆液凝结时间等措施,防止冒浆和窜孔。

⑥注浆拔管后应在桩顶填充碎石,并在桩顶 1~2m 范围内补充注浆,高程应满足设计要求。

（2）灰土桩加固

①成桩工艺应根据加固设计要求、土质条件、现场条件和机具供应情况选择,可选用螺

旋钻法、振动法等工艺。

②灰土桩施工宜由墙脚向行车道中间隔孔进行，必要时可纵向分段进行，成孔后应夯实孔底，及时夯填灰土。

③灰土桩施工纵向分段进行，是为了避免因挤压造成相邻孔缩孔、塌孔。

④灰土桩回填时应分层夯实，每层回填料厚度不宜大于300mm，桩顶应采用灰土填实。

⑤铺设桩顶垫层前，应按设计要求将桩顶高程以上的预留松动土层挖除或夯(压)密实。

⑥施工过程中，应监测成孔、回填料质量及夯实效果。

(3) 钢管桩加固

①钢管选材、直径、壁厚应符合设计要求，钢管装卸、运输、堆置时，应避免冲击、振动损伤，并防止变形。

②应根据地质条件、施工场地情况合理选择沉桩工艺、机械、钢管桩分节长度，沉桩宜采用旋转成孔、静压等方式。沉桩采用静压、锤击方式时，桩头应设置桩帽。沉桩应按先中间后两边的顺序进行。锤击沉桩时应采取减振措施，静压沉桩宜一次性将桩压到底。

③钢管接头焊接前应对端头进行缺陷修整并清理干净，应采用多层焊；焊接完成后应冷却不少于5min，再进行施工。

④钢管内注浆成桩时应进行现场试验，进一步确定注浆压力、浆液配比、凝结时间等。

(4) 旋喷桩加固

①旋喷桩施工工艺可采用单管法、二重管法、三重管法，应按成桩直径、地质条件选用。

②成孔宜选用专用钻机。单管法成孔直径不宜大于500mm，二重管法成孔直径不宜大于750mm，三重管法成孔直径不宜大于900mm。

③高压喷射注浆工序宜为机具就位、灌入喷射管、喷射注浆、拔管和冲洗等。

④喷射孔与高压注浆泵的距离不宜大于50m，应按自下而上顺序逐渐提升进行注浆，喷射管分段提升的搭接长度不应小于100mm。

⑤注浆过程中出现压力骤然升降或冒浆等异常情况时，应停止注浆，查明原因后再进行作业。

⑥隧底未设置仰拱时，距桩顶1.0m应慢速提管，并在距桩顶50cm时停止喷浆，应及时拔出注浆管；隧底设置仰拱时，距仰拱底部50cm应慢速提管。

⑦为防止浆液凝固收缩影响桩顶高程，可在原孔位进行第二次注浆。

4) 注意事项

(1) 树根桩、灰土桩、旋喷桩施工前宜进行试桩，取得相关参数。

(2) 注浆时，应采取措施防止因注浆压力过大而对原结构造成影响，同时注意避免浆液进入排水沟中，堵塞排水系统。

5.7.2.3 增设仰拱

增设仰拱是指当隧底围岩软弱、承载能力不足时，通过在路面下方增设混凝土拱形结构，与上部衬砌闭合成环，进而提高隧道下部基础承载能力的方法，如图5.7-10所示。

1) 适用范围

增设仰拱是下挖隧道路面，重新施作新的仰拱结构。增设仰拱主要适用于隧底无仰拱或原有仰拱失效的情况。

a)   b)

图 5.7-10 增设仰拱

2) 处治流程

(1) 在完成既有衬砌墙脚位置锁脚后,再下挖路面及隧底结构。

(2) 横向范围内拆除原有检修道、排水沟等。

(3) 隧底采用跳槽方式开挖,隧底每次拆除段落不大于 5m,跳槽间距不小于 20m。

(4) 隧底开挖后应尽快绑扎仰拱钢筋,钢筋两端与既有衬砌通过植筋进行连接。

(5) 浇筑仰拱应一次浇筑成型,并由仰拱中心向两侧对称进行,仰拱与边墙衔接处应捣固密实,预埋地脚螺栓。

(6) 仰拱混凝土达到设计强度 70% 以上后,应清除仰拱上面的碎渣尘土,并冲洗干净而无积水,待后续仰拱填充施工。

3) 操作要求

(1) 对路面及基层拆除宜采用机械开挖;爆破开挖,应采用小药量预裂爆破或静态爆破。

(2) 开挖作业不得影响隧道结构安全,应制定针对原衬砌墙脚的加固、支撑措施,防止上部衬砌结构病害加剧甚至失稳,每次开挖长度不宜超过 3m。

(3) 拆除过程中,应加强监测。若发现异常,应及时采取措施。

(4) 隧底开挖深度应满足设计曲率要求,仰拱混凝土宜整体模筑、振捣密实,并做好与原结构的衔接及接缝处理。

4) 注意事项

(1) 隧底开挖施工过程中需加强监控量测,对衬砌沉降及表观病害进行观测,当沉降量增大或衬砌出现严重变形时应立即停止施工,并采取有效措施。

(2) 仰拱应结合拱墙施工及时进行,使支护结构尽快封闭。

(3) 仰拱浇筑前应清除积水、杂物、虚渣等。

(4) 仰拱超挖严禁用虚土、虚渣回填。

5.7.3 隧道水害处治

隧道水害处治的常用方法主要有止水法、喷射法、涂层法、导水法、降低水位法等几种。

在实际工程应用中,应根据隧道水害的成因、程度采取以上几种方法配合使用。

5.7.3.1 止水法

止水法是指在渗漏水位置通过填充堵水材料、注入堵漏浆液等来堵塞渗漏水通道的一种水害处治方法。

1) 适用范围

止水法一般适用于渗漏水较轻微的点状、面状的病害处治。止水法可分为沟槽充填止水和沟槽注浆止水两种形式。这两种形式的相同点是都要在渗漏水处开槽填充止水材料,不同点在于沟槽注浆止水增加了对渗漏水裂缝注浆止水这一要求。

2) 处治流程

(1) 首先开凿倒梯形槽,开槽尺寸不宜小于 50mm×50mm(宽×深)。

(2) 成槽后衬砌表面槽口宽度较衬砌内槽底宽度略小,填充速凝型堵漏材料堵水同时保证不易脱落。

(3) 注浆钻孔应位于沟槽底面,深度不宜超过衬砌厚度的 2/3,钻孔间距宜为 30~40cm,孔径 20~25mm。

(4) 采用水溶性聚氨酯浆液、丙烯酸盐浆液、超细水泥浆等注浆材料,注浆压力宜为 0.1~0.3MPa。

(5) 选用与基面黏结强度高、抗渗性好和具有耐环境因素作用的止水材料对沟槽进行充填。

3) 操作要求

(1) 开槽宜采用倒梯形槽,应防止槽内填充材料在后期运营过程中发生松动、脱落。

(2) 应选用与基面黏结强度高、抗渗性好和具有耐环境因素作用的止水材料对沟槽进行充填。由于其具有自密实、免养护的特点,可保证槽内填充物致密、坚实。

(3) 宜采用浆液颗粒小的水溶性聚氨酯浆液、丙烯酸盐浆液、超细水泥浆等注浆材料,确保浆液的可注入性。

(4) 沟槽注浆止水钻孔间距宜为 300~400mm,孔径 20~25mm,控制注浆压力在 0.1~0.3MPa。

4) 注意事项

(1) 注入堵水浆液时,应控制注浆量,防止浆液向四周无序扩散,进入防水系统,影响排水系统的正常功能。

(2) 防止注浆压力过大对衬砌结构造成破坏。

数字化学习案例十:隧道衬砌点状渗漏水病害整治——直接堵漏工艺

(1) 学习目标

通过本环节的数字化学习与训练,可以准确地识别隧道衬砌点状渗漏病害,掌握直接堵漏工艺的流程及作业要求,并能独立完成相关病害的整治。

(2) 学习情境描述

位于某省的单洞双线二级公路隧道,里程 K83+360~K83+620,隧道全长 260m,

隧道埋深9~55m,总体埋深较浅,为典型的山岭隧道,已使用近10年,根据前期对隧道衬砌进行检测发现,混凝土结构密实性良好,但部分隧道段的二次衬砌出现点状渗漏水病害。

现在你作为该隧道的养护技术工人,需准确找到这些病害点,并通过直接堵漏工艺进行病害处治。

(3)数字化视频学习引导

①隧道衬砌点状渗漏形态特征识别。

②直接堵漏工艺的作业流程。

③直接堵漏工艺的施工要点。

④熟悉作业环境及工具的选择与使用。

(4)数字化视频课程

使用手机、平板电脑等电子设备扫描二维码即可开始数字化学习。

直接堵漏工艺数字化学习视频

(5)任务演练

根据所学内容,回答以下问题:

①渗漏点开槽的注意事项有哪些?

②堵漏材料的性能指标有什么要求?

③安放堵漏材料前需进行哪些工作?

(6)模拟验收

表5.7-2为实际操作过程中会用到的验收记录样表,供学员模拟演练,查漏补缺。

直接堵漏修补验收记录表　　　表5.7-2

××××隧道					
直接堵漏修补验收记录表					
养护单元名称:			施工单位:××××路桥集团有限公司		
养护工程部位:			监理单位:××××监理有限公司		
基本要求	①施工前应进行渗漏水的位置、状态、水量等情况的现场核对。 ②衬砌裂缝处理前应先选取试验段确定工艺参数,质量验收合格后方可正式施工。 ③注浆应按"从低到高、从下往上"的施工顺序进行。 ④现场施工人员要认真如实地填写注浆记录,对照注浆记录情况分析,改进注浆施工作业。 ⑤现场技术人员必须保留处治过程中的影像资料,存档备案				
	项次	检查项目	允许偏差	质量控制	实测值或实测偏差值(代表值)	检查结果
实测项目	1	堵水材料	符合设计要求	检验出厂合格证、质量检验报告、计量措施和试验报告		
	2	开槽尺寸、质量	符合设计要求	观测、尺量		
	3	设置位置	符合设计要求	尺量		

	续上表
施工单位意见：	监理工程师意见：
专业工程师： 质检工程师：	监理工程师： 年 月 日

5.7.3.2 喷射法、涂层法

喷射法、涂层法是指在渗水表面喷涂一层黏结强度高、抗渗性能好的防水砂浆、聚合物改性水泥砂浆及防水涂料等进行水害处治的方法。

1）适用范围

喷射法、涂层法主要适用于面状渗漏水、表层防水。

2）处治流程

（1）当有降水和排水要求时，应先完成降水、排水工作。

（2）根据渗漏水位置、面积、水量等确定处治范围。

（3）应先清除原衬砌表面的附着物及衬砌劣化部分，清除范围应较处治范围增大100～250mm。

（4）喷射、涂层材料宜选用与基面黏结强度高、抗渗性能好的防水砂浆、聚合物改性水泥砂浆、防水涂料及渗透结晶型材料等。

（5）掺加外加剂、掺合料的水泥基防水涂料厚度宜为1.5～2.0mm；水泥基渗透结晶型防水涂料厚度不应小于0.8mm；有机防水涂料厚度宜为1.2～2.0mm。

3）操作要求

（1）施工前，先对基面进行处理，对集中渗水点进行堵、排处治。

（2）分层、均匀喷涂防水层，分层施工，上层指触干燥时，施工下一层；喷射时，由于会产生粉尘，需做好通风措施。

（3）喷射法和涂层法是面状封闭水路的方法，通常配合导水法进行渗漏水处治。

4）注意事项

（1）应在环境温度符合材料要求时进行施工，并做好施工通风。

（2）防水层应根据所用材料要求进行养护。

5.7.3.3 导水法

导水法是指在渗水部位的混凝土内部或表面设置导水管，将渗漏水通过导水管排入排水系统内的水害处治方法。

1）适用范围

导水法主要适用于衬砌渗水较显著的线状、面状浸渗、滴漏、涌流等病害。根据导水管的设置位置的不同，导水法分为导水管内置和导水管外置两种情况。

导水管内置是在衬砌渗漏水部位开槽埋管，将导水管覆盖在渗水部位，采用瞬间堵漏材料对槽身进行填充，将渗漏水导入排水沟内。导水管内置多用于寒冷地区。其优点是渗漏水处

治后美观性较好;其缺点是对结构凿槽造成损伤、可维修性差。导水管内置如图5.7-11所示。

导水管外置是在衬砌表面设置排水管,将水导入排水沟内,通常不在寒冷地区使用。其优点是施工简单、造价低、易于维护;其缺点是美观性差。导水管外置如图5.7-12所示。

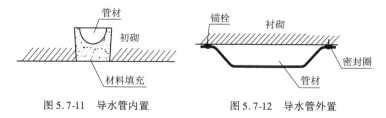

图5.7-11 导水管内置　　　　图5.7-12 导水管外置

2)处治流程

(1)首先进行基面处理,宜采用电动切割,凿出倒梯形槽且槽底面应平整。

(2)埋设导水管,钻引水孔应钻至设计深度,引水孔孔口应能与导水管连通。

(3)埋设导水管时,导水管应采用锚钉固定件等材料与原结构固定牢固。

(4)填充封闭材料前,宜先对导水管两侧进行封边止水。

(5)槽内应选用与基面黏结强度高、抗渗性好和具有耐环境因素作用的堵漏材料填充。

(6)设置导水管就应将水尽量从其中排出,因此宜结合渗漏水位置沿导水管底部设置引水孔将水汇入导水管内。

3)操作要求

(1)对于裂缝渗漏水的情况,将待施工的渗漏水裂缝周围混凝土表面清洗干净,凿除原表面泛碱、尘土、表面涂层等,并铲除疏松、空鼓和蜂窝结构,使表面彻底浸透,但要除去积水和明水。

(2)沿环向裂缝开凿环向倒梯形槽,施作引水孔。将半圆管嵌入槽中,半圆管采用管卡固定,即将管卡两端用钢钉固定在槽中,沿着半圆管两侧用膨胀止水条封堵凿槽凹凸不平缝隙,并将半圆管与圆管连通,将水排到排水系统中。

(3)槽内用堵漏剂填实半圆管周围,填充后与衬砌表面齐平,表面环向涂刷两层高效防水剂。

(4)考虑施工中的渗水效果检查及后期的局部疏通,凿槽埋管处治中设置检查孔。

(5)处治完成后,对埋管两侧各50cm范围内的各种水渍、泥渍进行清除,对凿槽处的涂料进行原位、原样修复,装饰层修复力求与既有装饰颜色一致,保证处治后表观的美观。

4)注意事项

(1)导水管管径较小时,容易被地下水中析出物或沉淀物堵塞;导水管断面应具有一定富余量,管径不宜小于$\phi 50$mm。

(2)导水管外置时,应避开机电附属设施,不得侵入建筑限界,并应对导水管外表面进行防护。

5.7.3.4 降低水位法

降低水位法是当隧道内地下水丰富、水位较高,无法通过既有排水系统及时排出洞外,形成水害时,通过增大排水通道尺寸、增设排水管沟等方法,及时有效地降低隧道地下水位的处治方法。

1)适用范围

降低水位法主要适用于隧道地下水丰富的地区较严重的渗漏水(图5.7-13)处治,根据地下水位、渗漏水量、含泥沙量、原排水沟的状况等,可选择采用泄水孔、加深(大)水沟、泄水洞等降低水位的方法。

a) b)

图 5.7-13 运营隧道突涌水

2)处治流程

(1)首先根据渗漏水程度,采取合理的降低水位措施。泄水孔是利用钻孔排出地下水降低衬砌背后水位的方法。加深水沟是在地下水富集区,采取降低既有排水沟沟底高程或设置新的排水沟排水的方法。

(2)泄水孔位置宜靠近边墙底部,钻孔内应设置排水管,并引至排水沟内,泄水孔深入围岩深度不宜小于2m。

(3)当地下水发育,有长期补给水源,采用加深水沟、扩大排水沟断面均不能满足排水要求时,可增设泄水洞。

(4)在地下水发育的岩溶、断层破碎带或地表水与地下水联系紧密等段落,地下水排泄量大时,采用泄水洞处治隧道严重渗漏水具有较好的效果。

3)操作要求

(1)泄水孔位置宜靠近边墙底部,钻孔内应设置排水管,并引至排水沟内,泄水孔深入围岩深度不宜小于2m。当地下水发育,有长期补给水源,采用加深水沟、扩大排水沟断面均不能满足排水要求时,经技术论证后宜增设泄水洞。

(2)无仰拱地段加深水沟施工时,宜先加强对边墙基础的保护,开挖方式宜采用机械开挖。

(3)泄水洞临近或穿越隧道施工时,宜采用机械或控制爆破开挖,应加强监测,必要时对运营隧道采取交通管制措施,应及时施作泄水洞衬砌结构。

4)注意事项

加深水沟或增设泄水洞时,应考虑对原衬砌结构的影响。

6 交通安全设施

6.1 交通安全设施组成与分类

6.1.1 交通安全设施

《公路交通安全设施设计规范》（JTG D81—2017）将公路交通安全设施分为交通标志、交通标线（含突起路标、立面标记等）、护栏和栏杆、视线诱导设施（含轮廓标、合流诱导标、线形诱导标、隧道轮廓带、示警桩、示警墩、道口标柱等）、隔离栅、防落网、防眩设施、避险车道和其他交通安全设施（含防风栅、防雪栅、积雪标杆、限高架、减速丘和凸面镜）等。

6.1.1.1 护栏

公路中的护栏一般安置在公路的两边。护栏的主要形式有波形护栏、墙式护栏、梁式护栏以及柱式护栏等。护栏的作用是避免交通事故或者是减轻交通事故的严重性，增加行车司机的安全感；同时是司机视线的向导，指引司机的行车方向，如图 6.1-1 所示。

a) 混凝土护栏

b) 波形护栏

图 6.1-1 护栏

6.1.1.2 隔离栅

隔离栅的作用是防止动物、行人、非机动车等进入高速公路。一般在高速公路、需要控制出入的一级公路路基以外两边设置栏栅，其他公路可根据需要设置。

6.1.1.3 防眩板

高速公路、一级公路中的防眩板是一种挡光设施,一般被设置在中央分隔带,以保护司机不被对面行驶车辆的灯光的眩光所影响。其常见形式有灌木型、防眩板以及防眩网等,如图 6.1-2 所示。

6.1.2 公路交通标志标线

6.1.2.1 交通标志

公路交通标志是用图形和文字传递特定信息,用以管理交通,保证交通安全,协助车辆顺利通行的安全设施。

图 6.1-2 防眩板

公路交通标志包括警告标志、禁令标志、指示标志等主动标志和表示时间、车辆种类、区域或距离、警告、禁令理由等辅助标志及其他标志。公路交通标志的形状、颜色、尺寸、图案种类和设置地点均按《道路交通标志和标线 第 2 部分:道路交通标志》(GB 5768.2—2022)的规定执行。

1)主标志

(1)警告标志:为等边三角形(菱形)的黄色底黑边黑图案(或白色底红边黑图案)。警告标志用于警告驾驶人员注意前方路段存在的危险及应采取的措施,如十字交叉、向左急弯路、上陡坡和傍山险路等,如图 6.1-3 所示。

a)十字交叉　　b)向左急弯路　　c)上陡坡　　d)傍山险路

图 6.1-3 警告标志

(2)禁令标志:用来禁止或限制车辆、行人交通行为的标志。禁令标志通常为圆形、白色底红边红斜、黑色图案。禁令标志是根据公路交通量情况,为保证车辆行为加以禁止或限制的交通安全设施,如禁止通行、禁止大型客车通行、禁止向右转弯和限制质量等,如图 6.1-4 所示。

a)禁止通行　　b)禁止大型客车通行　　c)禁止向右转弯　　d)限制质量

图 6.1-4 禁令标志

(3)指示标志:用于指示车辆、行人行进的标志。指示标志通常为圆形(矩形)、蓝色底白色图案,是指示车辆和行人按规定方向、地点行进的标志,如向左转弯、向左和向右转弯、最低限速和机动车车道等,如图 6.1-5 所示。

a) 向左转弯　　b) 向左和向右转弯　　c) 最低限速　　d) 机动车车道

图 6.1-5　指示标志

(4)指路标志:用于传递公路方向、地点、距离信息的标志。指路标志通常为矩形,一般公路为蓝色底白色字符,高速公路上为绿色底白色字符(旅游区标志为棕色底白图案)。指路标志用来指示目的地方向、距离、高速公路出入口服务区等,如图 6.1-6 所示。

a) 路名　　　b) 交叉路口　　　c) 分岔处　　　d) 地点距离

图 6.1-6　指路标志

(5)旅游区标志:提供旅游景点方向、距离的标志。旅游区标志的颜色为棕色底、白色字符。旅游标志分为指引标志和旅游符号两大类,如图 6.1-7 所示。

(6)作业区标志:保证施工正常进行和操作人员安全,提醒车辆避让的告示和警告性标志。作业区标志如图 6.1-8 所示。

a) 前方施工

b) 道路封闭　　　　　c) 车辆慢行

图 6.1-7　旅游区标志　　　　图 6.1-8　作业区标志

(7)告示标志:告知路外设施、安全行驶信息以及其他信息的标志,如图 6.1-9 所示。

图 6.1-9　告示标志

2)辅助标志

辅助标志附设在主标志下,主要起表示时间、车辆种类、区域或距离、警告、禁令理由等辅助说明作用。其颜色为白底、黑字、黑边框,形状为长方形。

夜间交通量大的公路,应尽量采用反光标志。属于国际公路和重要的旅游公路,宜同时标注汉英两种文字。辅助标志如图 6.1-10 所示。

a) 时间范围　　　　　b) 货车　　　　　c) 某区域内

图 6.1-10　辅助标志

6.1.2.2　公路交通标线

公路交通标线是管制和引导交通安全的安全设施。公路交通标线包括路面上的各种线条、箭头、文字、立面标记、突起路标和轮廓标等所构成的交通安全设施。公路交通标线既可以与公路交通标志配合使用，也可以单独使用。公路交通标线的形状、颜色、尺寸和设置地点均按照《道路交通标志和标线　第 2 部分：道路交通标志》(GB 5768.2—2022) 的规定执行。

公路交通标线是在高级、次高级路面上用漆类物质喷刷或用混凝土预制块等制作而成的一种交通安全设施。其作用是配合标志牌对交通进行有效的管制，指引车辆分道行驶，以达到通畅和安全的目的。

公路交通标线一般有行车道中线、车道分界线、路缘线、停车线、禁止超车线、导流带、人行横道线、交叉路口中心圈、停车方位线、导向箭头等。其形式有连续实线、间断线、箭头指示线三种。其颜色多用白色和黄色。

1) 公路交通标线按设置方式分类

(1) 纵向标线

纵向标线是沿公路行车方向设置的标线，如图 6.1-11 所示。

(2) 横向标线

横向标线是与公路行车方向交叉设置的标线，如停车让行线 (图 6.1-12)。

a) 中心黄色双实线　　　b) 中心黄色虚实线

图 6.1-11　纵向标线　　　　图 6.1-12　停车让行线

(3) 其他标线

其他标线是指字符标记或其他形式标线，如禁止掉头 (图 6.1-13)。

2) 公路交通标线按其功能分类

(1) 指示标线

指示标线是指示行车道、行车方向、路面边缘、人行道等的标线。

图 6.1-13　禁止掉头

(2)禁止标线

禁止标线是告示公路交通的遵行、禁止、限制等特殊规定,车辆驾驶员及行人需严格遵守的标线。

(3)警告标线

警告标线是促使车辆驾驶员及行人了解公路上的特殊情况,提高警觉,准备防范应变措施的标线。

3)公路交通标线按其形态分类

(1)线条

线条是指标画于路面、缘石或立面上的实线或虚线。

(2)字符标记

字符标记是标画于路面上的文字、数字及各种图形符号。

(3)突起路标

突起路标是安装于路面上用于标示车道分界、边缘、分合流弯道、危险路段、路宽变化、路面障碍物位置的反光或不反光体。

(4)轮廓标

轮廓标是安装于公路两侧,用以指示公路的方向、行车道边界轮廓的反光柱或片。

4)公路交通标线的标划区分

(1)白色虚线

白色虚线画于路段中,用以分隔同向行驶的交通流或作为行车安全距离识别线,在保证安全的情况下,允许车辆越线变换车道行驶;白色虚线画于路口,用以引导车辆行进。

(2)白色实线

白色实线画于路段中,用以分隔同向行驶的机动车和非机动车,或指示行车道的边缘;白色实线画于路口,用作导向车道线或停止线。

(3)黄色虚线

黄色虚线画于路段中,用以分隔对向行驶的交通流,在保证安全的情况下,允许车辆越线超车或向左转弯;黄色虚线画于路侧或缘石上,用以禁止车辆长时间在路边停放。

(4)黄色实线

黄色实线画于路段中,用以分隔对向行驶的交通流或作为公交车、校车专用停靠站标线;黄色实线画于路侧或缘石上,标示禁止路边停放车辆;画为网格线,标示禁止停车的区域;画在停车位标线,标示专属停车位。

(5)双白虚线

双白虚线画于路口,作为减速让行线。

(6)双白实线

双白实线画于路口,作为停车让行线。

(7)白色虚、实线

车行道边缘的白色虚、实线,虚线侧允许车辆临时跨越,实线侧禁止车辆跨越。

(8)双黄实线

双黄实线画于路段中,用以分隔对向行驶的交通流。

(9)双黄虚线

双黄虚线画于城市公路路段中,用于指示潮汐车道。

(10)黄色虚、实线

黄色虚、实线画于路段中时,用以分隔对向行驶的交通流。实线侧禁止车辆越线,虚线侧准许车辆临时越线。

(11)橙色虚、实线

橙色虚、实线是作业区标线。

(12)蓝色虚、实线

蓝色虚、实线是非机动车专用道标线;蓝色虚、实线画停车位标线时,用于指示免费停车位。

6.2 交通安全设施养护总体要求

交通安全设施主要起安全防护和服务指示作用。通过精心养护公路原设置的交通安全设施,并科学、合理地增设或更新交通安全设施,能长期保持公路技术要求,最大限度地保障公路使用者的人身和财产安全,为公路使用者提供指示服务,使其安全、快速、舒适地到达目的地。交通安全设施养护应遵循以下总体要求:

(1)经常性检查的频率不少于1次/月;定期检查的频率不少于1次/年;遭遇自然灾害、发生交通事故或出现其他异常情况时,应及时进行附加的特殊检查;设施更新改造之后,应进行全面的专项检查。

(2)交通安全设施养护应经常保持各类设施技术状况良好、功能有效、运行正常、安全可靠。

(3)交通安全设施应根据设计期间分期实施规划、设施使用状况、交通量增长和技术发展情况等,在养护期间适时完善和升级改造。

(4)因交通事故、自然灾害或其他原因造成的设施损伤应及时进行修复。

(5)采用常青绿篱和绿色植物进行隔离和防眩时,参照公路绿化相关要求进行养护。

(6)对于事故多发路段和一些特殊路段,应结合公路安全保障工程的技术内容,及时改造和完善各种交通安全设施。

6.2.1 日常检查

6.2.1.1 日常巡查

日常巡查的目的是确保交通安全设施的完好性、正常工作状态和清晰可见度,以提高公路使用者的安全性和行车效率。巡查人员应检查设施是否受损、灯光是否正常、标志标线是否清晰可辨认等,同时要清理设施周围的杂物,确保交通安全设施的可视性。

6.2.1.2 结构检查

交通安全设施结构检查是指对交通安全设施的物理结构和组成部分进行检查与评估的过程,这项检查旨在确保交通安全设施的结构完整性和稳定性,以提供有效的交通安全保障。

交通安全设施结构检查时间间隔和检查内容以满足设施维护和安全管理的需求设定。结构检查包括经常性检查、定期检查、特殊检查和专项检查。

(1)经常性检查。经常性检查是指对交通安全设施进行日常的常规检查,以确保其正常运行和基本完好。

(2)定期检查。定期检查是指对交通安全设施按照预定时间间隔进行的计划检查。通过定期检查,可以全面评估设施的结构和功能,发现存在的问题、磨损或需要维护的部分。

(3)特殊检查。特殊检查是针对特定情况或特殊要求而进行的检查。例如,在天气恶劣、公路施工或其他特殊情况下,交通安全设施可能会受到更大的影响,因此需要进行特殊的检查和评估,以确保其能够应对特殊情况并正常运行。

(4)专项检查。专项检查是针对某个特定问题或特定类型的设施进行的检查。例如,针对交通信号灯、标志标线、护栏或隧道等特定设施进行的检查,以确保其符合相关标准和要求,并具备适当的功能和可靠性。

6.2.2 交通安全设施清洁

交通安全设施清洁是维护设施良好状态和提高设施可视性的重要措施。在进行清洁的同时,注意观察交通安全设施是否有损坏、磨损或需要维修的部分,及时记录并报告这些问题,以便进行后续的维护和修复工作。根据需要和使用情况,制订定期的清洁计划,确保交通安全设施保持清洁和良好的状态。在进行交通安全设施的清洁时,应遵守相关的安全规定和使用合适的清洁剂,以保证清洁过程的安全性和设施的完整性。

6.2.3 交通安全设施保养维修

交通安全设施的保养维修是确保设施正常运行和延长设施使用寿命的重要措施。保养和维修交通安全设施需要按照相关的标准和指南进行,并遵守安全规定,确保及时处理设施存在的问题,减少事故风险,并提供可靠的交通安全保障。

6.2.4 交通安全设施更新改造

交通安全设施的养护应满足设施完整和外观质量、安装质量、技术性能等各项质量的要求。结合设施特点,加强对交通安全设施的养护维修和更新改造。

6.3 交通安全设施常见损坏与判定

交通安全设施常见损坏与判定包括如下：

(1)防护设施缺损是指防护设施（包括防撞护栏、防落网、声屏障、中央分隔带活动护栏和防眩板等）缺失、损坏或损坏修复后达不到技术要求。损坏应按处计算，损坏程度应按以下标准判断：

①轻度应为缺损长度小于或等于4m。

②重度应为缺损长度大于4m。

(2)隔离栅损坏是指隔离栅破损或损坏修复后达不到技术要求，损坏应按处计算。

(3)标志缺损是指各种交通标志（包括指示标志、警告标志、禁令标志、里程碑、轮廓标、百米标等）残缺、位置不当或尺寸不规范、颜色不鲜明、污染，可变信息板故障等。损坏应按处计算，其中轮廓标和百米标应每3个损坏算1处，累计损坏不足3个按1处计算，如图6.3-1、图6.3-2所示。

图6.3-1 标志损坏

图6.3-2 轮廓标损坏

(4)标线缺损是指标线（含凸起路标）缺失或损坏，损坏应按长度（m）计算。累计长度不足10m应按10m计算，评定时不应考虑车道数量的影响。

(5)绿化管护不善是指树木和花草等枯萎或缺失，绿化带未及时修剪或有杂物，路段应绿化未绿化。损坏应按长度（m）计算，累计长度不足10m按10m计算。

6.4 交通安全设施检查及评定

6.4.1 日常巡查

6.4.1.1 日常巡查内容

(1)确认标志的完整性、可读性和反光性能，确保标志的清晰可见。

(2)检查标线的完整性、清晰度和反光性能,包括车道线、停车线、斑马线等。
(3)确认护栏和隔离栅的稳固性、完整性和反光性能。
(4)确保路灯正常工作,照明设施能够提供足够的照明。
(5)检查防眩板等防眩设施的完好性和有效性。
(6)查看是否有障碍物、植物生长过于茂密等情况影响交通安全设施的可见性和使用。

6.4.1.2 日常巡查方法

(1)步行巡查:巡查人员步行或骑行沿着公路巡查,仔细观察交通安全设施的状况。
(2)车辆巡查:巡查人员使用车辆,在公路上逐段驾驶,检查交通安全设施的情况。
(3)摄像记录:巡查人员使用摄像设备记录巡查过程,以便后期查看和分析。

6.4.1.3 日常巡查记录

(1)巡查表格:使用标准的巡查表格,记录巡查人员的姓名、巡查日期、巡查的具体内容和发现的问题等。
(2)照片或视频记录:在巡查过程中,以拍摄照片或视频的方式记录交通设施的状况和问题。
(3)异常报告:巡查人员如果发现设施存在问题或需要维修,应及时向相关部门或机构提交异常报告,说明问题的具体情况和位置。

6.4.2 经常检查

6.4.2.1 经常检查内容

经常检查通常由设施维护人员、巡逻人员或相关工作人员进行,经常性检查的频率不少于1次/月。交通安全设施经常检查内容见表6.4-1。

交通安全设施经常检查内容 表6.4-1

项目名称	检查内容
交通标志	通过肉眼观察和视觉判断,检查交通标志的字迹是否清晰、图案是否完整;检查交通标志的反光性能,确保反光材料的有效性;检查交通标志的支架和固定装置,确保其稳固可靠
路面标线	通过视觉判断、测量标尺、激光测距仪等工具检查路面标线的清晰度和反光性能;确认路面标线的颜色、线型和附着性,避免褪色、剥落或磨损过度;检查路面标线的尺寸和间距
护栏和隔离栅	使用反射仪等仪器与工具检查护栏和隔离栅的稳固性和完整性,包括支架、立柱和连接件的状态;检查护栏和隔离栅的稳固性和完整性,包括支架、立柱和连接件的状态;检查护栏和隔离栅的高度和间距,确保其符合规范
路灯和照明设施	通过肉眼观察或光度计判断路灯的工作状态;照明设施是否有遮挡物,如树枝、广告牌等

续上表

项目名称	检查内容
防眩设施	对防眩设施的功能进行测试,检查遮阳板和防眩板不会影响驾驶员的视线;检查防眩涂层或滤光片的清洁和有效性
交通设施周边环境	使用相关的技术设备检测交通信号灯的正常工作,包括灯泡亮度、信号灯的时序和配时等;检查人行横道、过街设施等

6.4.2.2 经常检查方法

交通安全设施经常检查方法:采用人工与检测仪器相结合的方法进行检查,使用测量标尺、激光测距仪等工具进行功能性测试,借助技术设备进行检查。

6.4.2.3 经常检查记录

经常检查对表6.4-1中内容进行检查,主要采用表格记录、照片或视频以及测量记录的方法进行前后对比分析。

6.4.3 定期检查

6.4.3.1 定期检查内容及方法

定期检查一般由专门的维护人员或检查人员进行,周期可以是每月、每季度或每半年一次,具体根据设施类型和地区规定而定。交通安全设施定期检查内容及方法见表6.4-2。

交通安全设施定期检查内容及方法　　表6.4-2

项目名称	检查内容
交通标志	检查交通标志的支架和固定装置,确保其稳固可靠
路面标线	通过测量标尺、激光测距仪等工具检查路面标线的清晰度和反光性能;检查路面标线的尺寸和间距
护栏和隔离栅	使用反射仪等仪器与工具检查护栏和隔离栅的稳固性和完整性,包括支架、立柱和连接件的状态;检查护栏和隔离栅的高度和间距,确保其符合规范
路灯和照明设施	通过光度计判断路灯的工作状态
防眩设施	对防眩设施的功能进行测试,检查遮阳板和防眩板不会影响驾驶员的视线
交通设施周边环境	使用相关的技术设备检测交通信号灯的正常工作,包括灯泡亮度、信号灯的时序和配时等

6.4.3.2 技术状况检测与调查

(1)沿线设施技术状况可采用人工调查和自动化检测方式。

(2)沿线设施技术状况损坏类型应满足规定。

(3)沿线设施的各类损坏应以100m为单位,按损坏程度,每100m计1个扣分,每一个调查单元计算1个合并累计扣分。

(4)沿线设施损坏调查表的格式见表6.4-3。

沿线设施损坏调查表　　　　　　　　　　表6.4-3

调查时间：　　　　　　　　调查人员：

路线编码名称：		调查方向：		起点桩号：		单元长度：						路面宽度：			
损坏类型	程度	单位扣分	权重 W_i	计量单位	百米损坏扣分										累计扣分
					1	2	3	4	5	6	7	8	9	10	
防护设施缺损	轻	10	0.25	处											
	重	30													
隔离栅损坏		20	0.10	处											
标志缺损		20	0.25	处											
标线缺损		0.1	0.20	m											
绿化管护不善		0.1	0.20	m											

6.4.3.3 定期检查报告

（1）记录进行定期检查的具体时间。

（2）记录进行检查的具体位置或路段，包括路口、公路段落、桥梁、隧道等。

（3）记录巡查人员的姓名或编号。

（4）列出需要检查的各项项目，包括但不限于交通标志、路面标线、防眩设施等。

（5）记录每个项目的检查结果，包括设施的状况和存在的问题。

（6）对于发现的问题或异常情况，详细描述其性质、位置和程度。

（7）记录针对每个异常情况所采取的处理措施，如维修、更换、清理等。

（8）记录每个问题的处理结果，包括处理时间和处理方式。

6.4.4 特殊检查

6.4.4.1 特殊检查内容及方法

遭遇自然灾害、发生交通事故或出现其他异常情况时，应及时进行附加的特殊检查。交通安全设施特殊检查内容及方法见表6.4-4。

交通安全设施特殊检查内容及方法　　　　　表6.4-4

检查类型	检查内容	检查方法
高风险区域	风险较高的区域，如急弯道、陡坡、山区公路等，检查交通标志、路面标线、护栏等设施的稳固性、清晰度和反光性能等	巡查和视觉检查
天气灾害	恶劣天气条件下，如暴雨、大雪、冰雪覆盖等，检查交通安全设施的状况，包括标志、标线、护栏等的可见性和有效性	在天气灾害结束后或间隙时段，对设施进行巡查和检查，记录发现的问题并及时修复

续上表

检查类型	检查内容	检查方法
工程施工区域	在公路施工区域,检查交通安全设施的设置和安排是否符合施工要求,包括交通标志、临时标线、护栏等的布置和稳固性	与工程管理人员合作,定期进行巡查和检查
重大活动或节假日	在重大活动、节假日或庆典活动期间,检查交通设施的设置和布局是否满足交通流量的需求,包括交通标志、临时标线、交通控制措施等	规划并与相关部门或组织合作,进行巡查和检查

注:特殊检查的具体内容和方法应根据实际情况进行调整和制定,以满足特定的要求和需求。

6.4.4.2 特殊检查报告

(1)说明进行特殊检查的目标和具体检查内容,描述检查涉及的交通安全设施和相关要素,如交通标志、路面标线、护栏等。选择检查方法,记录检查结果。

(2)对发现的问题和隐患进行分析和评估,提供可能的解决方案和改进措施。

(3)记录针对每个问题和隐患所采取的处理措施,提供处理的时间安排和责任分工。

(4)报告附件:包括照片和影像、测量数据、检查记录表、图表等支持检查结果和分析的附件资料。

6.4.5 专项检查

6.4.5.1 专项检查内容与方法

交通安全设施更新改造之后,应进行全面的专项检查。交通安全设施的专项检查是针对特定类型或特殊属性的设施进行的深入检查。专项检查应根据实际需要和重点关注的设施类型进行调整和制定。检查方法包括巡查、观察、测量、测试。

6.4.5.2 专项检查报告

(1)简要介绍专项检查的目的、时间、地点以及参与检查的人员和部门。说明进行检查的原因和背景。

(2)明确专项检查的范围和对象,详细记录每个检查项目的结果和发现,包括设施的状况、存在的问题等。

(3)对检查结果进行分析和评估,进行风险评估。提出针对每个问题的具体处理措施和建议,记录并描述修复时间、维护记录、改进计划等。

(4)对专项检查的结果进行总结。

6.5 交通安全设施技术状况评定

交通安全设施技术状况应采用沿线设施技术状况指数(TCI)评定。TCI应按式(6.5-1)

计算：

$$TCI = \sum_{i=1}^{i_0} w_i(100 - GD_{iTCI}) \qquad (6.5\text{-}1)$$

式中：GD_{iTCI}——第 i 类设施损坏的总扣分，最高分值为100，按表6.5-1的规定取值计算；

w_i——第 i 类设施损坏的权重，按表6.5-1的规定取值；

i——设施的损坏类型；

i_0——沿线设施损坏类型总数，取5。

沿线设施扣分标准　　表6.5-1

类型(i)	损坏名称	损坏程度	计量单位	单位扣分	权重 w_i	备注
1	防护设施缺损	轻	处	10	0.25	
		重		30		
2	隔离栅损坏		处	20	0.10	
3	标志缺损		处	20	0.25	
4	标线缺损		m	0.1	0.20	每10m扣1分，不足10m以10m计
5	绿化管护不善		m	0.1	0.20	

6.6 交通安全设施日常养护

6.6.1 交通安全设施清洁

6.6.1.1 清洁频率

清洁频率的设定通常会根据不同等级的公路交通安全设施的特点和使用情况进行调整。部分公路交通安全设施的清洁频率见表6.6-1。

交通安全设施清洁频率　　表6.6-1

交通设施类型	一级公路	二级公路	三级公路
交通信号灯	1次/季度或半年	1次/半年	1次/年
路灯和照明设施	1次/半年	1次/年	1次/年
交通标志和路面标线	1次/季度	1次/季度	1次/季度或半年
护栏和隔离设施	1次/半年	1次/年	1次/年
路面排水设施	1次/季度	1次/季度	1次/季度或半年

注：以上仅为一般参考，并且具体的清洁频率应根据实际情况进行评估和制定。

6.6.1.2 清洁内容及要求

交通安全设施的清洁内容主要包括交通信号灯、交通标志和路面标线、护栏和隔离设施、路灯和照明设施、其他设施。

1）交通信号灯

（1）交通信号灯的灯光应具有足够的亮度，以确保在各种天气和环境条件下的可见性。

（2）不同信号灯的灯色和显示方式应符合交通管理规定和标准，以便驾驶员与行人能够准确地理解和遵守交通信号。

2）交通标志和路面标线

（1）交通标志的材料、颜色和反光性能应符合标准，以确保在日间和夜间都能清晰可见。

（2）路面标线的宽度、颜色和清晰度应满足标准，以便驾驶员能够准确理解和遵循公路规则。

3）护栏和隔离设施

护栏和隔离设施的颜色和形状应与公路环境协调，以提高可见性和识别性。

4）路灯和照明设施

路灯和照明设施的照明范围和均匀度应满足标准，以确保公路上的良好可见性。

5）其他设施

公路上的排水设施应保持设计和清洁良好，以确保在降雨时排水顺畅，减少积水和减少交通事故的风险。

6.6.2 交通安全设施维护

交通安全设施维护是设施正常使用、交通安全运行的重要保障，交通安全设施的保养与维护应遵循以下基本要求：

（1）应结合交通安全设施特点，加强对交通安全设施的养护与维修。

（2）交通安全设施的养护应满足设施完整和外观质量、安装质量、技术性能等各项质量的要求。

（3）因交通事故、自然灾害或其他原因造成的设施损伤应及时进行修复。

（4）采用常青绿篱和绿色植物进行隔离和防眩时，参照《公路养护技术标准》（JTG 5110—2023）中绿化的相关规定进行养护。

（5）对于事故多发路段和一些特殊路段，应结合公路安全保障工程的技术内容，及时改造完善各种交通安全设施。

（6）交通安全设施的养护质量参照《公路技术状况评定标准》（JTG 5210—2018）进行评定。

6.6.2.1 交通标志

公路交通标志是在公路上用来传达交通规则、指示公路信息和警示驾驶员的特定标识和标志，如图6.6-1所示。它们以具有明确含义的符号、文字和图形的形式出现，以帮助驾驶员理解公路情况、采取适当的行动和保持交通安全。公路交通标志通常分为指示标志、警示标志、指路标志。

公路交通标志的检查与记录内容及要求：

(1)应保持交通标志设置合理、结构安全,版面内容整洁、清晰。
(2)标志板、支柱、连接件、基础等标志部件应完整、无缺损且功能正常。
(3)标志应无明显歪斜、变形,钢构件无明显剥落、锈蚀。
(4)标志面应平整,无明显褪色、污损、起泡、起皱、裂纹、剥落等病害。
(5)标志的图案、字体、颜色等应符合相关标准要求。
(6)反光交通标志应保持良好的夜间视认性。

6.6.2.2 路面标线

路面标线是在公路表面上绘制的线条和标记,用于引导交通、规范车辆行驶和提供公路信息。路面标线通常使用标线油漆或预制的标线材料进行绘制,它具有不同的颜色、形状和含义,以便驾驶员识别和理解,如图 6.6-2 所示。

图 6.6-1　交通标志　　　　　　图 6.6-2　路面标线

路面标线的检查与记录内容及要求:
(1)具有良好的可视性,边缘整齐、线形流畅,无大面积脱落。
(2)颜色、线形等应符合相关标准要求。
(3)反光标线应保持良好的夜间视认性。
(4)重新画设的标线应与旧标线基本重合。

6.6.2.3 突起路标

突起路标是指在公路上设置的突起物或结构,用于引导驾驶员、提醒注意或限制车辆行驶。突起路标通常由耐用的材料制成,具有明显的形状、颜色和高度,以便在夜间或恶劣天气条件下也能被驾驶员注意到,如图 6.6-3 所示。

突起路标的检查与记录内容及要求:
(1)突起路标应无严重的缺损。
(2)破损的突起路标应不对车辆、人员等造成伤害。
(3)突起路标应无明显的褪色。
(4)突起路标的光度性能应保持其在夜间良好的视认性。

6.6.2.4 轮廓标

在交通设施中,轮廓标通常是指一种用于标识公路、桥梁、隧道、管道和其他类似结构的外形轮廓的标志或标记。轮廓标安装在这些设施的侧面或顶部,用于提供对结构轮廓的视觉指示。轮廓标可以采用不同的形式和材料,包括反光材料、标志板、标线或标线组合,如图 6.6-4 所示。轮廓标通常使用醒目的颜色和图案,以在白天和夜间都能清晰可见。

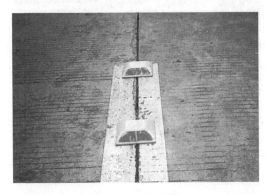
图 6.6-3 突起路标

图 6.6-4 轮廓标

轮廓标的检查与记录内容及要求:
(1)轮廓标无油污等。
(2)轮廓标应无缺损。
(3)轮廓标应无明显的褪色。
(4)轮廓标的光度性能应保持其在夜间良好的视认性。

6.6.2.5 护栏

在交通安全设施中,护栏是指一种用于划定公路边界、保护行车区域和行人区域的物理障碍物。护栏通常由金属、混凝土或塑料等坚固的材料制成,并沿着公路的一侧或两侧设置。

护栏的检查与记录内容及要求:
(1)波形梁钢护栏,其安装如图 6.6-5 所示。
①保持波形梁钢护栏的结构合理、安全可靠。
②护栏板、立柱、柱帽、防阻块(托架)、坚固件等部件应完整、无缺损。
③护栏质量应符合相关标准要求。
④护栏的防腐层应无明显脱落,护栏无锈蚀。
⑤护栏板搭接方向正确,螺栓坚固。
⑥护栏安装线形顺畅,无明显的变形、扭转、倾斜。
(2)水泥混凝土护栏,如图 6.6-6 所示。
①保持水泥混凝土护栏线形顺畅、结构合理。
②水泥混凝土护栏应无明显的裂缝、掉角、破损等缺陷。
③水泥混凝土护栏使用的水泥、砂、石、水、外加剂、钢筋等材料质量应符合相关标准、规范及设计要求。
④水泥混凝土护栏的几何尺寸、地基强度、埋置深度,以及各块件之间、护栏与基础之间的连接应符合设计要求。

图6.6-5 波形梁钢护栏安装

图6.6-6 水泥混凝土护栏

(3)缆索护栏,如图6.6-7所示。

①缆索护栏各组成部件应无缺损。

②缆索护栏各组成部件应无明显的变形、倾斜、松动、锈蚀等现象。

③缆索护栏使用的缆索、立柱、锚具等材料质量应符合相关标准、规范及设计要求。

6.6.2.6 隔离栅

隔离栅是一种用于分隔车辆行驶区域和行人区域的物理栅栏或围栏。隔离栅通常由金属或塑料材料制成,设置在公路的一侧或两侧,以提供额外的安全保护和交通管理,如图6.6-8所示。

图6.6-7 缆索护栏

图6.6-8 隔离栅

隔离栅的检查与记录内容及要求:

(1)应保持隔离栅的完整无缺、功能正常。

(2)隔离栅金属网片、立柱、斜撑、连接件、基础等部件无缺损。

(3)隔离栅质量应符合相关标准要求。

(4)隔离栅应无明显的倾斜、变形,各部件稳固连接。

(5)隔离栅防腐涂层应无明显的脱落、锈蚀现象。

6.6.2.7 防眩设施

防眩设施是指用于减少车辆驾驶员由于强烈光线(如阳光、车灯反射等)造成的眩光而影响视线的设备或措施。它通常被安装在公路或交叉口附近的适当位置,旨在改善驾驶员的视觉环境,提高交通安全性,如图 6.6-9 所示。防眩设施的主要作用是减轻或消除眩光对驾驶员的干扰,以防止视线受到影响,避免潜在的事故风险。

防眩设施的检查与记录内容及要求:

(1)防眩板、防眩网等防眩设施应完整、清洁,具有良好的防眩效果。

(2)防眩设施应安装牢固,无缺损。

(3)防眩设施应无明显的变形、褪色或锈蚀。

图 6.6-9　防眩设施安装

(4)防眩设施的质量应符合相关标准要求。

6.6.2.8　其他交通安全设施

(1)应保持里程碑、百米桩、道口标柱、公路界碑、防落网、锥形交通路标、公路防撞桶、减速垫、安全岛、平曲线反光镜、声屏障、示警标志等交通安全设施的清洁、完整和功能正常。

(2)应选择恰当和可行的方法对里程碑、百米桩、道口标柱、公路界碑、防落网、锥形交通路标、公路防撞桶、减速垫、安全岛、平曲线反光镜、声屏障、示警标志等交通安全设施进行养护。

6.7　交通安全设施修复养护

公路服役过程中,需根据交通与公路状况的变化对交通安全设施进行更新与改造。交通安全设施的更新与改造应遵循以下基本要求:

(1)交通安全设施应保持完好和功能齐全;损坏的交通安全设施应按设计要求修复或更换,且应符合现行《公路交通安全设施施工技术规范》(JTG/T 3671)的规定。

(2)交通安全设施应经有资质的检测机构检测,并经进场检验确认满足设计要求后方可使用。

(3)交通安全设施采用钢质材料时,应按现行《公路交通工程钢构件防腐技术条件》(GB/T 18226)的规定进行防腐处理。

(4)交通安全设施中的各种构件及原材料,其型号规格和技术性能应符合设计要求和相关标准的规定。

(5)交通安全设施养护工程中,如使用整修后的旧构件,其技术性能应符合本章相关规定,且应与相衔接的同类既有设施匹配。

(6)用绿篱作隔离栅时,其质量要求和检验评定可参照现行《公路养护工程质量检验评定标准　第一册　土建工程》(JTG 5220)第 9 章的相关规定。

(7)以上规定适用于交通安全设施的损坏修复或更换以及局部增设的质量检验。整路段新增的交通安全设施,宜按现行《公路工程质量检验评定标准 第一册 土建工程》(JTG F80/1)的规定进行质量检验。

6.7.1 交通标志

(1)交通标志更换、增设应符合下列基本要求:

①标志的设置位置、数量及安装角度应符合设计要求,版面信息不得被其他标志或树木等遮挡。

②交通标志的字符、图形应符合现行《道路交通标志和标线 第2部分:道路交通标志》(GB 5768.2)的规定;标志板及支撑件应符合现行《道路交通标志板及支撑件》(GB/T 23827)的规定。

③标志的地基承载力应满足设计要求。标志钢构件的焊接部分应符合钢结构焊接规范的质量要求,无裂缝与未熔合、夹渣等缺陷。金属构件的镀层厚度应符合设计要求。

④标志板面反光膜应符合现行《道路交通反光膜》(GB/T 18833)的规定,字符、图形不得拼接。

(2)交通标志更换、增设外观质量应符合下列规定:

①标志板反光膜和标志金属构件镀层应无明显损伤。

②紧固件数量及规格应符合设计规定,并应拧紧。

交通标志安装如图6.7-1所示。

图6.7-1 交通标志安装

6.7.2 路面标线

(1)路面标线划设应符合下列基本要求:

①路面标线的颜色、形状和设置位置应符合现行《道路交通标志和标线 第3部分:道路交通标线》(GB 5768.3)的规定和设计要求。

②路面标线材料应符合设计要求和现行《路面标线涂料》(JT/T 280)、《路面标线用玻璃珠》(GB/T 24722)、《道路预成形标线带》(GB/T 24717)、《路面防滑涂料》(JT/T 712)的相关规定,局部补划的路面标线材料及形状宜与相邻路段原有路面标线一致。

③路面标线喷涂前,应先清洁路面,保持路面干燥,无起灰现象,如图6.7-2所示。

④复划标线前对基底旧路面标线的清理应符合设计要求,如图6.7-3所示。

⑤反光标线玻璃珠应撒布均匀,施划后标线应无起泡、剥落现象。

(2)路面标线划设外观质量应符合下列规定:

①标线应具有良好的视认性,颜色均匀、边缘整齐;线形应流畅,应与公路线形相协调。

②标线表面不应出现网状裂缝、断裂裂缝和起泡等现象;标线边缘不应出现明显毛边,

复划标线应覆盖基底旧路面标线。

图 6.7-2　路面标线划设

图 6.7-3　复划标线

6.7.3　突起路标

(1)突起路标更换、增设应符合下列基本要求:

①突起路标产品应符合现行《突起路标》(GB/T 24725)、《太阳能突起路标》(GB/T 19813)的规定和设计要求。

②突起路标的布设应符合设计要求和现行《道路交通标志和标线　第3部分:道路交通标线》(GB 5768.3)的规定。

③突起路标应在路面干燥、清洁并经测量定位后施工,如图6.7-4、图6.7-5所示。

④突起路标与路面应黏结牢固。

图 6.7-4　突起路标安装

图 6.7-5　突起路标增设

(2)突起路标更换、增设外观质量应符合下列规定:

①突起路标不得有明显的损伤、破裂和脱落,黏结剂不得造成路面污染。

②突起路标安装线形应顺畅,并应与公路线形协调一致。

6.7.4　轮廓标

(1)轮廓标更换、增设应符合下列基本要求:

①轮廓标产品应符合现行《轮廓标》(GB/T 24970)的规定和设计要求。

②轮廓标的布设应符合设计要求和现行《公路交通安全设施设计规范》(JTG D81)的规定。

③柱式轮廓标的基础混凝土强度、基础尺寸应符合设计要求。

④轮廓标应安装牢固,色度性能和光度性能应符合设计要求。轮廓标增设如图6.7-6所示。

图 6.7-6 轮廓标增设

(2)轮廓标更换、增设外观质量应符合下列规定:

①轮廓标及反射器不得有明显的污损,反射器不得有缺失、破裂。

②轮廓标安装线形应顺畅,并应与公路线形协调一致。

6.7.5 护栏

6.7.5.1 波形梁钢护栏更换、增设

(1)波形梁钢护栏更换、增设应符合下列基本要求:

①波形梁钢护栏的防撞等级和路侧最小设置长度应符合现行《公路交通安全设施设计规范》(JTG D81)和《高速公路交通工程及沿线设施设计通用规范》(JTG D80)的规定。

②波形梁钢护栏构件的材质、几何尺寸应符合现行《波形梁钢护栏 第1部分:两波形梁钢护栏》(GB/T 31439.1)、《波形梁钢护栏 第2部分:三波形梁钢护栏》(GB/T 31439.2)的规定,其防腐层质量应符合现行《公路交通工程钢构件防腐技术条件》(GB/T 18226)的规定;局部更换的波形梁钢护栏材质、几何尺寸应与相邻的原有波形梁钢护栏一致。

③波形梁钢护栏板的端部、中央分隔带开口及护栏过渡段的处理应符合设计要求。

④波形梁钢护栏立柱、波形梁、防阻块及托架的安装应符合设计要求,不得现场焊割和钻孔;波形梁板应沿行车方向平顺搭接,如图6.7-7所示。

⑤路肩和中央分隔带的土基压实度不应小于设计值,达不到压实度要求的路段不应进行护栏立柱打入施工;桥梁、石方路段和挡土墙上的护栏立柱的埋深及基础处理应符合设计要求。

(2)波形梁钢护栏更换、增设外观质量应符合下列规定:

①波形梁钢护栏镀锌构件表面应具有均匀、完整的锌层,颜色一致,表面具有实用性光滑,不得有流挂、滴瘤或多余结块、漏镀、气泡、剥落和宽度超过0.5mm的擦痕等缺陷;构件涂塑层应均匀光滑、连续,无肉眼可分辨的小孔、空间、孔隙、裂缝、脱皮等有害缺陷。

②护栏安装线形应顺畅,并应与公路线形及两端既有护栏线形协调一致。

③立柱、柱帽、波形梁板及防阻块、托架、端头均应安装牢固,不得有明显变形;紧固件不得缺失。

图 6.7-7　波形梁钢护栏增设

6.7.5.2　混凝土护栏整修、增设

(1)混凝土护栏整修、增设应符合下列基本要求:

①混凝土护栏的防撞等级和路侧最小设置长度应符合现行《公路交通安全设施设计规范》(JTG D81)和《高速公路交通工程及沿线设施设计通用规范》(JTG D80)的规定。

②混凝土护栏块件所用水泥、粗/细集料、水、外加剂、掺合料和钢材等原材料的规格、质量以及混凝土配比应符合设计要求和现行《公路桥涵施工技术规范》(JTG/T 3650)的规定。

③混凝土护栏块件标准段、混凝土护栏起终点及其他开口处的混凝土护栏块件的几何尺寸应符合设计要求;局部更换的混凝土护栏块件材质、尺寸应与相邻的原有混凝土护栏一致。混凝土护栏整修如图 6.7-8 所示。

图 6.7-8　混凝土护栏整修

④各混凝土护栏块件之间、护栏与基础之间的连接以及护栏端头处理和过渡段的处理,均应符合设计要求。

⑤混凝土护栏的地基承载力、埋入深度、配筋方式及数量应符合设计要求。

⑥混凝土预制块件的损边、掉角的长度每处不得超过 20mm,否则应修补后才能安装使用;断裂的混凝土护栏块件不得使用。

(2)混凝土护栏整修、增设外观质量应符合下列规定:

①混凝土护栏块件表面色泽应均匀;蜂窝、麻面、裂缝、脱皮等缺陷面积不得超过该面面积的0.5%,深度不得超过10mm。

②护栏安装线形应顺畅,并应与公路线形及两端既有护栏线形协调一致。

6.7.5.3 缆索护栏更换、增设

(1)缆索护栏更换、增设应符合下列基本要求:

①缆索护栏的防撞等级和路侧最小设置长度应符合现行《公路交通安全设施设计规范》(JTG D81)和《高速公路交通工程及沿线设施设计通用规范》(JTG D80)的规定。

②缆索、立柱、锚具、紧固件的材质、性能、结构、尺寸及镀层质量应符合设计要求和现行《缆索护栏》(JT/T 895)的规定。

③护栏的端头处理及护栏过渡段的处理应符合设计要求。

④立柱应安装牢固。采用挖埋法施工,立柱埋入土中时,回填土应分层(每层厚度不超过100mm)夯实;立柱埋入混凝土中时,基础混凝土的几何尺寸、强度等应符合设计要求;采用打入法施工时,立柱顶部不应出现明显变形、倾斜、扭曲或卷边等现象。

⑤端部立柱调节螺杆行车方向外露部分长度和安全防护形式应符合设计要求。缆索护栏增设如图6.7-9所示。

图6.7-9 缆索护栏增设

(2)缆索护栏更换、增设外观质量应符合下列规定:

①金属构件表面不得有流挂、滴瘤或多余结块、漏镀、气泡、剥落和宽度超过0.5mm的擦痕等表面缺陷。

②索端锚具、托架、索夹螺栓应安装到位、固定牢固;托架编号和组合应与缆索护栏的类别相适应;上、下托架位置应正确,中央分隔带缆索护栏的托架应两边对称。

③护栏安装线形应顺畅,并应与公路线形及两端既有护栏线形协调一致。

6.7.6 防眩设施

(1)防眩设施更换、增设应符合下列基本要求:

①防眩设施产品应符合现行《防眩板》(GB/T 24718)的规定和设计要求。

②防眩设施整体布设应符合设计要求和现行《公路交通安全设施设计规范》(JTG D81)

的规定,遮光角和防眩板的几何尺寸均应符合设计要求。

(2)防眩设施更换、增设外观质量应符合下列规定:

①防眩设施应安装牢固;表面应色泽均匀,不得有气泡、裂纹、疤痕等缺陷。防眩设施更换与增设如图6.7-10所示。

②防眩设施安装线形应顺畅,并应与公路线形协调一致。

图6.7-10　防眩设施更换与增设

6.7.7　隔离栅和防落网

(1)隔离栅和防落网更换、增设应符合下列基本要求:

①隔离栅和防落网应符合现行《隔离栅　第1部分:通则》(GB/T 26941.1)、《隔离栅　第2部分:立柱、斜撑和门》(GB/T 26941.2)、《隔离栅　第3部分:焊接网》(GB/T 26941.3)、《隔离栅　第4部分:刺钢丝网》(GB/T 26941.4)、《隔离栅　第5部分:编织网》(GB/T 26941.5)及《隔离栅　第6部分:钢板网》(GB/T 26941.6)的规定和设计要求。

②隔离栅和防落网的安装位置应符合设计规定。

③立柱的强度应符合设计要求,折断或有明显缺陷的立柱不得使用。

④防落网应网孔均匀,结构牢固,围封严实。

⑤隔离栅起终点及遇桥梁、通道断开处,应符合端头封围的设计要求;跨越沟渠等形成的隔离栅下缘空缺处应按设计要求实施封堵。隔离栅增设如图6.7-11所示。

图6.7-11　隔离栅增设

(2)隔离栅和防落网更换、增设外观质量应符合下列规定：

①钢板网、编织网不得断丝，焊接网不得脱焊、虚焊。

②隔离栅的外观应平整、整洁，没有明显的凹凸、划痕或变形。涂层表面应光滑、均匀，无明显的脱落、剥落或起泡现象。

③混凝土立柱表面应平整；蜂窝、麻面、小气孔、裂纹、石子外露和缺边掉角等缺陷面积不得超过构件同一侧表面积的 4%，深度不得超过 10mm。

④安装线形应顺畅，并应与地形相协调。

6.7.8 其他交通安全设施

6.7.8.1 里程碑、百米桩和界碑更换、增设

（1）里程碑、百米桩和界碑更换、增设应符合下列基本要求：

①混凝土预制及石质的百米桩、里程碑、界碑的几何尺寸和字符应符合现行《道路交通标志和标线 第 2 部分：道路交通标志》(GB 5768.2)的规定，混凝土及石料的强度、质量应符合设计要求和现行《公路圬工桥涵设计规范》(JTG D61)的相关规定。局部补设的百米桩、里程碑、界碑应与同路段原有百米桩、里程碑、界碑材质一致。

②混凝土预制块件和石制块件不得有裂纹，不得采用风化石料；若存在，损边、掉角其长度每处不得超过 15mm，否则应修补后才能安装使用。

③金属板材反光型里程碑、百米牌的制作应符合《道路交通标志和标线 第 2 部分：道路交通标志》(GB 5768.2)的规定；反光膜应符合现行《公路交通反光膜》(GB/T 18833)的规定，且不得拼接。

④里程碑和百米桩在安装前应进行里程定位。因安装位置受限而移位安装时产生的位移量不得叠加至相邻安装段，且路段上的最大位移量不得超过 2m。

⑤里程碑、百米桩、界碑应安装稳固，正面不得有遮挡视线的障碍物；里程碑、百米桩的正面不得偏向路面外侧。里程碑、百米桩修补如图 6.7-12 所示。

图 6.7-12 里程碑、百米桩修补

（2）里程碑、百米桩和界碑更换、增设外观质量应符合下列规定：

①混凝土预制块件表面应平整，色泽应均匀；蜂窝、麻面、小气孔、裂纹、石子外露和缺边

掉角等缺陷面积不得超过构件同一侧表面积的1%,深度不得超过8mm。

②石制块件表面应光滑平整、色泽均匀。

③金属板材反光型里程碑、百米牌的面板不应有宽度超过0.2mm的划痕、面积超过5mm²的气泡和颜色不匀、明暗不匀等表面缺陷。

6.7.8.2 金属框架声屏障更换、增设

(1)金属框架声屏障更换、增设应符合下列基本要求:

①整修和更换金属框架声屏障的结构和降噪效果应符合设计要求。

②所用的声屏障体、金属立柱应经进场检验,确认其材质、规格、颜色符合设计要求,并与同路段原有金属结构声屏障基本一致后方可使用。

③基础的承载力及埋置深度、材料质量应符合设计要求。

④所使用的焊接材料和紧固件应符合设计要求,焊接不得有裂纹、未熔合、夹渣和未填满弧坑等缺陷。

⑤立柱与基础、立柱(框架)与屏体之间的连接应稳固;固定件位置应正确,数量应符合设计要求。金属框架声屏障更换与增设如图6.7-13所示。

⑥局部更换或增设的声屏障应与两端衔接的既有声屏障及桥梁等构筑物相协调。

图6.7-13 金属框架声屏障更换与增设

(2)金属框架声屏障更换、增设外观质量应符合下列规定:

①镀(涂)层应均匀;剥落、气泡、漏镀(涂)、刻痕、擦伤等表面缺陷面积不得超过该构件表面积的0.2%。

②屏体颜色应均匀一致,无裂纹,划伤面积不得超过该构件表面积的0.1%。

③屏体与立柱(框架)、屏体之间的连接缝应密实,所有紧固件应按规定拧紧。

④基础外观应平整,不得造成路面污染及构筑物损坏。

7 公路养护作业安全管理

7.1 公路养护安全作业

随着我国公路建设以及交通需求的快速发展,公路养护正成为我国公路发展的新主题。安全和畅通是公路使用者对公路运营养护期间尤其是养护作业时的基本要求。公路养护作业时的人员、设备及过往车辆的安全问题日渐突出,交通事故时有发生,而公路养护作业带来的交通拥堵问题日趋突出,严重影响公路运营与养护期间的综合服务水平。

7.1.1 养护安全作业分类

《公路养护安全作业规程》(JTG H30—2015)中明确了以作业时间为标准的养护安全作业分类,具体分类如下:

(1)移动养护作业:连续移动或停留时间不超过30min的养护作业,如清扫、检测等。
(2)临时养护作业:定点作业时间超过30min且小于或等于4h的养护作业,如灌缝、坑槽修补等。
(3)短期养护作业:定点作业时间超过4h且小于或等于24h的养护作业。
(4)长期养护作业:定点作业时间大于24h的养护作业。

公路养护单位应根据养护作业类型制订相应的安全和保通方案。此外,根据养护作业类型,还可以确定作业控制区的范围。

养护维修作业控制区一般由警告区(S)、上游过渡区(L_S)、缓冲区(纵向缓冲区 H,横向缓冲区 H_h)、工作区(G)、下游过渡区(L_X)和终止区(Z)组成。各项养护维修作业控制区的布置和长度应保证公路养护维修作业人员、设备和过往车辆的安全。

7.1.2 公路养护安全作业基本要求

(1)公路养护维修作业必须保障养护维修作业人员和设备的安全,以及车辆的安全运行。在进行养护作业前,应进行施工交通组织设计,制订安全和通畅保障方案,并报有关部门批准。对于大、中修工程(含预防性养护)交通组织设计,其要求如下:

①公路养护工程施工图设计(同步进行交通组织设计),需经公路管理机构或经营管理

单位审查。

②施工单位制订养护作业路段的安全和保通方案需经有关部门审批。

③养护单位进行养护作业控制区布置、交通组织管理与安全作业管理,公路管理机构或经营管理单位需对养护安全作业进行监督检查。

(2)公路养护作业应利用可变信息标志、交通广播、网络媒体、临时性交通标志等沿线设施、信息服务平台,及时发布前方公路或区域路网内的养护作业信息。

(3)作业控制区布置应考虑养护作业的内容与要求、时间和周期、交通量、经济效益等因素,安全设施布设必须合理、前后协调,起到引导车流平稳变化的作用。

(4)公路养护作业单位应建立安全管理制度,配备专职或兼职安全管理人员,实施对养护维修作业人员的安全培训和教育。养护维修作业人员必须接受安全技术教育,遵守各项安全技术操作规程。

(5)公路养护维修作业单位或经营单位应加强养护维修作业现场安全的管理。各级公路管理机构应加强对养护维修作业安全的监督和检查。公路长期养护作业应组织制订养护安全作业应急预案。当发生突发事件时,应及时启动应急预案。

(6)公路养护作业的安全设施应始终处于良好的工作状态,在未完成养护作业之前,任何人不得随意撤除或改变安全设施的位置、扩大或缩小养护作业控制区的范围,以保证养护作业控制区安全控制的有效性。

7.1.3 公路养护作业安全规定

(1)凡在公路上进行养护维修作业和管理的人员必须穿着带有反光标志的橘红色工作服装。

(2)公路路面养护维修作业应按作业控制区交通控制标准设置相关的渠化装置和标志,必要时应指派专人负责维持交通秩序。在可能发生山体滑坡、塌方、泥石流及高路堤、陡边坡等路段养护维修作业,必要时应设专人观察险情,严防安全事故发生。此外,养护作业交通引导人员尚应符合下列规定:

①交通引导人员应面向来车方向,站在可视性良好的非行车区域内。

②进行高速公路及一级公路养护作业时,交通引导人员宜站在警告区非行车区域内。

(3)公路检测宜根据作业时间按相应的养护作业类型布置作业控制区,并应加强现场养护作业管理。公路养护作业人员必须在作业控制区内进行养护作业。公路养护作业人员上下作业车辆或装卸物资必须在工作区内进行。养护机械或材料不得堆放于控制区外,也不得危及桥梁、隧道等结构物的安全。

(4)公路桥梁、涵洞、隧道养护现场,应专门设置养护维修作业的交通标志。在桥梁栏杆外侧和桥梁墩台进行养护维修作业时,必须设置有效的安全防护设施,公路养护作业人员必须系牢安全带。

(5)在隧道内进行养护作业时,除遵守相关规定外,还应遵守以下规定:

①养护施工路段内的照明应满足要求,并设置必要的安全设施。

②注意观察和控制隧道内的有害气体浓度,做好通风工作。

③隧道内禁止存放易燃易爆物品,严禁烟火。

④电子设施等对维护安全有特别要求的,应按相关安全规程执行。

(6)特殊条件下的养护维修作业应符合下列要求:

①高温季节实施养护作业时,应遵守劳动保护规定,采取有效的防暑降温措施,并适当调整作息时间,尽量避开高温时段。

②冬季养护维修作业时,应采取保温防冻等安全防护措施,作业时应加强交通管制,并对作业人员、作业机械加强防滑措施。

③雨季养护作业应做好防洪排涝工作,加强防水、防漏电、防滑、防坍塌等措施。

④大雾天不宜进行养护维修作业,当必须进行抢修作业时,应采取封闭交通,并在安全设施上设置黄色施工警告灯等安全设施。

⑤夜间进行养护作业应布设照明设施和警示频闪灯,应加强养护作业的现场管理。

(7)山区养护维修作业时,应遵守下列规定:

①在视距条件较差或坡度较大的路段进行养护维修作业,必要时应设专人指挥交通,作业控制区应增加有关交通安全设施。

②作业控制区的施工标志应与急弯标志、反向标志或连续转弯标志等并列设置。

③在同一弯道不得同时设置两个或两个以上养护维修作业控制区。

④养护维修作业人员在作业时应戴安全帽。

(8)清扫、绿化养护及公路检测作业,应遵守下列规定:

①严禁在能见度差(如夜间无照明设施、大雾天)的条件下进行人工清扫。

②高速公路和一级公路路面清扫应以路面清扫车进行机械清扫为主,一级及一级以下公路路面清扫可以机械清扫和人工清扫相结合的方式进行;进行人工清扫路面时,应采取安全防护措施。

③凡需占用车道进行绿化作业时,必须按作业控制区布置要求设置有关标志。

④高速公路、一级公路中央分隔带、边坡绿化浇水作业时,浇水车辆尾部应安装发光可变标志或按移动养护维修作业控制区布置。

⑤公路检测车、路面清扫车、护栏清洗车等在高速公路、一级公路进行公路性能检测和作业时,凡行进速度低于50km/h时,应按临时定点或移动养护维修作业控制区布置,或在设备尾部安装发光可变标志。

(9)公路养护安全设施在使用期间应定期检查维护,保持设施完好并能正常使用。用于夜间养护作业的安全设施必须具有反光性或发光性。

(10)公路养护作业应在保障养护作业人员、设备和车辆运行安全的前提下,充分考虑养护作业对交通安全保通状况的影响,保障交通通行。

7.2 养护安全设施及分类

养护安全设施的设置是为了保护养护作业人员和设备安全,警告、提醒和引导车辆通过养护维修作业控制区,加强安全防范意识。各类安全设施及交通引导人员示例符号见表 7.2-1。

各类安全设施及交通引导人员示例 表 7.2-1

名称	符号
养护安全设施	
附设施工警示灯的护栏	
交通锥或其他车道渠化设施	
工作区	
照明设施	
闪烁警示灯	
交通引导人员或模拟交通引导员	
移动式标志车	

用于高速公路养护安全作业的设施包括施工标志、渠化设施和辅助设施。

7.2.1 施工标志

养护施工标志的技术要求应符合《公路临时性交通标志》(GB/T 28651—2012)的规定。养护施工标志应易于搬动、运输,并能简单快速地安装和拆除,安装后应保持结构稳定。公路养护作业施工标志图例见表 7.2-2。

公路养护作业施工标志图例　　　　　表7.2-2

编号	名称	图例
1	前方×m公路施工警告标志	
2	公路封闭标志	
3	车道数变少标志	
4	车道封闭标志	
5	改道标志	
6	双向通行标志	
7	限速标志	
8	解除限速标志	
9	禁止超车	

续上表

编号	名称	图例
10	解除禁止超车	
11	指示标志	
12	线形诱导标志	
13	慢行标志	
14	减速让行标志	

施工标志宜布设在警告区起点,限速标志宜布设在警告区的不同断面处,解除限速标志宜布设在终止区末端。

7.2.2 渠化设施

渠化设施包括交通锥、防撞桶、水马、隔离墩、附设警示灯的路栏等。公路养护作业渠化设施图例见表 7.2-3。

公路养护作业渠化设施图例 表 7.2-3

编号	名称	图例
1	交通锥	
2	防撞桶	
3	水马	
4	隔离墩	
5	附设警示灯的路栏	

公路养护作业渠化设施相关规定与要求如下：

(1)交通锥的形状、颜色和尺寸应符合现行《道路交通标志和标线》(GB 5768)的有关规定。交通锥布设在上游过渡区、缓冲区、工作区和下游过渡区；布设间距不宜大于 10m，其中上游过渡区和工作区布设间距不宜大于 4m。

(2)防撞桶颜色应为黄、黑相间，顶部可附设警示灯；防撞桶可用于三级及三级以上公路下坡路段养护作业，宜布设在工作区或上游过渡区与缓冲区之间。防撞桶的技术要求应符合现行《公路防撞桶》(GB/T 28650)的规定。防撞桶使用前应灌水，灌水量不应小于其内部容积的 90%；在冰冻季节，可采用灌砂的方法，灌砂量不应小于其内部容积的 90%。防撞桶宜成组使用，以起到警示和减缓冲击的作用。

(3)水马颜色应为橙色或红色,高度不得低于40cm;水马可用于三级及三级以上公路下坡路段养护作业,宜布设在工作区或上游过渡区与缓冲区之间。水马使用前应灌水,灌水量不应小于其内部容积的90%;在冰冻季节,可采用灌砂的方法,灌砂量不应小于其内部容积的90%。

(4)隔离墩颜色应为黄、黑相间。隔离墩可用于三级及三级以上公路下坡路段养护作业,宜布设在工作区或上游过渡区与缓冲区之间,并宜组合或连接使用。

(5)附设警示灯的路栏颜色应为黄、黑相间。附设警示灯的路栏宜布设在工作区或上游过渡区与缓冲区之间。

7.2.3 辅助设施

辅助设施包括施工公告牌、提示标志、闪光设施(包括警示灯、电子导向标志、闪烁警示灯、车辆闪光灯等)、照明设施、临时交通控制信号设施和移动式标志车等。公路养护作业辅助设施图例见表7.2-4。

公路养护作业辅助设施图例　　　　表7.2-4

编号	名称	图例
1	施工公告牌	
2	提示标志	
3	警示灯	
4	电子导向标志	
5	闪烁警示灯	

续上表

编号	名称	图例
6	车辆闪光灯	
7	照明设施	
8	临时交通控制信号设施	
9	移动式标志车	

公路养护作业辅助设施相关规定与要求如下：

(1)施工公告牌、提示标志的技术要求应符合现行《公路临时性交通标志》(GB/T 28651)的规定。

(2)闪光设施包括警示灯、电子导向标志、闪烁警示灯和车辆闪光灯。其中,电子导向标志宜布设在上游过渡区;闪烁警示灯宜布设在需加强警示的区域,宜为黄蓝相间的警示频闪灯;车辆闪光灯应为360°旋转黄闪灯,可用于养护作业车辆或移动式标志车。

(3)照明设施主要用于夜间或隧道内养护作业,主要布设在工作区。

(4)临时交通控制信号设施灯光颜色应为红、绿两种,可交替发光,可用于双向交替通行的养护作业,宜布设在上游过渡区和下游过渡区。

(5)移动式标志车的颜色应为醒目的黄色,并在顶部装有警示灯,其后部应有醒目的电子导向标志牌,用于临时养护作业或移动养护作业,布设在工作区上游。

7.3 养护作业控制区布置

7.3.1 养护作业控制区的确定

养护作业控制区是为公路养护安全作业所设置的交通管控区域,一般由警告区(S)、上游过渡区(L_S)、缓冲区(H,H_h)、工作区(G)、下游过渡区(L_X)及终止区(Z)六个区域组成。长期和短期养护作业应布置警告区、上游过渡区、缓冲区、工作区、下游过渡区、终止区等区域;临时养护作业控制区布置可在长、短期养护作业的基础上减小区段长度,有移动式标志车时也可不布置上游过渡区;移动养护作业控制区可仅布置警告区和工作区,警告区长度可减小。四级公路养护作业控制区布置可在二、三级公路养护作业基础上简化。养护作业控制区示例见图 7.3-1。

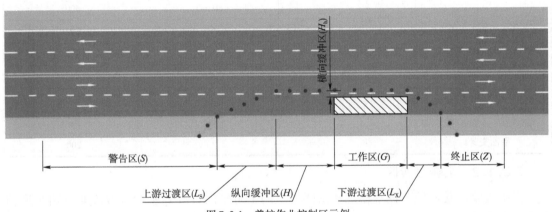

图 7.3-1 养护作业控制区示例

养护作业控制区应采取限速措施,其限速过程应在警告区内完成。限速应采用逐级限速或重复提示限速方法,相邻限速标志间距不宜小于 200m。逐级限速宜每 200m 降低 20km/h,最终限速值不应大于表 7.3-1 的规定。当最终限速值对应的预留行车宽度不符合要求时,应降低最终限速值。对于高速公路及一级公路封闭路肩的养护作业,表 7.3-1 中的最终限速值可提高 10km/h 或 20km/h;对于不满足超车视距的二、三级公路弯道或纵坡路段的养护作业,最终限速值宜取 20km/h。

公路养护作业限速值　　　　　　　　　表 7.3-1

设计速度(km/h)	限速值(km/h)	预留行车宽度(m)
120	80	3.75
100	60	3.50
80	40	3.50

续上表

设计速度(km/h)	限速值(km/h)	预留行车宽度(m)
60	30	3.25
40	30	3.25
30	20	3.00
20	20	3.00

7.3.1.1 警告区

警告区是从作业控制区起点设置施工标志到上游过渡区之间的路段,用以警告车辆驾驶员已经进入养护维修作业路段,应按交通标志调整行车状态。警告区最小长度见表7.3-2。

警告区最小长度　　　　表7.3-2

位置	公路等级	设计速度(km/h)	警告区最小长度(m)
路段	高速公路、一级公路	120	1600
		100	1000
		80,60	600
	二、三级公路	80	600
		60	400
		40	300
		30	300
		20	200
平面交叉口	—		200

7.3.1.2 上游过渡区

上游过渡区是保证车辆平稳地从封闭车道的上游横向过渡到缓冲区旁边非封闭车道的路段。其作用是通过设置于警告区内的交通标志告诉车辆驾驶员前方将要发生什么,行车状态按照沿路所设的交通标志牌的指示而随时改变。上游过渡区长度设置是否合理,可以在现场观察出来。若车辆在通过上游过渡区时经常紧急制动或过渡区附近拥挤严重,则有可能前方的交通标志设置不当或过渡区长度过短。

上游过渡区包括车道封闭和路肩封闭两种情况。其中,车道封闭上游过渡区的最小长度见表7.3-3,路肩封闭上游过渡区的最小长度应不小于表7.3-3规定的1/3。在隧道内时,车道封闭上游过渡区的最小长度为正常路段的1.5倍。

车道封闭上游过渡区的最小长度　　　　表7.3-3

限制车速(km/h)	封闭车道宽度(m)			
	3.0	3.25	3.5	3.75
80	150	160	170	190
60	80	90	100	120

续上表

限制车速(km/h)	封闭车道宽度(m)			
	3.0	3.25	3.5	3.75
40	30	35	40	50
30	20	25	30	
20	20			

7.3.1.3 缓冲区

缓冲区是上游过渡区到工作区之间的路段。其目的是防止驾驶员判断失误,从上游过渡区闯入工作区,造成人员伤害和设备的损坏。缓冲区可分为纵向缓冲区(H)和横向缓冲区(H_h)两类。纵向缓冲区为上游过渡区终点到工作区起点之间的安全缓冲区域。横向缓冲区为置于纵向缓冲区和工作区与非封闭车道之间,保障养护作业人员和设备横向安全的区域。

纵向缓冲区的最小长度见表7.3-4。当工作区位于下坡路段时,纵向缓冲区的最小长度应适当延长。在保障行车道宽度的前提下,工作区和纵向缓冲区与非封闭车道之间宜布置横向缓冲区,其宽度不宜大于0.5m。在缓冲区,不准养护维修人员在其内活动,不准堆放东西;缓冲区可设置防冲撞装置,以加强防护作用。

纵向缓冲区的最小长度　　　表7.3-4

限制车速(km/h)	不同下坡坡度的纵向缓冲区最小长度(m)	
	≤3%	>3%
80	120	150
60	80	100
40	50	
30	30	
20	30	

7.3.1.4 工作区

工作区是养护维修作业的工作场所,也是养护维修作业人员工作、堆放建筑材料、停放施工设备的区域。为保证安全,在工作区与开放交通的车道之间要有明确的隔离装置;根据养护维修作业或施工的需要而定,应考虑为工程车辆提供安全的进出口。

工作区根据养护作业的需要确定。除借用对向车道通行的高速公路及一级公路养护作业外,工作区的最大长度不宜超过4km。借用对向车道通行的高速公路及一级公路养护作业,工作区的长度应根据中央分隔带开口间距和实际养护作业而定,工作区的最大长度不宜超过6km。当中央分隔带开口间距大于3km时,工作区的最大长度应为一个中央分隔带开口间距。

7.3.1.5 下游过渡区

下游过渡区是保证车辆平稳地从工作区旁边的车道横向过渡到正常车道的路段。下游过渡区的最小长度宜取30m。对交通量特别大的路段,有施工车辆从下游过渡区出入时,应用交通锥隔离供施工车辆专用,最大限度地满足车辆并道安全要求。

7.3.1.6 终止区

终止区是为通过或绕过养护维修作业地段的车辆提供一个调整行车状态的路段。在终止区的末端应设置有关解除限速或超车的交通标志,这样可使驾驶员明白已经通过了养护维修作业地段,并恢复正常的行车状态。终止区最小长度宜取30m。

7.3.2 养护作业控制区布置基本要求

养护作业控制区布置应根据养护施工作业的内容、时限和路段交通量等因素进行合理设置,前后协调。

1)基本要求

养护作业控制区布置的基本要求如下:

(1)每一个养护作业工作区长度不宜超过6km,两个相邻的养护作业工作区(同一行车方向或不同行车方向)距离应不小于4km。

(2)养护作业控制区一般按整条车道布置,双向四车道高速公路实行半幅封闭作业时,半幅双向通行一侧宜在第1、2车道分隔线右侧约0.5m处布设交通锥、隔离墩等安全设施。

(3)施工控制区夜间不能撤除的,应布设电子导向标志、闪烁警示灯;夜间进行养护作业时,养护作业工作区应布设照明设施。

(4)养护作业单位应加强养护作业控制区的检查与维护,确保安全设施处于良好的工作状态,不得随意撤除和改变安全设施的位置、扩大和缩小控制区的范围。

2)相关规定

除了上述基本要求,养护作业控制区布置还需满足以下规定:

(1)养护作业工作区应设置工程车辆专门的进口和出口,进出口应设置在顺行车方向的下游过渡区内。

(2)当在单向三车道及以上公路的中间车道进行养护作业时,其相邻一侧车道应同时封闭。

(3)应利用作业上游和相关高速公路上的可变信息板,24h不间断地发布有关施工路段的信息及建议绕行路线等信息。

(4)在作业路段上下游的互通立交和有关高速公路收费站入口处醒目位置应设置交通标志,提示施工路段位置和建议绕行路线等信息。

(5)在警告区内应设置施工标志、限速标志和车道变化标志。在上游过渡区起点至下游过渡区之间设置交通锥等设施;在缓冲区与工作区交界处布设路栏;控制区其他安全设施可视具体情况而定。

(6)在布置改变交通流方向的作业控制区时,与中央分隔带开口位置相结合,利用非作业控制区一侧的车道。当警告区范围内有入口匝道时,在匝道公路肩外设置施工标志。

7.3.3 养护作业控制区布置方法

养护作业控制区确定之后,可开始养护作业控制区的现场布置。养护作业控制区布置应根据养护施工作业的内容、时间和路段交通量等因素进行合理设置,前后协调。根据公路等级不同,养护作业控制区布置方法略有差异。高速公路的车速快、车辆多,离医院较远,一旦发生安全事故,后果不堪设想,每年因养护作业造成交通事故的情况屡见不鲜。这里主要以高速公路为例介绍养护作业控制区布置方法,二、三级公路及其他公路的养护作业控制区布置可参考现行《公路养护安全作业规程》(JTG H30)的规定执行。

7.3.3.1 双向四车道养护作业控制区布置

在高速公路养护作业时,若工作面过短,会造成施工难以形成规模,施工质量、进度难以保证;控制区长度过大时,可能造成交通堵塞,甚至导致交通瘫痪。经大量工程实践发现,养护作业工作区最大长度超过 6km 时,车辆按照限速需要 8min 以上时间通过施工控制区,容易造成视觉疲劳且驾驶员心理普遍难以接受,因此养护作业控制区最大长度不宜超过 6km。

在同侧的同一车道两个封闭路段,如间距小于 2km,则可以连成一个封闭区;在同侧的不同车道上布设封闭区则不能合并为一个封闭段落,当两者间距小于 2km 时,无法按规定布设警告区,且易造成视觉混乱;在不同侧施工的两个封闭段落如间距小于 2km,当一侧公路发生交通事故等紧急情况造成交通堵塞时,无法在另一侧进行单侧双向通行。因此,两个相邻的养护作业控制区(同一侧或非同一侧)距离一般不得小于 4km。

双向四车道高速公路养护作业控制区布置如图 7.3-2 ~ 图 7.3-4 所示。在第 2 车道养护作业时,应将应急车道同时封闭。一般高速公路车道宽度为 3.75m,在双向四道高速公路实行半幅封闭半幅双向通行时,如按车道宽度布置交通锥,则超宽车辆经过第 1 车道时易造成交通锥倒伏,导致安全隐患。沿第 2 车道靠车道分隔线一侧 0.5m 布设,可增加第 1 车道宽度达 4.25m,可以保证超宽车辆通行,同时,原第 2 车道可部分借用应急通道通行。双向四车道养护作业控制区布置在 800m 处增加车道数变少标志,这样可向司乘人员提供更全面的公路养护施工信息,以便司乘人员提前做好准备。

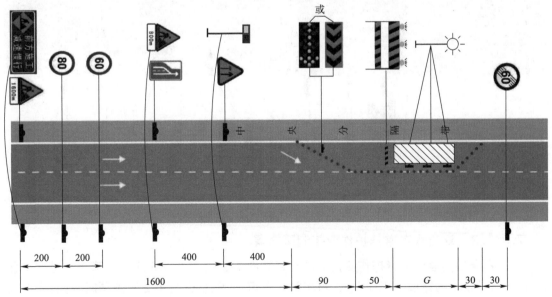

图 7.3-2 双向四车道高速公路第 1 车道封闭养护作业控制区布置(尺寸单位:m)

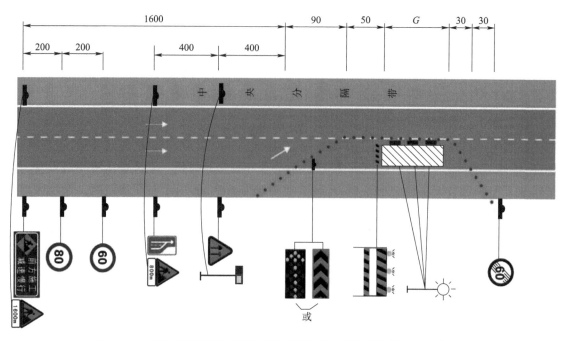

图7.3-3 双向四车道高速公路第2车道封闭养护作业控制区布置(尺寸单位:m)

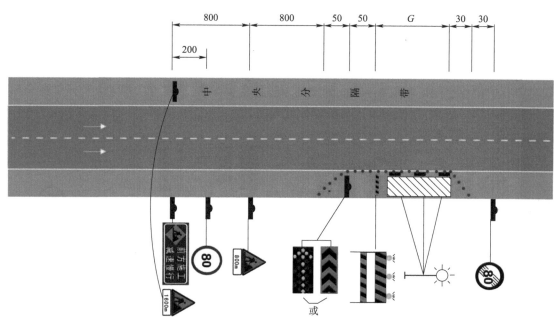

图7.3-4 双向四车道高速公路应急车道封闭养护作业控制区布置(尺寸单位:m)

7.3.3.2 双向六车道养护作业控制区布置

双向六车道高速公路养护作业控制区布置如图7.3-5、图7.3-6所示。第2车道养护作业,在交通量较小的路段施工作业时,可将第3车道、应急车道与第2车道同时封闭;当交通量较大时,仅封闭第1车道和第2车道。封闭两个车道养护作业,控制区布置两个上游过渡区时,其最小间距应不小于200m。

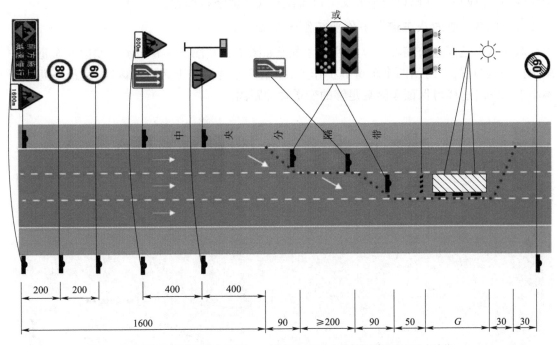

图7.3-5 双向六车道高速公路第1、2车道封闭养护作业控制区布置(尺寸单位:m)

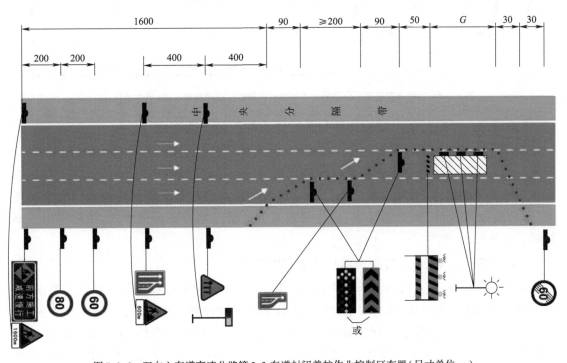

图7.3-6 双向六车道高速公路第2、3车道封闭养护作业控制区布置(尺寸单位:m)

借用对向车道通行的养护作业,应结合中央分隔带开口位置,利用靠近养护作业一侧的车道通行,双向车道都应布置作业控制区。借用车道双向通行分隔宜采用带有连接的车道渠化设施,并应在前一出口或平面交叉口布设长大车辆绕行标志。

7.3.3.3 双向八车道养护作业控制区布置

双向八车道高速公路养护作业控制区布置如图7.3-7、图7.3-8所示。双向八车道养护施工控制区布置,在封闭两个车道养护作业,控制区布置两个上游过渡区时,其最小间距应不小于200m,这样可保证车辆有足够的变道缓冲距离。

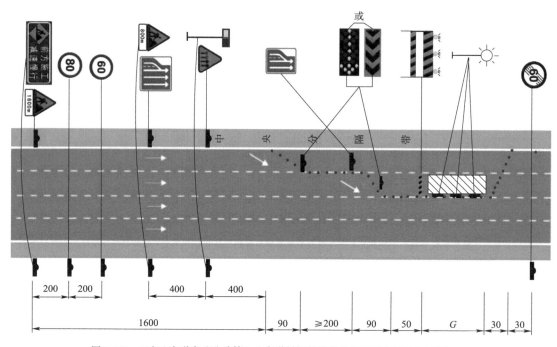

图7.3-7 双向八车道高速公路第1、2车道封闭养护作业控制区布置(尺寸单位:m)

7.3.3.4 半幅封闭半幅双向通行养护作业控制区交通布置

半幅封闭半幅双向通行的高速公路养护作业控制区布置(以双向四车道为例)如图7.3-9所示。根据现场公路线形和车流量情况确定缓冲区的长度,应不小于200m。在工作区内宜预留施工车辆通道,兼顾应急之用。半幅封闭半幅双向通行养护作业控制区布置时增加"双向通行""改道"等交通标志,以让驾乘人员更清晰地辨识封道形式,及时作出正确判断。

7.3.3.5 立交出、入口匝道养护作业控制区布置

高速公路立交出、入口匝道附近养护作业控制区布置如图7.3-10~图7.3-13所示,以及立交匝道单车道上车道、应急车道封闭养护作业控制区布置如图7.3-14、图7.3-15所示。立交出、入口匝道养护作业控制区布置应根据工作区在匝道上的具体位置而定。匝道养护作业警告区的长度应不小于300m。当匝道长度小于警告区最小长度时,作业控制区最前端的交通标志应布设在匝道入口处。一条匝道上不能同时布置两个作业区。立交出口车道施工交通布置中,在主道位于工作区前方300m的第2车道与路肩位置布置过渡区和缓冲区,

可避免匝道出口车辆与主线车辆直接交汇,避免交通事故发生。

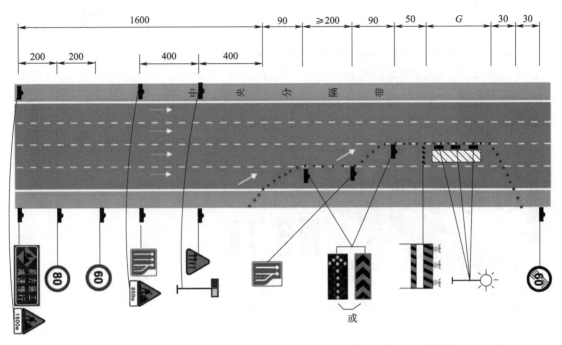

图 7.3-8 双向八车道高速公路第 3、4 车道封闭养护作业控制区布置(尺寸单位:m)

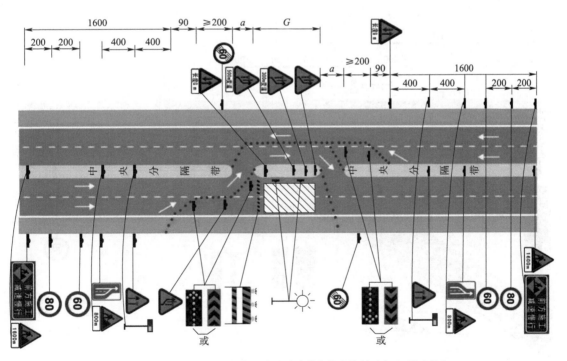

图 7.3-9 半幅封闭半幅双向通行的高速公路养护作业控制区布置(尺寸单位:m)

注:a 为中央分隔带开口长度。

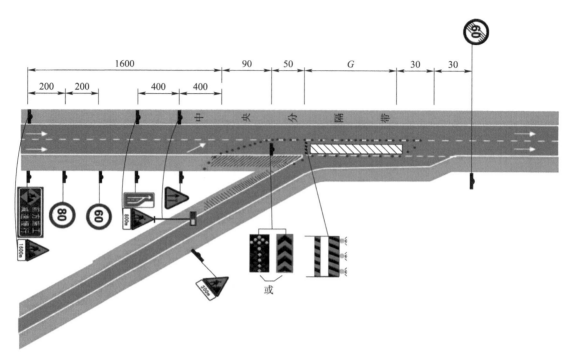

图 7.3-10　立交入口匝道附近养护作业控制区布置(1)(尺寸单位:m)

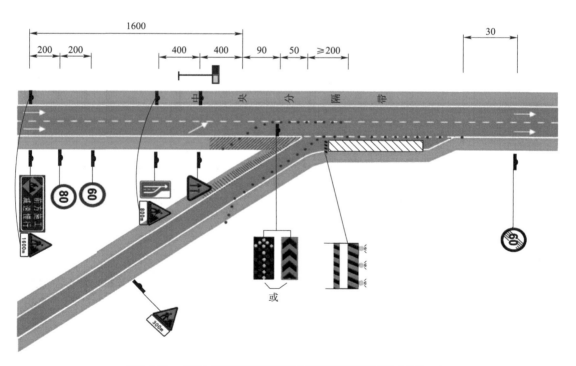

图 7.3-11　立交入口匝道附近养护作业控制区布置(2)(尺寸单位:m)

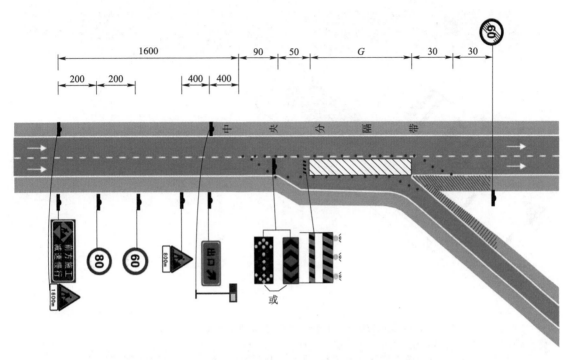

图 7.3-12 立交出口匝道附近养护作业控制区布置(1)(尺寸单位:m)

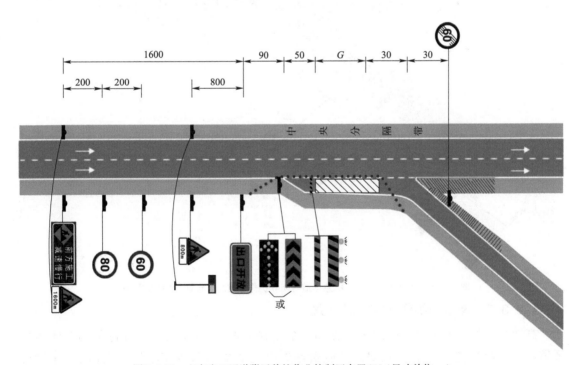

图 7.3-13 立交出口匝道附近养护作业控制区布置(2)(尺寸单位:m)

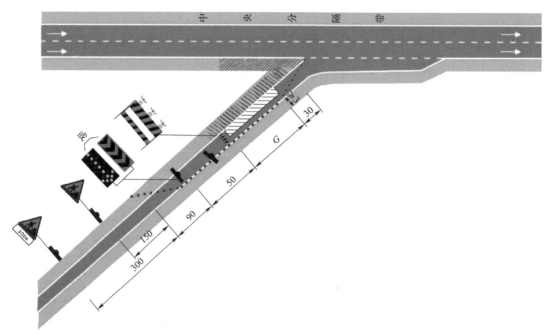

图 7.3-14 立交匝道单车道上车道封闭养护作业控制区布置(尺寸单位:m)

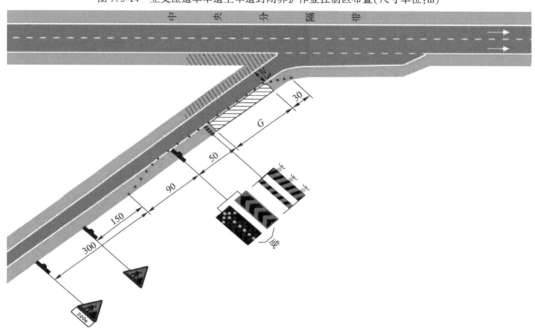

图 7.3-15 立交匝道单车道应急车道封闭养护作业控制区布置(尺寸单位:m)

7.3.3.6 隧道养护作业控制区布置

高速公路隧道养护作业控制区布置如图 7.3-16 ~ 图 7.3-19 所示。进行单洞双向通行隧道养护作业时,应在离作业点最近的收费站处设置限宽、限高标志,要求超宽超高车辆提前绕行。隧道内养护作业路段应加密交通锥等渠化设施,并提高缓冲区和工作区的照明度。隧道内养护作业人员应穿戴带有反光标志的安全标志服和安全帽,养护机械上应配备反光标志,工作区周围应布设照明设施。隧道日常养护作业应集中进行,宜在交通量较小时段进行。长、特长隧道养护作业应全时段配备交通引导人员。

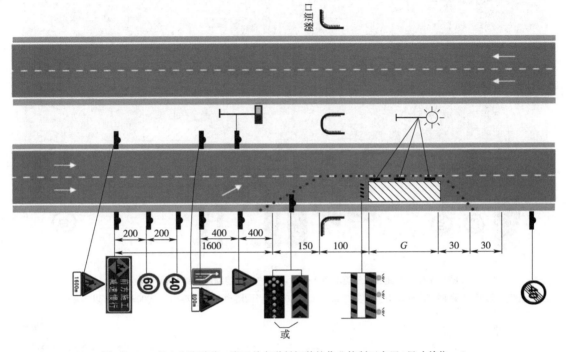

图 7.3-16　高速公路隧道口附近单车道封闭养护作业控制区布置(尺寸单位:m)

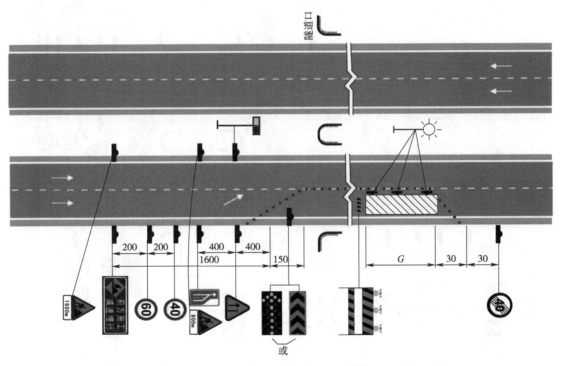

图 7.3-17　高速公路隧道中间路段单车道封闭养护作业控制区布置(尺寸单位:m)

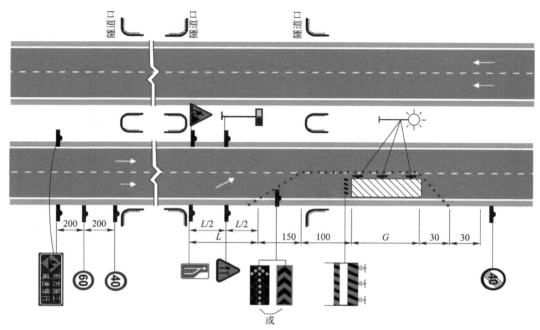

图 7.3-18 高速公路隧道群单车道封闭养护作业控制区布置(尺寸单位:m)

注:L 为警告区长度,两隧道之间距离大于 1000m 时 L 取 800m;当两隧道之间距离小于 1000m 时,L 以实际距离计算。

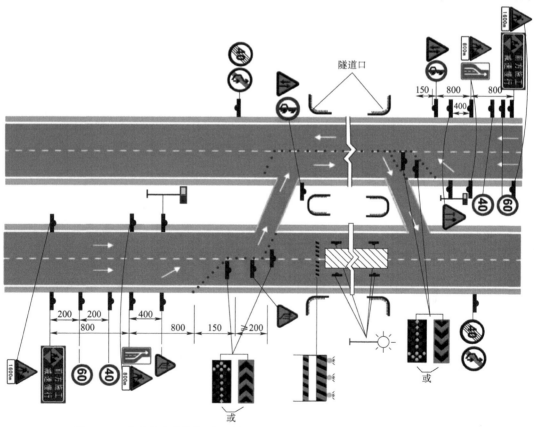

图 7.3-19 高速公路隧道单洞封闭单洞双向通行养护作业控制区布置(尺寸单位:m)

7.3.3.7 临时养护作业控制区布置

高速公路内、外侧车道临时定点养护作业控制区布置如图7.3-20、图7.3-21所示。临时养护作业控制区布置可采用单一限速控制,警告区长度宜取长、短期养护作业警告区长度的1/2。可不布置缓冲区,视距不良路段或夜间作业时除外。若不设缓冲区,则需配备交通引导人员。当布设移动式标志车时,可不设上游过渡区。

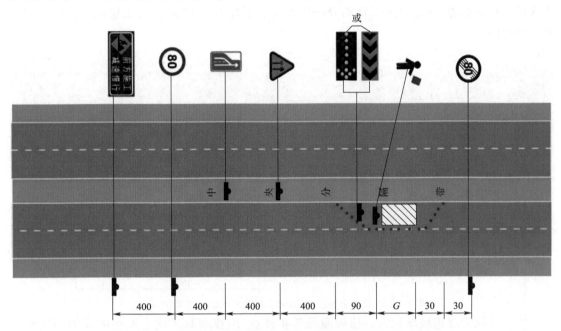

图7.3-20　高速公路内侧车道临时定点养护作业控制区布置(尺寸单位:m)

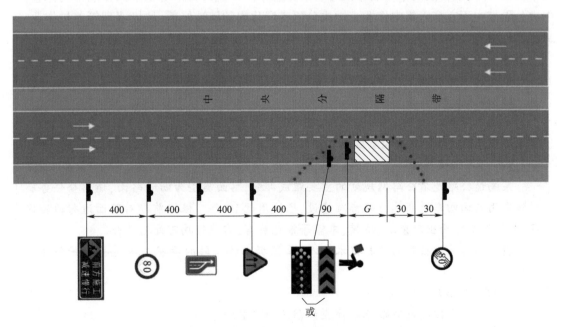

图7.3-21　高速公路外侧车道临时定点养护作业控制区布置(尺寸单位:m)

7.3.3.8 移动养护作业控制区布置

高速公路移动养护作业控制区布置如图 7.3-22 所示。高速公路移动养护作业控制区宜布设移动式标志车;作业机械配备闪光箭头和车辆闪光灯时,可不布设移动式标志车,尾部悬挂施工标志;当占用路面进行人工移动养护作业时,宜封闭一定范围的养护作业区域,并按临时养护作业的有关规定执行。对于路肩清扫等人工移动养护作业,宜布设移动式标志或锥形交通标志,其距离人工移动养护作业起点不宜小于150m。人工移动养护作业应避开高峰时段。

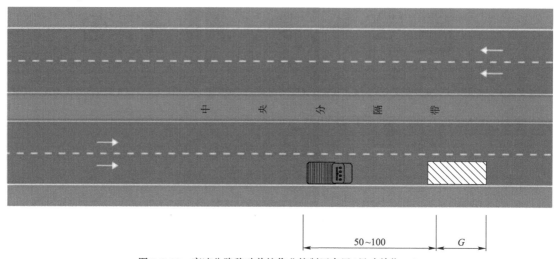

图 7.3-22　高速公路移动养护作业控制区布置(尺寸单位:m)

中央分隔带或边坡绿化内的植被灌溉养护作业,应在灌溉车辆上配备醒目的闪光箭头或车辆频闪灯,或在灌溉车辆后布设移动式标志车。作业人员不得在中央分隔带内休息,且中央分隔带中不宜多人集中作业。中央分隔带绿化内的植被修剪、垃圾清理等养护作业,应封闭靠近中央分隔带的内侧车道,并按临时养护作业控制区布置。

数字化学习案例十一:双向四车道高速公路养护作业控制区布置

(1)学习目标

通过本环节的数字化学习与训练,可以清晰地了解高速公路养护作业控制区的组成,掌握本施工段的养护作业控制区布置要求,并完成本施工段的养护作业控制区布置。

(2)学习情境描述

某高速公路是省公路网规划的重要组成部分,路面类型为沥青路面,该路全任务驱动线采用双向四车道高速公路标准建设,已使用近10年。根据前期对路面进行检测发现,多处沥青路面出现裂缝、坑槽、车辙等常见病害,需进行病害处治作业。

现在你作为该公路的养护技术工人,需根据本施工段的养护工况进行养护作业控制区的布置。

(3)数字化视频学习引导

①双向四车道高速公路养护作业控制区的布置顺序。

②双向四车道高速公路养护作业控制区的布置要点。
③熟悉现场作业环境。
(4)数字化视频课程
使用手机、平板电脑等电子设备扫描二维码即可开始数字化学习。
(5)双向四车道高速公路养护作业控制区布置知识要点
①施工段工况介绍。

双向四车道高速公路养护作业控制区布置数字化学习视频

以高速公路四车道封闭第1车道的养护作业为例,假设定点养护的作业时间超过了24h,属于长期养护作业,养护施工段高速公路的设计速度为100km/h,养护施工段的下坡坡度为2%。

②公路养护作业控制区概况。

公路养护作业控制区按照布置顺序分为警告区、上游过渡区、纵向缓冲区、工作区、下游过渡区和终止区。

③布置要点。

a.控制区限速:根据公路养护作业限速的相关规定,确定最终限速值为60km/h,预留行车宽度3.5m。

b.警告区:根据高速公路设计速度,合理确定警告区的最小长度为1000m。

c.上游过渡区:根据最终限速值以及封闭车道的宽度,确定上游过渡区最小长度为100m。

d.纵向缓冲区:由于待养护施工段高速公路的下坡坡度小于3%,确定纵向缓冲区最小长度为80m。

e.工作区:工作区和纵向缓冲区与非封闭车道之间布置的横向缓冲区宽度不宜大于0.5m。

f.下游过渡区和终止区:下游过渡区的长度不宜小于30m,终止区的长度不宜小于30m。

(6)任务演练

根据所学内容,回答以下问题:
①公路养护作业控制区按照布置顺序分为哪些?
②公路养护作业控制区布置需要考虑的工况内容有哪些?
③下游过渡区和终止区的布置要点是什么?

7.4 养护安全设施布设

7.4.1 养护作业控制区内安全设施的设置原则

(1)警告区内:应设置施工标志、限速标志、窄路标志、闪光箭头或线形诱导标、施工警告频闪灯等；必须设置两块施工标志，一块设在作业区最前端，另一块设在警告区的中间断面。

(2)在上游过渡区起点至下游过渡区终点之间应放置交通锥等安全设施；间距取路面中央虚标线间距15m，上游过渡区可加密到2~4m。

(3)在缓冲区与工作区接合部应布设附设施工警示灯的护栏，在工作区侧面可布设施工隔离墩、水马或安全带。

(4)有条件时，可在缓冲区内布设移动式标志车，在工作区端头或工作区布设移动式护栏。

(5)对于跨夜养护作业，应在工作区内设置照明设施，在警告区或上游过渡区设置语音提示设施。

7.4.2 养护安全设施的布设与撤除

养护安全设施布设与撤除宜选择天气状况较好，车流量较小的时段进行，其布设与撤除方法如下：

(1)养护安全设施应顺着交通流方向布设，先设置施工标志，后设置渠化设施和辅助设施。半幅双向通行的应先设置双向通行一侧，后设置封闭一侧。

(2)养护安全设施应逆着交通流方向撤除，先撤除辅助设施，后撤除渠化设施和施工标志，恢复正常交通。半幅双向通行的应先撤除封闭一侧，后撤除双向通行一侧。

数字化学习案例十二：双向四车道高速公路养护作业控制区安全设施的布设

(1)学习目标

通过本环节的数字化学习与训练，可以清晰地了解高速公路养护作业控制区的组成，掌握本施工段的养护作业控制区安全设施布设要求，并完成本施工段的养护作业控制区安全设施布设。

(2)学习情境描述

某高速公路是省公路网规划的重要组成部分，路面类型为沥青路面，该路全任务驱动线采用双向四车道高速公路标准建设，已使用近10年。根据前期对路面进行检测发现，多处沥青路面出现裂缝、坑槽、车辙等常见病害，需进行病害处治作业。

现在你作为该公路的养护技术工人，需根据本施工段的养护作业控制区布置进行安全设施的布设。

(3)数字化视频学习引导

①双向四车道高速公路养护作业控制区安全设施的布设顺序。
②双向四车道高速公路养护作业控制区安全设施的布设要点。
③熟悉现场作业环境及安全设施实体形态。

(4)数字化视频课程

使用手机、平板电脑等电子设备扫描二维码即可开始数字化学习。

双向四车道高速公路养护作业控制区安全设施的布设数字化学习视频

(5)双向四车道高速公路养护作业控制区安全设施的布设知识要点

①布设顺序。

安全警示设施的布设顺序是顺着行车方向依次布设警告区、上游过渡区、纵向缓冲区、工作区、下游过渡区和终止区。

②养护作业控制区规划。

以双向四车道高速公路封闭第1车道的养护作业为例,控制区最终限速值为60km/h,预留行车宽度3.5m。

③布设要求。

a.警告区:起点处布设"前方施工标志",起到提醒驾驶员的作用;在中央分隔带处布设重车靠右行驶标志;限速过程在警告区内完成;限速采用逐级限速或重复提示限速方法,宜每200m降低20km/h,相邻限速标志间距不宜小于200m,最终限速值设置为60km/h;在3/4警告区位置布设改道标志;在1/2警告区位置中央分隔带布设警示频闪灯及夜间灯光语音提示设施。

b.上游过渡区:交通锥布设间距不宜大于10m,其中上游过渡区间距不宜大于4m;在上游过渡区布设闪光箭头。

c.纵向缓冲区:在起点位置布设施工长度标志及路栏警示灯。

d.工作区:根据施工需要的长度布设工作区长度,在公路两侧布设交通锥、防撞桶等安全设施,间距不宜大于4m;夜间照明设施应布设在工作区侧面,照明方向应背对非封闭车道。

e.下游过渡区和终止区:下游过渡区和终止区交通锥布设间距不宜大于10m,解除限速标志布设在终止区的末端。

(6)任务演练

根据所学内容,回答以下问题:

①安全警示设施的布设顺序是什么?

②公路养护安全设施布设需要考虑的工况内容有哪些?

③交通锥的布设要点是什么?

7.5 养护作业现场安全管理

7.5.1 特殊路段及特殊气象条件养护安全作业

特殊路段及特殊气象条件下开展养护作业还需遵守如下规定:

(1)穿越城区、村镇路段养护安全作业,除应按相应的养护作业控制区布置外,尚应布设车道渠化设施,并采取强制限速与行人控制措施。

(2)易发生地质灾害的傍山路段养护安全作业,除应按相应的养护作业控制区布置外,尚应设专人观察边坡险情。

（3）路侧险要路段养护安全作业，除应按相应的养护作业控制区布置外，尚应加强路侧安全防护。

（4）冬季除冰雪安全作业，除应按《公路养护安全作业规程》（JTG H30—2015）有关规定执行外，养护作业人员及车辆尚应做好防滑措施，切实保障自身安全。对于人工除冰雪作业，尚应增设施工标志，且第一块施工标志与工作区净距应为50～100m。

（5）高温季节养护安全作业，除应按《公路养护安全作业规程》（JTG H30—2015）有关规定执行外，尚应采取防暑降温措施，并适当调整作息时间，尽量避开高温时段养护作业。

（6）雨季养护安全作业应符合下列规定：

①应加强作业现场管理，及时排除作业现场积水。

②应在人行道上下坡挖步梯或铺沙，脚手板、斜道板、跳板上应采取防滑措施，加强对临时设施和土方工程的检查，防止倾斜和坍塌。

③应对处于洪水可能淹没地带的机械设备、施工材料等做好防范措施，作业人员应提前做好全面撤离的准备工作。

④长时间在雨季中养护作业的工程，应根据条件搭设防雨棚，遇暴风雨时应立即停止养护作业。

⑤暴雨、台风前后，应检查工地临时设施、脚手架、机电设备、临时线路，若发现倾斜、变形、下沉、漏电、漏雨等现象，应及时维修或加固。暴雨、台风天气除应急抢险、抢修作业外，严禁进行公路养护作业。

（7）雾天及沙尘天气养护安全作业应符合下列规定：

①除应急抢险、抢修作业外，严禁进行公路养护作业。

②应急抢险、抢修作业时，应会同有关部门封闭交通，安全设施上应间隔布设黄色警示灯，相邻警示灯间距不应超过相邻交通锥间距的3倍。

（8）大风天气养护安全作业应符合下列规定：

①除应急抢险、抢修作业外，严禁进行公路养护作业。

②应急抢险、抢修作业时，应防范沿线架设备类设施的高空坠落。

7.5.2　养护作业控制区安全管理

养护作业单位应加强养护作业控制区检查与维护，安排专人在现场值班巡逻，安全管理人员要加强巡视、检查，确保养护作业控制区标志标牌设置规范、整洁，若发现标志标牌倒伏、移位应立即恢复原位，若存在破损应立即更换，缺失的应立即补充。养护作业控制区安全管理具体内容如下：

（1）凡在高速公路上进行养护作业的人员必须穿着带有反光标志的安全标志服，从事工程管理工作的人员必须穿着带有反光标志的橘红色背心。

（2）凡在高速公路上进行养护作业的机械设备均要严格管理，保证设备在安全作业控制区域内正常施工，施工车辆需在醒目位置悬挂施工标志；进出工作区要有专人指挥，并设有专门出入口。

（3）交通控制区两端施工单位 24h 维持交通。交通控制区内所有安全设施由专人 24h 看护,对锥形交通标志进行维护,不得因任何原因致使出现缺损、歪斜等情况。

（4）加强对缓冲区、借道通行区、下游过渡区及活动护栏出入口路面出现的坑槽、波浪拥包、高低差等影响行车的病害进行处治,保持路面平整,以便车辆通行。

（5）业主单位、施工单位、监理单位均要成立安全生产管理机构,建立健全的安全生产管理制度,业主单位要制定切实可行的安全生产和交通控制方案及奖惩措施,保障公路安全畅通、工程顺利开展。

（6）积极与公安交通部门配合,对施工路段出现的车辆故障及交通事故及时疏导和处理,避免出现大的压车和堵车现象。

参 考 文 献

[1] 中华人民共和国交通运输部.公路路基设计规范:JTG D30—2015[S].北京:人民交通出版社股份有限公司,2015.

[2] 中华人民共和国交通运输部.公路路基施工技术规范:JTG/T 3610—2019[S].北京:人民交通出版社股份有限公司,2019.

[3] 中华人民共和国交通运输部.公路路基养护技术规范:JTG 5150—2020[S].北京:人民交通出版社股份有限公司,2020.

[4] 中华人民共和国交通运输部.公路排水设计规范:JTG/T D33—2012[S]北京:人民交通出版社,2012.

[5] 中华人民共和国交通运输部.公路工程技术标准:JTG B01—2014[S].北京:人民交通出版社,2014.

[6] 中华人民共和国交通运输部.多年冻土地区公路设计与施工技术规范:JTG/T 3331-04—2023[S].北京:人民交通出版社股份有限公司,2023.

[7] 中华人民共和国交通运输部.公路软土地基路堤设计与施工技术细则:JTG/T D31-02—2013[S].北京:人民交通出版社,2013.

[8] 中华人民共和国交通运输部.公路养护技术规范:JTG 5110—2023[S].北京:人民交通出版社股份有限公司,2023.

[9] 中华人民共和国交通运输部.公路技术状况评定标准:JTG 5210—2018[S].北京:人民交通出版社股份有限公司,2018.

[10] 中华人民共和国交通运输部.公路桥涵设计通用规范:JTG D60—2015[S].北京:人民交通出版社股份有限公司,2015.

[11] 中华人民共和国交通运输部.公路桥梁技术状况评定标准:JTG/T H21—2011[S].北京:人民交通出版社,2011.

[12] 中华人民共和国交通运输部.公路桥梁承载能力检测评定规程:JTG/T J21—2011[S].北京:人民交通出版社股份有限公司,2011.

[13] 中华人民共和国交通运输部.公路桥梁荷载试验规程:JTG/T J21-01—2015[S].北京:人民交通出版社股份有限公司,2015.

[14] 中华人民共和国交通运输部.公路工程质量检验评定标准 第一册 土建工程:JTG F80/1—2017[S].北京:人民交通出版社股份有限公司,2017.

[15] 中华人民共和国交通运输部.公路隧道养护技术规范:JTG H12—2015[S].北京:人民交通出版社股份有限公司,2015.

[16] 中华人民共和国交通运输部.公路隧道设计规范 第一册 土建工程:JTG 3370.1—2018[S].北京:人民交通出版社股份有限公司,2019.

[17] 中华人民共和国交通运输部.公路隧道设计规范 第二册 交通工程与附属设施:JTG

D70/2—2014[S].北京:人民交通出版社,2014.
[18] 中华人民共和国交通运输部.公路隧道加固技术规范:JTG/T 5440—2018[S].北京:人民交通出版社股份有限公司,2019.
[19] 中国交通教育研究会.公路养护技术工人职业技术技能水平·评价:T/CICE001—2023[S].北京:人民交通出版社股份有限公司,2023.
[20] 交通运输部公路科学研究院.公路桥梁养护人员应知应会手册[M].3版.北京:人民交通出版社股份有限公司,2023.
[21] 陈敏,任红伟.桥梁加固施工及质量控制[M].北京:人民交通出版社股份有限公司,2020.
[22] 黄晓明.路基路面工程[M].6版.北京:人民交通出版社股份有限公司,2019.
[23] 塔城公路管理局.公路应急养护管理手册[M].北京:人民交通出版社股份有限公司,2022.
[24] 交通专业人员资格评价中心(交通运输部职业技能鉴定指导中心).公路养护工[M].北京:人民交通出版社股份有限公司,2022.
[25] 中交瑞通路桥养护科技有限公司.公路隧道维修加固实例集[M].北京:人民交通出版社股份有限公司,2019.
[26] 中交瑞通路桥养护科技有限公司.公路隧道养护与管理百问[M].北京:人民交通出版社股份有限公司,2023.
[27] 交通运输部职业资格中心.公路养护工程技术人员基础知识[M].北京:人民交通出版社股份有限公司,2021.
[28] 交通运输部职业资格中心.公路养护工程技术人员专业实务[M].北京:人民交通出版社股份有限公司,2021.
[29] 张立业,孙利民,郭学东,等.混凝土梁桥剩余使用寿命研究[J].桥梁建设,2014,44(05):63-68.
[30] 张立业,郭学东,董丽娟.载荷共享过程的桥梁系统首次失效平均时间[J].吉林大学学报(工学版),2013,43(05):1247-1252.